Diskurs Musikunterricht 1

Resonanz

Tagungsband zum 5. Bundeskongress Musikunterricht Mannheim 2022

Georg Biegholdt, Jürgen Oberschmidt, Martina Krause-Benz (Hrsg.)

Inhalt

Georg Biegholdt, Martina Krause-Benz & Jürgen Oberschmidt
5 Einleitung

Jürgen Oberschmidt
6 Resonanz
Musikpädagogische Überlegungen zu einem vielstimmig-schillernden Begriff

Michael Ahlers
16 „Ist das dein Handy oder vibrierst du?"
Ein Essay über Resonanz, Technologien und Rollen

Meinhard Ansohn
20 Mein Schulchor: Unsere Themen – meine Lieder

Daniela Bartels & Felix Oeser
26 Mitbestimmung als Resonanztechnik
Wie können wir beim gemeinsamen Musikmachen lebendige Antwortbeziehungen initiieren?

Dorothee Barth
32 Versöhnung im Krieg
Projektorientierte Unterrichtsmaterialien zu Benjamin Britten: *War Requiem*

Georg Biegholdt
39 Unsere Erde
Verantwortung für unseren Planeten als Thema für den Musikunterricht in der Grundschule?

Jörg Breitweg
46 Die Resonanz der Poesie im Lied: Liedvertonungen von Mittelalter bis Moderne

Klaus-Jürgen Etzold
52 Resonanz – Körper – Stimme
Vokales Musizieren als Ausgangspunkt für einen erfahrungserschließenden Musikunterricht

Joana Grow
58 Musik erfinden in der Grundschule
Kompositionsprozesse strukturieren und gestalten

Ina Henning
62 Fachdidaktische Überlegungen zu inklusivem Musikunterricht
Verständigungsbezogene Lern-Lehrumgebungen als Modell der Resonanz zwischen Lernenden und Lehrenden

Tobias Hömberg
68 Wie „Klassik" bedeutsam werden kann
Aktive Zugänge durch Transformation – an Beispielen zu Beethoven, Bartók und den Beatles

Sheila Hondong & Elke Schneider
78 Lust auf Archiv?
Stadtgeschichte sichten und sichtbar machen

Peter Imort & Christiane Imort-Viertel
83 Musikdidaktische Resonanzen eines popkulturellen Gegenstands
Das Mixtape im Kinofilm *Guardians of the Galaxy*

Birgit Jeschonneck
88 Wir verstehen uns ziemlich gut
Integrative Arbeit mit Musik, Tanz und Sprache in heterogenen Grundschulklassen

Hans Jünger
95 Politische Musik im Unterricht
Wie man kritisches Denken fördern kann

Joachim Junker
102 „Wie konntet ihr dazu nur schweigen?"
Rock und Pop in der DDR

Martin J. Junker
108 Objektbeziehungen und Resonanzerfahrungen mit Alltagsutensilien
Pop-up-Gartensäcke im Musikunterricht

Martina Krause-Benz
114 Musikunterricht im ‚Vielklang'
Zur Relevanz konstruktivistischer Lerntheorien für Resonanz im Musikunterricht

Bettina Küntzel
120 Musikalisches Lernen in Selbstverantwortung

Julia Lutz
124 Ein Thema mit Variationen
Musikunterricht als Erfahrungs- und Lernraum gestalten

Malte Markert
130 „The possibility of saying nothing"
Zum Verhältnis von Intentionalität und Absichtslosigkeit in der Musikdidaktik und in der Musikästhetik John Cages

Ortwin Nimczik
136 „ … ein Mannheimer Crescendo, das auf mächtigen Eisenrädern auf den Hörer zurollt"
Anregungen für den Musikunterricht durch Wolfgang Schlüters Roman *FOX oder der kleine Klavierschwindel* (2019)

Markus Sauter
146 Musik der Weltreligionen
Eine projektorientierte Unterrichtseinheit in der Oberstufe

Mathias Schillmöller
151 Wenn es beim Klassenmusizieren zu knistern anfängt
Ein Plädoyer für kreative Musizierprojekte

Christoph Stange
158 Handgemacht
Bewegungstransformation unter den Vorzeichen von Postdigitalität

Björn Tischler
164 Das Geschenk
Ein Abenteuer mit Musik, Bewegung, Spiel und Sprachförderung

André Uelner
171 Interkulturelle Musikpädagogik und die neue gesellschaftliche Normalität

Stefan Zöllner-Dressler
178 Resonanz in musikalisch-künstlerischen Situationen

Georg Biegholdt, Martina Krause-Benz & Jürgen Oberschmidt

Einleitung

Vom 28. September bis 2. Oktober 2022 fand in Mannheim der 5. Bundeskongress Musikunterricht in Mannheim statt. Einerseits stand er noch im Schatten der Corona-Pandemie, andererseits verfolgte er mit dem lange zuvor gesetzten Thema *Resonanz* eine Thematik, die durch die Maßnahmen zur Pandemiebekämpfung erst recht an Brisanz gewonnen hat. In über 400 Einzelveranstaltungen – Vorträgen, Workshops, Podiumsdiskussionen, Arbeitskreisen und Konferenzen – widmeten sich Referierende und Teilnehmende manchmal mehr, manchmal auch weniger explizit sowie mit unterschiedlichen Fokussierungen der Frage, wie im Musikunterricht Räume gelingender Resonanz geschaffen werden können. Der Kongress setzte nach über zwei Jahren schmerzhafter Einschränkungen ein Zeichen für den hohen Stellenwert des Musikunterrichts an der allgemeinbildenden Schule.

Davon zeugen auch die Beiträge in diesem Band. Sie zeigen die Vielfalt möglicher Herangehensweisen an das Kongressthema und haben doch eines gemeinsam: Sie versuchen grundsätzliche musikdidaktische Überlegungen mit konkretem musikunterrichtlichem Handeln zu verbinden. Auch der Anspruch, den Schülerinnen und Schülern Wege zu eröffnen, sich selbstbestimmt und doch in sozialem Miteinander mit musikalischen Phänomenen auseinanderzusetzen, wird immer wieder deutlich. Wir möchten uns an dieser Stelle bei allen Autorinnen und Autoren für die tiefgründige Auseinandersetzung mit der Thematik und die praxistaugliche Aufbereitung der Inhalte ganz herzlich bedanken.

Natürlich kann nur ein Bruchteil eines so großen Kongresses Eingang in einen Tagungsband finden. Unser Dank gilt daher auch all jenen Referierenden, die mit ihren durchdachten und gut angenommenen Veranstaltungen zum Gelingen des 5. Bundeskongresses Musikunterricht beigetragen haben und in diesem Tagungsband keine Berücksichtigung finden konnten. Viele von ihnen sind Autorin oder Autor an anderer Stelle unserer lebhaften musikpädagogischen Diskussion, zu der die Verlage mit Sammelbänden und musikpädagogischen Zeitschriften in hohem Umfang beitragen. Insofern ist der vorliegende Band nur ein Ausschnitt – aber, wie wir finden: ein wegweisender.

Websites oder Musikbeispiele sowie Unterrichts- und weitere Materialien hätten den Umfang des Bandes gesprengt. Der Zugang zu ihnen wird durch QR-Codes gewährleistet, mit deren Hilfe man unkompliziert beim Lesen auf den jeweiligen Inhalt zugreifen kann. Auf der Seite https://www.bmu-musik.de/materialien-zum-tagungsband-resonanz/ (siehe nebenstehenden QR-Code) sind ebenfalls alle Materialien und Links zu den Beiträgen zu finden.

Wir wünschen allen Leserinnen und Lesern eine gewinnbringende Lektüre!

Georg Biegholdt, Martina Krause-Benz, & Jürgen Oberschmidt

Jürgen Oberschmidt

Resonanz

Musikpädagogische Überlegungen zu einem vielstimmig-schillernden Begriff

„Vom *fliegenden Klassenzimmer* über den *Club der toten Dichter* bis zu *Fack ju Göte* und den *Kindern des Monsieur Mathieu* über *Mr. Holland's Opus* bis zu *Rhythm Is It!* geht es immer um die Frage, ob Lehrer, Schüler und Stoff füreinander stumm und feindlich oder gleichgültig bleiben oder ob die Lehrer die Schüler zu erreichen vermögen, ob sie den Resonanzdraht in Schwingung versetzen können und die Welt zum Singen bringen" (Rosa 2016, S. 407).

Solche Aussichten des Soziologen Hartmut Rosa dürften alle Musiklehrer:innen wohl besonders freuen und werden bei ihnen sofort auf Resonanz stoßen! Schließlich scheint hier die Aussicht zu bestehen, durch musikpädagogisches Wirken die Welt zum Klingen zu bringen und das Schulfach Musik vom Katzentisch der ‚Nebenfächer' in eine herausgehobene Stellung zu befördern. Und immerhin werden hier cineastische Inszenierungen von Lehr- und Lernsettings aufgezählt, in denen nicht gerechnet oder Vokabeln gelernt werden: Drei wenden sich ausdrücklich musikalischen Bildungsprozessen zu und die anderen beiden beschäftigen sich mit literarischem Lernen. Schließlich scheint zumindest die Aussicht auf ‚Göte' davon abzuhalten, den Deutschunterricht auf das Anfertigen von Lebensläufen oder das Verinnerlichen von grammatikalischen Strukturen zu reduzieren und transportiert mit dem Vorzeigedichter einen ausgewiesenen Bildungsgedanken.

Ausgerechnet jenes ‚Randfach' Musik wird hier zum ‚Vorrückefach', dem sonst allein deshalb eine ‚Wirksamkeit' zugesprochen wird, weil das Erlernen eines Instruments die Synapsen verschaltet oder es den besonders empfindsamen Seelen als ‚Ausgleich' zum harten ‚Workload' dienen kann. Schließlich gilt es auch den Hütern des protestantischen Arbeitsethos als gebotene Pflicht, den Auszubildenden ab und an eine Pause zu verordnen, damit sie sich im verdichteten Schulalltag ihre Arbeitsfähigkeit erhalten. Wenn man den Musikunterricht als solch ein Kompensationsamulett betrachtet, darf man sich den filmischen Inszenierungen durchaus im stillen Einverständnis anschließen. Doch sollte man hier bereits jenes einmütig beschwören, was es doch eigentlich erst genauer zu hinterfragen gilt?

Resonanz: mythische Panazee für all unsere Probleme?

Pädagog:innen sind eigentlich immer Suchende: Noch vor ein paar Jahren war Klippert in aller Munde, sein Name wurde zum Begriff und entsprechend durchdekliniert. In der Schule wurde nicht mehr (nur?) gelernt, sondern nun ‚geklippert'. Immer neue Methodenliteratur bevölkerte die Lehrerzimmer und ließ uns die Erfordernisse dieser neuen Konzepte und Methodenprogramme diskutieren. Inhalte gerieten manchmal aus dem Blick, was schließlich dazu führte, den hermeneutischen Zirkel durch ein Methodenkarussell zu ersetzen und vor allem den in Ungnade gefallenen Frontalunterricht gänzlich zu verbannen und den Lehrervortrag in Schutzhaft zu nehmen (hierzu Oberschmidt 2011). Aus Lehrern wurden Lernbegleiter mit der Lizenz, den Kompetenzerwerb zu befördern. Als solche Kompetenzen gelten „die bei Individuen verfügbaren oder durch sie erlernbaren kognitiven Fähigkeiten und Fertigkeiten, um bestimmte Probleme zu lösen, sowie die damit verbundenen motivationalen, volitionalen [d.h. absichts- und willensbezogenen] und sozialen Bereitschaften und Fähigkeiten, um die Problemlösungen in variablen Situationen erfolgreich und verantwortungsvoll nutzen zu können" (Weinert 2001, S. 27). Solch eine voluminöse Definition zeigt uns, dass Lernen auch im Zeitalter des Kompetenzerwerbs etwas Komplexes bleiben sollte.

Mit Blick auf die jüngst erschienene Resonanzliteratur und die sich daran anschließenden interdisziplinären Gespräche (Beljan 2019, Breyer et al. 2017, Oberschmidt 2019, Peters & Schulz 2017, Rosa 2016, Rosa 2018, Rosa/Endres 2016, Wils 2019) könnte man meinen, dass nun nicht nur ein neuer Modebegriff auf den Markt gekommen sei, sondern dass hier mit einem Paradigmenwechsel zu rechnen ist: „Wenn Beschleunigung das Problem ist, dann ist Resonanz vielleicht die Lösung" (Rosa 2016, S. 13), in diese einfache Formel gießt Hartmut Rosa seine 815-seitige Schrift und beschwört damit eine Antwort auf jene Fragen, die er zuvor in seinem „Entwurf einer kritischen Theorie spätmoderner Zeitlichkeit" (Rosa 2013) selbst aufgeworfen hatte. Damit stellen sich Resonanzerfahrungen gegen jene ökonomische Taktung, die wir im Vorgriff auf den später zu erwartenden Arbeitsalltag nun auch in der Schule zu erfahren haben (hierzu Oberschmidt 2015) und die es kontrovers zu diskutieren gilt: „Warum werden die Menschen nicht zur Schönheit erzogen? (Hieße das nicht zuerst: zum freien, leidenschaftlichen, ungeordneten Denken?); Drohung: ‚Schulen, ihr sollt mich noch kennenlernen!'" (Handke 1985, S. 43).

Sollen hier die Probleme, die sich aus den alten Lösungen ergeben haben, durch einen neuen Wunderheiler gelöst werden? Hier reicht aber weder die Lektüre von Hartmut Rosas Resonanztheorie noch der Gang ins Kino, ein *Warten auf Godot* oder auf *Fack ju Göte 4* – auch wenn es manchmal scheint, dass ‚Resonanz' als ein Allheilmittel gilt, das als ein ‚Lapis philosophorum' zur Behandlung aller Krankheiten und Lösung sämtlicher gesellschaftlichen Probleme mit Ausnahme des Klimawandels gesehen werden kann. Bereits der Chemiker und Genforscher Friedrich Cramer komponierte an einer „Symphonie des Lebendigen" (Cramer 1998) und verdichtete den Resonanzbegriff zu solch einer allumfassenden Weltformel, die Mikro- und Makrokosmos zusammenschließt:

> „Resonanz ist die Möglichkeit, den Zusammenhang der Welt herzustellen und zu wahren. Das Ohr tritt in Resonanz mit den Schallwellen, das Auge mit den Lichtwellen, die olfaktorischen Areale mit den Duftmolekülen. Resonanz ist die Grundlage der Planetenbewegung, Resonanz verbindet als chemische Bindung die Moleküle der Materie, sie schließt uns in Tages- und Jahreszeiten zusammen, Resonanz koordiniert die Zellen und den Stoffwechsel unseres Organismus, ja sie macht erst eigentlich ein individuelles ganzes Lebewesen aus […], Resonanz ist die Grundlage des Zusammenlebens der Menschen, in alltäglichen Funktionen wie Ernährung und Verkehr, oder in höheren Bedürfnissen wie Spiel, Nachdenken über Gott und Welt, Liebe: Resonanz ist es, die die Welt im Innersten zusammenhält" (ebd., S. 223).

Diese kosmische Sphärenmusik begibt sich auf ein unsicheres Terrain und viele Alchemisten vor ihm haben von ähnlich umfassenden Weltzusammenhängen geträumt. Seit 2000 Jahren wurde ein immer wieder neuer Stein der Weisen gegen die vielfältigen Mangelzustände und Disharmonien unserer Welt eingesetzt. Solch einer Panazee wurden verjüngende Wirkungen zugeschrieben oder sie diente als ein Objekt von höchster Reinheitsstufe, als Symbol für die Umwandlung des niederen in ein höheres Selbst.

Daran hat sich bis heute nichts geändert. Auch die Aussicht auf eine Resonanztheorie bleibt zunächst ein Versprechen, um dessen Einlösung wir uns bemühen müssen, das wir diskutieren und hinterfragen sollten, damit es kein uneingelöstes Versprechen bleibt, unter pädagogischen Alchemisten zu einer leeren Floskel wird oder im Alltag zu einer solchen verkommt.

Was nun unter Resonanz zu verstehen ist oder was Rosa darunter verstehen möchte, ist nicht leicht zu ergründen und auch Rosas Vordenker lassen uns in nebelhaftem Dunkel schweben: „Das Wort Resonanz erscheint demnach nach allen Seiten hin als vorzüglich geeignet, das Wesen der Lebensvorgänge zu bezeichnen, und wir können daher […] das Grundgesetz des Lebens in die Worte fassen: Alles Leben ist Resonanz" (Lyon 1900, S. 117f.). Solch eine umfassende Antwort schenkt uns noch keine Lösung – und bevor hier nun geklärt werden kann, welche Schattierungen Rosa in seiner Soziologie der Weltbeziehung diesem Begriff geben möchte, soll zunächst mal jene Diagnose gestellt werden, auf die Resonanz nun die heilende und läuternde Antwort sein möchte.

Versuch einer Diagnose: Worauf antwortet Rosas Resonanztheorie?

Andreas Gruschka hat bereits den Topos der „bürgerlichen Kälte" bemüht, und ein dressurartiges Abrichten der Kinder spiegelt für ihn eine neue Lernmoral wider, die „als Resultat der gesellschaftlichen Reproduktionszwänge" (Gruschka 1995, S. 17) anzusehen ist, sich aber tief in unser System Schule eingegraben findet und ohne die Schule gar nicht zu funktionieren scheint: „Mit der Erfindung und Durchsetzung einer Schule, die alle Kinder erreicht, werden diese gezwungen, in eine Institution einzutreten, die sie in Klassen zusammenfaßt, um sie vereinzeln zu können, die sie dem Konkurrenzsystem unterwirft und so letztlich gegeneinandertreibt" (ebd., S. 309). Gruschka beschreibt damit eine Situation, die längst jene kritischen Stimmen wachgerufen hat, welche Schule als Dienstleistungsorganisation im Bereich der Bildung unter dem „Diktat der Ökonomie" (Krautz 2014) verorten. Es geht darum, die Menschen normativ zuzurichten: Als Lernende erledigen sie ihre „Lernjobs" (ebd., S. 7) und werden zu dem gemacht, was sie aus freien Stücken wollen sollen. Damit wird jene Tendenz in die Schule hineingetragen, die Hannah Arendt als Transformation des (zweckfreien) menschlichen Handelns in ein auf das fertige Produkt ausgerichtetes menschliches Herstellen beobachtet hat:

> „In ihrem letzten Stadium verwandelt sich die Arbeitsgesellschaft in eine Gesellschaft von Jobholders, und dies verlangt von denen, die ihr zugehören, kaum mehr als ein bloßes Funktionieren, als sei das Leben des Einzelnen bereits völlig untergetaucht in den Strom des Lebensprozesses, der die Gattung beherrscht, und als bestehe die einzige aktive, individuelle Entscheidung nur noch darin, sich selbst gleichsam loszulassen, seine Individualität aufzugeben bzw. die Empfindungen zu betäuben, welche noch die Mühe und Not des Lebens registrieren, um dann völlig ,beruhigt' desto besser und ,reibungsloser' funktionieren zu können" (Arendt 1981, S. 341).

Dieser ständig wachsende Effektivierungsdrang, der sich an Maßstäben der (rationalistischen) Ökonomie ausrichtet und sich an einer technologisch orientierten Herstellungslogik orientiert, trägt die angeordneten Lernzeitverdichtungen nur vordergründig im Prospekt. Die Läuterung durch Rückkehr zu G9 ließe solch ein Räderwerk nicht stillstehen, auch wenn vielleicht der Anschein erweckt wird, das Rad könne allein dadurch zurückgedreht werden. Vielmehr bildet sich unter dem Deckmantel neurobiologischer Forschungen und den Offensiven einer empirischen Erziehungswissenschaft die Ökonomie des Lernens weiter aus, die sich gegen das stellt, was wir früher Bildung genannt haben: „Bildung steht für das nicht-effiziente Verhalten zur Welt, das im Zögern mehr ist als die leistungsorientierte Selbstoptimierung, die den Weg zum kritisch Reflexiven nicht findet" (Dörpinghaus 2019).

Blickt man auf die Geschäftsfelder des Lehrens und Lernens, sind die neuen Lernkulturen verbunden mit methodischen Vorgaben, „die vor allem auf den Rückzug der Lehrperson und die Auflösung des Klassenunterrichts zugunsten sog. ,selbstgesteuerten Lernens' zielen. Die Einrichtung entsprechender ,Lernbüros', am besten voll digitalisiert, ist dann die Konsequenz" (Krautz 2019, S. 16). Die „Begeisterung des Lehrers, der quasi als Stimmgabel die Resonanzbereitschaft seiner Schüler weckt" (Rosa 2016, S. 412f.), ist in solchen Lernsettings nicht vorgesehen. In den Worten Ralf Lankaus, kein Altphilologe, sondern Professor für Mediengestaltung und Medientheorie, sei dieses Szenario mit Blick auf die Digitalisierung bereits durchgespielt:

> „Der Digitalpakt ist Teil einer Neudefinition von Schule und Unterricht auf dem Weg zu einer automatisierten ,Lernfabrik 4.0'. Lehrkräfte werden zu Sozial-Coaches und Lernbegleitern degradiert. Statt Unterricht gibt es Computerprogramme und Sprachsysteme für Schülerinnen und Schüler. Solche Konzepte kommen nicht aus der Pädagogik, sondern aus der Kybernetik und dem Behaviorismus. Sie sind nicht neu. Es ist das ,programmierte Lernen' der 1960er Jahre, nur mit aktueller Rechnertechnologie und Big Data Mining als Kontroll- und Steuerungsinstanz im Hintergrund. Es sind keine Schulen, sondern webbasierte, algorithmisch berechnete Lernkontrollszenarien" (Lankau 2017, S. 25).

Lernen kann demnach auf Resonanzbeziehungen nicht verzichten und solche können selbstredend nur mediengestützt entstehen. Das wichtigste Medium ist die menschliche Sprache, die zusammen mit Mimik, Gestik, Haptik (griech. Háptein: berühren, angreifen, berührt werden) eingesetzt wird. „Messen, steuern, regeln, berechnen: Genau das steht in den Konzepten für die digitale Schule der Zukunft, sofern man diese Einrichtungen überhaupt noch Schulen nennen kann. Ähneln sie doch eher Lernleistungszentren, in denen man, wie im Fitness-Studio, an Stationen nach einem vorgegebenen Trainingsplan Übungen absolviert" (ebd., S. 101f.). Vertraut man der Expertise der Bertelsmann-Stiftung und ihrem Vorstandsmitglied Dr. Jörg Dräger, dann besteht jedoch gerade in solch individualisierten Lernprozessen digitaler Umgebungen ein besonderes Potential, das in einer rosig prognostizierten Zukunft diese Resonanzerfahrungen erst ermöglicht: „Digitale Hilfsmittel schaffen mehr Zeit für das Wesentliche: dank Lernvideos und Computerprogrammen können Lehrer ihre Schüler viel individueller fördern anstatt nur Standardwissen zu vermitteln. Solche personalisierten Lernangebote funktionieren ähnlich wie Buchempfehlungen von Amazon oder Serientipps bei Netflix" (Dräger 2015). Liefert die digitale Avantgarde vielleicht doch das geeignete Instrumentarium, um durch mediengestützte Selbstlernphasen für das „Werkstück Mensch" (Lankau 2017, S. 26) die notwendigen Voraussetzungen zu schaffen, damit im „Wachstumsfeld Education [...] Bildung auch online in guter Qualität ausgeliefert werden kann" (bertelsmann.de 2023)?

Im ‚Gleichklang' können keine Resonanzräume entstehen

Immer wieder bemüht Hartmut Rosa auch in seinen Vorträgen das eindrucksvolle Metronom-Experiment, das wir alle noch aus unserem Physikunterricht kennen:

> „Stellt man zwei Metronome, die mit leicht unterschiedlichen Tempi laufen, auf einer schwingungsresistenten Steinplatte nebeneinander, so schlagen sie unabhängig voneinander fort. [...] Stellt man die beiden Metronome jedoch auf eine elastische, schwingungsfähige Unterlage (beispielsweise auf ein dünnes Holzbrett) und platziert dieses Brett auf zwei leeren, parallel ausgerichteten (liegenden) Coladosen, so entsteht für die beiden Metronome ein ‚Resonanzraum': Brett und Dosen beginnen sich leicht zu bewegen und in verblüffend kurzer Zeit pendeln sich die beiden Metronome aufeinander ein" (Rosa 2016, S. 284).

Solch einen finalen Gleichklang hat Rosa aber nicht im Sinn, wenn er seine *Soziologie der Weltbeziehung* aus dem physikalischen Resonanzphänomen ableitet. Nicht die Resonanz selbst, sondern der Weg zu ihr ist das Ziel, das Aufeinander-Einschwingen der verschiedenen Metronome, die hier in einen Dialog treten.

Um uns vor einer weiteren vorschnellen Reduktion des Resonanzbegriffs auf das physikalische bzw. musikalische Phänomen zu schützen und vorlauten Stimmen entgegenzutreten, die meinen, jede klingende Saite im Musikunterricht könne ein Resonanzfeld im Sinne Rosas entfachen, sei zunächst ein historischer Ausblick auf das Begriffsgefüge gewagt. Seit dem 18. Jahrhundert wird in hirnphysiologischen Theorien die Figur des Mitschwingens gestimmter Saiten als Metapher für Fragen der Affektübertragung und das Zusammenspiel von Körper und Geist in Beschlag genommen: „Wohin man schaut, in der Literatur, in der Ästhetik, in der Medizin und in der Philosophie, in England, Deutschland und Frankreich: Der Mensch, seine Nerven- und Hirnfasern, seine Seele und sein Herz (als metaphorischer Sitz der Gefühle/Affekte) werden zunehmend als ein musikalisches Saiteninstrument begriffen" (Welsh 2006, S. 55). Und in seiner *Allgemeinen Theorie der Schönen Künste* spricht Johann Georg Sulzer dem Dichter das Vermögen zu, seinen „Gemüthszustand auf eine Weise [zu äußern], die uns in dieselbe Empfindung versetzt [und] durch den Ton der Worte [...] alle Sayten der Seele in Bewegung" (Sulzer 1792, S. 621) zu bringen.

Auch bei Hartmut Rosa wird Resonanz zu einer rhetorischen Figur in einem komplexen Metaphernfeld, wenn er versucht, „aus dem physikalischen Phänomen der Resonanz eine sozialwissenschaftliche Kategorie zu entwickeln" (Rosa 2016, S. 282), um den „Resonanzbegriff als Metapher für Beziehungsqualitäten" (ebd., S. 281) zu verwenden. In seiner Argumentation wird der Begriff Resonanz auf seine positiven Konnotationen reduziert, auf jene gelingende Beziehung, die einer inneren Beziehungslosigkeit, der „Resonanzkatastrophe", gegenübergestellt wird. Für solch eine gelingende Resonanzbeziehung werden fünf Gelingensbedingungen ausgemacht:

Berührung (1): Voraussetzung für eine gelingende Resonanzbeziehung ist, dass Menschen von etwas erreicht werden: „Resonanz entsteht nur, wenn durch die Schwingung des eignen Körpers die Eigenfrequenz des anderen angeregt wird" (ebd., S. 282). Dies setzt ein Berührtwerden, „ein intrinsisches Interesse an dem begegnenden Weltausschnitt" voraus, was für den Unterricht bedeutet, dass der Lernende sich „‚adressiert' fühlt" (Rosa 2018, S. 39).

Selbstwirksamkeit (2): In jeder Resonanzbeziehung muss aus der Berührung eine Antwort hervorgehen. Nur auf diese Weise kann sich das berührte Subjekt als selbstwirksam wahrnehmen.

Transformation (3): Resonanzbeziehungen beruhen auf Veränderung aller Beteiligten. Dies hat eine „wechselseitige Anverwandlung" der Welt, nicht ihre „Aneignung" (Rosa 2017, S. 315) zur Folge.

Unverfügbarkeit (4): Resonanzbeziehungen sind „grundsätzlich ergebnisoffen", sie lassen sich nicht in vorgeplanten Lernszenarien künstlich herstellen oder gar erzwingen: Es „lässt sich niemals vorhersagen, was das Ergebnis der Transformation sein wird" (ebd.).

Kontextbedingungen (5): Resonanz kann nur unter „resonanzaffinen Kontextbedingungen" entstehen, dazu gehört auch ein „entgegenkommender Resonanzraum" (ebd., S. 316).

Negative Beispiele, wie Schule als Institution fungiert, „welche die resonante Weltbeziehung des Kindes in die stumme Erwachsenenwelt transformiert", die „dem Leben am Ende nur noch zynisch gegenübersteht" (Rosa 2016, S. 406), findet Rosa in popmusikalischen Adaptionen wie *When I was young* (The Animals) oder *We don't need no education* (Pink Floyd). Positive Beschreibungen einer gelingenden Resonanzbeziehung findet er in den jugendkulturellen Protestkulturen selbstredend nicht. Aber wird hier nicht ein Zerrbild von Schule entfaltet, das wir längst überwunden haben, und sollten Resonanzbeziehungen nicht eigentlich zur Selbstverständlichkeit eines jeden Lern- bzw. Bildungsprozesses gehören? Jeder, der in der Schule einmal unterrichtet hat oder sich daran erinnert, dass er einmal unterrichtet wurde, sollte wissen, dass Lehren und Lernen immer auf Beziehungsarbeit beruhen. Für solch ein gelingendes Bildungsgeschehen bietet Rosa ein Resonanzdreieck an.

Musikunterricht ist nicht a priori mit Resonanzerfahrungen verbunden

Zurücktönen, Mittönen, im Widerhall antworten, auf gleicher Wellenlänge schwingen, all dies sind Beschreibungen von Resonanz, die aus dem alltäglichen Verständnis von Resonanz auf Szenarien des Musikunterrichts übertragen werden können: Wer ein Ensemble leitet, kennt die ihm vertraute Rolle, hier für einen homogenen Gleichklang zu sorgen, in dem dann Resonanz entsteht. Dem vielumjubelten Seiteneinsteiger und Wunderheiler Monsieur Mathieu werden solche Kräfte zugeschrieben, er vermag es auch im Musikunterricht, mit eben diesen Mitteln den Resonanzdraht in Schwingung zu versetzen. Dabei stellt er sich gegen das an seiner Schule vorherrschende pädagogische Grundprinzip ‚Aktion – Reaktion', durch musikalische Qualifikation und kraft seiner Lehrerpersönlichkeit schafft er es, eine Beziehung zu den Schülern aufzubauen. Hierzu bedient er sich jedoch eines klassischen Beibringe-Unterrichts, und wer seinem Singunterricht nicht folgen kann oder mag, wird zum Notenständer degradiert. Solch autoritäre Maßnahmen haben die meisten von uns mit der Muttermilch ihrer eigenen Musiksozialisation aufgesogen: „Wie doch die Ortsmaße immer die der Kindheitsumgebung bleiben" (Handke 1985, S. 15). Im Geigenunterricht bekamen wir die Bogenhaltung beigebracht, im Klavierunterricht haben wir gelernt, wie das Thema von Beethovens op. 2 zu phrasieren ist und welche

Die gelungene Stunde: Das Resonanzdreieck

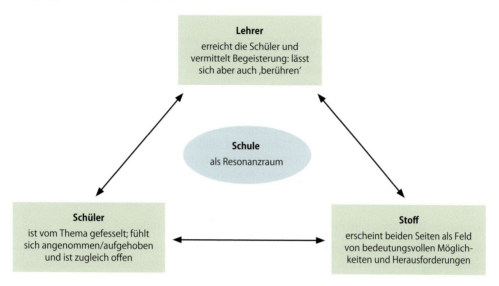

Abb.1: Das Resonanzdreieck – wenn es im Klassenzimmer ‚knistert' und die Aufmerksamkeit mühelos fokussiert ist. Die Resonanzachsen ‚vibrieren' (Rosa 2016, S. 411).

Pedalisierung es hier einzusetzen gilt: „Oft wird erwartet, der Lehrling verinnerliche die Lektion des Meisters gleichsam durch Osmose. Der Meister führt vor, wie man eine Sache erfolgreich macht, und der Lehrling muss herausfinden, wo der Schlüssel dafür liegt. Beim Lehren durch Vorführen fällt die Last dem Lernenden zu [...] So fällt es den Lehrern in Musikkonservatorien oft schwer, sich in die Situation der Schüler zurückzuversetzen, so dass sie nicht den Fehler zeigen können, sondern nur, wie man es richtig macht" (Sennet 2009, S. 243). Dabei kann es auch keine zwei Meinungen geben, auch wenn Beethoven selbst nie ein geeigneter Flügel für diese Klanggestaltungen zur Verfügung stand. Schließlich hat Heinrich Engelhard Steinweg erst 1853 seine Flügelmanufaktur gegründet und es sollte noch lange dauern, bis die mehr als 100 Patente angemeldet wurden, die dann dazu führten, dass man nun heute genau weiß, wie Beethoven immer schon zu spielen war: „Die Partitur eines großen Werkes enthält zahlreiche ‚Lösungen'" (Barenboim 2015, S. 15). Demnach wäre jede Interpretation das Ergebnis eines Resonanzgeschehens.

Ulrich Mahlert beschreibt, dass sein vom jugendlichen Leichtsinn getriebener Selbstversuch, sich ohne Zutun seines Unterweisers einer Beethovensonate anzunehmen, bei seinem Lehrer kein nachhaltiges Resonanzfeld eröffnen sollte:

> „Als mein Klavierlehrer mehrere Wochen lang konzertierte und abwesend war, nahm ich mir mit Lust und ohne Rücksprache mit ihm Beethovens Appassionata vor. In der ersten Stunde nach der Unterrichtspause spielte ich sie ihm auswendig vor – vermutlich recht defizitär, aber voller Stolz, voller Begeisterung, mich hingebungsvoll mit der selbständig erschlossenen Musik identifizierend, Resonanz und Anerkennung erwartend. Mein Lehrer war aber ganz und gar nicht erfreut. Ernst und wortlos ging er zum Bücherregal, griff ein Büchlein von Edwin Fischer über Beethovens Klaviersonaten heraus und las mir einige Sätze vor, in denen verkündet wurde, dass man sich diesem Werk nur als reife Künstlerpersönlichkeit nähern dürfe. Widerwillig arbeitete mein Lehrer danach eine Weile mit mir an der Sonate,

hauptsächlich bestrebt, mir meine unzureichenden Mittel bewusst zu machen. Dieser Mangel an Anerkennung enttäuschte mich sehr" (Mahlert 2009, S. 46f.).

Gerade im Instrumentalunterricht generiert sich ein „pädagogisches Selbstwertgefühl" immer noch dadurch, dass sich Lehrer zum „Erschaffer […] der Leistungen ihrer Schüler" aufschwingen, was dazu führt, dass ein „Produkt formal gelenkter Erarbeitung" für den Lernenden immer etwas „Fremdbestimmtes" (ebd., S. 48) bleibt, das damit nie zum Eigenen werden kann. Und beim Probespiel im Orchestergraben streitet sich dann die Geigengruppe darum, welcher wahre Mozart zu den ihren passt. Schließlich möchte man sich später nicht wie Odysseus an den Mast binden lassen oder die Ohren mit Wachs bekleistern, wenn sich ein übler Mozartton vom Nachbarpult nähert und den ganzen Spielapparat in die Resonanzkatastrophe führt. Hartmut Rosa würde hier einwenden, dass zwar Saiten zum Schwingen gebracht werden, aber der „Resonanzdraht bereits festgehalten" sei und die Musik „nicht zum Sprechen gebracht werden kann." Resonanz, so dürfen wir von Rosa lernen, „bedeutet nicht Echo, sondern Widerstand" (Rosa 2016, S. 416f.).

Resonanzerfahrungen sind nicht nur in einer Dreierbeziehung möglich!

Nicht allen Musikern wurden auf solch sprichwörtliche Weise die Flötentöne beigebracht und Resonanzachsen können auch jenseits der bereits beschriebenen Dreierbeziehungen vibrieren. So beschreibt der Pianist und Klavierpädagoge Peter Feuchtwanger, wie er einst auf ganz andere Weise, nämlich über eine Zweier-Resonanz-Beziehung (und ganz ohne einen Lehrer im Resonanzraum) den Weg zum Klavier als seinen Lebenspartner gefunden hat:

> „Als ich etwa zwölf war [ging ich] statt in die Schule zu einer Nachbarin, die ein Klavier hatte. Dort spielte ich all das, was ich auf den Platten gehört hatte. Alles nach Gehör und, da das Grammophon zu schnell lief und ich das absolute Gehör habe, einen halben Ton zu hoch. […] Mein erster Lehrer ließ mich etwas spielen. Ich spielte *La Leggierezza* von Liszt: in fis-Moll, nicht in f-Moll. Er schaute mich an und legte mir dann einen Notenband hin, ich hatte aber noch nie Noten gesehen. Ich sah einfach: Beethoven-Sonaten, ein langsamer Satz, so habe ich es mit der *Mondschein-Sonate* versucht. Nach dem dritten Versuch sagte er, warum das Schwindeln, du kannst keine Noten lesen. Erstens spielst du jedes Mal die falsche Sonate, zweitens in der falschen Tonart, drittens schaust du nie in die Noten. Da bekam ich einen roten Kopf und gab zu, dass ich nicht Noten lesen konnte. […] Ich habe nie Technik lernen müssen, die Lehrer haben akzeptiert, wie ich gespielt habe. Alles, was ich heute unterrichte, ist darauf aufgebaut, wie ich als Jugendlicher gespielt habe. Am Anfang hatte ich einen Komplex; die anderen hatten eine Ausbildung, ich überhaupt nicht. Aber mit der Zeit habe ich gesehen, dass das, was ich damals gemacht habe, vielleicht doch nicht so schlecht war." (Hagmann 2008).

Resonanzgeschehen im Musikunterricht?

Auf die handwerklichen Qualitäten der Berliner Philharmoniker, die sich nicht zuletzt auf den bisher nur geschulten Beibringe-Unterricht gründen, möchten sicher die wenigsten im Konzert verzichten. Geht es im Orchester vielleicht gerade darum, den finalen Gleichklang zu erzeugen und damit Resonanzerfahrungen zu vermeiden, damit diese dann zwischen einem homogenen Klangkörper, dem Werk und seinem Publikum überhaupt erst entstehen können? Liegt eine Ursache der Berufsunzufriedenheit vieler Orchestermusiker vielleicht gerade darin, dass sie zwar in einem hochprofessionellen Nachmach-Setting agieren dürfen, sich aber dabei in ihrer Fremdbestimmtheit nicht mehr als ein selbstwirksames Individuum spüren dürfen? Vielleicht tragen gerade deshalb die Resonanzerfahrungen aus kammermusikalischen Fremdgehpraxen zur Erhaltung ihrer Berufsfähigkeit bei.

Welche Konsequenzen sind nun für den Musikunterricht zu ziehen, wenn hier junge Menschen nicht als Dienstleister für andere musizieren, sondern ihr Musizieren an sich selbst adressieren und es hier darum geht, die Musik zum einmalig-eigenen Besitz zu machen? Gerade in inklusiven Settings und im Umgang mit Schüler:innen in schwierigen Lebenssituationen ist das Musizieren bzw. der Umgang mit Musik auch – und vielleicht gar vornehmlich – Beziehungsarbeit: Hier entstehen grundierende Resonanzbeziehungen, Musik wird zum Medium, damit eine Kommunikation und damit ein Lernen erst ermöglicht werden kann.

Die *Lehre vom Führen und Folgen in Chor und Orchester* von Joseph Müller-Blattau (1935), damals Mitglied der berüchtigten *Forschungsgemeinschaft Deutsches Ahnenerbe e.V.*, ist hier sicher keine geeignete und für den Musikunterricht wegweisende Dirigierlehre. Sie war Ausdruck eines politisch-gesellschaftlichen Gesamtkonzeptes, das den Gleichschritt auch in anderen Lebenssituationen relevant werden ließ, um jede Möglichkeit einer Resonanzbeziehung systematisch zu verhindern. Das Marschieren im Gleichschritt kann (nicht nur im physikalischen Sinne) auch heute noch in die Resonanzkatastrophe führen, wenn sich Stimmungen aufschaukeln, wenn Bürger zu Wutbürgern werden und die aufgestauten Eigenschwingungen nicht (nun wieder physikalisch gesprochen) durch Dämpfungseffekte eines Schwingungstilgers aus dem System abgeführt werden. Was passiert, wenn es zur Ausgrenzung divergierender Meinungen kommt, erleben wir in den im Internet häufig anzutreffenden „Echokammern" (Spiekermann 2019, S. 227): Man weiß zwar, „was sonst in der Welt gedacht wird" (ebd.), was aber nur dazu führt, den eigenen Standpunkt noch zu bestärken. Sollten wir unseren Musikunterricht nicht auch hinterfragen, wie er solche Echokammern befördert oder gar als eine solche angelegt ist? Dabei scheint es gleich, ob er sich im Reservat des vermuteten Schülergeschmacks bewegt oder auf der anderen Seite des Zauns das breite Frequenzband musikalischer Praxen auf ein zu bewahrendes Bildungsgut einer feudalen Oberschicht reduziert. Die Zeiten der normenspendenden Konzile sollten eigentlich vorbei sein

Auf die Frage, was ein Dirigent eigentlich sei, antwortete Sergiu Celibidache einmal: „Jeder Dirigent ist ein verkappter Diktator, der sich glücklicherweise mit der Musik begnügt" (zit. n. Schurig 2017). Doch darf man deshalb mit der eingewohnten Attitüde eines anleitenden Chor- oder Orchestergenerals seinen Musikraum betreten? Was in anderen Sphären als das klassische Meister-Schüler-Verhältnis gefeiert wird, reduziert den Musikunterricht in der allgemeinbildenden Schule auf ein Vormachen-Einzählen-Nachmachen-Setting der Mitspielsätze, das den Musizierenden zum Replikanten macht. Es geht Hartmut Rosa nicht darum, einen finalen Gleichklang zu erzeugen oder einen Resonanzbegriff zu bemühen, der von einem „Dominanzverhältnis" ausgeht und Resonanz als „Kontroll-, Steuerungs- und Manipulationschance begreift" (Rosa 2016, S. 316). Aber ist es wirklich verwerflich, wenn beim Saitenklang kein auf Selbstwirksamkeit angelegtes Resonanzverhältnis entsteht? Kann es nicht auch beglückend sein, sich in einer musizierenden Masse treiben zu lassen, um im Gleichklang mit anderen einfach nur mitzuschwingen, um hier ein Ergebnis zu erzielen, das allein nie möglich gewesen wäre?

Auf jeden Fall sollte daran erinnert werden, dass es auch musikalische Praxen gibt, die ohne solch eine diktatorische Attitüde auskommen. Wichtig scheint es auf jeden Fall, dass Musiklehrer:innen selbst miteinander in Resonanz treten, um im gegenseitigen Austausch über verschiedene musikalische Praxen ihr eigenes Tun zu hinterfragen. Wer sich in popularmusikalischen Praxen sozialisieren durfte, wird Musik hier nicht als ein Urtextgeschehen erlebt haben, das es ausschließlich zu reproduzieren oder nach geltenden Mustern auszulegen gilt. Er wird Musik vielmehr als Ergebnis eines Resonanzgeschehens begreifen, das nur im kommunikativen Austausch und unter Beteiligung aller immer wieder neu und anders entstehen kann. Wer diese Erfahrungen selbst einmal gemacht hat, wird andere Vorstellungen in das eigene unterrichtliche Tun einbringen.

Dass (musikalische) Bildung nicht im Gleichklang gelingen kann, sondern geradezu auf Störmechanismen angewiesen ist, sollte nun klargeworden sein. Dem darf sich nun ein in die Zukunft weisender Schlussakkord anschließen: Bildung kann nicht in Eintracht musikalischer Regel-Befolger geschehen, Bildung beruht immer auf einer Distanzleistung. Damit ist jetzt keine begriffliche Distanz gemeint, die eher in die Starre und Stummheit führt oder zumindest führen kann. Aber es braucht Störungen, eben eine Distanz zu eigenem Vermögen und Verhalten: „Den Menschen zu behandeln, als bestünde sein Leben ausschließlich in der Anpassung an Vorgegebenes, ihm nicht die Fähigkeit der Gestaltung zu gestatten und ihn zu unterstützen, sein Leben ‚in die eigene Hand' zu nehmen, beraubt ihn einer Würde, so schwer dieser Begriff auch wiegt, die für das Zusammenleben schwer verzichtbar ist" (Dörpinghaus 2015, S. 50). Es sollte unsere Aufgabe sein, den uns anvertrauten Jugendlichen solche Gestaltungsräume zu öffnen und sie dazu zu befähigen, in eigener Verantwortung ihr (musikalisches) Leben selbst in die Hand zu nehmen!

Literaturverzeichnis
- Arendt, Hannah (1981): *Vita activa oder Vom tätigen Leben*. 2. Aufl. München: Piper.
- Barenboim, Daniel (2015): *Musik ist alles und alles ist Musik. Erinnerungen und Einsichten*. München: Piper.

- Beljan, Jens (2019): *Schule als Resonanzraum und Entfremdungszone. Eine neue Perspektive auf Bildung.* 2. Aufl. Weinheim: Beltz Juventa.
- Bertelsmann.de. https://www.bertelsmann.de/strategie/wachstumsplattformen/ [21.08.2023]
- Breyer, Thiemo; Buchholz, Michael B.; Hamburger, Andreas; Pfänder, Stefan & Schumann, Elke (Hrsg.) (2017): *Resonanz – Rhythmus – Synchronisierung. Interaktionen in Alltag, Therapie und Kunst.* Bielefeld: transcript.
- Cramer, Friedrich (1998): *Symphonie des Lebendigen. Versuch einer allgemeinen Resonanztheorie.* Frankfurt a.M.: Insel.
- Dörpinghaus, Andreas (2015): Bildung als Fähigkeit zur Distanz. In Andreas Dörpinghaus, Barbara Platzer & Ulrike Mietzner (Hrsg.), *Bildung an ihren Grenzen. Zwischen Theorie und Empirie.* Darmstadt: WBG, S. 45–54.
- Dörpinghaus, Andreas (2019): Mein Gehirn lernt, aber nicht ich. *Forschung & Lehre,* (7). https://www.forschung-und-lehre.de/forschung/mein-gehirn-lernt-aber-nicht-ich-1957/ [03.09.2023].
- Dräger, Jörg (2015): Was ist die digitale Bildungsrevolution? https://www.bertelsmann-stiftung.de/de/themen/aktuelle-meldungen/2015/september/digitale-bildungsrevolution/ [03.09.2023].
- Gruschka, Andreas (1994): *Bürgerliche Kälte und Pädagogik. Moral in Gesellschaft und Erziehung.* Wetzlar: Büchse der Pandora.
- Hagmann, Peter (2008): Klavierspielen als die natürlichste Sache der Welt. Zu Besuch bei dem Pianisten und Pädagogen Peter Feuchtwanger. *Neue Zürcher Zeitung,* 17.11.2008. http://www.peter-feuchtwanger.de/deutsche-version/presse/neue-zuericher-zeitung/index.html [03.09.2023].
- Handke, Peter (1985): *Die Geschichte des Bleistifts.* Frankfurt a.M.: Suhrkamp.
- Krautz, Jochen (2014): *Ware Bildung. Schule und Universität unter dem Diktat der Ökonomie.* 4. Aufl. München: Diederichs.
- Krautz, Jochen (2019): Rasender Stillstand: Eine Typologie des schulischen Hamsterrads. In Matthias Burchardt & Jochen Krautz (Hrsg.), *Time for change? Im Hamsterrad.* München: kopaed, S. 15–26.
- Lankau, Ralf (2017): *Kein Mensch lernt digital. Über den sinnvollen Einsatz neuer Medien im Unterricht.* Weinheim: Beltz.
- Lyon, Otto (1900): *Das Pathos der Resonanz. Eine Philosophie der modernen Kunst und des modernen Lebens.* Leipzig: B.G. Teubner.
- Mahlert, Ulrich (2009): Informelles Lernen und „klassischer" Instrumental-/Vokalunterricht. In Peter Röbke & Natalia Ardila-Mantilla (Hrsg.), *Vom wilden Lernen. Musik lernen auch außerhalb von Schule und Unterricht.* Mainz: Schott, S. 45–60.
- Müller-Blattau, Joseph (1935): Lehre vom Führen und Folgen in Chor und Orchester (Dirigierlehre). In Joseph Müller-Blattau (Hrsg.), *Hohe Schule der Musik,* Bd. 1, H. 5. Potsdam: Athenaion, S. 258–320.
- Oberschmidt, Jürgen (2011): Die Kunst des Erzählens. Anmerkungen zu einer stets gegenwärtigen, doch oft vergessenen Praxis. *Diskussion Musikpädagogik,* (52), S. 4–13.
- Oberschmidt, Jürgen (2015): Divertissement oder Exercice? Wie sich die Musen vor den Märkten verteidigen müssen. *musikunterricht aktuell,* (1), S. 14–21.
- Oberschmidt, Jürgen (2019): „Den Resonanzdraht in Schwingung versetzen". Eine Auseinandersetzung mit Hartmut Rosas „Soziologie der Weltbeziehung" in musikpädagogischer Absicht. *Diskussion Musikpädagogik,* (81), S. 14–21.
- Peters, Christian Helge & Schulz, Peter (Hrsg.) (2017): *Resonanzen und Dissonanzen. Hartmut Rosas kritische Theorie in der Diskussion.* Bielefeld: transcript.
- Rosa, Hartmut (2013): *Beschleunigung und Entfremdung. Entwurf einer kritischen Theorie spätmoderner Zeitlichkeit.* Berlin: Suhrkamp.
- Rosa, Hartmut (2016): *Resonanz. Eine Soziologie der Weltbeziehung.* Berlin: Suhrkamp.
- Rosa, Hartmut (2017): Für eine affirmative Revolution. Eine Antwort auf meine Kritiker_innen. In Christian Helge Peters & Peter Schulz (Hrsg.), *Resonanzen und Dissonanzen. Hartmut Rosas kritische Theorie in der Diskussion.* Bielefeld: transcript, S. 311–329.
- Rosa, Hartmut (2018): *Unverfügbarkeit.* Wien, Salzburg: Residenz.
- Rosa, Hartmut & Endres, Wolfgang (2016): *Resonanzpädagogik. Wenn es im Klassenzimmer knistert.* 2. Aufl. Weinheim: Beltz.
- Schurig, Jörg (2017): Götterdämmerung. Zeitalter der Despoten am Dirigentenpult ist vorbei. *neue musikzeitung,* 21.12.2017. https://www.nmz.de/politik-betrieb/musikwirtschaft/goetterdaemmerung-zeitalter-der-despoten-am-dirigentenpult-ist [03.09.2023].
- Sennet, Richard (2009): *Handwerk.* Berlin: Berlin Verlag Taschenbuch.
- Spiekermann, Sarah (2019): *Digitale Ethik. Ein Wertesystem für das 21. Jahrhundert.* München: Droemer.
- Sulzer, Johann Georg (1792): Art. „Dichtkunst. Poesie". In Johann Georg Sulzer, *Allgemeine Theorie der Schönen Künste, erster Theil. Neue vermehrte zweyte Auflage.* Leipzig: Weidmannsche Buchhandlung, S. 619–656.
- Weinert, Franz E. (2001): *Leistungsmessungen in Schulen.* Weinheim: Beltz.
- Welsh, Caroline (2006): Die Stimmung in den Wissenschaften vom Menschen. Vom Sympathie-Modell zur Gemüts- und Lebensstimmung. In Arne Höcker, Jeannie Moser & Philippe Weber (Hrsg.), *Wissen. Erzählen. Narrative der Humanwissenschaften.* Bielefeld: transcript, S. 53–64.
- Wils, Jean-Pierre (Hrsg.) (2019): *Resonanz. Im interdisziplinären Gespräch mit Hartmut Rosa.* Baden-Baden: Nomos.

Michael Ahlers

„Ist das dein Handy oder vibrierst du?"

Ein Essay über Resonanz, Technologien und Rollen

Dieser Kurztext vereint Suchbewegungen des Verfassers, die in Kenntnis musikpädagogischer Theorien und fachdidaktischer Ansätze entstanden sind. Diese wurden einerseits durch die Beobachtungen aktueller Mediengebrauchspraxis/-theorien und musikalischer Jugendkultur/-theorien und andererseits durch die soziologischen Theorien und Metaphern Hartmut Rosas initiiert. Es geht dabei im Kern um Medientechnologien, welche die Musikkulturen und -wirtschaften des 21. Jahrhunderts im Zuge der Digitalisierung in eine fortwährende Phase der Disruption geschickt haben (Nordgård 2018). Weiterhin auch um unser eigenes Leben in und mit diesen „postdigitalen Zuständen" (Jörissen, Schröder & Carnap 2020), in denen wir aktuell kommunizieren, konsumieren und musizieren. Und natürlich geht es um Musikunterricht, der seine Position und Relevanz zwischen informellen Musikpraxen und Bildungspolitik und ihren Institutionen fortlaufend behaupten (können) sollte.

Rosa beschreibt in seinem 2016 veröffentlichten Buch das so genannte ‚Resonanzdreieck', welches er als (s)ein Paradigma gelingenden Unterrichts benennt. In vier ‚Bedingungen' werden vor allem die allgemeine Offenheit und (Resonanz-)Bereitschaft zwischen Lehrkräften und Schüler:innen stark gemacht, aber auch Selbstwirksamkeitserwartungen – auf beiden Seiten – sowie ein angstfreies Klassenklima. Natürlich ist Rosa kein Pädagoge, die Bedingungen in sich zunächst auch per se nichts Neues und es würde wohl kaum jemand gegen diese Aspekte argumentieren, Auslöser meiner Überlegungen waren dann jedoch konkret die Sätze:

> „Dies setzt voraus, dass der Lehrer davon überzeugt ist, *seinen Schülern etwas zu sagen zu haben und von diesen auch gehört werden zu wollen*. Das Gleiche gilt für die Schüler: Ohne das Vertrauen, etwas beitragen zu können und entgegenkommendes Gehör zu finden, kann sich die Resonanzachse nicht öffnen" (Rosa 2016, S. 413).

Was aber wollen und was müssen Lehrkräfte (stattdessen?) ‚sagen'? Geht es um eigene Musik-Kultur-Praxis-Erfahrungen? Die Inhalte schulinterner Stoffverteilungspläne? Kompetenzverständnisse aus den Kerncurricula oder Bildungsplänen? Zu diesen hat Rosa ja selbst zeitnah nach seinen soziologischen Überlegungen rhetorisch die Keule geschwungen in *Resonanzpädagogik*, in dem er mit seinem Ko-Autor „Kompetenz und Resonanz in Dissonanz" tatsächlich als stark polemisierende Kapitelüberschrift gewählt hat (Rosa & Endres 2016), aber im Kapitel selbst durch das verengte Verständnis von Kompetenzen als Beherrschung von Techniken leider zu kurz greift. Das aber nur am Rande. Und als wer wollen die Lehrkräfte denn Gehör finden? Als Alleskönner:in, Musiker:in, Coach, Theoretiker:in, Pädagog:in? Und in welcher Weise können und wollen Schüler:innen zur Resonanzerfahrung über die in den Büchern imaginierten ‚glühenden Drähte' beitragen? Durch mündliche Beteiligung, musikpraktische Fähigkeiten oder Kenntnisse in Theorie und Geschichte?

Für den Autor eröffnen sich hier zentrale Anlässe für die Refokussierung musikpädagogischer Grundlagen und das Nachdenken über Legitimationsansätze der professionellen Beziehung zwischen Lehrkräften, Bildungsinstitutionen und Schüler:innen. Für das Fach, welches bundesweit unter Nachwuchsmangel leidet (Musikinformationszentrum 2020) und das in den Stundentafeln oftmals unter den naheliegenden Streich-Optionen rangiert, wird es dringend notwendig. Diese Ansicht scheinen auch zahlreiche Kolleg:innen an deutschen Hochschulen und Universitäten zu teilen. Im Jahr 2022 fand in

Leipzig erstmals seit längerer Zeit wieder ein Treffen über Grundverständnisse, Ausrichtungen und gesellschaftliche Relevanz sowie Verantwortung innerhalb der Gruppe der Hochschul-Dozierenden der Musikpädagogik statt. Aber noch wissen wir wenig von möglichen neuen ‚Kestenberg-Reformen' des 21. Jahrhunderts, viele der dort entwickelten Ideen und bisher noch nicht weiter dokumentierte Diskussionen verbleiben vorerst in statu nascendi. Parallel dazu fragen sich sowohl Musikhochschulen als auch Universitäten, wie und vor allem wen sie künftig und in welcher Weise für das Lehramt an Schulen studieren lassen wollen. Müssen alle dasselbe können? Braucht es veränderte künstlerisch-ästhetische Zugänge zu Musikpraxen? Welches kulturelle Verständnis liegt dabei der Idee von Unterricht oder Bildungsprozessen selbst zugrunde? Wie werden hierin aktuelle gesellschaftspolitische, wirtschaftliche und philosophische Rahmungen adressiert? Und was bedeutet Unterricht, wenn Schulen angesichts der stetig komplexer werdenden Bedingungen und heterogener Klientel mit etablierten Modellen scheinbar in einem komparativen und kompetitiven Verständnis nicht mehr ‚erfolgreich' sind oder dies nur auf massive Kosten des Personals sein können?

> Musikhochschulen und Universitäten fragen sich, wie und vor allem wen sie künftig und in welcher Weise für das Lehramt an Schulen studieren lassen wollen.

Nun, man könnte dieses Lamento oder die (eigene) Suche nach Anschlüssen, Orientierung und gesellschaftlicher Anerkennung sicherlich noch weiterführen, aber belassen wir es für den Moment dabei und widmen wir uns parallelen Entwicklungen, die noch tiefgreifender verwirren können: Kaum wurde weltweit je zuvor so viel Musik erfunden, produziert, vermarktet, rezipiert oder remixed wie heute. Dabei wurde in vielen Altersgruppen das Musik-Streaming und kürzer werdende mediale Formatierungen wie auf TikTok der neue Normalmodus, während die Musikwirtschaft primär über den Live-Sektor und personalisierte Werbemodelle auf Basis von Big Data Geld verdient (Statista 2023). Umweltliche Medien (Hörl 2018) scheinen unsere spätmodernen Gesellschaften mit neuen Verhaltensökonomien und Kapitalsorten in Form von Exploitationen und Valorisierungen von Beziehungen und Affekten auszustatten, um dann als „Kulturmaschine" zur fortschreitenden Singularisierung (Reckwitz 2017) und der stetigen Etablierung und Ausnutzung des Kreativitäts-Imperativs beizutragen (Reckwitz 2012, S. 227). In diesen komplexen postdigitalen Welten setzen sich plötzlich Menschen mit plattformspezifischen Algorithmen auseinander, wenn sie verstehen wollen, warum genau sie diesen Titel als nächsten in ihrer Playlist angezeigt bekommen (Bonini & Gandini 2019). Und mit dem Start des Jahres 2023 werden durch maschinelles Lernen trainierte künstliche Intelligenzen auf einen Schlag Mainstream-tauglich, als ‚Chat GPT' Hausaufgaben-Lösungen per Konversation mit einem Chat-Bot erstellt. In kleinerem Maße sind entsprechend verblüffte Reaktionen auf die Entwicklungssprünge im Bereich der künstlichen Intelligenz und textbasierter Musik-Korpora – wie bei Googles MusicLM[1] (Agostinelli, Denk, Borsos, Engel, Verzetti, Caillon & Tagliasacchi 2023) – oder umfangreicher Noten- und Sound-Korpora – wie bei bei AIVA[2] oder Hatsune Miku (Sabo 2019) – wahrzunehmen gewesen. Musikkulturen und die sie gestaltenden humanen wie nicht-humanen Akteur:innen, Dinge und Praxen werden also zusehends komplexer, da sie bereits mindestens seit dem frühen 20. Jahrhundert als eines der entwicklungsfreudigen und technikaffinen Felder kultureller Produktion eingestuft werden können. Und irgendwo dazwischen, darin und dadurch finden musikalische Bildungs- sowie Subjektivations- und Sozialisationsprozesse statt.

Malte Sachsse hat in einer unlängst veröffentlichten Studie eine Diskursanalyse vorgelegt, welche – ausgehend von dem Jahr 2010 – über Orientierungen und Normen in aktuellen musikpädagogischen Digitalisierungsdebatten nachdenkt. Die umfassende Arbeit rekonstruiert zahlreiche Standpunkte, Pros und Contras und arbeitet kenntnisreich sowie detailliert heraus, dass zwischen „Orientierungsbedürfnis und Normierungsskepsis" (Sachsse 2022, S. 119) auch etwas entstehen kann, das im Sinne von Bildungsprozessen nutzbar oder sinnvoll würde:

---

[1] https://google-research.github.io/seanet/musiclm/examples/ [28.02.2023] (s. nebenstehenden QR-Code)
[2] https://aiva.ai/ [28.02.2023]

> „Musikalische Bildung [wäre] im digitalen Zeitalter als Form der ‚produktiven Verwicklung' zu begreifen, bei deren Konzeption die fachdidaktische Formatierung eines ‚gestaltenden und produktiven Umgang[s] mit Unbestimmtheit' (Allert & Asmussen, 2017, S. 28) ein zentrales Desiderat darstellte" (Sachsse 2022, S. 166f.).

Aber gleichzeitig referiert er auch eine andere – aus Sicht des Verfassers ‚klassisch-medienpädagogische' – Sichtweise, welche ihren klaren Auftrag an den Musikunterricht formuliert:

> „Insofern werden Bestrebungen verständlich, digitale Musiktechnologien in eine kritische Distanz zu Subjekten, zur Gesellschaft und zur Schule zu rücken und Musikunterricht als eine Instanz zu denken, die zur Erkenntnis ihrer Mechanismen, Wirkungen und Funktionen, zur selbstreflexiv-kritischen Bewusstmachung mediatisierter Wahrnehmungen als solche sowie zur rationalen Verständigung darüber befähigen soll" (ebd., S. 155).

Im Rahmen seiner abschließend in Anlehnung an Klafki gesammelten ‚Schlüsselprobleme' entwirft er ein Angebot, über welche epochalen Themen entsprechend dialektisch zwischen selbstreflexiv-kritischem Denken und produktiven Verwicklungen im Umgang mit Unbestimmtheit gearbeitet werden könnte: Er stellt hierzu Autonomie und Persönlichkeitsentwicklung sowie Gerechtigkeit und Nachhaltigkeit in nationaler und internationaler Perspektive in den Mittelpunkt und bindet die Ideen an bildungswissenschaftliche sowie didaktische Diskurse an.

Mir scheinen diese Überlegungen sehr ertragreich und anschlussfähig, um die eingangs formulierten Fragen vor dem Hintergrund der dann skizzierten gesellschaftlichen und technologischen Rahmenbedingungen und Herausforderungen bearbeiten zu können: Denn ‚wer wir sind', wie wir uns selbst darstellen oder gesehen werden wollen und als-was oder als-wer wir agieren, sind bildungsrelevante, auch genuin musikpädagogische Themen und didaktische Angebote im Umfeld partizipativer, ko-konstruktiver sowie kulturell-verständiger Verständnisse von Musikunterricht und begründen wiederum dessen Relevanz innerhalb des allgemeinbildenden Fächerkanons. Lehrkräfte wie auch Schüler:innen erleben in den skizzierten und natürlich zugespitzten postdigitalen Zuständen gleichermaßen Momente des Erlebens von Irritation, Überlastung, Ein- und Ausschluss sowie diverse Chancen, Teile eines vermeintlich großen Puzzles erkennen und diese allein oder in Gemeinschaft zusammensetzen zu können. Dabei sind es wahrscheinlich vor allem die ko-konstruktiven, kollaborativen und entdeckenden Lernprozesse, die Lösungen für eine Auseinandersetzung mit komplexen ‚Problemen'– hier durchaus verstanden mit Bezug zu einem problemorientierten Musikunterricht (Dreßler, Eibach & Zenk 2016) – anbieten. Und sofort schnappt die Falle in manchen Köpfen zu: Wie passt das zu ‚körperlosen' digitalen Umwelten? Benötigen wir nicht anstelle von gesellschaftlich legitimierter Auseinandersetzung mit aktuellen Lebenswelten der Beteiligten am Unterricht stattdessen Schutzräume (Mönig 2019) oder Refugien für ‚authentisches, analoges Musizieren'? Die dichotomisierenden Relationierungen von Körper-Geist, oder leiblich-sinnhaft versus abstrakt-kognitiv sind stark verankert in unserem Fach und sollen hier nicht weiter in Erinnerung gerufen werden. Wenn Resonanz(erfahrung) als eine Zu-Mutung oder ein Versprechen für bedeutsame Bildungserlebnisse verstanden sein soll, dann sollte digitalisierten Praxen und Kulturen und den in ihnen Handelnden dies auch zugemutet oder zugesprochen werden. Zu viele Optionen für ein selbstbedeutsames Handeln der Beteiligten würden sonst verschenkt. In anderen Fachdidaktiken herrscht inzwischen ein Konsens darüber, dass auch ein induktives Lernen mit digitalen Medien möglich ist sowie kommunikative, ko-konstruktive oder kollaborative Prozesse durch sie nicht per se eingeschränkt oder verhindert werden (Weißhaupt, Schneider, Griesel & Pfrang 2021). Doch was ist nun mit den glühenden Drähten und den Resonanzerlebnissen? Was vibriert denn in diesem Unterricht, wenn es nicht Saiten, Hölzer, Metalle, Stimmbänder, Kunststoffe oder Felle sind? Ist es nur das Handy? Natürlich nicht, das dürfte inzwischen klar sein. Wenn wir gemeinsame Prozesse des Erlebens von Aha-Momenten, die sowohl musikpraktisch als auch kognitiv, sowohl rezeptiv als auch diskursiv entstehen können, ansehen, dann sind diese auch postdigital denkbar und bereits vielerorts vorhanden.

In diesen Konstellationen von Menschen und Dingen ändern sich keine Qualitäten, es ändern sich aber notwendigerweise Positionen der Handelnden, Praxen und auch Rollenverständnisse. Allen Beteiligten didaktischer Dreiecke oder Tetraeder (Prediger, Leuders & Rösken-Winter 2017) sollten ihre Expertisen zugestande und den Medien dabei selbst eine aktivere Position zugeordnet werden. Dann fügen sich auch die durch Sachsse eingeführten Schlüsselprobleme der Jetztzeit sehr gut in diesen Kontext ein. Da große und komplexe Themen wie Nachhaltigkeit, Gerechtigkeit und deren globale Kontexte keine einfachen Lösungen mehr erlauben, eröffnen sich hier zahlreiche, gemeinsame Lehr- und Lernprozesse, die sowohl zu einem Erlebnis von Bedeutsamkeit als auch zu einer zeitgemäßen Anbindung des Unterrichtsfachs an drängende Themen der Gegenwart und Zukunft führen können. Auf beiden Seiten kann dies dann, so sich alle Beteiligten auf eine angstfreie und konstruktive Kommunikationsform einigen können, zu Erlebnissen von Resonanz und einem Vibrieren in Köpfen oder Körpern führen. Und die ist nicht allein vor vielerorts berichteten motivationalen Problemen des Musikunterrichts gelesen ein für alle Beteiligten erstrebenswerter Zustand.

Literaturverzeichnis

- Agostinelli, Andrea; Denk, Timo I.; Borsos, Zalán; Engel, Jesse; Verzetti, Mauro; Caillon, Antoine & Tagliasacchi, Marco (2023): MusicIM: Generating music from text. *arXiv preprint arXiv:2301.11325*. https://arxiv.org/pdf/2301.11325.pdf%20?amp=1 [30.08.2023].
- Bonini, Tiziano & Gandini, Alessandro (2019): First week is editorial, second week is algorithmic: Platform gatekeepers and the platformization of music curation. *Social Media+ Society*, 5 (4), S. 1–11.
- Dreßler, Susanne; Eibach, Benjamin & Zenk, Christina (2016): „Das passt zu diesem zweiten Teil, weil es so elegant ist." Modenschaumusik gestalten – Ein Beispiel für problemorientierten Musikunterricht. In Susanne Dreßler (Hrsg.), *Zwischen Irritation und Erkenntnis. Zum Problemlösen im Fachunterricht*. Münster: Waxmann, S. 123–143.
- Hörl, Erich (2018): Die environmentalitäre Situation. *Internationales Jahrbuch für Medienphilosophie*, 4 (1), S. 221–250.
- Jörissen, Benjamin; Schröder, Martha K. & Carnap, Anna (2020): Post-digitale Jugendkultur. Kernergebnisse einer qualitativen Studie zu Transformationen ästhetischer und künstlerischer Praktiken. In Susanne Timm, Jana Coasta, Claudia Kühn & Annette Scheunpflug (Hrsg.), *Kulturelle Bildung. Theoretische Perspektiven, methodologische Herausforderungen und empirische Befunde*. Münster: Waxmann, S. 61–77.
- Mönig, Marc (2019): Wenn das gesellschaftlich Faktische zum pädagogisch Wünschenswerten erhoben wird. Gedanken zum Lernen mit digitalen Medien im Musikunterricht. *Diskussion Musikpädagogik*, (82), S. 22–26.
- Musikinformationszentrum (2020): Mangelfach Musik. Musikunterricht in der Grundschule. https://miz.org/de/fokus/mangelfach-musik [01.03.2023].
- Nordgård, Daniel (2018): *The music business and digital impacts: Innovations and disruptions in the music industries*. New York: Springer.
- Prediger, Susanne; Leuders, Timo & Rösken-Winter, Bettina (2017): Drei-Tetraeder-Modell der gegenstandsbezogenen Professionalisierungsforschung: Fachspezifische Verknüpfung von Design und Forschung. *Jahrbuch für allgemeine Didaktik*, S. 159–177.
- Reckwitz, Andreas (2012): *Die Erfindung der Kreativität: Zum Prozess gesellschaftlicher Ästhetisierung*. Frankfurt a.M.: Suhrkamp.
- Reckwitz, Andreas (2017): Digitalisierung als Singularisierung: Der Aufstieg der Kulturmaschine. In Andreas Reckwitz (Hrsg.), *Die Gesellschaft der Singularitäten: Zum Strukturwandel der Moderne*. Frankfurt a.M.: Suhrkamp, S. 225–271.
- Rosa, Hartmut (2016): *Resonanz. Eine Soziologie der Weltbeziehung*. Berlin: Suhrkamp.
- Rosa, Hartmut & Endres, Wolfgang (2016): *Resonanzpädagogik. Wenn es im Klassenzimmer knistert*. 2. Aufl. Weinheim: Beltz.
- Sabo, Adriana (2019): Hatsune Miku: Whose Voice, Whose Body? *INSAM Journal of Contemporary Music, Art and Technology*, 1 (2), S. 65–80.
- Sachsse, Malte (2022): Orientierungen und Normen in aktuellen musikdidaktischen Digitalisierungsdiskursen. Analysen, Kritik, Perspektiven. In Peter W. Schatt (Hrsg.), *Musik – Macht – Widerstand*. Münster: Waxmann, S. 117–184.
- Statista (2023): Audio. https://www.statista.com/markets/417/topic/475/audio/#overview [28.02.2023].
- Weißhaupt, Mark; Schneider, Ralf; Griesel, Clemens & Pfrang, Agnes (2021): Digitale Erfahrung? Über das Lernen zwischen Instruktion und (Ko-) Konstruktion. In Barbara Holub, Klaus Himpsl-Gutermann, Katharina Mittlböck, Monika Musilek-Hofer, Andrea Varelija-Gerber & Nina Grünberger (Hrsg.), *lern. medien. werk. statt. Hochschullernwerkstätten in der Digitalität*. Bad Heilbrunn: Klinkhardt, S. 87–102.

Meinhard Ansohn

Mein Schulchor: Unsere Themen – meine Lieder

Schulchor der Paul-Klee-Grundschule, Berlin, Leitung: Meinhard Ansohn

„Lebendigkeit entsteht nur aus der Akzeptanz des Unverfügbaren." (Rosa 2019, S. 67)

Mein Schulchor, der an der Berliner Paul-Klee-Grundschule von September 1985 bis 2020 bestand, endete im Lockdown der Corona-Pandemie und damit einhergehend mit meiner Pensionierung. Meine Gedanken zu Grundfragen meiner schulischen Chorarbeit setze ich am Schluss dieses Beitrags in Beziehung zu Hartmut Rosas Theorie der Resonanz in sozialen Beziehungen.

Chorgründung: Jeder kann singen

Ich war ein gutes halbes Jahr im Referendariat und die Schulleitung wollte „endlich mal wieder einen Schulchor für die Klassen 4 bis 6 haben". (Die Berliner Grundschule geht von Klasse 1 bis 6.) Es sollte ein Chor sein, der zu Schulfeiern, vor den Weihnachtsferien und zum Schuljahresabschluss im Sommer für Eltern und Geschwister singt, so wie es fünf Jahre früher an der Schule üblich gewesen war.

Mein Musikstudium hatte sieben Semester „klassische" Chorleitung beinhaltet, die mir allerdings kaum geeignet schienen, um eine große Gruppe von 10- bis 12-Jährigen zum Singen zu motivieren. Meine eigenen Sing- bzw. Chorerfahrungen waren immerhin vielfältig gewesen und ich hatte aus Jugendzentren, Gruppenfahrten und Chorfreizeiten ein großes Liedrepertoire, das ich gern einbringen wollte. Freie Liedbegleitung am Klavier und mit der Gitarre hatte ich – überwiegend autodidaktisch

- entwickeln können und erste Arrangiererfahrungen gab es auch. Zwei motivierte Klassen kannte ich schon und traute mir zu, ihre Fähigkeiten einzuschätzen.

Die Schule stellte mir auf meinen Wunsch hin eine erste Stunde wöchentlich um 8 Uhr zur Verfügung, einen großen Raum mit Klavier und die Zusage, parallel zu der Chorstunde keine anderen AGs oder Unterrichtsangebote einzurichten – für einen konzentrierten gemeinsamen Tagesanfang mit Gesang sehr wichtig, aus heutiger Sicht ein absoluter Luxus!

Meine Aufgabe war nun in den 4. bis 6. Klassen für die neue Schulchor-AG zu werben, nach Interessen zu fragen und Angebote zu machen, was dort stattfinden konnte. Vor allem die Frage nach einem Wunschrepertoire erschien mir wichtig, da ich aus der Jugendarbeit die Erfahrung mitbrachte, dass viele Jugendliche Musik als Hauptinteresse nannten, aber ihren schulischen Musikunterricht deutlich schlechter bewerteten. Meine Motivation Musiklehrer zu werden war dadurch besonders geweckt worden. Ich wollte es anders machen, schülerorientiert und möglichst nachhaltig wirksam sein.

Aus sechs Klassen der damals zweizügigen Schule kamen zur ersten Chorstunde 73 Kinder. Wie schön, aber auch wie erschreckend für mich als Anfänger. (Nach und nach nahmen später jährlich mehr als 150 Kinder aus der inzwischen vierzügigen Schule am Chor teil.)

Kein Problem war für mich, dass am Anfang selbst einstimmiger Gesang nicht möglich war. Ich hatte von vornherein als Hauptsatz Nummer eins für mich klar formuliert: Jeder Mensch kann singen. Auch Kinder, die keinen Ton treffen und keine Melodie halten konnten, waren willkommen: Grundschule ist zum Lernen da und nicht zum Aussortieren. Die Interessierten sollten motiviert werden und durch regelmäßige Chorteilnahme, behutsame Stimmpflege und angemessene musikalische Anforderungen nach und nach sicherer singen können.

> Auch Kinder, die keinen Ton treffen und keine Melodie halten konnten, waren willkommen: Grundschule ist zum Lernen da und nicht zum Aussortieren.

Entwicklung des Chores 1: Die Chorstunde

Zum sicheren Singen gehört Stimmbildung bzw. chorisches Einsingen. Von Anfang an machte ich deutlich, dass die Stimme ein Instrument ist, das wir unterschiedlich klingen lassen können. Jede Chorstunde begann mit mal sportlichen, mal meditativen Körperübungen, die in Stimmklänge mündeten. Spielerisches, Nachahmendes, „tiefe" und „hohe" Klänge wurden gemeinsam ausprobiert und Grenzen ausgelotet. Mit der Zeit entstand ein Repertoire an Ritualen, eine Abfolge von Elementen, die dem Chor einen vertrauten Rahmen verschafften: Ankommen im Raum, Atemklänge, Vokalisen, kleine Melodiefloskeln in Tiefe und Höhe, neue und bereits bekannte Übungen, ein Kanon, ein neues Lied, danach ein schon angeprobtes Lied zum Vertiefen und Auswendiglernen und zum Schluss ein Wunschsingen.

Manche Kinder machten begeistert mit. Andere mussten Fremdheit überwinden. In diesem ersten Stadium der Chorgeschichte musste ich gelassener, aber fokussierter Animateur sein und signalisieren: Ich weiß, wozu das gut ist, und es macht Spaß. In späteren Stadien wurden genug Kinder selbst zu Verteidigern des konzentrierten Einsingens, so dass die „schwierigen", unkonzentrierten, vielleicht teilweise überforderten Kinder, die weniger wegen des Singens als aus Freundschafts- oder anderen Gründen kamen, gebremst werden konnten. Nur in krassen Fällen musste ich Kinder wegen ihres Verhaltens sanktionieren, niemals wegen „falscher" Töne.

Um im größer werdenden Chor die Übersicht zu behalten, ließ ich in jeder Klassengruppe je zwei Chorklassensprechende wählen, die mir am Ende der Probe sagten, wer gefehlt hat und wo es eventuell Probleme gibt, und denen ich Informationen mitgab, die sie in ihrer Klasse verbreiten sollten. So war organisatorisch eine Mitsprache der Kinder gewährleistet und es waren funktionale Ämter geschaffen, ohne die ich mit über 150 Kindern nicht kontinuierlich hätte arbeiten können.

Nach fünf Jahren Chor reichte der Raum nicht mehr für alle und ich bekam wieder einen Wunsch erfüllt, eine zusätzliche Stunde an einem anderen Tag, so dass es nun zwei Probentermine gab, einen für die Viertklässler:innen und einen für die Chorkinder der 5. und 6. Klassen. Die Anfänger:innen bekamen nun etwas mehr Stimmbildung und etwas weniger umfangreiche Strophentexte. Wichtig war vor allem, regelmäßig dabei zu sein. Wer sich nach vier Wochen Chorprobenzeit entschied zu bleiben, musste regelmäßig kommen. Ich hatte dafür möglichst immer wieder Motivierendes anzubieten.

Die Fortgeschrittenen lernten mehr Texte, manchmal auch ein Lied nur für sie, und sie bekamen teilweise andere Übungen z.B. zur Intonation. Eine wichtige Entscheidung war, trotz der Lernfortschritte, mit wenigen Ausnahmen keine Mehrstimmigkeit anzubieten. Ein sicheres Repertoire an einstimmigen Lieder verschiedenster Genres erschien mir tragfähiger für gelingende Aufführungen und einen reichen Schatz an Melodien.

> Ein zweiter Hauptsatz entstand für mich: Singen macht Spaß, wenn du es ernst nimmst, jedenfalls das Singen im Chor.

Ein zweiter Hauptsatz entstand für mich: Singen macht Spaß, wenn du es ernst nimmst, jedenfalls das Singen im Chor. Manchmal verschwanden Verhaltensauffälligkeiten aus Unsicherheit, wenn die Hinführung zu spannenden Klängen und das Üben von Songs zu der unmittelbaren Erfahrung führen konnte: Gemeinsam singen erzeugt auch Wohlgefühl und sogar Sicherheit. In dem zunehmend vertrauten Rahmen eines ritualisierten Einsingens mit überraschenden Stimmabenteuern entwickelte sich mein dritter Hauptsatz: Singen ist Massage für die Seele. Es ist das, was viele im Chor Singenden beschreiben als „Gänsehaut", als Euphorie, die durch beim Singen entstehende Klänge entsteht, etwa Vokale, die durch den gut gespannten Körper gleiten wie ein hohes, funkelndes „U" oder ein wohliges tiefes „O". Sie klingen von innen durch die eigene Stimme und verbinden sich im Ohr mit dem Klang der direkten Chornachbar:innen. Aber auch vertraute Melodien von Refrains, Textphrasen mit einer persönlich empfundenen Aussage, leise, weiche, schwingende Passagen (Leuchte, mein Licht) und laute, tief empfundene Proklamationen (Lasst die Tiere in Ruh) wirken an dieser „Massage für die Seele" mit und lassen das Ernstnehmen von Chorsingen wachsen.

Entwicklung des Chores 2: Das Repertoire

Am Anfang war noch nicht absehbar, was wir singen würden. Das erste Lied, das ich aussuchte und nach einem schwungvollen Einsingen anstimmte, war ein Flop. *Schön ist ein Zylinderhut*. Nach der Probe kamen Kinder zu mir und sagten, sie würden ja gern singen, aber nicht so was. Eine schwierige Ansage für mich. Was denn dann singen? Das Altmodische sollte es wohl nicht sein. Ich war aber unsicher, ob es klug wäre, mich dem aktuellen Geschmack der Wortführerinnen anzunähern und mich damit in die Interessenskonflikte der großen Gruppe einzumischen.

Die Lösung war: Inhaltlich etwas von weit herzuholen, *Epo i tai tai e* aus Hawaii, das sich Kinder in Hawaii von Maori-Soldaten aus Neuseeland zurechtgehört hatten. Ein Glücksgriff, denn es war für alle exotisch genug und trotzdem kindgerecht. Und es war inhaltlich sehr flexibel einsetzbar, quasi ein Dauerstimmbildner über mehr als 30 Jahre.

Als dann eine erste Sommeraufführung anstand, war durch die Faszination des „Südseesounds" von *Epo i tai tai e* auch schon die Idee entstanden, eine „Musikalische Reise um die Erde" zu machen. Für solch ein Thema war es einfach, sehr unterschiedliche Lieder aus aller Welt zu finden. Mit dieser Aufführung hatte sich ein Standard entwickelt, der unterschiedlichste musikalische Idiome, Mehrsprachigkeit und viele globale Fragestellungen für den Schulchor ins Interesse rückte. Vorher im Schuljahr lag aber noch die erste Weihnachtsaufführung. Ich hatte explizit christliche Inhalte zu vermeiden, da wir als allgemeinbildende Schule schon damals viele Konfessionen und nichtreligiöse Menschen hatten, die nun zusammen singen wollten und sollten. Lieder aus der bürgerlichen Weihnacht des 19. Jahrhunderts mochte ich selber nur begrenzt einsetzen.

Insofern forderte schon das erste Weihnachtssingen unser Nachdenken heraus über alles, was das Fest für uns ausmacht: Familie, Gemeinschaft, Geschenke, Freude, Licht, Sterne, Engel usw. Ich textete und komponierte jedes Jahr für Weihnachten ein neues Lied. Und manche Kinder brachten aus ihren Herkunftsländern wie z.B. Spanien, Kroatien oder Peru mir unbekannte Songs ein.

Das Weihnachtssingen und die Aufführung mit Liedern aus aller Welt führten mich zu meinem vierten Hauptsatz: Wir singen von uns und von der Welt. Für Schülerinnen und Schüler war damals und ist heute mehr denn je eines der größten Probleme in der Schule, dass ihnen die angebotenen Lerninhalte zu wenig mit ihrem Leben verbunden vorkommen. Im – freiwilligen und nicht zensierten – Chor war es dann meine Aufgabe, zu sichern, dass ihre Wünsche und Fähigkeiten, ihre Gedanken zu Themen, die sie gern singend ausdrücken würden, Berücksichtigung finden und mit den ihnen zur Verfügung stehenden musikalischen Mitteln umgesetzt werden konnten.

> Das Weihnachtssingen und die Aufführung mit Liedern aus aller Welt führten mich zu meinem vierten Hauptsatz: Wir singen von uns und von der Welt.

Für jeden Sommer galt es, ein verbindendes Thema für eine Aufführung zu finden, das mir wie beim Weihnachtssingen im Dezember erlaubte, eine große Spannbreite an kulturellen Inhalten zu einer Art Fantasiegeschichte zu bündeln. Je konkreter das Thema feststand, umso eher wurden auch Volkslieder (Die Gedanken sind frei), Experimentelles (Cage 4:33), „merkwürdige" Sprachen (Inuit) akzeptiert und nicht als zu fremd abgelehnt.

Themen boten sich wie von selbst an: 1987 war die 750-Jahr-Feier Berlins. Schülerinnen hatten die Idee ein „Fest der Wappentiere" mit Songs zu den Bezirkswappen zusammenzustellen. Zur 90-Jahr-Feier der Paul-Klee-Schule 2003 schlug ich eine durch Projektionen ergänzte Aufführung rund um abstrakte Gemälde und Aquarelle wie z.B. die Zwitschermaschine von Paul Klee vor.

1992 war die 500-Jahr-Feier zu Columbus in allen Medien präsent. Die „Entdeckung" Amerikas – die Eroberung und Besiedlung usw. – war teilweise Unterrichtsthema auch in der Grundschule. Und die Klimakonferenz in Rio erschien wie ein Resümee vieler Probleme für Mensch, Natur und Umwelt. Aus der Fülle all dieser der Aspekte entstand ein sehr eindrucksvolles Programm, für dessen Aufführung einige Eltern ein Holzschiff bauten, aus dem heraus wir sangen.

Das Nachdenken über Freundschaft (*2008 Wer bist'n du?*), Liebe (*1991 Liebe ist...*) und allgemein über die Verschiedenheit von Menschen (*1994 „Alle Menschen sind gleich verschieden*) ergab Aufführungen über uns selbst. Und Themen wie Fußball zur WM 2006 und mehrfach Tiere im Haus, im Zoo und in freier Natur waren für viele Kinder ebenfalls von Interesse. (Eine Liste aller Themen des Schulchores von 1985 bis 2019 befindet sich im Downloadbereich.)

Diese Themen verstärkten die Sinnhaftigkeit des Schulchores für die Mitwirkenden in mehrerer Hinsicht. Über eine längere Zeit war ein Thema Gesprächsthema in der Schule und zu Hause. Manche Aufführungen wurden durch Unterrichtsprojekte begleitet. Mitunter gab es Anregungen durch Eltern und Großeltern, so dass es immer einfacher wurde, auch Volkslieder und Lieder aus Frühzeiten der europäischen Musikkultur – Mittelalter, Barockzeit usw. – zu integrieren, gegebenenfalls zu bearbeiten und zu variieren. Bei der Aufführung „Lieder von gestern, heute und morgen" ging der Spannungsbogen von Walther von der Vogelweide über einen Rap (*47 Länder, Europa ist ein großer Schatz*) bis zu einer Klangimprovisation mit unvorhersehbarem Ausgang.

Trotz dieser Öffnung zu vielen Liedgenres fehlte mir in den meisten Aufführungen ein Lied. Mal wurde es gebraucht, um eine Dramaturgie abzurunden. Mal war zu einer Thematik schlicht nichts zu finden und ich „musste" das Lied selbst schreiben. Kinder halfen schon mal indirekt mit, z.B. als sie mir auf der Schultreppe den Dialog „Du hast angefangen! Nein, du hast angefangen!" ins Ohr brüllten. Das von mir dann vertonte „Gespräch" kam auf die Bühne und findet sich heute in Schulbüchern. Eine lange Zeit gehörte es in der Paul-Klee-Schule zum guten Ton, im Schulchor zu sein. Wer nicht dabei war, musste keine Nachteile befürchten, aber wer mitmachte und das gar drei Jahre lang, hatte einen größeren Schatz erworben: Neben summa summarum 75 gelernten Liedern, Songs und Kanons auch die Erinnerung an die eigene Mitwirkung bei umjubelten Choraufführungen in der Grundschulzeit. Das menschliche Bedürfnis zu singen konnte bewahrt werden, sich außerhalb und nach der Schule auf privaten Feiern zeigen oder in Jugend- und Erwachsenchören weiterentwickeln.

Schulchor im Licht von Resonanz nach Hartmut Rosa

2019 erschien Hartmut Rosas Buch *Unverfügbarkeit*, als bis dahin Quintessenz seiner vorher in Büchern und Vorträgen ausführlich veröffentlichten Theorie der Resonanz, die der Mensch als Beziehung zur Welt, zu Menschen und Dingen erlebt, also auch zu einem Chor, hier speziell in der Grundschulzeit. Es geht um die Menschen, die singenden Mitschüler:innen und den Chorleiter und die Tätigkeiten wie lernen, singen, Lieder auswählen, auftreten.

Seine vier Aspekte dieses „Beziehungsmodus" von Resonanz, Berührung, Selbstwirksamkeit, Anverwandlung und letztlich Unverfügbarkeit geben einen neuen und verstehenden Blick z.B. auf Schulchorarbeit, die einerseits klare Entscheidungen braucht und andererseits offen ist für eine gemeinsame Entwicklung in der Gruppe.

Das Moment der Berührung (Affizierung) betrifft alle Aspekte von Motivation und zwar zu jedem Zeitpunkt neu. Ein gewecktes Interesse für den Schulchor hat dieses Moment genau wie jede Neubegegnung mit einer Stimmübung und einem Lied. Es muss vom Chorleitenden immer bewusst beachtet werden, wo die Andockpunkte für solche Affizierungen liegen, zumal in einer heterogenen Lerngruppe immer widerstreitende Motive aktiv sind. Dieser Aspekt spielt bei jedem Neueintritt in den Chor eine Rolle, aber auch bei jeder Übung (Wie wird sie aufgenommen? Bleibt sie einmalig oder eignet sie sich zum Ritual?) und bei jedem neu einzuführenden Lied.

Das Moment der Selbstwirksamkeit (Antwort) ist in einem Chor, der niemanden ausschließt, besonders bedeutsam. Tatsächlich gibt es viele Chöre, in denen Musik unterrichtet wird und man nur noch die passenden Kinder dafür finden muss. Wenn ich aber Kinder unterrichte und mit ihnen zusammen die Musik suche, die sie weiterbringt, ist Selbstwirksamkeit ein viel umfassenderes Moment, denn es geht nicht um das Erreichen eines vorgefertigten Zieles, sondern um einen Weg, der Ziele unterschiedlich definiert. Mehr als nur die Frage nach Über- oder Unterforderung steht in solcher Art Chor die Suche nach einer Antwort, was denn genau unsere Motivation aufblühen lassen kann, was zu einer gemeinsamen Reaktion auf die Berührung mit Chorgesang werden kann. *Alle Jahre neu!* Als drittes kommt ins Spiel das Moment der Anverwandlung (Transformation). Durch die Chorarbeit werden Kinder zu Chorkindern, wird ein Musik Unterrichtender zum Chorleiter. Es ist wie ein Dreisatz:

1. Ich interessiere mich für den Chor / ein Lied.
2. Ich singe im Chor / ein Lied.
3. Ich bin ganz Chorist und bin gespannt auf das, was als nächstes kommt, oder äußere eigene Ideen.

In jedem Anlauf zu einer Aufführung haben wir eine Intensivierung dessen erlebt, was im wöchentlichen Probenrhythmus manchmal verschwinden kann. Den Singenden wird bewusst: Jetzt geht es um etwas, ich bin ganz im Flow.

Genauso wertvoll wie die ersten drei Aspekte von Resonanz wird dann das Moment der Unverfügbarkeit. Es kann ja eine Aufführung akribisch geplant sein, genauestens geprobt, zeitlich gut durchorganisiert, alles auf den Punkt gebracht. Ein Koch würde sagen, der Garpunkt ist perfekt erreicht. Und dann – kommt etwas dazwischen. Ein Gewitter senkt die Konzentration und Intonation im Raum in Untiefen. Ein attraktives Fernsehprogramm lässt mal eben zwanzig Kinder vergessen, dass ja heute der Auftritt ist. Kinder mit wichtigen Aufgaben erscheinen nicht, weil zu Hause Geschwister oder sie selber krank geworden sind. An diesem Punkt ist das, was aufgeführt wird, das Beste, das aufgeführt werden kann.

Unverfügbarkeit im organisatorischen Bereich kennt jeder, der Gruppen leitet. Plan B und C und dann doch noch mal alles zu ändern, das kennt man und muss es gut aushalten. Ein Beispiel für Unverfügbarkeit durch unsere Chorgröße: Es gab Einladungen für den Schulchor in andere Häuser: „Wie bitte, 150 Kinder? Nein, kommen Sie doch bitte mit der Hälfte!" Hier wurde der Segen des großen Zuspruchs fast zum Fluch. Meine Entscheidung war immer: Alle oder keiner. Deswegen fanden solche Exkursionen nicht statt. Es hätte keine logischen Begründungen gegeben, diese Kinder mitzunehmen und jene zu Hause zu lassen und es wäre eine Belastung für den Zusammenhalt aller gewesen. Hier geht es nicht nur um das Aushalten, sondern um klare Prinzipien für eine Entscheidung.

Unverfügbarkeit als Grenze der Institution Schule: Die Stundentafel wurde so aufgebläht, dass es immer schwieriger wurde, die für mich wertvolle erste Stunde als Probenzeit zu halten. Die Hort- und Essenszeiten bedrängten den Zeitrahmen weiter. AG-Stunden wurden aus Einspargründen gestrichen. Mehrmals stand das Projekt Schulchor fast vor dem Aus. Eine kreative Lösung war, Sprachbildungsstunden für die Chorarbeit zu nehmen, eine andere, Integrationsstunden dafür zu verwenden. „Integrationskinder" gab es an der Schule reichlich und die Hälfte davon sang im Chor. Das Konzept hielt damals weitestgehend das aus, was man heute inklusiv nennt.

Mein Lied *Verschiedenes*, das wir mehrfach im Chor gesungen haben, sagt: „Wer was will, der muss es eben tun. Es wär' nur manchmal gut zu wissen, was und auch wozu." Das haben wir unter anderem auch schon mal auf die Hürden, die einem in den Weg gestellt werden, bezogen.

Wichtig im Zusammenhang mit dem Lernen ist auch die von Rosa beschriebene Unverfügbarkeit der Erfahrung im Gegensatz zur relativen Verfügbarkeit der Dinge. Wir können vieles tun, es auch gut begründen und denken, wir nehmen viele Menschen mit. Spätestens, seit der Konstruktivismus uns lehrt, dass grundsätzlich jeder Mensch in einer bestimmten Lernsituation Unterschiedliches lernen und behalten wird, sollten wir vorsichtig sein z.B. mit der Gewissheit, was unsere Gruppe weiß und kann. Unser Input in die Gruppe ist genährt durch unsere Erfahrungen, aber das, was ankommen soll, trifft auf ganz andere Erfahrungen. Wichtig ist dann, Augen und Ohren offen zu halten für das Echo aus der Gruppe.

Wenn sich etwa bei einer Aufführung herausstellt, dass eine kleine Jungengruppe nach eigentlich ganz guter Probenteilnahme von der Konzertsituation überfordert ist und mit ihrer Unruhe die Mitsingenden vor Probleme stellt, braucht es eine große Gelassenheit, damit umzugehen, es auszuhalten oder einzugreifen. Über diese Situation lässt sich höchstens „halb verfügen" und wenn ich sie ganz rigide in den Griff bekommen, also vollständig darüber verfügen will, verliert das Ganze an „Resonanzqualität".

„Die Haltung, welche auf das Festhalten, Beherrschen und Verfügbarmachen eines Weltausschnitts abzielt, ist unvereinbar mit einer Resonanzorientierung; sie zerstört die Resonanzerfahrung durch Stillstellung ihrer inneren Dynamik." (Rosa 2019, S. 60)

Download
Alle Paul-Klee-Schulchor-
Aufführungen und nicht
umgesetzte Ideen

Literaturverzeichnis
- Rosa, Hartmut (2019): *Unverfügbarkeit*. 5. Aufl. Wien, Salzburg: Residenz.

Daniela Bartels & Felix Oeser

Mitbestimmung als Resonanztechnik

Wie können wir beim gemeinsamen Musikmachen lebendige Antwortbeziehungen initiieren?

Workshop-Gruppe Nr. 1 am 29.9.22 in Mannheim

In diesem Beitrag wollen wir einige ausgewählte philosophische und pädagogische Überlegungen des Soziologen Hartmut Rosa in den Blick nehmen und darstellen, wie wir Musik- und Probenräume durch das Ermöglichen musikalischer Mitbestimmung zu Resonanzräumen werden lassen können.

Als musikalische Leitungspersonen üben wir uns seit einigen Jahren darin, Menschen zwischen 10 und 75 Jahren in inner- und außerschulischen Kontexten musikalische Mitbestimmung zu ermöglichen. Die erneute Beschäftigung mit dem Kongressthema „Resonanz" führte zu folgenden Fragen, auf die wir in diesem Beitrag Antworten geben wollen: Inwiefern können wir musikalische Mitbestimmung[1] als eine Resonanztechnik verstehen, die wir in musikpädagogischen Settings bewusst einsetzen können? Wie können wir als Musiklehrer:innen und musikalische Leitungspersonen den Aufbau von beglückenden Weltbeziehungen ermöglichen, die (jungen) Menschen das Gefühl geben, gemeinsam etwas zu schaffen – und sie mit unserer musikpädagogischen Expertise dabei unterstützen?

---

[1] Wir unterscheiden „musikalische Mitbestimmung" von anderen Formen der Mitbestimmung, z.B. der Mitbestimmung auf organisatorischer Ebene. Uns geht es in diesem Beitrag um eine kollektive künstlerische Gestaltung der Musik, die wir mit Jugendlichen machen.

„Resonante Weltbeziehungen" und „Anverwandlung von Welt" als musikpädagogische Ziele

Laut Hartmut Rosas Analyse haben viele Individuen unserer Zeit „Angst davor, ein beziehungsloses, unverbundenes ‚Atom' in einer schweigenden, stummen oder feindlichen Welt zu sein oder zu werden" (Rosa 2019, S. 522). Wir halten diese These für plausibel und wollen in diesem Beitrag aufzeigen, wie wir als Musikpädagog:innen proaktiv handeln können, indem wir bewusst Beziehungen im Musikraum etablieren – sowohl zwischen uns und den Schüler:innen als auch den Schüler:innen untereinander.

> Wir betrachten Schulen als Resonanzräume, in denen wir als Lehrende lebendige, wechselseitige Beziehungen mit jungen Menschen herstellen können und auch sollten.

Wir folgen daher Rosas Vorschlag, Schulen als Resonanzräume zu betrachten, in denen wir als Lehrende lebendige, wechselseitige Beziehungen mit jungen Menschen herstellen können und auch sollten. Schulen sind aus seiner Sicht Orte, an denen junge Menschen sich Welt anverwandeln: „Anverwandeln meint, sich einen Weltausschnitt, einen Stoff so anzueignen, dass man sich selbst dabei verwandelt. […] Im Gegensatz dazu bedeutet reines Aneignen nur, sich etwas einzuverleiben, es unter Kontrolle zu bringen oder verfügbar zu machen" (Rosa & Endres 2016, S. 124). Wenn wir in einem musikalischen Probenprozess mehr als reines Aneignen eines Songs anstreben, können wir die Jugendlichen z.B. fragen, was eine Künstlerin wie Billie Eilish ihrer Ansicht nach in einem bestimmten Song ausdrücken will und wie die Gruppe dazu steht. Hier schließen sich Fragen an wie: „Findet ihr es überzeugend, wie sie den Song rüberbringt?" „Was wollen wir von ihr übernehmen oder kopieren, und was wollen wir anders machen, wenn wir den Song auf eine Bühne bringen?"

Durch solche Fragen können wir Jugendliche auffordern, sich mit ihren eigenen Gedanken und Ideen in die Probenarbeit einzubringen – nicht nur verbal, sondern auch direkt in Verbindung mit musikalischem Tun und Interagieren, durch Ausprobieren. Durch dieses pädagogische Handeln ermöglichen wir das Entstehen „resonanter Weltbeziehungen", die sich von „stummen Weltbeziehungen" wie folgt unterscheiden:

> „Stumme Weltbeziehungen sind solche, in denen die Menschen, Dinge, Sachverhalte oder Räume, denen wir begegnen, uns als entweder gleichgültig oder aber als feindlich gegenüberstehen. Wir nehmen dann eine abwehrende oder eine instrumentelle Haltung ihnen gegenüber ein: Es gilt, sie zu beherrschen oder zu kontrollieren, zu nutzen oder sie abzuwehren. Resonante Weltbeziehungen dagegen sind solche, in denen wir ‚berührt, bewegt oder ergriffen' werden, in denen die Menschen, Dinge oder Räume uns etwas angehen, in denen sie ‚zu uns sprechen'" (Rosa 2016, S. 141).

Rosa weist explizit darauf hin, dass der Aufbau resonanter Weltbeziehungen nicht bedeutet, dass wir den Klassenraum zu einem widerspruchsfreien „Wohlfühlraum" (Rosa & Endres 2016, S. 22) werden lassen: Jugendliche „wollen herausgefordert werden, sie wollen auf Widerspruch stoßen. Aber auf eine Art von Widersprechen, die sie ergreift und bewegt und ernst nimmt" (ebd., S. 21f.). Ihm geht es darum, dass „ein wechselseitiger Antwort- und damit Verwandlungsprozess statt[findet]. Im Ergebnis sind die Schüler hinterher andere als am Anfang und der Lehrer hat sich ebenso verändert" (ebd., S. 44). Im Idealfall entstehen dabei Situationen, in denen Lehrer:innen und Schüler:innen

> „nicht nur funktional interagieren, erfolgreiche Kompetenzen entwickeln, sondern sich wirklich so bewegen und berühren, dass zwischen ihnen Resonanz entsteht. Darin steckt tatsächlich eine Möglichkeit zur Freisetzung kreativer Leistung. Aber keiner der Beteiligten, auch nicht die Führungskraft, kann kontrollieren, was dabei herauskommt" (Rosa & Endres 2016, S. 82).

Das Potenzial und gleichzeitig die Herausforderung dieser Form der Interaktion erfahren wir als musikalische Leitungspersonen immer wieder. Unsere These ist, dass das sich gegenseitig Bewegen und Berühren sowie die Unkontrollierbarkeit der musikalischen Prozesse besonders stark auftreten, wenn wir als Leitungspersonen in Gruppen Mitbestimmung ermöglichen. Rosa traut Künstler:innen im Übrigen ein besonderes Gespür für das Entstehen von Resonanzmomenten zu:

> Wir denken, dass das Ermöglichen von Mitbestimmung durchaus eine entwickelbare musikpädagogische Haltung und zugleich eine musikdidaktische Technik sein kann ...

„Geübte Musiker, aber auch Tänzer haben einen feinen Sinn dafür, wann sie in einem gelingenden Antwortverhältnis zu den anderen Mitwirkenden stehen und wo die Resonanzachsen stumm bleiben beziehungsweise blockiert sind. Dabei gibt es vermutlich keine Technik, die sie zu öffnen vermag: Die prinzipielle Unverfügbarkeit bleibt auch in der Kunst konstitutiv für das Resonanzgeschehen" (Rosa 2019, S. 496f.).

Dem letzten Satz dieser Aussage wollen wir explizit widersprechen: Wir denken, dass das Ermöglichen von Mitbestimmung durchaus eine entwickelbare musikpädagogische Haltung und zugleich eine musikdidaktische Technik sein kann, welche die Entstehung von Resonanzmomenten fördert. Das wollen wir im Folgenden durch die Beschreibung konkreter Möglichkeiten für Mitbestimmung zeigen.

Didaktische Möglichkeiten für musikalische Mitbestimmung

- Ein Teil der Gruppe macht Musik, die anderen Gruppenmitglieder hören zu und geben direkt danach Feedback. Hier ist es interessant, verschiedene Feedbacks einzuholen, um zu erfahren, wie verschieden Menschen musikalische Ergebnisse wahrnehmen können und welche Dinge ihnen in Bezug auf einen Song oder eine Performance wichtig sind.

- Im Probenprozess wird ein musikalisches (Zwischen-)Ergebnis aufgenommen, das die Gruppe direkt im Anschluss gemeinsam anhört. Auch hier können sich verschiedene Gruppenmitglieder dazu äußern, was ihnen persönlich beim Zuhören aufgefallen ist, und Vorschläge machen, wie das Ergebnis verbessert werden kann.

- Konkrete Vorschläge zur musikalischen Gestaltung der Musik werden in der Gruppe ausprobiert. Diese Vorschläge können sich auf alle musikalischen Parameter beziehen: Dynamik, Tempo, Artikulation, Gestaltung verschiedener Formteile oder andere Aspekte der Interpretation. Bei stillen oder unerfahrenen Gruppen können zu Beginn auch die Lehrenden Vorschläge unterbreiten. In der Gruppe wird dann gemeinsam darüber beraten, welche Interpretation besonders überzeugend ist und der Gruppe am besten gefällt.

- Während des Probenprozesses zählen verschiedene Gruppenmitglieder die Gruppe ein und dürfen der Gruppe dann zuhören und im Anschluss einen Verbesserungsvorschlag machen, der direkt von der Gruppe umgesetzt wird. In diesem Rahmen kann das Einzählen als musikalischer Impuls thematisiert werden, durch den bereits das Feeling für einen Song oder ein Stück vorgegeben wird. Hier müssen wir uns natürlich die Zeit nehmen, genau das zu üben, sodass verschiedene Gruppenmitglieder auf überzeugende Art und Weise die Gruppe einzählen lernen.

- Die Bedeutungsebenen der Musik können mit der Gruppe thematisiert und Schlussfolgerungen für die musikalische Gestaltung gezogen werden. Dies kann durch Fragen wie „Was meint die musizierende Person mit dieser Aussage?" oder „Wie verstehst du diese Worte?" in Bezug auf die textliche Ebene von Musik initiiert werden. Ebenso hilfreich können aber auch Fragen in Bezug auf den musikalischen Charakter oder geweckte Emotionen wie „Welche Gefühle löst diese Musik bei dir aus?" oder „Was wollen wir mit dieser Musik im Konzert ausdrücken?" sein.

Fragen zur Realisierung von Mitbestimmung

Im letzten Drittel unserer Workshops in Mannheim haben wir mit den Teilnehmenden Fragen formuliert und diskutiert, die in Bezug auf die Umsetzung von Mitbestimmung im Musikunterricht immer wieder auftauchen. Auf fünf dieser Fragen wollen wir hier noch einmal eingehen.

Wie kann musikalische Mitbestimmung in einer Gruppe mit 32 Kindern oder Jugendlichen funktionieren?

Diese Frage wurde in Kombination mit der Befürchtung geäußert, dass Mitbestimmung im Musikunterricht zu einer erhöhten Lautstärke und sogar Chaos führen kann. Auf der Grundlage unserer eigenen Unterrichtserfahrungen mit dem Ermöglichen von Mitbestimmung bestätigen wir, dass diese Gefahr natürlich besteht: Wenn wir Kinder oder Jugendliche explizit auffordern, sich mit ihren Ideen und Vorschlägen einzubringen, dann werden die Interaktionen im Musik- oder Probenraum zwangsläufig lebendiger als in einem Setting, in dem die musikalische Leitungsperson alles vorgibt und Ansagen macht, die andere ohne Widerspruch ausführen sollen. Mit der wachsenden Erfahrung haben wir mehr und mehr erkannt, dass eine zentrale Aufgabe musikalischer Leitungspersonen auch in Phasen der Mitbestimmung diejenige bleibt, dass wir einer Gruppe — je nach den Vorerfahrungen mit Mitbestimmung — Strukturen vorgeben oder anbieten bzw. dass wir die in einer Gruppe entstehende Lebendigkeit in Bahnen lenken, auf denen alle gemeinsam und konstruktiv an einer Sache arbeiten können. Für den schulischen Musikunterricht mit großen Gruppen bedeutet das, dass wir uns Impulse überlegen, die die Jugendlichen ermutigen, sich zu den musikalischen Ergebnissen zu äußern und danach weiter zu üben. Als hilfreich hat sich dafür eine Visualisierung der Übungsprozesse in Form eines Balkens gezeigt. Dort wird von Lehrenden und Lernenden nach einem kurzen Aushandlungsprozess eingetragen, wie ‚aufführungsreif' oder ‚fertig' das musikalische Ergebnis bereits ist. Im Laufe der Unterrichtsstunde werden dann Vorschläge ausprobiert und darüber diskutiert, ob sich das Ergebnis weiterentwickelt und verbessert. Die Visualisierung hilft oft auch weniger motivierten Lernenden dabei, den Übungs- und Erarbeitungsprozess nicht nach nur wenigen Versuchen zu schnell aufzugeben.

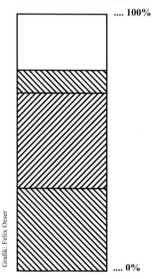

Balkendiagramm an der Tafel zur Visualisierung des Übungsprozesses

Grafik: Felix Oeser

Wie viel Führung oder Anleitung ist notwendig, damit Mitbestimmung gelingt?

Laut Rosas und Endres' Resonanzpädagogik haben Lehrende die Funktion der „ersten Stimmgabel", weil sie im Unterricht die Impulse geben und auch den Ton angeben (vgl. Rosa & Endres 2016, S. 50f.). Momente der Mitbestimmung führen dann zu gutem Unterricht, wenn sie in ein Unterrichtskonzept eingebettet sind, das sich durch inhaltliche und strukturelle Klarheit, transparente Erwartungen und Regeln und ein angemessenes Classroom-Management auszeichnet. Deshalb sind die in der Frage genannten Aspekte der „Führung und Anleitung" in der Tat wichtige Gelingensfaktoren. In Bezug auf pädagogische und didaktische Entscheidungen bleiben die Lehrenden die Experten. Wenn Lernende jedoch in die Lage versetzt werden, bei musikalischen Entscheidungen mitzubestimmen, und Lehrende sich bei der Planung des Unterrichts die Frage stellen, welche Aktivitäten dazu anregen können, sich musikalisch einzubringen, dann kann dies dazu führen, dass sich alle Beteiligten angesprochen und möglicherweise sogar „berührt" fühlen.

Ist Mitbestimmung im Musikunterricht nicht oft nur eine Schein-Mitbestimmung — zum Beispiel, wenn Jugendliche Songs vorschlagen dürfen, und dann auf Grundlage eines Mehrheitsentscheids letztlich doch nur einer von vielen Songs ausgewählt wird? Führt das nicht zu Frustration? Und bleiben wir als Musiklehrer:innen nicht letztlich doch diejenigen, die über die Entscheidungsmacht verfügen, was auf welche Art und wie lange im Musikunterricht behandelt oder einstudiert und wie es bewertet wird?

Wir haben auch die Erfahrung gemacht, dass der Umgang mit Pluralität in Bezug auf musikalische Vorlieben und in Bezug auf die Wahl von Repertoire immer wieder eine Herausforderung darstellt. Erstens ist die Welt der Musik extrem vielfältig und es ist schwierig bis unmöglich, in einer Gruppe, die sich nicht freiwillig zusammengeschlossen hat — weil ihre Mitglieder bestimmte Werte teilen und gemeinsam ähnliche Normen anstreben —, in allen Entscheidungen zu einem Konsens zu kommen. Menschen und ihre Sichtweisen sind verschieden und das kann immer wieder als Herausforderung empfunden werden.

Zweitens muss sich bei einem Mehrheitsentscheid die Minderheit damit abfinden, dass die Mehrheit einer Gruppe die Dinge anders sieht, wahrnimmt und anders vorgehen möchte als sie selbst. Als musikalische Leitungspersonen haben wir allerdings ‚die Macht', solche Dinge transparent mit einer Gruppe zu besprechen. Wir können zum Beispiel sagen: „Auf diesen Song ist die Wahl nicht gefallen, weil er zu viele von uns nicht anspricht." Oder: „Dieser Song ist nicht so gut geeignet für unsere Gruppe, weil wir ihn mit unseren jetzigen Fähigkeiten, unseren Instrumenten und der Zeit, die uns bis zum Konzert zur Verfügung stehen, nicht zu der musikalischen Qualität bringen können, die wir erreichen wollen." Wenn wir so mit Jugendlichen sprechen, fühlen sie sich ernst genommen. Das ist in Bezug auf Mitbestimmung ein entscheidender Punkt. Denn wer sich in seinen Sichtweisen und Äußerungen von anderen nicht ernst genommen fühlt oder glaubt, sie seien für die anderen Personen im Raum irrelevant, ist sehr wahrscheinlich wenig motiviert, diese zur Sprache zu bringen. Dann können keine Resonanzachsen entstehen bzw. bleiben sie stumm, um noch einmal auf Hartmut Rosas Vokabular zurückzukommen.

Wie können wir uns verhalten, wenn Jugendliche gar nicht mitbestimmen wollen?

Jugendliche reagieren möglicherweise zunächst überrascht und überfordert, wenn wir sie bitten, sich einzubringen und bei Entscheidungsprozessen mitzuwirken. Ein geeigneter Einstieg können Themen und Musiken sein, welche die Lernenden wirklich betreffen und berühren. Wenn z.B. die Hook eines sehr beliebten Hip-Hop-Songs so geändert werden soll, dass man diese auch bei einem Elternabend vor allen Teilnehmenden vortragen kann, ist das Interesse möglicherweise auch bei Lernenden erhöht, die sich über Dynamik oder Artikulation des Textes noch nicht streiten wollen.

Unsere bisherigen Erfahrungen haben gezeigt, dass Jugendliche die Möglichkeit, mitbestimmen zu dürfen, nutzen und ab einem bestimmen Zeitpunkt auch explizit einfordern — das passiert je nach Gruppe und der (musikalischen) Sozialisierung ihrer Mitglieder nur zu verschiedenen Zeitpunkten. Manchmal brauchen wir mehr Geduld und Vertrauen in die Fähigkeiten der Jugendlichen als wir vorher vielleicht dachten. Wenn die Jugendlichen aber merken, dass wir ihnen Vertrauen schenken — vor allem ein Vertrauen in ihre Fähigkeiten, musikalische Ergebnisse selbst zu beurteilen —, dann beginnen sie zu sprechen und artikulieren ihre eigenen Vorstellungen. Rosa geht auch davon aus, dass sich durch „wechselseitiges Vertrauen eine Resonanzzone bilden [kann]. [...] Wenn Kinder, wie Menschen überhaupt, das Gefühl haben, an der Lösung eines Problems beteiligt gewesen zu sein, gehen sie mit gestärktem Selbstbewusstsein daraus hervor. Das geschenkte Vertrauen verstärkt sich selbst" (Rosa & Endres 2016, S. 88). Wir zitieren diese Passage hier, weil wir diese Erfahrung auch gemacht haben.

> Wer sich in seinen Sichtweisen und Äußerungen von anderen nicht ernst genommen fühlt, ist sehr wahrscheinlich wenig motiviert, diese zur Sprache zu bringen.

Wie viel Mitbestimmung ertragen wir als musikalische Leitungspersonen selbst?

Wir halten es für zentral, dass musikalische Leitungspersonen sich diese Frage stellen und sie ehrlich für sich selbst beantworten. Wo unsere jeweiligen Grenzen für Mitbestimmung liegen, können wir nur selbst entscheiden. Oben haben wir bereits erwähnt, dass Leitungspersonen keine Kontrolle über die Ergebnisse haben, wenn in einer Gruppe Resonanz entsteht und die Mitglieder gemeinsam kreativ werden. In Gruppen, die musikalische Mitbestimmung realisieren, werden darüber hinaus auch immer wieder die Grenzen der individuellen Mitglieder sichtbar. Es kann für manche schwer auszuhalten sein, dass sie als Einzelpersonen nicht die Macht haben, andere zu kontrollieren.

In einem Buch über *Partizipation und nachhaltige Entwicklung* haben wir eine Frage gefunden, die wir uns im Rahmen der Planung von Unterricht immer wieder stellen können: „Wer beteiligt, wen, wann, woran, bis zu welchem Grad, zu welchem Ziel, mit welchen Folgen, für wen?" (Schönhuth & Jerrentrup 2019, S. 43).

Zum Schluss eine Ermutigung

Wenn Jugendliche im Musikunterricht gemeinsam und unter unserer Anleitung Stücke, Lieder und Songs einüben, dann eignen sie sich dabei jedes Mal ein klitzekleines Stück Welt an. Dieser Prozess kann auf verschiedene Art und Weise von uns initiiert und geleitet werden. Als Leitungspersonen im Musikraum haben wir die Möglichkeit, Jugendlichen Erfahrungen „genuiner kollektiver Selbstwirksamkeit" (Rosa 2021, S. 379) zu ermöglichen.

Rosa will in seinem Buch Resonanz zum „Ausdruck bringen, dass vielleicht ein anderes Weltverhältnis möglich ist, bei dem im Kern unsere Beziehung zum Leben, zu anderen Menschen, […] nicht mehr die Haltung des Beherrschens, des Kontrollierens und des in Reichweite-Bringens maßgeblich ist, sondern eine Beziehung des Hörens und des Antwortens" (Rosa & Endres 2016, S. 23). Wenn wir als Lehrende im Musikunterricht regelmäßig zurücktreten und uns streckenweise auf bewusste und verantwortungsvolle Art und Weise von einer Haltung des Beherrschens und Kontrollierens distanzieren, dann können wir das von Rosa angesprochene Weltverhältnis erheblich verändern.

Rosas Resonanztheorie und unsere Gedanken zur Mitbestimmung im Musikunterricht vereint ein Ziel: Musikunterricht kann – über seinen Selbstzweck hinaus – bedeutsame zwischenmenschliche Erfahrungen ermöglichen; er kann Jugendliche und uns selbst berühren. Dabei geht es um einen intensiven Austausch und ein Aushandeln der wechselseitigen Beziehungen. Die genannten Vorschläge, wie musikalische Mitbestimmung realisiert werden kann, können sich auch auf unseren Umgang mit und unser Verständnis von Musik auswirken. Wenn das hin und wieder passiert, brechen wir aus alltäglichen Routinen aus und unser Beruf bleibt spannend.

Literaturverzeichnis

- Rosa, Hartmut (2016): Schule als Resonanzraum — Lehren und Lernen als Resonanzbeziehung. https://www.schulstiftung-freiburg.de/eip/media/forum/pdf_613.pdf [2.1.2023].
- Rosa, Hartmut (2019): *Resonanz. Eine Soziologie der Weltbeziehung*. Berlin: Suhrkamp.
- Rosa, Hartmut & Endres, Wolfgang (2016): *Resonanzpädagogik. Wenn es im Klassenzimmer knistert*. 2. Aufl. Weinheim: Beltz.
- Schönhuth, Michael & Jerrentrup, Maja Tabea (2019): *Partizipation und nachhaltige Entwicklung. Ein Überblick*. Wiesbaden: Springer VS.

Dorothee Barth

Versöhnung im Krieg

Projektorientierte Unterrichtsmaterialien zu Benjamin Britten: „War Requiem"

Im Jahre 1962 wird das *War Requiem*, komponiert von Benjamin Britten (1913–1976), zur Einweihung der wiederaufgebauten Kathedrale von Coventry in England uraufgeführt. Das ursprüngliche Gebäude St. Michael war im Zweiten Weltkrieg von deutschen Bombenangriffen vollkommen zerstört worden. Als überzeugter Pazifist warnt Britten in seiner Antikriegskomposition vor dem Schrecken aller Kriege und lässt eine Idee von Versöhnung entstehen. Aufgrund der (leider immer wieder aufs Neue) aktuellen Thematik und der zutiefst berührenden Musik kann das *War Requiem* auch im heutigen Musikunterricht Resonanz erzeugen. Die hier vorgestellten Projektmaterialien zielen auf eine an der Alltagswelt der Lernenden orientierte, reflektierende Auseinandersetzung mit dem Werk und der Musik. In vier bis fünf inhaltsdifferenzierten Gruppen erarbeiten sich Schüler:innen ab der 10. Klasse in musiktheoretischen, historischen, biografischen sowie kreativ-produktionsorientierten Herangehensweisen einen eigenen Zugang zum Werk. Auch Schüler:innen ohne vertiefte Notenkenntnisse oder Vorerfahrungen mit klassischer Musik können erfolgreich mit den Materialien arbeiten.

Da der unterrichtliche Ansatz tief in das Werk hineinführt und zu einer intensiven Auseinandersetzung mit einzelnen auch übermusikalischen Aspekten einlädt, sind die projektorientierten Materialien gut für die Vorbereitung eines Konzertbesuchs geeignet. Sie wurden von Lehramtsstudierenden im Rahmen eines musikdidaktischen Seminars an der Universität Osnabrück entworfen.[1] Auf dem Bundeskongress Musikunterricht 2022 in Mannheim wurden sie vorgestellt und exemplarisch erprobt.

Sie können an unterschiedlichen Orten kostenlos heruntergeladen werden.[2] Die Hörbeispiele, auf die sich die Materialien beziehen, stellt der NDR ebenfalls kostenlos als Download zur Verfügung.[3]

In vorliegendem Beitrag werden zunächst einige Informationen zum Werk gegeben; anschließend werden die didaktische Absicht und der konzeptionelle Zugriff auf das Werk sowie der Aufbau und mögliche Umgangsweisen mit den Materialien vorgestellt.

Download Unterrichtsmaterial zum *War Requiem*

Download Hörbeispiele zum Unterrichtsmaterial

Entstehungsgeschichte des „War Requiems"

Benjamin Britten war ein ebenso klar bekennender Antifaschist wie überzeugter Pazifist. So verweigerte er 1942, mitten im Zweiten Weltkrieg, den Kriegsdienst und wurde (in zweiter Instanz) als Kriegsdienstverweigerer anerkannt: „Ich bin nicht fähig dazu, das Leben eines Menschen zu zerstören, weil in jedem Mensch (sic) der Geist Gottes anwesend ist" (zit. nach Schüssler-Bach 2015, S. 6). Mit der

---

[1] Katharina Datan als wissenschaftliche Hilfskraft und ich selbst überarbeiteten die Materialien anschließend intensiv und gründlich, um zwischen den fünf Projektgruppen ein einheitliches Vorgehen sowie ein ähnliches Anforderungsniveau zu gewährleisten. Bis zur endgültigen redaktionellen Festlegung wurden weitere Rückmeldungen von Lehrkräften und Studierenden, die die Materialien im Unterricht einsetzen, berücksichtigt.
[2] https://www.musik.uni-osnabrueck.de/forschung/musikpaedagogik_und_didaktik/aktuelles.html oder https://www.academia.edu/41311793/Das_War_Requiem_Materialien_f%C3%BCr_eine_Projektarbeit_im_Musikunterricht_ab_der_10_Klasse [30.08.2023].
[3] https://www.ndr.de/orchester_chor/radiophilharmonie/Unterrichtsmaterial-Brittens-War-Requiem,warrequiem100.html [29.08.2023].

gleichen Intensität, mit der er den Krieg und damit auch den Dienst an der Waffe ablehnte, hasste er Adolf Hitler. Dennoch zeigte er Mitleid mit deutschen Soldaten, wie u.a. in einem Brief an seinen Lebensgefährten deutlich wird: „Denk daran, was die Deutschen jetzt durchmachen – arme Teufel. Wie ich bei Gott wünsche, dass alles aufhört!" (ebd., S. 7). Doch davon konnte zunächst noch keine Rede sein: Im Gegenteil hatte die deutsche Luftwaffe mit der Bombardierung der mittelenglischen Stadt Coventry im November 1940 erstmalig gezielt die Zivilbevölkerung angegriffen und dabei das wertvolle Kulturdenkmal St. Michael bis auf den Kirchturm und die äußeren Wände vollständig zerstört. Bereits im März 1956 allerdings legte Queen Elizabeth II. den Grundstein für eine neue Kathedrale und im Mai 1962 konnte sie eingeweiht werden. Für Benjamin Britten mag der Kompositionsauftrag zur Wiedereinweihung der Kathedrale eine ganz besondere Bedeutung gehabt haben. Und tatsächlich ist mit dem eigenwilligen *War Requiem* ein Werk entstanden, das in seiner eindringlichen Mahnung und traurigen Aktualität bis heute seine Kraft und Popularität bewahrt hat. In bezeichnender Symbolik scheiterte die Besetzung der Solist:innen bei der Uraufführung, die als Geste der Versöhnung geplant war, am Kalten Krieg: Die sowjetische Sängerin Galina Vishnewskaya, die neben dem deutschen Bariton Friedrich Fischer-Dieskau und dem englischen Tenor Peter Pears die Sopran-Partie singen sollte, erhielt für das Konzert im Westen keine Ausreiseerlaubnis.

Überblick über das „War Requiem"

Das *War Requiem* unterscheidet sich im Aufbau von einem traditionellen Requiem; denn Britten hinterfragt die üblichen Teile eines Requiems, indem er in den Ablauf Gedichte des englischen Poeten Wilfred Owen (1893–1916) einflicht.

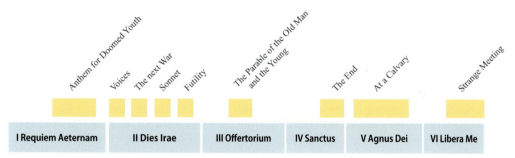

Abbildung 1 aus Pankoke & Pankoke 2016, Material CD-ROM.

Auch Owen stand dem Pazifismus nahe. Dennoch meldete er sich freiwillig als Soldat im Ersten Weltkrieg; war er doch der Ansicht, dass man erst gegen den Krieg schreiben könne, wenn man selbst eigene Erfahrungen im Krieg gemacht hätte. Und obwohl Owen noch in den letzten Kriegstagen des Ersten Weltkrieges als sehr junger Soldat fiel, gilt er in der englischen Literatur als ein bedeutender Zeitzeuge dieses Kriegs.

Die Besetzung des Requiems ist mit Orchester, Chor, Kammerorchester, Knabenchor, Orgel und drei Solist:innen ungewöhnlich groß. Doch da die unterschiedlichen Ensembles in drei unabhängig voneinander musizierende Klangkörper eingeteilt sind, klingt das Stück nie bombastisch. Die meisten Requiem-Texte werden vom großen Chor, dem großen Orchester und dem Solo-Sopran musiziert; andere liturgische Teile (*Introitus, Offertorium, Libera me*) singt der zweistimmige Knabenchor, begleitet von der Orgel. Die Gedichte von Owen schließlich werden vom Tenor- und Baritonsolisten vorgetragen und von einem 12-köpfigen Kammerorchester begleitet. Da erst ganz am Ende die unterschiedlichen Ensembles zusammenspielen, sind die ansonsten kammermusikalischen Musiziersituationen geprägt von ruhiger Trauer und stillem Leid.

Einen Klangeindruck vom Werk mögen Zitate aus unterschiedlichen Programmheften vermitteln, die in ihrer anschaulichen Sprache geeignet sind, auch musikalisch nicht professionell ausgebildeten Menschen einen Zugang zum Werk zu bieten.

> „Wie in Schockstarre eingefroren, erhebt sich das anfängliche Flüstern des Chors kaum über den schleppenden Trauermarschduktus und die mahnenden Glockenschläge im ‚Kyrie'. Aus der Höhe schwebt der Knabenchor, in seiner gläsernen Klarheit Brittens Symbol für Reinheit und Unschuld (…)"
> (Schüssler-Bach 2015, S. 9).

> „Dazu gesellt sich, noch aus der Ferne, grollender Kanonendonner (Only the monstrous anger of the guns) und, aus der Nähe, knatterndes Gewehr- und Maschinengewehrfeuer (Only the stuttering riffles' [sic] rapid rattle), gesteigert zum ‚wahnsinnigen Chor heulender Granaten': Nor any voice of mourning save the choirs, – The shrill, demented choirs of wailing shells" (Geiss 2012, S. 27).

> „Trotz aller entfesselten Kriegsszenarien – oft sind es die kleinen Gesten, mit denen Britten ins Herz trifft. Etwa, wenn sich nach den müde schleppenden Schritten im ‚Agnus Dei' die letzte Phrase des Tenors wie eine nach Licht dürstende Pflanze zur Hoffnung empor reckt. Oder wenn nach der brutalen Materialschlacht des ‚Libera me' nur der Tenor über Liegeklängen der Streicher übrig bleibt – so als würde er ganz allein über das verwüstete Schlachtfeld schreiten. Plötzlich antwortet ihm der Bariton als Echo des getöteten Feindes. Und Britten wäre nicht Britten, wenn er nicht aus dem Zwiegesang der beiden Männerstimmen den emotionalen Brennpunkt seines ‚War Requiems' gewönne: Das sanfte, wiegenliedartige ‚Let us sleep now', ein Lullaby über auf- und abwogenden kanonartigen Achtelfiguren"
> (Schüssler-Bach 2015, S. 10f.).

Umgang mit den Materialien

Mit Hilfe der hier vorgestellten projektorientierten Unterrichtsmaterialien setzen sich Schüler:innen aktiv handelnd und selbstständig mit dem *War Requiem* von Benjamin Britten auseinander. Sie gewinnen einerseits Detailwissen und machen vertiefte musikalische Erfahrungen mit einzelnen Passagen und erhalten andererseits in der gemeinsamen Abschlusspräsentation einen Überblick über das Gesamtwerk. Das ganze Unterrichtsprojekt ist auf etwa vier bis sechs Doppelstunden ausgelegt: In der ersten Doppelstunde findet eine Einführung statt; die entsprechenden Hintergrundinformationen zum *War Requiem* können in einem Lehrer:innenvortrag gegeben oder in eigener Textarbeit erarbeitet werden. In den folgenden zwei bis drei Doppelstunden arbeiten bis zu fünf Gruppen an unterschiedlichen Abschnitten des *War Requiems* mit ebenfalls unterschiedlichen Fragestellungen; dazu sollte ein individuelles Hören ermöglicht werden. In der letzten Doppelstunde stellen die Schüler:innen in 15–20 Minuten anhand eines in der Gruppenarbeit erstellten Handouts ihre Ergebnisse vor; dabei sollte auch die jeweils behandelte Passage aus dem *War Requiem* erklingen. Alternativ können vor der Gruppenarbeitsphase die Aufgaben einer Gruppe mit der ganzen Lerngruppe gemeinsam erarbeitet werden, damit sich die Schüler:innen erstmal in die möglicherweise ungewohnte Arbeitsweise einfinden.

> Die Materialien enthalten neben den Aufgabenstellungen sowohl informierende Abschnitte wie auch Vorlagen.

Die Materialien enthalten neben den Aufgabenstellungen sowohl informierende Abschnitte wie auch Vorlagen, mit deren Hilfe die Aufgaben konkret bearbeitet werden können. Als Besonderheit sind schließlich umfangreiche Lösungsblätter angefügt, die entweder den Lehrkräften helfen können, die Schüler:innen während der Arbeitsphase zu beraten, oder die den Schüler:innen selbst am Ende der Gruppenarbeit noch vor der Präsentation in die Hand gegeben werden können – zum Vergleichen, Ergänzen, Korrigieren und ggf. auch Widersprechen.

Exemplarität und Bedeutsamkeit für die Schüler:innen

Die Aufgaben in den Materialien basieren hauptsächlich auf hörenden und reflektierenden Zugängen. Ausschnitte aus der Partitur werden ebenfalls bereitgestellt und können hinzugezogen werden, um zusätzliche Informationen zu erhalten; sie bilden aber nicht die Grundlage der Analyse. Vielmehr beziehen die Schüler:innen die Musik auf übergeordnete Kontexte und Fragestellungen; sie begeben sich auf die Suche, was „hinter" der Musik liegt bzw. was durch die Musik ausgedrückt werden soll. Insofern liegen dem hier gewählten Ansatz wesentliche Fragen der Didaktischen Analyse (vgl. Klafki 2007) zu Grunde, die in Studium und Referendariat in der Regel gründlich thematisiert und angewendet werden, in den langen Jahren der Berufspraxis aber häufig in den Hintergrund treten: Für welchen übergeordneten Zusammenhang ist diese Musik exemplarisch? Und warum ist diese Thematik bedeutsam für die Gegenwart und Zukunft der Schüler:innen? Mögliche Antworten, die im Material selbst ausführlich dargelegt werden, sollen hier kurz zusammengefasst werden:

> Die Aufgaben in den Materialien basieren hauptsächlich auf hörenden und reflektierenden Zugängen.

Die politischen Gedichte warnen vor dem Krieg und verdeutlichen Owens und Brittens Einstellung, insofern stehen sie exemplarisch für die Rolle und die gesellschaftliche Verantwortung von Kunst – sogar in Kriegszeiten. Ebenso wird der menschliche bzw. zwischenmenschliche Aspekt eines Krieges, der allzu oft von politischen Begründungen für kriegerische Auseinandersetzungen überdeckt wird, exemplarisch künstlerisch-ästhetisch zum Ausdruck gebracht. Dass eine Reflexion dieser Thematik bedeutsam für die Gegenwart und Zukunft der Schüler:innen ist, muss (wieder einmal: leider) kaum begründet werden. Aber in einer künstlerisch-ästhetischen Auseinandersetzung können Themen wie Kriegstraumata, Vor- und Nachteile einer allgemeinen Wehrpflicht, Positionen eines radikalen Pazifismus, die Rolle der Kirche, Versöhnung oder auch die gesellschaftliche Verantwortung von Kunst anders, vielleicht persönlicher besprochen werden als im Politik- oder Geschichtsunterricht. Diese Themen dienen hier als inhaltlicher Bezugsrahmen für eine detaillierte musikalische Analyse und Interpretation.

Einblicke in die Gruppenarbeiten

Gruppe 1: Der Tritonus im *War Requiem* (*Requiem Aeternam*)
Gruppe 2: Wilfred Owen – Dichter und Soldat (*Requiem Aeternam*)
Gruppe 3: Krieg und Kirche im *War Requiem* (*Dies Irae*)
Gruppe 4: Pazifismus und Wehrpflicht (*Libera me*)
Gruppe 5: Die Rolle der Kunst zu Kriegszeiten (*Offertorium*)

Die Aufgaben aller fünf Gruppen haben mit jeweils drei Aufgabenblöcken eine ähnliche Abfolge; die unterschiedlichen Arbeitsschwerpunkte (inhaltlich-kontextualisierend, musikanalytisch, kreativ) sind jedoch unterschiedlich gelagert. Um für sich eine passende Gruppe zu finden, erhalten zunächst alle Schüler:innen eine Beschreibung der Inhalte und Anforderungen aller Gruppen, z.B.:

Gruppe 1: Hier könnt ihr euch mit einem ganz speziellen Intervall beschäftigen, das Britten als wichtigen Baustein seiner Komposition verwendet: dem Tritonus. Was ist der Tritonus eigentlich, wie klingt er, wo kommt er im *War Requiem* vor und warum? Musikalisches Interesse und Verständnis sind gute Voraussetzungen für dieses Thema. Ihr solltet Lust haben auf Recherche, auf das Lesen und Analysieren der Partitur und auf die Komposition eines eigenen Stückes. Gute Kenntnisse im Notenlesen und Harmonielehre sind nützlich. Außerdem hilfreich, aber kein Muss, sind instrumentale Vorkenntnisse oder zumindest die Lust, musikalisch aktiv zu werden.

oder Gruppe 4: In dieser Gruppe beschäftigt ihr euch eingehend mit der Kriegsthematik und der „Lösung", die Soldaten aus verfeindeten Lagern für sich finden. Daher wendet ihr euch vor allem dem letzten Teil des Requiems zu. Ihr müsst über keine vertieften Notenkenntnisse verfügen, aber gut hören können und Lust dazu haben, eine Szene nachzugestalten. Dazu soll auf Instrumenten improvisiert werden. Wenn ihr noch Zeit habt, könnt ihr diskutieren, inwieweit das Thema, das Britten in seiner Komposition verarbeitet hat, auch für euch heute aktuell sein kann.

Der erste Aufgabenblock in jeder Gruppe führt zunächst in die jeweilige Thematik ein – entweder über eine intensive Beschäftigung mit dem Text des Requiems wie in Gruppe 2 oder über eine informierende Auseinandersetzung mit den inhaltlichen Rahmungen wie in Gruppe 3 und 4:

Gruppe 2

Das Gedicht *Anthem for Doomed Youth*

- Lest das Gedicht *Anthem for Doomed Youth* (M 2.1) und übersetzt ggf. unbekannte Wörter. Lest euch das Gedicht anschließend nochmal laut gegenseitig vor.
- Bearbeitet folgende Fragen und macht euch Stichworte.
  - Das Gedicht ist in Form eines Sonetts geschrieben. Wie ist das Reimschema?
  - Owen verwendet militärische, religiöse und trauerbezogene Begriffe und Bilder sowie lautmalerische Stilmittel und setzt sie zueinander in Beziehung. Findet viele Beispiele und markiert sie verschiedenfarbig im Text.
  - Zu welchen inhaltlichen Kernaussagen führen diese sprachlichen Bilder?

[Zeitaufwand: ca. 50 Min.]

Gruppe 3

Der Tod in der Erzählung vom jüngsten Gericht

Kennt ihr die Erzählung vom *Dies Irae*, vom Tag des Zorns bzw. des *Jüngsten Gerichts*, in der Bibel?

- Lest die Übersetzung des lateinischen Textes (M 3.1) und macht euch Stichpunkte zu folgenden Fragen:
  Worum geht es bei diesem Ereignis und wie ist der Ablauf? Worauf hoffen die Menschen und wovor haben sie Angst? Welche Rolle übernimmt Gott dabei und wie wird er charakterisiert?
- Fasst die Übersetzung des Dies Irae auf dem Handout für die anderen Gruppen zusammen. Überlegt, ob ihr bei eurer Präsentation ein Bild benutzen möchtet, z.B. von Michelangelo oder Hieronymus Bosch.
- Hört folgenden Teil (Partitur S. 42–48, Ziffer 28; Track 2 ab 7:45–10:30, „liber scriptus") des Dies Irae genau und mehrfach an und macht euch im lateinischen Text Notizen, wie Britten die einzelnen Textstellen musikalisch interpretiert. Wo ändert sich die Stimmung? Welche Worte werden besonders hervorgehoben? Welche Instrumente stehen im Vordergrund? (M 3.2)

[Zeitaufwand: ca. 50 Min.]

Gruppe 4

Benjamin Britten und der Krieg

Britten wurde kurz vor Ausbruch des 1. Weltkriegs geboren und starb 25 Jahre nach dem Ende des 2. Weltkriegs. Er hat selbst eine dramatische Zeit erfahren und seine Kompositionen sind tief geprägt von seinen Erfahrungen. Aber nicht nur als Künstler, auch persönlich hat sich Britten zur Kriegsthematik eindeutig positioniert.

- Was bedeuten die Begriffe *Pazifismus* und *Wehrpflicht*? Recherchiert im Internet und notiert eure Ergebnisse in Stichpunkten im Handout.

■ Sammelt Informationen zu Benjamin Britten und seiner Biographie – vor allem mit Blick auf seine Beziehung zum Krieg und der Kriegsthematik. Nutzt dazu die Quelle M 4.1. und ergänzt eure Stichpunkte.

[Zeitaufwand: ca. 45 Min.]

Der zweite Aufgabenblock in jeder Gruppe unterstützt die intensive Höranalyse des jeweiligen Abschnittes, wie z.B. hier in **Gruppe 5**:

Die Gestaltung des Gedichts *The Parable of the Old Man and the Young*

In seinen Gedichten geht es Wilfred Owen darum, seine Kriegserfahrungen zu schildern und vor dem Krieg zu warnen. Das Gedicht *The Parable of the Old Man and the Young* (M 5.1) im *War Requiem* ist ein Teil des *Offertoriums*. Es bezieht sich auf eine Geschichte aus der Bibel, nimmt aber einen anderen – furchtbaren – Ausgang.

■ Lest das Gedicht und überlegt, warum Owen die Geschichte anders enden lässt. Vergleicht dazu auch noch einmal die biblische Originalgeschichte (M 5.2).

■ Hört nun zunächst den ersten Teil des Offertoriums. Lest den Text mit (M 5.3). Wenn vorhanden, könnt ihr die Partitur zu Hilfe nehmen (Track 3, 0:00 bis 3:55, Partitur S. 91–112).

■ Gleich im anschließenden Teil folgt das vertonte Owen-Gedicht. (Track 3, 3:55–7:36, Partitur: S. 112–120). Welche musikalischen Mittel hat Britten eingesetzt? Schreibt alles, was ihr hört, über die jeweiligen Textzeilen in M 5.1. Orientiert euch dafür an den Notitzen im vorhergehenden Beispiel (M 5.3).

■ Diskutiert eure Höreindrücke. Was wollte Britten wohl musikalisch ausdrücken? Bezieht auch die Vertonung des vorangehenden Messetextes (M 5.3) in eure Überlegungen ein und beachtet dabei folgende Aspekte:
  • Wie ist die gesamte musikalische Dramaturgie gestaltet? Beachtet dabei die Instrumentierung, die Art des Gesanges und welche Worte besonders hervorgehoben werden.
  • In welchem Verhältnis stehen durch die musikalische Gestaltung der Messetext und das Owen-Gedicht?

[Zeitaufwand: ca. 75 Min.]

■ Hört nun diesen Teil aufmerksam an. Inwiefern hat sich auch die musikalische Stimmung verändert? Achtet wieder auf betonte Stellen, Instrumente, die Art des Gesangs und andere musikalische Besonderheiten und tragt sie in den Text ein.

[Zeitaufwand: ca. 50 Min.]

Der dritte, in einigen Gruppen auch optional zu bearbeitende Aufgabenblock schließlich enthält entweder wie in Gruppe 4 einen künstlerisch-kreativen oder wie in Gruppe 5 einen verallgemeinernden bzw. einen Transfer-Ansatz.

Gruppe 4

Eine Szene mit musikalischer Improvisation

Versetzt euch nun in die Rolle der beiden Soldaten – in der Musik durch Tenor- und Bariton-Stimmen dargestellt. Erarbeitet gemeinsam eine kurze Szene (ca. 5 Min.), in der die Gedanken aus den vorherigen Aufgaben eingebaut werden (Soldaten verfeindeter Seiten, Schrecken des Krieges, mögliche Versöhnung, etc.). Wählt einzelne Sätze aus und baut sie in die Szene ein. Seid kreativ und bringt eigene Ideen ein, um Brittens Idee von der Absurdität des gegenseitigen Tötens im Krieg auszudrücken. Auch musikalische Elemente mit verschiedenen Instrumenten sollen eingebaut werden. Experimentiert mit verschiedenen Parametern: Tempo, Lautstärken, Rhythmus, Melodik, Harmonik (Akkorde). Alle Gruppenmitglieder sollen in der Szene mitspielen!

[Zeitaufwand 60 Min]

Gruppe 5: Transfer

(wenn ihr noch Zeit habt)
Der irische Nobelpreisträger Seamus Heaney sagte einst: „Kein Gedicht hat je einen Panzer gestoppt".[4] Trotzdem wurde die künstlerische Freiheit in autoritären Regimen immer wieder von den Machthabenden durch Zensur unterdrückt.

▪ Recherchiert nach beispielhaften, auch aktuellen Fällen, in denen die Kunst (Musik, Kunst oder Literatur) der Zensur unterworfen wurde. Wenn es stimmt, dass „kein Gedicht je einen Panzer gestoppt" hat: Worum sorgen sich dann die Machthabenden?

Fazit

Es geht es nicht darum, dass alle Schüler:innen alle Aufgaben erschöpfend bearbeiten oder zu eindeutigen Lösungen kommen, sondern dass sie sich auseinandersetzen, diskutieren und die Musik intensiv hören. Vielleicht bekommt sogar jede:r an einer anderen Stelle Denkanstöße und bereichert den musikalischen Horizont. In jedem Falle freuen sich die Autor:innen der Materialien über ein Feedback.

Literaturverzeichnis

- Barth, Dorothee; Datan, Katharina; Hüggelmeyer, Niklas; Neb, Lore & Ventker, Christian (2023): Benjamin Britten: War Requiem. Materialien für eine Projektarbeit ab der 10. Klasse. https://www.musik.uni-osnabrueck.de/fileadmin/data/studium/lehre/virtuelle_seminare/War_Requiem_Unterrichtsmaterialien.pdf [09.10.2023].
- Geiss, Imanuel (2012): Verarbeitung des Ersten Weltkrieges in Benjamin Brittens „War Requiem". Formal überarbeitete Version der Originalveröffentlichung. *Europäische Erziehung*, 42 (1), S. 26–29. https://www.pedocs.de/volltexte/2012/6542/pdf/Europaeische_Erziehung_2012_1_Geiss_Verarbeitung_erster_Weltkrieg_D_A.pdf [30.08.2023].
- Hanheide, Stefan (2007): PACE. *Musik zwischen Krieg und Frieden. Vierzig Werkportraits*. Kassel: Bärenreiter.
- Klafki, Wolfgang (2007): *Neue Studien zur Bildungstheorie und Didaktik. Zeitgemäße Allgemeinbildung und kritisch-konstruktive Didaktik*. 9. Aufl. Weinheim: Beltz.
- Pankoke, Eva & Pankoke, Ulf (2016): War Requiem. Benjamin Brittens Komposition als Keimzelle für ein interdisziplinäres Projekt. *Musik & Bildung*, (2), S. 50–58.
- Schüssler-Bach, Kerstin (2015): Das Echo der Versöhnung. Benjamin Britten, War Requiem, Op. 66. Programmheft des WDR anlässlich der Aufführung des War Requiems am 13. und 14. November 2015 in der Kölner Philharmonie, S. 7. https://www1.wdr.de/orchester-und-chor/startseite/war-requiem100.pdf [20.10.2022].

---

[4] Vgl.: WDR 5 Scala – aktuelle Kultur: *„Krieg und Poesie": Exil-Schriftsteller stellen ihre Texte vor.* 2017. https://www1.wdr.de/mediathek/audio/wdr5/wdr5-scala-aktuelle-kultur/audio-krieg-und-poesie-exil-schriftsteller-stellen-ihre-texte-vor-100.html, [26.04.2018].

Georg Biegholdt

Unsere Erde

Verantwortung für unseren Planeten als Thema für den Musikunterricht in der Grundschule?

Irgendwie schien uns die Zukunft immer klar: Technologischer Fortschritt erleichtert zunehmend unser Leben, Kriege wird es irgendwann nicht mehr geben (der Krieg im zerfallenden Jugoslawien galt als letzter Ausrutscher in Europa) und selbst der Umweltschutz wird immer besser. Alles wird immer besser. Und nun? Ein Virus schafft es, unser Leben lahmzulegen. Klimaveränderungen finden nicht in unbestimmbarer Zukunft, sondern jetzt statt. Ein europäisches Land wird von seinem Nachbarn überfallen. In Schule, Gesundheitswesen und Pflege, Handwerk und Industrie herrscht Fachkräftemangel… Und plötzlich werden viele Gewissheiten infrage gestellt. Kann und darf man überhaupt noch optimistisch in die Zukunft sehen? Diese Frage stellen wir Erwachsenen uns. Kinder hingegen haben zwar aus der persönlichen Anschauung eine Vorstellung darüber, wie sie ganz persönlich als Erwachsene einmal leben werden, aber in eine allgemeine Zukunft schauen sie eher wie durch einen Schleier. Zukunft ist für sie positiv besetzt: Eine Zeit, in der sie größer werden, stärker, klüger, geschickter, selbstständiger.

Sollten wir diese Gewissheit stärken oder sollten wir sie erschüttern? Oder gibt es einen goldenen Mittelweg? Kinder zu friedliebenden Menschen zu erziehen (oder sie in ihrer Liebe zum Frieden zu stärken), sie zu sorgsamem Umgang mit der Umwelt und sparsamem Energieverbrauch anzuhalten oder sie Rücksichtnahme und Empathie zu lehren, kann ja nicht gleich bedeuten, sie mit Problemen zu konfrontieren, denen sie kaum gewachsen sein dürften. Die Komplexität des Geschehens und seiner Ursachen zu durchdringen, ist von ihnen wohl zu viel verlangt (das schaffen auch die meisten der Erwachsenen kaum). Hinzukommt, dass die Handlungsmöglichkeiten von Kindern angesichts der multiplen Krise eher gering sind. Wenn das Befassen mit den Problemen dieser Welt zu Ohnmachtsgefühl führt, ist das kontraproduktiv. Ihnen andererseits das Gefühl zu geben, dass Sie zur Problemlösung einen Beitrag leisten können, indem sie z.B. ihre Eltern auf eine Demonstration begleiten, scheint unehrlich: Ja, diese Demonstrationen sind ein wichtiges Zeichen, aber weder das Klima noch ein Aggressor dürften sich dafür interessieren. Die Welt in Ordnung bringen müssen die Erwachsenen (und hier ist vor allem die Politik gefragt), indem sie für die gesamte Gesellschaft Regeln aufstellen und durchsetzen, deren Einhaltung dazu führt, dass dieser Planet gut bewohnbar bleibt.

> Die Verantwortung der Kinder liegt darin, sich zu starken Persönlichkeiten zu entwickeln, die die Welt – dann, wenn sie selbst Verantwortung tragen – vielleicht etwas besser machen können.

Während der Geltung verschiedenster Coronaregeln (über deren Sinn oder Unsinn man im Nachhinein trefflich streiten kann) konnten wir erleben, wie verantwortungsbewusst Grundschulkinder mit ihnen umgingen, sich testeten, Abstand hielten, Mund-Nasen-Schutz trugen. Man kann nur hoffen, dass sie nie erfahren werden, dass sie trotzdem als Pandemietreiber galten, während an anderer Stelle wesentlich weniger strenge Regeln galten.

Trotzdem kann es nicht das Ziel sein, den Kindern eine Verantwortung für diese Welt überzuhelfen, der sie gar nicht gerecht werden können. Die Verantwortung der Kinder liegt darin, sich zu starken Persönlichkeiten zu entwickeln, die die Welt – dann, wenn sie selbst Verantwortung tragen – vielleicht etwas besser machen können. Dafür brauchen sie „Lehrerinnen, Lehrer und Eltern, die ihnen Werte vorleben und nahebringen, (echte) Selbstwirksamkeitserfahrungen, Begegnungen mit Geschichte und Kultur über die eigene hinaus, vielfältige Gelegenheiten Selbstverständliches infrage zu stellen und neu zu denken" (Biegholdt 2022, S. 3).

Und was hat das alles mit Musik zu tun? Musik ist nicht per se unpolitisch; wer mit Pionierliedern in der DDR aufgewachsen ist, weiß das. Eine wichtige Aufgabe von Musiklehrerinnen und Musiklehrern in der Grundschule ist es, solche manipulativen Einflüsse zu erkennen und von den Kindern fernzuhalten. In späteren Schuljahren werden die Kinder etwas über den politischen Missbrauch, aber auch über das demokratische Potential von Musik lernen.

In der Grundschule muss der eigentliche Wert der Musik im Mittelpunkt stehen: Wie kann sie unser Leben reicher und erfüllter machen, welchen Beitrag kann die aktive Beschäftigung mit ihr zur Persönlichkeitsentwicklung leisten? Sich singend, tanzend, musizierend, hörend mit Musik und der Welt auseinanderzusetzen und dabei individuell und doch gemeinsam eigenes Wissen und Können weiterzuentwickeln, das ist die Stärke des Musikunterrichtes in der Grundschule. Aktuelle Themen aus dem Umfeld der Kinder oder aus der großen weiten Welt können und sollen dabei durchaus eine Rolle spielen – auf einem Niveau, das dem Entwicklungstand der Kinder und ihren Bedürfnissen gerecht wird.

In der aktuellen Musikdidaktik gibt es dazu explizite Aussagen: „Es geht letztlich auch im Musikunterricht darum, unsere Schülerinnen und Schüler dazu zu befähigen, mündige Bürger zu werden, die nicht einfach Vorgegebenes hinnehmen, sondern eine kritisch-reflexive Haltung entwickeln" (Brunner 2020, S. 22). „Auch im Musikunterricht gilt es, sich den Problemen der ‚einen' Welt zu stellen, in der wir leben und weiterhin leben möchten" (Oberschmidt 2020, S. 43).

Was sind denn die spezifisch musikalischen Probleme der Welt, die da im Musikunterricht thematisiert werden sollen? Da muss man neben Klimakrise, Krieg, Inflation, sozialer Ungleichheit etc. lange suchen, um am Ende doch nicht fündig zu werden. Geht es also darum, sich mit außermusikalischen Problemen im Musikunterricht zu befassen? Ja, im Prinzip schon. Dabei gibt es zwei Möglichkeiten:

1. Wir setzen uns mit einem künstlerischen Produkt auseinander, welches seinerseits aus der musikalisch-ästhetisch Auseinandersetzung eines Künstlers mit einem Problem entstanden ist. Dies hat einen eher rezeptiven Charakter; mit dem Anspruch des aktiven Musikhörens (vgl. Biegholdt 2019, S. 10) sind trotzdem verschiedene musikalische Handlungen eingebunden.
2. Wir setzen uns selbst musikalisch-ästhetisch mit einem Problem auseinander. Hier geht es um Produktion oder kreative Interpretation. Dies in der Grundschule anzustoßen ist möglich; ob die Qualität der Prozesse und Ergebnisse den Ansprüchen genügt, bleibt zu hinterfragen.

Diese Auseinandersetzungen belassen die Musik nicht im luftleeren Raum, sondern verbinden Sie mit dem, was Menschen bewegt: Musik ist letztendlich immer eingebettet in einen historischen, einen gesellschaftlichen Kontext. Abzugrenzen wäre dies jedoch von „Propaganda", also dem Versuch, mittels Musik direkt auf Einstellungen, Werte und Verhaltensweisen wirken zu wollen unter Umgehung der eigenen Auseinandersetzung des Individuums mit der betreffenden Thematik.

Beispiel 1 zum Thema „Klima": „Love Song to the Earth"

International bekannte Künstler:innen, darunter Paul McCartney, Sheryl Crow und Jon Bon Jovi, haben diesen Song produziert, mit dem sie die führenden Politiker:innen der Welt aufforderten, während der Klimakonferenz der Vereinten Nationen im Dezember 2015 in Paris eine globale Einigung zu erzielen, um die Auswirkungen des Klimawandels zu begrenzen. Die Künstler spendeten die Einnahmen aus diesem Song an *Friends of the Earth USA* und die *UN Foundation*.

Die Co-Autorin Natasha Bedingfield sagte:

> „Viele Leute schließen die Augen und denken, dass mit der Umwelt alles in Ordnung sei. Das Lied erinnert uns daran, dass Besitz unserer Welt bedeutet, sich darum zu kümmern. Mit diesem Song wollten wir so über die Umwelt sprechen, dass die Menschen sich in der Lage fühlen, etwas zu tun, anstatt von Angst gelähmt zu werden."

(wikipedia.de 2022; Übersetzung des Autors)

In dem Lied heißt es u.a.:

> „Dies ist ein offener Brief von uns gemeinsam. Das Morgen ist jetzt in unseren Händen und wir müssen die richtigen Worte finden, sie laut sagen und es irgendwie besser machen…
> Wenn man vom Mond nach unten schaut, ist die Erde ein winziger blauer Stein…
> Wer hätte gedacht, dass der Boden, auf dem wir stehen, so zerbrechlich ist? Dies ist ein Liebeslied für die Erde, sie ist etwas Besonderes, ein Diamant im Weltall, des Himmels Poesie für uns… Schützt sie… Weil es unsere Welt ist…"
> (songtexte.com 2023; Übersetzung des Autors)

Wir haben es hier also tatsächlich mit einem künstlerischen Produkt zu tun, welches aus der musikalisch-ästhetischen Auseinandersetzung von Künstler:innen mit einem Problem entstanden ist. Gleichzeitig sehen wir hier, dass Künstler:innen die Verantwortung wahrnehmen, die sich aus ihrer Prominenz und der daraus folgenden Reichweite ergibt: Sie nutzen diese, um auf eine bestimmte Thematik aufmerksam zu machen, zum Nachdenken anzuregen. Dafür nutzen sie die Stilelemente ihres Genres. Durch das Mitmusizieren zum Song können die Kinder im eigenen Tun die Struktur des Songs, eine typische Popsongstruktur, erleben.

Gleiche Farbe = Gleiche Pattern (jeweils 2 Takte)

Intro + Verse			1		2		3		
Bridge	1		2						
Refrain	1		2		3		4		
Verse	1		2						
Bridge	1		2						
Refrain	1		2		3		4		
Rap	5		6		7		8		- -
Refrain (ruhig)	1		2		3		4		
Refrain	1		2		3		4		
Outro	1		2						

Love Song for Earth – Musizierblatt

Hierzu dient ein Mitspielsatz, der zu den Pattern der verschiedenen Songteile passt und den die Schülerinnen und Schüler zur Aufnahme spielen können. Er ist so aufgebaut, dass sich immer vier Kinder ein Notenblatt und ein Instrument teilen. Die Kinder teilen die Farben blau (Intro und Strophe), grün (Bridge), gelb (Refrain) und rosa (Outro) des Mitspielsatzes untereinander auf. Die Vierergruppen können durch ein fünftes Kind ergänzt werden, das im Ablaufplan mitzeigt, damit alle Spieler ihre Einsätze finden. Umsetzbar ist der Mitspielsatz bereits, wenn nur diese Instrumente verfügbar sind:
- ein beliebiges Stabspiel (mit Fis und Cis)
- ein Klangstabsatz (mit Cis und Fis)
- ein Bassxylofon (mit Fis)

Ein Glockenspiel (mit Cis) kann zusätzlich zu Vorspiel und Strophe eingesetzt werden; es wird nur von einem Spieler genutzt.

Hinweise zum Mitspielsatz
- Die Ziffern in den farbigen Kästchen zeigen an, wie oft der Baustein zu spielen ist.
- Die Intensität des Musizierens muss natürlich der Dynamik des Songs angepasst werden.
- In der Bridge können statt einer halben Note auch jeweils zwei Viertel gespielt werden.
- In dem ruhigen Refrain bietet es sich an, statt der zwei Viertel jeweils eine halbe Note zu spielen.

Außerdem kann ein Rhythmus von weiteren Kindern musiziert werden, wofür sie zunächst mehrere verschiedene Instrumente ausprobieren und sich abschließend gemeinsam entscheiden.

Beispiel 2 zum Thema Frieden: Nicht nur zur Weihnachtszeit

God Rest You Merry, Gentlemen ist ein traditionelles englisches Weihnachtslied, bekannt mindestens seit Mitte des 18. Jahrhunderts. Der Originaltext befasst sich mit der Geburt Christi und den Hoffnungen der Menschen, die mit ihr verbunden sind. Diese Hoffnungen gelten nach wie vor, allerdings werden sie in multikulturell bzw. multireligiös zusammengesetzten Grundschulklassen nicht mehr nur mit der christlichen Botschaft verbunden. Im deutschen Text bleibt zwar der religiöse Charakter erhalten („Oh, gib uns Frieden und Glück…"), aber nicht mehr konkret adressiert. Erst in der letzten Strophe („Oh, sorgt für Friede und Glück…") wird deutlich, dass jenseits aller Weltanschauungen Aktivität im Hier und Jetzt gefragt ist, statt sich (ausschließlich) auf eine übernatürliche Macht zu verlassen. Und dieser Abschluss des Liedes kann durchaus als Auftrag der Kinder an die Generation ihrer Eltern und Großeltern gedeutet werden.

Download des Mitspielsatzes

Nicht nur zur Weihnachtszeit
Englisches Volkslied (God Rest You Merry Gentlemen) / dt. Text: Georg Biegholdt

2. Die Menschen wünschen Frieden sich, und dass er lange hält.
   Ein Frieden, der das Land umfasst, den Erdteil und die Welt.
   Unendlich soll er sich erstrecken unterm Himmelszelt.
   Oh, gib uns Frieden und Glück, Frieden und Glück,
   oh, gib uns Frieden und Glück.

3 Der Frieden, den sie meinen, der fängt schon beim Nächsten an.
   Dem jeder freundlich, achtungsvoll entgegenkommen kann.
   Der Frieden, den sie sich erträumen, gilt für jedermann.
   Oh, gib uns Frieden und Glück, Frieden und Glück,
   oh, gib uns Frieden und Glück.

4. Egal, wo man geboren ist, für alle soll er sein.
   Der Frieden schließt ganz selbstverständlich alle Menschen ein.
   Man lässt in diesem Frieden keinen Menschen mehr allein.
   Oh, gib uns Frieden und Glück, Frieden und Glück,
   oh, gib uns Frieden und Glück.

5. Der Frieden ist die Sonne, die das Eis des Hasses taut.
   Er gilt für alle Menschen, gleich ob fremd oder vertraut.
   Fragt nicht nach seiner Sprache und der Farbe seiner Haut.
   Oh, gib uns Frieden und Glück, Frieden und Glück,
   oh, gib uns Frieden und Glück.

6. Der Frieden öffnet Türen und er macht die Tore weit.
   Die Menschen wünschen ihn herbei schon seit sehr langer Zeit.
   Zum Teufel wünschen sie den Krieg, die Geldgier und den Neid.
   Oh, gib uns Frieden und Glück, Frieden und Glück,
   oh, gib uns Frieden und Glück.

7. Warum bleibt dieser Traum ein Traum, warum wird er nicht wahr?
   Warum befinden Menschen sich in Not und in Gefahr?
   Warum bleibt alles, wie es ist und wie es immer war?
   Oh, sorgt für Frieden und Glück, Frieden und Glück,
   oh, sorgt für Frieden und Glück.

Wenn ich die Kinder für dieses Lied begeistern möchte, benötige ich einen attraktiven Einstieg. Dieser kann darin bestehen, das Lied auf Englisch oder Deutsch zu eigener Begleitung vorzutragen oder eine der vielen Interpretationen aus dem Internet zu nutzen. Das könnte z.B. die von Loreena McKennitt sein (recht lang wegen der Zwischenspiele) oder die von Annie Lennox (auf keinen Fall das Video dazu zeigen) oder die des Londoner Knabenchores Libera (Video gern zeigen) oder die von Angelo Kelly (ca. 1 Minute Dudelsackspiel). Die Auswahl erfolgt nach der Einschätzung, welche Interpretation bei der konkreten Klasse am besten ankommen dürfte.

Loreena McKennitt | Annie Lennox | Libera | Angelo Kelly

Englisch und so viele Strophen. Ohje. Also auf Deutsch singen. Und bestimmt nicht alle Strophen. Die erste und die letzte Strophe bilden den Rahmen. Welche und wie viele der übrigen Strophen zu singen sind, wird mit den Kindern diskutiert und entschieden.

Dazu könnten die fünf Strophen in fünf Gruppen gegeben werden. Aufgabe der jeweiligen Gruppe ist es, im Plenum die Strophe (als Gedicht) vorzutragen, den Inhalt mit eigenen Worten zu erklären und einen Vorschlag zu machen, ob diese Strophe gesungen werden soll. Natürlich kann und darf der Text auch geändert werden, wenn es das Bedürfnis gibt. Gelernt wird das Lied dann durch Vor- und Nachsingen.

Der Begleitsatz besteht aus einem Glockenspiel (in den Gesangspausen), einem aufgelösten Klangstabsatz (Spieler 1 Stäbe A, B, C; Spieler 2 Stäbe E, F, G; Spieler 3 Stäbe C, Cis, D) und einem Bassinstrument (Bassxylofon, tiefere Lage auf einem Keyboard). Zusätzlich begleitet die Lehrperson auf Klavier oder Gitarre. Eine Rhythmusgruppe komplettiert das Arrangement.

Gemeinsam mit den Kindern wird entschieden, in welcher Strophe welche Spieler spielen, um so etwas Abwechslung in das Lied zu bringen. Auch die Möglichkeit, ein Zwischenspiel in Form einer instrumentalen Strophe einzufügen, kann erwogen werden. Das bietet sich insbesondere an, wenn ein Kind die Melodie auf der Flöte oder einem anderen außerunterrichtlich erlernten Instrument spielen kann.

Fazit

Im Musikunterricht der Grundschule muss immer die aktive Auseinandersetzung der Schülerinnen und Schüler mit Musik im Mittelpunkt stehen. Die Gegenstände, die dafür genutzt werden, können und sollten jedoch durchaus (auch) nach gesellschaftspolitischer Relevanz ausgewählt werden und Gesprächs- und Denkanlässe über die Musik hinaus zulassen, anregen, herausfordern.

Download des Begleitsatzes und der Einzelstimmen

Literaturverzeichnis

- Brunner, Georg (2020): Musikunterricht in gesellschaftlicher Verantwortung. *Musikunterricht aktuell*, (11), S. 19–21.
- Biegholdt, Georg (2019): Aktives Musikhören – ein Produkt der aktuellen Diskussion über die Musikrezeption im Musikunterricht. In Georg Biegholdt (Hrsg.), *Aktives Musikhören. Praxisbuch zur Rezeptionsdidaktik im Musikunterricht*. Innsbruck, Esslingen, Bern-Belp: Helbling, S. 8–13.
- Biegholdt, Georg (2022): Musikunterricht für heute, morgen, irgendwann. *Grundschule Musik*, (103), S. 2–4.
- Oberschmidt, Jürgen (2020): Vivaldi for Future! „For Seasons": Die Klimawandel-Version von Vivaldis „Die vier Jahreszeiten" – Ein Zwischenruf. *Musik & Bildung*, (1), S. 42–43.
- songtexte.com (2023): Love song to the Earth Songtext. https://www.songtexte.com/songtext/paul-mccartney/love-song-to-the-earth-g5b4a0b48.html [17.11.2023].
- wikipedia.de (2022): Love Song to the Earth. https://de.wikipedia.org/wiki/Love_Song_to_the_Earth [17.11.2023].

Jörg Breitweg

Die Resonanz der Poesie im Lied: Liedvertonungen von Mittelalter bis Moderne

So (oder so ähnlich) klingt das Mittelalter:

Schläft ein Lied in allen Dingen,
Die da träumen fort und fort,
Und die Welt hebt an zu singen,
Triffst du nur das Zauberwort.

Die berühmten Verse Joseph von Eichendorffs schildern, wie Poesie in mehrfacher Weise Resonanz auslösen kann: Das richtige „Zauberwort" bringt das unter der Hülle des Alltäglichen schlummernde wahre Wesen der Dinge zum Klingen. Von der Poesie angestoßen offenbart sich das Innere der Welt, indem es „zu singen" beginnt und damit wiederum den Menschen und dessen inneres Empfinden anrührt und zum Mitschwingen bringt. Obwohl Eichendorff Begriffe aus dem Bereich der Musik verwendet, geht es hier nicht um eine wie auch immer geartete Form der Vertonung: Für ihn als Dichter ist bereits die Poesie Gesang – sie muss nicht mit Musik verflochten werden, um Resonanz auszulösen. Die Perspektive Musikschaffender ist eine andere: Tausende Vertonungen allein von Eichendorffs Gedichten belegen, in welchem enormen Ausmaß Poesie Resonanz bei Komponierenden findet, indem sie immer wieder neue, individuelle Deutungen der Worte durch die Musik anregt. Dabei ist es erkenntnisreich zu erforschen, welche Aspekte des Texts musikalisch vertieft oder überhöht und welche weiteren Bedeutungsebenen durch die Musik erschlossen werden. Für den Musikunterricht stellt die Betrachtung und Untersuchung einer Liedvertonung und das Enträtseln des Wirkungsgeflechts von Poesie und Vertonung eine lohnenswerte, die Perspektive der Schüler:innen erweiternde Herausforderung dar.

> Liedvertonungen sind aufgrund ihrer didaktischen Eigenschaften prädestiniert für einen inhaltlich vielschichtigen und methodisch abwechslungsreichen Lehr-Lernprozess.

Liedvertonungen sind aufgrund ihrer didaktischen Eigenschaften prädestiniert für einen inhaltlich vielschichtigen und methodisch abwechslungsreichen Lehr-Lernprozess. In der Regel handelt es sich um bei ihnen im Hinblick auf Umfang und Besetzung um überschaubare Musikstücke, die sich in vielen Fällen zumindest passagenweise auch selbst musizieren lassen. Zudem führt die Betrachtung des Wort-Ton-Bezugs in vielen Fällen rasch zu essenziellen Erkenntnissen über die jeweilige Komposition. Außerdem kann das Lied als Gattung den roten Faden einer Unterrichtseinheit bilden – entweder in chronologischer Form über die Jahrhunderte hinweg oder als Querschnitt durch das Gattungsspektrum. Ein zentraler Zugangsweg zu den Liedvertonungen der nachfolgend vorgestellten Unterrichtseinheit für die Oberstufe ist das eigene musikpraktische, schöpferische Tun der Schüler:innen, aus dessen Reflexion weiterführende Erkenntnisse gewonnen werden sollen. Um allen Schüler:innen gleichermaßen die Möglichkeiten eigenständigen Arbeitens, sinnlicher Erfahrung und tiefergehender Durchdringung eines Kunstwerks anhand exemplarischer Auszüge zu bieten, können neben der für den Musikunterricht typischen Vielzahl etablierter Methoden auch aktuelle digitale Medien in Form von Tablets und Smartphones genutzt werden. Deren Vorzüge beruhen einerseits auf ihren Verwendungsmöglichkeiten als multimediales Universalwerkzeug und andererseits auf der Verknüpfung von Notendarstellung und Klang beim Einsatz von Notationssoftware. Die für die Unterrichtseinheit ausgewählten Lieder ermöglichen einen zumindest bruchstückhaften Durchgang durch die europäische Musikgeschichte vom

Mittelalter bis zur Moderne und weisen jeweils epochentypische musikalische Merkmale auf. Sämtliche Materialien zu dieser Unterrichtseinheit können über den QR-Code heruntergeladen werden.

So (oder so ähnlich) klingt das Mittelalter:
„Dû bist mîn, ich bin dîn" selbst vertont

> *Dû bist mîn, ich bin dîn.*
> *des solt dû gewis sîn.*
> *dû bist beslozzen in mînem herzen,*
> *verlorn ist das sluzzelîn:*
> *dû muost ouch immêr darinne sîn.*

Diese Gedichtzeilen bilden den Abschluss eines Liebesbriefs in lateinischer Sprache, der um 1180 von anonymer Hand verfasst wurde und Teil der Tegernseer Briefsammlung ist. Die Verse gelten als ältestes mittelhochdeutsches Liebesgedicht und sind bis heute verbreitet. Interessanterweise tauchen die Verse in keiner der mittelalterlichen Liederhandschriften auf und scheinen demnach auch nicht vertont worden zu sein. Möglicherweise widersprach die Darstellung einer gelingenden, erfüllten Liebesbeziehung zu sehr dem Topos des Minnelieds, das zumeist eine nicht glücken wollende, spannungsreiche Beziehung zum Inhalt hat, in der die höhergestellte Frau für den Mann unerreichbar bleibt.

Wie eine mittelalterliche Vertonung dieses Gedichts klingen würde, lässt sich lediglich vermuten, da generell nur wenige Liedmelodien aufgeschrieben wurden. Zudem gab die Notation in der Regel nur den ungefähren Verlauf der Melodie wieder. Ihr Rhythmus und die Harmonik der Begleitung wurden nicht erfasst. Allerdings liefert die zeitgleiche Entwicklung der Kirchenmusik gewisse Anhaltspunkte: Melodien bestanden oft aus den Tönen der Kirchentonarten, Begleitstimmen verliefen oft parallel zur Melodie im Abstand einer Quinte und einer Oktave.

> Die Verse gelten als ältestes mittelhochdeutsches Liebesgedicht und sind bis heute verbreitet

Diese Informationen bilden die Grundlage eines Kompositionsprozesses der Schüler:innen, an dessen Ausgangspunkt der Gedichttext steht. Zuerst wird dessen korrekte Aussprache recherchiert, wobei der Hinweis auf eine Hörfassung im Internet eine Hilfestellung bietet. Der daraufolgende, in der Ausführung komplexe Schritt der Rhythmisierung des Texts wird hier durch den Eintrag der Textsilben in ein vorgegebenes Zählzeitenraster deutlich erleichtert. Dies ermöglicht den Schüler:innen zudem den selbstständigen Übertrag der festgelegten Rhythmisierung in die entsprechenden Notenwerte.

Es folgt ein Exkurs, der die Schüler:innen einerseits mit der Klanglichkeit heutiger Interpretationen mittelalterlicher Lieder und andererseits mit dem damals und heute dafür eingesetzten Instrumentarium in Berührung bringt. Ausgewählte Interpretationsbeispiele werden per Link zur Verfügung gestellt, wobei die Schüler:innen die Musik beschreiben und ihren Höreindruck schildern. Die Auswertung einer Abbildung aus dem *Codex Manesse*, auf der einige im Mittelalter gebräuchliche Instrumente zu sehen sind, führt zu einer Recherche der Namen, der Merkmale und der klanglichen Anmutung dieser Instrumente. Beide Aufgaben eignen sich gut für die selbstständige Erarbeitung.

Dann übertragen die Schüler:innen den notierten Rhythmus samt Text in ein Notenschreibprogramm, transferieren ihn also auf die digitale Ebene. Ab hier können sie jede Änderung klanglich überprüfen und gegebenenfalls zurücknehmen oder weiter verändern. In der Aufgabenstellung wird als Melodieton das d' vorgeschlagen – mit dem Verweis auf die dorische Skala auf d, die den Tonvorrat für die weitere Ausgestaltung der Melodie bilden wird. Zuvor wird jedoch eine einfache Bordunbegleitung bestehend aus einem Quint-Oktav-Klang über d notiert und im Anschluss zur gesungenen Ein-Ton-Melodie mit dem vorhandenen Klasseninstrumentarium musiziert.

In einem vorletzten Schritt wird die Ein-Ton-Melodie mittels ausgewählter Töne aus der dorischen Skala auf d verändert und erweitert. Auch hier kann jede Veränderung sofort hörend nachvollzogen werden. Abschließend kann auch noch die Begleitung mit weiteren leitereigenen Quint-Oktav-Klängen abgewandelt werden. Auf digitalem Weg können sich nun die Schüler:innen ihre Kompositionen gegenseitig zugänglich machen und diese gemeinsam musizieren.

iPad statt Laute! - Analysieren und Musizieren einer Lautenbegleitung zu John Dowlands Song „Come again"

Come again, sweet love doth now invite,
thy graces that refrain to do me due delight.
To see, to hear, to touch, to kiss, to die
With thee again in sweetest sympathy. [...]

Die verheißungsvolle erste Strophe dieses Gedichts einer anonymen Verfasser:in vermittelt die Vorahnung einer erfüllenden Liebesbegegnung. Doch der Schein trügt, was wiederum wenig überrascht, denn in den fünf folgenden Strophen erfüllt sich der Topos der Hohen Minne auf beispielhafte Weise. Der Mann betet die ihm übergeordnete Dame von hohem Rang an, wird von ihr aber auf eine Art zurückgewiesen, die er als gefühllos und grausam empfindet. Alleingelassen in seiner Liebesqual beklagt er sein Leid.

Der englische Komponist John Dowland (1563–1626) vertonte das Gedicht als Strophenlied und veröffentlichte es 1597 in seiner Liedsammlung *First Booke of Songes or Ayres*. Bis heute genießt das Lied einen enormen Bekanntheitsgrad, wovon nicht zuletzt Interpretationen wie die des normalerweise in der Popmusik beheimateten Gordon Matthew Sumner alias Sting zeugen. Von *Come again* existieren von Dowland sowohl eine mehrstimmige Madrigalfassung als auch eine Solofassung mit Lautenbegleitung, die ursprünglich als Tabulatur notiert war. Die im Unterricht verwendete Fassung wurde von G-Dur nach D-Dur transponiert, die Begleitung vereinfacht und der Text auf die Strophen 1, 2 und 6 des Originals reduziert.

> Der englische Komponist John Dowland (1563–1626) vertonte das Gedicht als Strophenlied und veröffentlichte es 1597 in seiner Liedsammlung „First Booke of Songes or Ayres".

Nach dem Anhören verschiedener Fassungen und dem Vergleich der Interpretationen gefolgt von einer Recherche zum Lied und zum Komponisten werden Text und Melodie erarbeitet und zur Klavierbegleitung gesungen. Dann untersuchen und bestimmen die Schüler:innen in arbeitsteiliger Gruppen-, Partner oder Einzelarbeit die Akkorde der Klavierbegleitung, indem die Grundstellungen der verwendeten Akkorde notiert und anschließend mit den entsprechenden Akkordbezeichnungen versehen werden.

Die musikpraktische Umsetzung der Begleitung macht sich die Akkordfunktion in der auf dem iPad installierten App *GarageBand* zunutze: Auf den Griffbrettern und Tastaturen der virtuellen Instrumente lassen sich Akkorde nicht nur konventionell greifen, sondern auch per Wischen zum Klingen bringen. Dies vereinfacht das Spiel enorm und setzt lediglich voraus, dass innerhalb der Akkordfunktion alle in der Begleitung auftretenden Akkorde vorab eingestellt werden. Der Klang der akustischen Gitarre ersetzt den der originalen Laute, die Wischbewegung ähnelt dem Anschlag mit einem Plektrum oder den Fingern. Die Begleitung kann vorab individuell geübt oder im Unterricht gemeinsam erarbeitet werden, wobei sich hier eine abschnittsweise Aufteilung auf mehrere Gruppen anbietet.

Das Geheimnis der Generalbassschrift entschlüsselt: Das Barocklied „Der Rheinwein" von Adam Krieger

Seht doch wie der Rheinwein tanzt in dem schönen Glase,
wie er hin und wieder ranzt und kreucht in die Nase,
dass man vom Geruche bald dumm und dämsch muss werden,
nein, was hat er vor Gewalt über uns auf Erden. [...]

Sowohl der Text als auch die Musik dieser barocken Ode auf den Rheinwein und dessen erstaunliche Wirkung stammen von Adam Krieger (1634–1666), der als Organist an der Leipziger Nikolaikirche und danach in gleicher Funktion am Dresdner Hof tätig war. Dass dieses Strophenlied einen bis heute anhaltenden Bekanntheitsgrad erlangte, dürfte der eingängigen Melodie mit ihrem tänzerischen Charakter und der bildmächtigen Sprache des Texts geschuldet sein. Die im Unterricht verwendete Version umfasst drei Strophen des Originaltexts. Begleitet wird die Melodie vom Generalbass, der auch im Zentrum der Vermittlung stehen soll.

Zum Unterrichtseinstieg werden Melodie und Text des *Rheinweins* gemeinsam erarbeitet und zur Generalbassbegleitung des Klaviers gesungen. Ein daran anschließender Vergleich zweier sehr unterschiedlicher Fassungen (eine ältere von Hermann Prey, eine neuere von Andreas Scholl) eröffnet den Schüler:innen die Bandbreite möglicher Interpretationen des Lieds und lädt ein zum Austausch von Wahrnehmungen und Werturteilen. Eine kompakte Einführung in die Generalbassschrift mit den wichtigsten Regeln bildet die Grundlage für das digital unterstützte Aussetzen des Generalbasses der Liedbegleitung. Die Schüler:innen erhalten die Datei der Melodie- und Klavierstimme – entweder im digitalen Format des verwendeten Notenschreibprogramms oder als universell einsetzbare XML-Datei. Die rechte Hand der Klavierstimme erscheint dabei als Leersystem, das den Schüler:innen zum Aussetzen der Akkordbegleitung anhand der vorgegebenen Bassstimme samt Bezifferung dient. Auch hier spielt die digitale Variante ihren großen Vorteil aus, der darin besteht, dass mögliche Fehler hörbar sind und umgehend korrigiert werden können. Den Abschluss bildet das gemeinsame Musizieren der vervollständigten Generalbassbegleitung mit dem vor Ort vorhandenen Instrumentarium.

Das Klaviervorspiel als Keimzelle der Komposition:
Das Kunstlied „Gute Nacht" von Franz Schubert

> *Fremd bin ich eingezogen, fremd zieh ich wieder aus.*
> *Der Mai war mir gewogen mit manchem Blumenstrauß.*
> *Das Mädchen sprach von Liebe, die Mutter gar von Eh'.*
> *Nun ist die Welt so trübe, der Weg gehüllt in Schnee. [...]*

Die Verse des 1823 erschienenen Gedichtzyklus' *Die Winterreise* von Wilhelm Müller (1794–1827) sind untrennbar mit der Vertonung Franz Schuberts (1797–1828) verbunden. *Gute Nacht* gibt als erstes Lied des Zyklus' bereits den Grundtenor dessen, was folgt, vor: Die Liebesbeziehung ist gescheitert, der Abschied bereits vollzogen und irreversibel, die Erfahrung des Fremdseins, für eine gewisse Zeit von einer letztlich illusorischen Liebeshoffnung verdrängt, kehrt mit Macht zurück, eine Reise in die Kälte und Dunkelheit der Nacht beginnt.

Die Musik setzt Inhalt und Stimmung des Gedichts kongenial um: Ein Achtelostinato, eine Art Widerhall des Wanderns aus früheren Liedern, hier möglicherweise eine mehr innere als äußerliche Bewegung verkörpernd, wirkt alles andere als vorwärtsdrängend und zielgerichtet, sondern seltsam statisch, unemotional und in seiner Monotonie sogar unerbittlich. Die Melodielinie des Beginns führt nach unten, Moll dominiert trotz gelegentlicher Aufhellungen, abgesehen von der letzten Strophe, die sich – komplett in Dur gehalten – als eine Art Traumsequenz vom Vorhergehenden abhebt. Diese zentralen musikalischen Merkmale sind bereits in den sechs Takten des Klaviervorspiels enthalten. Dazu kommen noch auffallende Akzente auf den jeweils letzten Achteln der Takte 2–4, die wie grelle, stechende Impulse des Schmerzes angesichts verlorener Liebeshoffnung und existenzieller Heimatlosigkeit wirken.

> Die Musik setzt Inhalt und Stimmung des Gedichts kongenial um.

Der exemplarische Charakter des Klaviervorspiels lädt dazu ein, dessen Analyse zur Erschließung des Auftaktstücks der *Winterreise* zu nutzen. Die Untersuchung des musikalischen Geschehens der ersten sechs Takte soll jedoch nicht in konventioneller Weise, sondern in praktisch erlebbarer, erfahrungsbezogener Form stattfinden. Hierbei wird wiederum digitale Hardware und Software als Hilfsmittel eingesetzt, diesmal als Produktions- und Reproduktionsmedium sowie zum individuellen Musikhören.

Ein vorproduzierter Loop des Vorspiels dient zum intensiven Einhören in den Beginn von *Gute Nacht*. In einem ersten Erarbeitungsschritt begleiten die Schüler:innen in Kleingruppen den Loop akustisch mit Gegenständen aus ihren Mäppchen. Danach bilden sie kleine Gruppen und erhalten die Aufgabe, das Klaviervorspiel mit Hilfe des Notenausschnitts mit Geräuschen und Klängen (Bodypercussion, Stiftpercussion, ‚Mäppchen-Instrumente' o.ä.) möglichst originalgetreu umzusetzen. Diese Aufgabe birgt mehrere Herausforderungen: Die Schüler:innen müssen per Hör- und Notenausschnitt selbstständig musikalische Details identifizieren und Möglichkeiten der Umsetzung mit einem limitierten Geräuschinstrumentarium erarbeiten. Das Achtelostinato und die Akzente lassen sich so noch relativ leicht darstellen, doch die abfallende Melodiephrase erfordert mangels eines Melodieinstruments zur Darstellung unterschiedlicher Tonhöhen kreative Lösungen: Eignen sich dafür Klangfarben von hell nach dunkel, von grell nach dumpf? Auf die musikalische Beantwortung dieser Frage durch die einzelnen Gruppen darf man gespannt sein.

> Spätestens beim Vergleich mit den Versionen der Schüler:innen wird deutlich, dass die Eigenschöpfungen nicht ‚nur' dem Erkenntnisgewinn dienen, sondern einen eigenen ästhetischen Wert und somit Kunstcharakter besitzen.

Die Ergebnisse können live präsentiert oder in einem Programm zur Musikaufnahme und -bearbeitung (z.B. *GarageBand* auf dem iPad) aufgezeichnet werden. Das anschließende Unterrichtsgespräch zum Erarbeitungsprozess und dessen Ergebnissen führt dann zur Untersuchung weiterer ausgewählter Passagen des Lieds unter der Fragestellung, inwieweit die herausgearbeiteten musikalischen Merkmale dessen weiteren Verlauf prägen. Abschließend wenden sich die Schüler:innen der Bearbeitung von *Gute Nacht* in Hans Zenders Fassung der *Winterreise* zu, deren aufs Geräuschhafte reduzierter Beginn eine zutiefst beeindruckende eigene Ästhetik offenbart. Spätestens beim Vergleich mit den Versionen der Schüler:innen wird deutlich, dass die Eigenschöpfungen nicht ‚nur' dem Erkenntnisgewinn dienen, sondern einen eigenen ästhetischen Wert und somit Kunstcharakter besitzen.

Neue Klangwelten am Tor zur Moderne:
Arnold Schönbergs „Nacht" (aus „Pierrot lunaire" op.21)

> *Finstre, schwarze Riesenfalter*
> *Töteten der Sonne Glanz.*
> *Ein geschloßnes Zauberbuch,*
> *Ruht der Horizont – verschwiegen. [...]*

Die Sängerin und Rezitatorin Albertine Zehme als Auftraggeberin des *Pierrot lunaire* ließ dem Komponisten Arnold Schönberg (1874–1951) viel Freiheit, was die Textvorlage, den Umfang und die Besetzung anging. Die von Schönberg ausgewählten Gedichte von Albert Giraud in einer freien Übertragung von Otto Erich Hartleben sollten in einer Art Melodram vertont werden, zugeschnitten auf die ästhetischen Vorstellungen der Vortragskünstlerin, deren Anliegen das Ausloten stimmlicher Möglichkeiten in einem künstlerischen Kontext war. 1912, also noch im Jahr der Auftragsvergabe, von Zehme und einem kleinen Instrumentalensemble unter der Leitung des Komponisten uraufgeführt, war die Resonanz auf das Werk zwischen euphorischer Zustimmung und rigoroser Ablehnung extrem zwiegespalten. Im Rückblick kann dessen für die musikalische Moderne wegbereitende Bedeutung jedoch kaum überschätzt werden.

Der Text des Gedichts *Nacht* könnte einer düsteren Fantasy-Vorstellung entstammen, die geschilderte Szenerie auch in Mordor, dem düsteren, vom Bösen beherrschten Landstrich in Tolkiens *Herr der Ringe* verortet werden. Zumindest einigen Schüler:innen dürfte beides nicht unvertraut sein, so dass nach einer Annäherung über das laute Lesen des Texts und der Erprobung verschiedener sprachlicher Ausdrucksweisen die Vertonung Schönbergs bei der ersten Hörbegegnung keineswegs völlig unplausibel erscheinen dürfte. Danach wird die Wirkung der Musik beschrieben und nach einem weiteren

Hördurchgang deren Ursachen mit Hilfe des Notentexts ergründet.

Eine tiefergehende Analyse, beispielsweise zur Erforschung der speziellen Umsetzung des Prinzips der Passacaglia, soll an dieser Stelle des Unterrichts nicht erfolgen. Spannender und die Schüler:innen unmittelbar aktivierend erscheint eine eigene künstlerisch-ästhetische Reaktion auf die Komposition in Form einer theatralen Szene oder eines zur Musik passenden Videos. Bei beiden Varianten spielt wiederum das Tablet oder Smartphone eine entscheidende Rolle für das in Gruppen erarbeitete und präsentierte Ergebnis.

Die theatrale Reaktion kann aus einem Standbild, aus Bewegungselementen oder einer kleinen Spielszene bestehen, die zur Musik präsentiert wird. Parallel dazu werden Details der Szene aus verschiedenen Perspektiven gefilmt und als eine Art Livestream per Beamer auf die Leinwand übertragen, um eine weitere Betrachtungsebene zu schaffen. Bei der Variante der Verfilmung können die Schüler:innen alle Bearbeitungs- und Schnittmöglichkeiten nutzen, die heutzutage bereits in einfachen Videoprogrammen enthalten sind. Schon einfache szenische Aktionen und wenige, aber gezielte Einstellungen im Film können in der Synthese mit Schönbergs Musik beeindruckende Resultate ergeben.

Klaus-Jürgen Etzold

Resonanz – Körper – Stimme

Vokales Musizieren als Ausgangspunkt für einen erfahrungserschließenden Musikunterricht

I Theoretischer Rahmen

Auf der Suche nach geeigneten Beispielen und Vorlagen für den Horizont öffnende musikalische und ästhetische (Eigen-)Erfahrungen für Schüler:innen der Sekundarstufe I wird man vor allem bei Werken aus der neueren Vokalmusik sowie in grafischer Notation fündig.

So transportieren die Schlagworte ‚Resonanz(en) erleben' sowie ‚Resonanz-Körper-Stimme' im Sinne des Kongressthemas vielversprechende wahrnehmungs- sowie subjektorientierte Ansätze für ein Eintauchen und ein Sich-Einlassen auf oftmals neue, bisher un-erhörte (Hör-)Erfahrungen: einerseits des eigenen Wahrnehmens körperlicher wie sinnlicher Schwingungen an sich selbst aufgrund von gehörter oder produzierter Musik, andererseits über die unmittelbare Begegnung mit bislang eher ungewohnten Werken, Klängen oder Notationen.

Mit den Ohren und der eigenen Stimme auf eine kreative Entdeckungsreise gehen und unterschiedliche Facetten von Resonanz erfahren, erleben und gemeinsam reflektieren – das wären bereits zentrale Aspekte von „erfahrungserschließendem Musikunterricht" als Kern des Kompetenzmodells z.B. im Kerncurriculum für das Gymnasium Kl. 5-10 Musik in Niedersachsen (Niedersächsisches Kultusministerium 2017).

Ortwin Nimczik stellt die Chancen der Behandlung von Musikbeispielen heraus, die ein bewusstes Eintauchen und kreativen Umgang ermöglichen:

> „Vornehmlich über den Einbezug von Aspekten der Unbestimmtheit in grafischen, verbalen oder variablen Notationen und durch ihre Prozesshaftigkeit gewinnen sie einen spezifischen Anregungscharakter: Sie zeigen Veränderungsmöglichkeiten im Erfinden und Gestalten von Musik, sie fordern durch ihre offene Anlage selbst immer wieder neue Variantenbildungen heraus" (Nimczik 2021, S. 211).

In diesem Sinne plädiert auch Hans Schneider in seinen überaus anregenden „musizieraktionen" für eine Offenheit und für neue Sicht- und Hörweisen:

> „Künstlerische Experimente dienen dazu, neue Möglichkeiten des Ausdrucks zu finden, Dinge auf eine Weise zu sehen oder zu tun, wie sie zuvor noch nicht gegeben waren oder getan wurden. […] Im Kontext des schulischen und außerschulischen Musik-Ermittelns verstehe ich unter experimentellem Musizieren bzw. Komponieren Folgendes: er-finden, er-proben, er-spielen, improvisieren, vielleicht sogar komponieren, immer ausgehend von ausgewählten Materialien, […] Vorhandenes / Bekanntes / Vertrautes auflösen und anders zusammenstellen" (Schneider 2017, S. 10).[1]

Als letzte Aspekte vor den hier vorzustellenden Beispielen seien die Begriffe der Performanz bzw. Per-

---

[1] Eine wahre Fundgrube für ähnliche kreative Ziele und die Suche nach Resonanzen in jeglicher Hinsicht liefern die Veröffentlichungen und Kompositionen des Kanadiers Robert Murray Schafer (z.B. 2002 und 2010). Sein Chorwerk *Snowforms* ist ausschließlich grafisch notiert und bietet der Chorszene faszinierende Impulse zu persönlichen Interpretationen, wie entsprechende Einspielungen auf YouTube zeigen.

formativität, der Produktions- und Rezeptionsdidaktik sowie der Transformationserfahrungen genannt.[2] Hiermit sind – über die reine Handlungsorientierung herausgehend – prozesshafte psychomotorische Zugangsweisen und Erfahrungen gemeint, die z.B. über den Einbezug des Arbeitsfelds Bewegung oder andere eigenaktive beziehungsweise über musikpraktische Erfahrungen eine bewusstere Begegnung, ein aktive(re)s Musikhören und eine zunehmend differenzierte Umsetzung sowie ästhetische Wahrnehmung ermöglichen. Exemplarisch seien nur das Bewegen, das Aufstehen oder Melden zur Musik (bei bestimmten Motiven, Instrumenten oder Formteilen etc.), das (Mit-)Dirigieren, ohne oder in höheren Jahrgängen mit Schlagfiguren, ein Tonhöhendirigat, das (Mit-)Spielen auf einer imaginären ‚Luft-Gitarre', auf einem ‚Luft-Klavier' oder anderen imaginären ‚Luft-Instrumenten', ergänzende kreative Body Percussion oder das Malen zur Musik genannt. Derartige Transformationsversuche ermöglichen den Schüler:innen differenzierte körperliche bzw. psychomotorische Ausdrucksweisen zum Gehörten, dadurch auch einen emotionalen wie kognitiven Lernzuwachs, und geben der Lehrkraft wichtige Rückmeldungen zur Wahrnehmungs- und Differenzierungsfähigkeit der Lernenden.

II. Geeignete Beispiele

Hermann Regner (1928–2008): *Chorstudien* (Mainz 1972, Schott WKS 11)

Ein niedrigschwelliges (Einstiegs-)Angebot wäre die Behandlung von Hermann Regners *Chorstudien*, in denen mehrere Vokalstudien in einfacher grafischer Notation und meist auf wenigen Vokalen eine voraussetzungslose sowie auch binnendifferenzierte Umsetzung ermöglichen. Sinnvoll ist auf jeden Fall eine von der Notation ausgehende adressatenorientierte gemeinsame Annäherung an eine Realisierung im Klassenverband, wobei insbesondere die musikalischen Parameter Besetzung, Tonhöhe, Melodie, gegebenenfalls Artikulation und Tondauer schon zur Sprache kommen und so eine hier notwendige Brücke zur ‚Theorie'

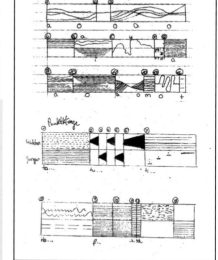

bilden können. Eine besondere persönliche Stärkung dürften die Schüler:innen dadurch erfahren, dass einerseits Einzelne durch Anzeigen auf einer Projektionsfläche die Musikpraxis im Plenum anleiten, aber auch als Gruppen- oder Hausaufgabe eigene Chorstudien – frei nach Regner – selber komponieren. Hier können sie nach dem ersten Kennenlernen von Regners Grundideen – teils in vier- und mehrstimmiger Umsetzung – ähnliche oder zunehmend kreativere Eigenkompositionen anfertigen und im Klassenverband musizieren (sowie optimieren).[3]

Exemplarisch sei auf einige Hausaufgaben einer 7. Musikzweig-Klasse verwiesen. Die Hausaufgaben wurden nach dem gemeinsamen Erarbeiten und Umsetzen einiger Ausschnitte aus Regners Vokalstudien nach der 1. Doppelstunde äußerst motiviert angefertigt und es gab erstaunliche Ergebnisse. Aufgabenstellung: „Fertige drei Eigenkompositionen in grafischer Notation im Stile von Hans Regners *Chorstudien* an."

Abb. 1: Ergebnisse einer Hausaufgabe

---

[2] Vgl. hierzu Krause-Benz (2016), S. 83–95, außerdem Biegholdt (2019). Vielfältige Anregungen, wenn auch eher aus dem instrumentalen Bereich, finden sich in Nimczik & Rüdiger (1997). Weitere geeignete Beispiele und Aufsätze in Bäßler (2005).
[3] Beispiele aus der originalen Notation sind bei Schott-Music online einsehbar unter https://www.schott-music.com/de/preview/viewer/index/?idx=OTM3MzA=&idy=93730&dl=0 [12.09.2023]. Weitere didaktische Möglichkeiten eröffnen sich durch den Vergleich der eigenen Umsetzung mit einer professionellen Aufnahme, die sich auf YouTube finden lässt (https://youtu.be/uRS9WrlEVIw?feature=shared [09.10.2023]), welche allerdings sinnvollerweise erst nach der praktischen Erarbeitung durch die Lerngruppe anzuhören ist.

Klaus Hinrich Stahmer (*1941):
a) *Tiere wie du und ich* (Lilienthal/Bremen 1975, Text: Johannes R. Köhler; eres 4962);
b) *Die Landschaft in meiner Stimme* (für Stimme(n), Lilienthal/Bremen 1978, eres 4974)

Stahmer vertont in seiner kleinen Tiersammlung *Tiere wie du und ich* einen Ochsenfrosch, eine Spinne, eine Grille und – als erste Nummer – eine nervende Stubenfliege. Die Vertonung der Fliege unter dem Titel *Süßer Tod* ist wahrscheinlich Stahmers bekanntestes Werk, das auch in der Sammlung *Chor aktuell* (Bosse 1983) abgedruckt ist und sich gut „mit Improvisationsfreude und Spieltrieb" sowie mit „etwas Klangphantasie und ein[em] Schuss Pantomime" (Stahmer, im Vorwort) für eine forschend-entdeckende, gemeinsame Annäherung sowohl im Klassenmusizieren, in Chorklassen, als auch im (Schul-) Chor eignet. Ähnlich wie Regners Chorstudien lädt das Material vor allem über den plastischen Text und die allen bekannte Situationskomik ein, musikalische Lösungen für eine den Vorsänger nervende – nun im Marmeladenglas klebende und mit dem Tode ringende – Stubenfliege zu finden, auszuprobieren und adäquat umzusetzen. Sich aufbauende Cluster, erregte fugato-artige Sprechpassagen mit Glissandi, geräuschhafte Klangflächen, Flüstern und erneute Steigerungen durch homophones Skandieren bis hin zu kadenzierenden Choralklängen mit Quartvorhalt sowie Auflösung am Ende des Stücks besiegeln plastisch ihr Schicksal. Für eine echte Klangreise mit gemeinsamem Abwägen von Umsetzungsvorschlägen und mit Begründungen durch musikalische Merkmale wie Dynamik, Tonhöhe, Melodie (glissando) und Artikulation (Sprechpassagen) können von der Lehrkraft z.T. sogar Stahmers Anmerkungen eliminiert und stattdessen mit den Schüler:innen Vertonungsideen demokratisch erarbeitet sowie letztlich aufgeführt werden. Aufgrund der teils rhythmisch anspruchsvollen polyphonen Teile sowie des vierstimmigen Schlusses ist die Umsetzung natürlich schwieriger als bei Regner, allerdings ein reizvolles Ziel für Schulchöre oder Chorklassen. Hinsichtlich der Performanz wären mit Verweis auf die herumschwirrende Fliege gemeinsame Vorübungen zur ‚Melodielinie' des Vorsängers (die Lehrkraft zeigt an) sowie eine sukzessive gemeinsame Erarbeitung des rhythmischen Fugato-Motivs (Ziffer F und G) – erneut mit situativem Verweis auf die klebrige Marmelade („meckerndes Glissando", Stahmer) – sinnvoll.

In Stahmers *Künstlerpech* (abgedruckt in *Chorissimo* 2008, S. 202) wird mit einem zwinkernden Auge das bemitleidenswerte Schicksal einer Grille vorgestellt, die vom vielen Zirpen ihre „Schenkel wund gewetzt" hat, sodass nur noch „Tetanus und Puder" helfen können. Hier könnte man als Musik-Lehrkraft sogar ein Experiment wagen: dass man die Dirigierrolle und somit die Steuerung bei der Einstudierung komplett an die Schüler:innen abgibt. Im Sinne des Scaffolding sollte die Lehrkraft aber auf der ‚Entdeckungsreise' nach Kriterien für eine dem Notentext gerechte Aufführung zum Beispiel auf die unterschiedliche rhythmische Notation der vier Stimmen des Anfangs und die Pausen verweisen und abwägend erste Praxisversuche bezüglich ihrer Stimmigkeit kommentieren lassen. Neben dem Augenmerk auf rhythmische Differenzierung sollte aber auch das Zu-Hören auf die anderen Stimmen trainiert werden, hier könnten sogar vier die jeweilige Gruppe dirigierende Schüler:innen eingesetzt werden und die Anleitung durch die Lehrkraft entfallen (gemäß Cages Wunsch nach ‚happy new ears').

Sowohl für *Süßer Tod* als auch *Künstlerpech* gibt es weiteres didaktisches Potenzial über den Vergleich mit den auf der Begleit-CD zu *Chorissimo* oder auf YouTube veröffentlichten Einspielungen von Jugend- und Schulchören. Das systematische Erarbeiten einer eigenen plausiblen und aspektorientierten musikalischen Interpretation kann im Vergleich zu anderen Klangbeispielen eine Stärkung der Schüler:innen bewirken, die nicht selten ‚stolz' auf ihre ‚bessere' Umsetzung sind (reflektierende Performativität).

Man spürt auch in Klaus Hinrich Stahmers *Landschaft in meiner Stimme*, dass ihm die Freude am Improvisieren und das Erkunden der stimmlichen Facetten und Möglichkeiten ein besonderes Anliegen sind. Er kreiert eine Landschaftspartitur, die tatsächlich an geografische Karten aus Atlanten erinnert, und setzt damit beim Interpreten einen unabdingbaren Prozess der Auseinandersetzung in Gang. Ein problem- und handlungsorientiertes Erarbeiten der Buchstaben und Symbole, der pulsierenden Zusammenklänge, der Übergänge sowie Schattierungen von kontrastierenden Vokalen und der unmittelbaren Bezüge zwischen Dynamik und Notation, aber auch von resonierenden und pulsierenden Wiederholungen wie Veränderungen ermöglicht ein barrierefreies wie bewusstes Verstricken in musikalisch-kreativer Reflexion mit großen Freiheiten.

Hilfreich für eine stimmliche Realisierung dürfte Stahmers Aufführungshinweis sein: „Dabei ist vor allem wichtig, dass Ausführende und Hörer ein Gefühl der Räumlichkeit entwickeln." Außerdem möchte er mit seiner ungewöhnlichen Partitur „die Fantasie anregen" und den Ausführenden „Gelegenheit zu eigenschöpferischer Mitarbeit" geben (Stahmer, im Vorwort). Die grafischen Kompositionsangebote von Cage, Earle Brown, Logothetis, Regner, Stahmer u.a. bilden weitere Anregungen für eine eigenkompositorische Auseinandersetzung und zeigen so zusätzliche musikpädagogische Resonanzen.

Eine Fundgrube an spannenden, die Kreativität anregenden grafischen Beispielen liefert der österreichische Komponist griechischer Herkunft Anestis Logothetis (1921–1994) in seinem Büchlein *Impulse für Spielmusikgruppen* sowie in dem dort abgedruckten Beitrag „Über die Darstellung des Klanges im Schriftbild" in der *roten reihe*, wo er ausführlich Rechenschaft ablegt zu der von ihm erschaffenen Systematik von Tonhöhen-Symbolen, von Assoziations-Faktoren und von Aktions-Signalen (Logothetis 1973, S. 3f.).

Karlheinz Stockhausen (1928–2007): *Atmen gibt das Leben…* **(1974, Werk Nr. 39)**

„Hier hört man Gottes Atem" (Marius, Jg. 13).
„Schwebende Polyphonie, [...] Traumbilder" (Birgit, Jg. 13).
„Ich kann das einfach nicht!" (Sandra, Kl. 9, zit.n. Etzold 1998)

Stockhausen verfasste den Text „Atmen gibt das Leben, doch erst das Singen gibt die Gestalt" nach einer Vorlage aus der islamischen Mystik (Sufismus). Dieser Text spiegelt Stockhausens kosmologisches Schaffensprinzip wider, das hier jedoch auf die Thematik „Menschwerdung" bzw. „Formgewinnung" zugespitzt wird. Der Komponist nutzt die gesamte Palette vokaler Ausdrucksmittel. Wie in vielen anderen seiner Werke bezieht er die visuelle Komponente mit ein und entwickelt eine Art Gesamtkunstwerk:

„Text, Choreographie und Musik habe ich als einheitliches Ritual konzipiert. Aus dem schlafähnlichen einfachen Ein- und Ausatmen auf einem Ton entstehen nach und nach Melodie, Schwebungen, Farben, Rhythmen, Worte bis zum hellwachen polyphonen harmonischen Satz: ‚Doch erst das Singen gibt die Gestalt'" (Stockhausen 1978, S. 243).

Das Werk muss eigentlich ohne Dirigenten und mit exakter Lichtregie aufgeführt werden, die Sängerinnen und Sänger sollen laut Regieanweisungen in Stockhausens Vorwort auch schauspielerisch agieren. Die Schwingungen und Resonanzen von Schüler:innen aller Altersgruppen auf Stockhausens eher unbekannte Vokalkomposition sind enorm. Sie werden vom Werk polarisiert und reagieren auf die Musik und Stockhausens Anforderungen zum Teil mit heftigem Protest, sind aber auch von der Idee und den Klängen des Stückes angetan. Es ist wegen der Kürze (nur 41 Takte), des übersichtlichen Aufbaus, des Lebensweltbezugs, der Assoziations- und Interpretationsmöglichkeiten und wegen der vokalen wie darstellerischen Umsetzungsmöglichkeiten gut für den Unterricht vor allem ab der mittleren Sekundarstufe I geeignet. Eine schülerorientierte Annäherung und das Einbringen von Vorerfahrungen (Schöpfungsgeschichte) ermöglichen vielfältige assoziative Bezüge sowie persönliche affektive Äußerungen, die für den Unterricht und die nach dem Hören zu erfolgende genauere Betrachtung der ‚Noten' genutzt werden können. Denkbar ist sogar die Entwicklung einer Choreographie, die in Kombination mit den Regieanweisungen sowie einem gegebenenfalls reduzierten musikalischen Material auch umgesetzt wird.

Die Notation der ersten 20 Takte sowie von T. 23–27 ist in einem Beitrag des Verfassers gut verfügbar (Etzold 1998), ebenso sachanalytische Bemerkungen sowie didaktische und methodische Anregungen. Musikalische Eigentätigkeit

> Die Schwingungen und Resonanzen von Schüler:innen aller Altersgruppen auf Stockhausens eher unbekannte Vokalkomposition sind enorm.

wird als ein Schlüssel zum Verständnis des Werks gesehen, es werden vielfältige musikpraktische Umsetzungsmöglichkeiten vorgeschlagen. Durch die Kombination traditioneller Elemente wie Ausatmen, Summen, Singen etc. mit ungewöhnlichen vokalen Äußerungen wie Flüstern, leises und lautes Rufen, Summen und Singen auch zum Einatmen (!), „flüsterndes Pfeifen" usw. sowie der Vorgabe „mit geschlossenen Augen" zu parallelen Singeaktionen und anderen choreographischen Vorgaben besteht ein breites Spektrum an Reibungsmöglichkeiten der Schüler:innen (insbesondere zum Singen konkreter Tonvorgaben beim Einatmen), welche aber in der Regel den meditativen Charakter und die immanente Entwicklung des Stückes gut nachvollziehen können.

Die Entwicklung verläuft vom Ein- und Ausatmen ohne Ton und auf einem Ton über flüsterndes Pfeifen [py:], Hicksen, Summen, leises Sprechen, Rufen, Glissando, Seufzen, Murmeln, Singen einzelner Tonsilben und Wörter über das Singen ganzer Textzeilen („Atmen gibt das Leben"; rezitierend auf einem Ton, dann im vierstimmigen Satz) bis hin zum gesungenen, quasi homophonen, aber kunstvoll konstruierten Satz „doch erst das Singen gibt die Gestalt" (T. 23 bis Ende).

Während zu Anfang in einem traum- oder schlafähnlichen Zustand mit Ein- und Ausatmen begonnen wird, werden durch allmählich hinzutretende Signalwörter („hɛi Eva", „och Adam", Hicksen, „Atmen gibt das Leben", „doch erst") beim Hörer Assoziationen, etwa zur Schöpfungsgeschichte, zur Entwicklung der Sprache und des Gesangs oder zur Menschwerdung, geweckt.

Die gleich am Anfang vom Chor mit geöffnetem Mund zu summenden Passagen müssen sowohl beim Aus- als auch beim Einatmen mit exakter Tonhöhe dargestellt werden. Dieses bringt für die Singenden große Probleme mit sich, weil man die Stimmbänder unter diesen eher unnatürlichen, dem normalen Singen zuwiderlaufenden Umständen kaum kontrollieren kann.

Da das Stück ohne Dirigent:in und auswendig zu singen ist, pfeifen ein bis zwei Männer flüsternd als Orientierungshilfe „[py:]" kurz vor dem – gemeinsam zu erhörenden – Ende eines Akkords, wodurch der Beginn des folgenden Akkords deutlich wird. Zusätzliche Gliederungselemente sind die Hickser jeweils am Ende eines Einatmens. Das alles verlangt viel achtsame Sensibilität.

> Stockhausens Komposition erweist sich nach entsprechender Probenzeit als faszinierendes und sogar als ausgesprochen lustvoll zu erlebendes Werk mit in der Tat ‚un-erhörten' stimmlichen Äußerungen.

Einige heikle Stellen lassen sich – mit der nötigen Zeit – durchaus mit den Schüler:innen erarbeiten, sodass sie letztlich basierend auf einem erfahrungserschließenden Unterricht das Stück begründet kommentieren und einschätzen können. Eine Äußerung wie „Totale Überforderung des Sängers" eines Neuntklässlers macht seine echte Ratlosigkeit und Grenz-Erfahrung deutlich.

Eine ohne Zeitdruck vorgenommene reduzierte Einstudierung – möglichst auch mit teils geschlossenen Augen – lässt die Beteiligten zu einer zunehmend sensibleren Wahrnehmung ihrer Mitschüler:innen gelangen. Stockhausens Komposition erweist sich nach entsprechender Probenzeit als faszinierendes und sogar als ausgesprochen lustvoll zu erlebendes Werk mit in der Tat ‚un-erhörten' stimmlichen Äußerungen. Mit entsprechenden Hilfen und Reduktionen ‚für den Schulbedarf' kann es sogar in Ausschnitten realisiert werden, Glücksmomente von Performativität.

III. (Zwischen-)Fazit

Offenheit, ein Sich-Einlassen, spontane Hör-Äußerungen, kreative Suchbewegungen auch in den ‚Noten' und mutige Eigenaktivitäten sowie das Inszenieren von neuen Hör- und Musiziererfahrungen bis hin zum Wieder-Entdecken im Notentext sind Grundvoraussetzungen, aber auch Ziele eines auf die Vermittlung ungewöhnlicher ‚Werke' zielenden modernen Musikunterrichts. Gerade grafische Notationen sind aufgrund der Offenheit und der nötigen Auseinandersetzung geeignet. Es gibt weitere spannende Beispiele in der zeitgenössischen Musik (siehe Anhang). Die Schüler:innen über Resonanzen ‚von außen' wiederum zum reflektierten ‚Resonieren im Inneren' zu bringen wäre ein hehres, aber erreichbares Ziel und zudem eine (Wahrnehmungs-)Bereicherung der Lernenden!

Weitere für den Unterricht gut geeignete Werke (Auswahl)
- Berberian, Cathy (1925–1983): *Stripsody* (für Stimme solo, 1966). Edition Peters.
- Berio, Luciano (1925–2003): *Sequenza III per voce femminile* (1965). Universal Edition Wien.
- Cage, John (1912–1992): *Aria* (1958); Solo for voice.
- Cage, John (1912–1992): *Story* (aus: *Living room music*, 1942), für 4 Stimmen; z.B. in Chorissimo (Carus, 2008).
- Jandl, Ernst: Diverses.
- Jennefeldt, Thomas (geb.1954): *Warning to the rich* (für gemischten Chor, 1977). Sveriges Körförbunds förlag, Stockholm 1979.
- Ligeti, György (1923–2006): Diverse Werke, z.B. *Aventures* (1962), *Lux Aeterna* (1966), *Nouvelles Aventures* (1966).
- Nystedt, Knut (arr.; 1915–2014): *Immortal Bach*. Norsk Musikforlag A/S. Oslo.
- Oehring, Helmut (geb. 1961): *… und alles Schöne. Heiratsannoncen* (für Sopran, Alt, Tenor, Bass und Schlaginstrumente); edition wandelweiser 1994.
- Schnebel, Dieter (1930-2018): Zahlreiche Werke, z.B. dt 31,6 (1956/58), *Für Stimmen (…missa est):!*, *Madrasha II* (1956/58, rev. 1970), *Glossolalie* (1959/60), *Maulwerke* (1968), *Atemzüge* (1970/71).
- Schwitters, Kurt (1887–1948): Diverse Werke, z. B. seine *Ursonate*.

Literaturverzeichnis
- Bäßler, Hans (Hrsg.) (2005): *Aktiv hören – innovativ gestalten. Kongressbericht zur 25. Bundesschulmusikwoche Hannover 2004*. Mainz: Schott.
- Biegholdt, Georg (2019): *Aktives Musikhören. Praxisbuch zur Rezeptionsdidaktik im Musikunterricht*. Innsbruck, Esslingen, Bern-Belp: Helbling.
- Etzold, Klaus-Jürgen (1998): Un-Erhört! Stockhausens „Atmen gibt das Leben…" im Musikunterricht. *Musik & Bildung*, (3), S. 15–25.
- Krause-Benz, Martina (2016): Handlungsorientierung – zwischen Praktizismus und Performativität. In Andreas Lehmann-Wermser (Hrsg.), *Musikdidaktische Konzeptionen. Ein Studienbuch*. Augsburg: Wißner, S. 83–95.
- Logothetis, Anestis (1973): *Impulse für Spielmusikgruppen*. Wien: universal edition.
- Murray Schafer, Robert (2002): *Anstiftung zum Hören. Hundert Übungen zum Hören und Klänge Machen*. Aarau: HBS Nepomuk.
- Murray Schafer, Robert (2010): *Die Ordnung der Klänge. Eine Kulturgeschichte des Hörens*. Berlin, Mainz: Schott.
- Niedersächsisches Kultusministerium (Hrsg.) (2017): *Kerncurriculum für das Gymnasium Kl. 5-10 Musik*. Hannover: Unidruck.
- Nimczik, Ortwin & Rüdiger, Wolfgang (1997): *Instrumentales Ensemblespiel. Übungen und Improvisationen – klassische und neue Modelle*. Band. 2. Regensburg: ConBrio.
- Nimczik, Ortwin (2021): Neue Musik in der Schule. In Werner Jank (Hrsg.), *Musik-Didaktik. Praxishandbuch für die Sekundarstufe I und II*. 9., komplett überarbeitete Auflage. Berlin: Cornelsen, S. 204–216.
- Schneider, Hans (2017): *musizieraktionen – frei streng lose. Anregungen zur V/Ermittlung experimenteller Musizier- und Komponierweisen*. Friedberg: Pfau.
- Stockhausen, Karlheinz (1978): *Texte zur Musik 1970–1977* (Band 4), Köln: Du Mont.

Joana Grow

Musik erfinden in der Grundschule

Kompositionsprozesse strukturieren und gestalten

Jüngere Forschung betrachtet weniger das Kompositionsprodukt als vielmehr den Kompositionsprozess – als Prozess kreativen musikalischen Handelns. Es ist von Interesse, wie Schüler:innen zu musikalischen Ideen kommen, diese weiterentwickeln, ändern oder verwerfen. Es interessiert, welche Ideen sich wie und warum durchsetzen (u.a. Treß, Theißon und Buchborn 2022, S. 198). In diesen kreativen musikalischen Aushandlungsprozessen wird für Schüler:innen großes Lernpotential gesehen.

Gerade diese Prozesse zu fokussieren, sie zu beobachten und zu begleiten, ist für Lehrkräfte herausfordernd. Wird im Klassenverband gemeinsam komponiert, leiten sie durch den Prozess und agieren dabei innerhalb ihrer eigenen pädagogischen und künstlerischen Überzeugungen. Wählen sie das in der Schule häufig anzutreffende Format der Komposition in Schüler:innengruppen, werden sie zu Lernbegleiter:innen. Dabei begleiten sie mitunter Kompositionsprozesse von vier bis sechs Kleingruppen gleichzeitig. Sie müssen bei ständiger Unterbrechung ihrer Beobachtung durch Gruppen- und Raumwechsel etc. entscheiden, ob sie in einen Prozess eingreifen möchten, wie viel Freiheit und Anleitung die Schüler:innen ihrer Meinung nach bedürfen (Mause 2020, S. 55). Auch hier beschreiben Bräu (2007, S. 186) und Berkley (2004, S. 256) die Aufgabe, zwischen Ideen der verschiedenen Schüler:innen zu vermitteln, die zeitgleich im Spannungsfeld zu eigenen Vorstellungen stehen können. Kranefeld und Mause (2022, S. 115) zeigen, dass mit dem Eingreifen häufig neue Vorgaben gemacht und daraufhin Regeln neu verhandelt werden, was das Zustandekommen eines ästhetischen Streits unter den Schüler:innen mitunter erschwert. Auch Fautley (2004, S. 215) zeigt, dass das Eingreifen der Lehrkraft die eigentlichen kreativen Prozesse bisweilen eher verhindert als unterstützt, da es vor allem auf organisatorische Fragen und das Erfüllen von Aufgaben hinzielt.

Kommen die Schüler:innen wiederum auf die Lehrkraft zu, zeigen verschiedene Studien, dass die Schüler:innen von den Lehrkräften ein Urteil zu ihrer Arbeit erwarten und dass die Schüler:innen ihrerseits wiederum ästhetische Werturteile von Lehrkräften antizipieren (Wiggins 1999, S. 30f.). Ein solches Antizipieren von vermeintlichen Wünschen der Lehrkräften erschwert wiederum die Auseinandersetzung über die musikalische Umsetzung zwischen den Schüler:innen auf Basis eigener ästhetischer Vorstellungen.

Zusätzlich ist der Kompositionsprozess nicht nur abhängig von der Begleitung durch die Lehrkraft, sondern wird ebenso durch die Aufgabenstellung oder Impulsgebung geleitet. Eine Analyse von Schulmusikbüchern für die Grundschule zeigt, dass Aufgaben insbesondere die Initiierung des Prozesses fokussieren, nicht jedoch die Dauer des Prozesses im Blick haben. Mögliche Strukturierungshilfen, Hinweise und Unterstützungen fehlen (Grow 2018, S. 415–426). Auch Kranefeld und Mause (2022, S. 123) problematisieren diese Aufgabenstellungen, die den Prozess offen lassen und somit letztlich zu Überforderungen der Lehrkräfte und Schüler:innen führen müssen und somit nicht fürs Komponieren motivieren, was wiederum dringend nötig wäre, da Musik Erfinden und Komponieren noch nicht selbstverständlicher Gegenstand musikpädagogischer Schulpraxis ist.

Jedoch finden sich auch erste Aufgaben und Materialien, die den Prozess mitdenken, diesen über die Aufgabenstellung mitgestalten und Lehrkräften wie Schüler:innen somit ein Gerüst an die Hand geben, was Transparenz und Sicherheit schafft.

Eine Möglichkeit, den Prozess für Schüler:innen greifbar zu machen, ist die Visualisierung der musikalischen Entstehung von Ideen, sodass für das Diskutieren über diese eine optische Referenz vorhanden ist, die das Sprechen über verschiedene Möglichkeiten ermöglicht, gegebenenfalls sogar den Vergleich verschiedener Versionen herausfordert.

■ So nutzt Grow (2020, S. 6f.) in Anlehnung an Roszak (2014, S. 17) eine Partitur, auf der Klänge auf Pappkärtchen abgelegt werden und dann verschoben werden können, bis die Reihenfolge sowie Gleichzeitigkeiten geklärt sind. Erst dann werden die Klänge fixiert (die Kärtchen aufgeklebt), sodass die endgültige Version des Musikstückes gegeben ist.

■ In Anlehnung an die Kinderkompositionsklasse in Winsen an der Luhe bei Astrid Schmeling findet sich im Lehrbuch *Kolibri* die Aufgabe, eine Suppe zu komponieren. Das Bild der Suppe trägt dabei über den Kompositionsprozess, strukturiert diesen und schafft metaphorische Zugänge zum Komponieren, wenn von einigen Klängen „eine Prise" verlangt wird, andere jedoch als Hauptzutaten fungieren (Ansohn, Budde, Küntzel, Meyerholz, Rubisch, Schnelle, Sommer & Wallroth, S. 54f.).

■ Das Moment der zeitlichen Achse nutzt auch Grow, wenn sie eine Ballonfahrt (2015) bzw. Zugfahrt (2022) komponieren lässt, bei der die Landschaft, die vorüberzieht, sich langsam aber beständig verändert.

In diesem Beitrag soll nun eine weitere Kompositionsaufgabe vorgestellt werden, in der der Prozess eine Vorstrukturierung erfährt. In diesem Fall wird dieser Herausforderung über die Anlage und Form des zu komponierenden Stückes begegnet.

Zu komponieren ist eine Patternmusik. Zu Beginn des Kompositionsprozesses ist ein erstes Pattern zu finden, welches sich immer wieder wiederholt. Zu diesem Pattern kommen dann nach und nach weitere Patterns hinzu, sodass das Musikstück immer komplexer wird. Durch die Gleichzeitigkeit der verschiedenen Patterns entstehen für das Ohr weitere neue, aber nicht tatsächlich gespielte Patterns.

Als Visualisierung, Inspiration und den Kompositionsprozess strukturierendes Moment wird das Mandala gewählt. Dieses ist von innen nach außen zu lesen. In der Mitte findet sich das erste Pattern, jeder Kreis an Mustern steht für ein weiteres Pattern. Das Mandala bietet über die grafische Anordnung, über die Formen und Größen Inspiration für die neuen Patterns. Im Zusammenhang zu den bereits vorhandenen Patterns dient es als Organisation, vergleichbar einer grafischen Notation. Durch die klare Formulierung, dass das Mandala von innen nach außen zu lesen ist, geht es dabei über das Komponieren zu Bildern hinaus, bei dem die Art und Weise der Transposition in der Regel nicht vorgegeben ist. Mit der Entwicklung des ersten Pattern geben die Schüler:innen den verschiedenen Formen und Anordnungen des Mandalas Bedeutung, die den weiteren Kompositionsprozess trägt bzw. zumindest Anregung bietet. Mögliche Abweichungen der Lesart und Umsetzung bestimmter Formen werden unweigerlich zur Diskussion über die entstehende Komposition, über Kontinuität und Veränderung führen. Beim Entwickeln neuer Patterns hilft das Mandala als Visualisierung, über musikalische Ideen und ihre Umsetzung zu sprechen. Gleichermaßen dient die Visualisierung als Merkhilfe im Sinne einer grafischen Notation.

> In diesem Beitrag soll nun eine weitere Kompositionsaufgabe vorgestellt werden, in der der Prozess eine Vorstrukturierung erfährt.

Und obgleich ein Theoretisieren möglich wird, bietet dieser Zugang zum Komponieren – mehr noch als die bereits vorgestellte Idee der Partitur – die Möglichkeit, das Stück aus dem Experimentieren und Musizieren heraus zu entwickeln. Schon in der Entstehung sind musikalische Flow-Erlebnisse sowie ästhetische Erfahrungen denkbar. Ein musizierendes Entwickeln mag auch den Aushandlungsprozess harmonisieren, da soziale Prozesse der Hierachieaushandlung weniger Raum bekommen und schneller über ein musikalisches Zwischenergebnis zu diskutieren ist. Hierbei bietet die Form jedoch die Möglichkeit, alle grundlegenden kompositorischen Prinzipien kennenzulernen. Unmittelbar stellt sich jeweils die Frage, ob das neue Pattern gut hörbar ist, ob die vorhandenen Pattern aber auch nicht überdeckt werden. Weiter wird von Interesse sein, ob das neue Patterns genug Abwechslung mit einbringt oder ob es zu viel Neues birgt und die Einheit des Stückes verloren geht. Hickey beschreibt hierfür Spannungsfelder zwischen Einheitlichkeit und Vielfalt (unity and variety) sowie Spannung und

Entspannung (tension and release) (Hickey 2012, S. 130).

Um ein solches Nachdenken über entstehende Kompositionen anzuregen und das Entwickeln nicht bei Ergebnissen zu belassen, die zufällig im Experimentieren entstanden sind, könnte vorab festgelegt werden, dass nach den ersten zwei oder drei komponierten Patterns eine Kompositionswerkstatt stattfindet, in der die Gruppen der Klasse ihre vorläufigen Kompositionen vorstellen und analog zu einer Schreibwerkstatt im Deutschunterricht eine Einschätzung und gegebenenfalls auch weiterführende Tipps ihrer Mitschüler:innen bekommen.

Die Gruppen würden ihre nicht fertigen Kompositionen vorstellen und die Mitschüler:innen würden beschreiben, welche Art und Weisen der Umsetzung des Mandalas sie in den Patterns wiedererkannt haben. Sie formulieren, warum sie diese für gelungen oder für nicht gelungen halten. Weiter könnten Statements und Hilfestellungen zu verschiedenen Aspekten der kompositorischen Umsetzung gesammelt werden. Auf kleinen Karten könnten hierfür Reflexionsimpulse festgehalten werden:
- Passen die Patterns gut zusammen?
- Sind alle Instrumente und Klänge stets gut zu hören?
- Ist das Stück spannend genug?
- Wie sollte das Stück weitergehen?
- …

Die Idee, Patternmusik nach Mandalas zu komponieren, eignet sich für verschiedenes Instrumentarium und bekommt damit jeweils einen sehr unterschiedlichen Charakter.

Bei der Komposition mit Klängen bietet es sich an, einen Rahmen vorzugeben, damit der Raum der Möglichkeiten nicht zu groß wird. So können beispielsweise Kompositionen nur mit Stiften oder mit Gegenständen aus der Federtasche oder dem Klassenzimmer entstehen. Auch denkbar sind Kompositionen mit Wasser oder mit Naturmaterialien. Mit etwas älteren Kindern ist es auch denkbar, mit Melodieinstrumenten wie Stabspielen oder nur mir Rhythmusinstrumenten zu komponieren. Bei letzteren entsteht eine additive, komplementäre Rhythmik. Beim Komponieren mit Stabspielen kann der Tonraum begrenzt werden. Ich persönlich verzichte auf das Komponieren mit beispielsweise pentatonischer Skala, da ich insbesondere das Ausbrechen aus vermeintlich passender Melodik und / oder Harmonik sowie die davon möglicherweise initiierten ästhetischen Diskussionen der Schüler:innen wertvoll finde.

Für die Reflexion der Kompositionsprozesse und die Betrachtung der entstandenen Kompositionen kann es spannend sein, wenn beispielsweise
- alle Gruppen mit einem gemeinsam entwickelten ersten Pattern beginnen.
- alle Gruppen das gleiche Mandala in unterschiedlichen Färbungen bekommen.

Theoretisch ist es auch möglich, mehrere Kompositionen später zu kombinieren. Geübte Klassen können auch farblose Mandala-Vorgaben bekommen, die sie in ihrem Kompositionsprozess farblich gestalten und sich somit vertiefend mit Form und Muster sowie musikalischen Entsprechungen auseinandersetzen.

Literaturverzeichnis

- Ansohn, Meinhard; Budde, Pit; Küntzel, Bettina; Meyerholz, Ulrike; Rubisch, Andreas; Schnelle, Frigga; Sommer, Christine & Wallroth, Bettina (2012): *Kolibri 3/4. Musikbuch*. Braunschweig: Schroedel.
- Berkley, Rebecca (2004): Teaching composing as creative problem solving: conceptualising composing pedagogy. *British Journal of Music Education*, 21 (3), S. 239–263.
- Bräu, Karin (2007): Die Betreuung der Schüler im individualisierenden Unterricht der Sekundarstufe: Strategien und Handlungsmuster der Lehrenden. In Kerstin Rabenstein & Sabine Reh (Hrsg.), *Kooperatives und selbstständiges Arbeiten von Schülern. Zur Qualitätsentwicklung von Unterricht*. Wiesbaden: VS Verlag für Sozialwissenschaften, S. 173–196.
- Fautley, Martin (2004): Teacher intervention strategies in the composing processes of lower secondary school students. *International Journal of Music Education*, 22 (3), S. 187–188.
- Grow, Joana (2015): Komponieren mit Kindern und mit der App Vidibox. *Popmusik in der Grundschule*, (10), S. 16–20.
- Grow, Joana (2018): *Komponieren im Musikunterricht der Grundschule*. Berlin: LIT.
- Grow, Joana (2020): Komponieren in der Grundschule – Ideen für strukturierte Kompositionsprozesse. *PaMina*, (46), S. 5–9.
- Grow, Joana (2022): Sprechen über Musik. *PaMina*, (52), S. 5–10.
- Hickey, Maud (2012): *Music Outside the Lines: Ideas for Composing in K-12 Music Classrooms*. Oxford: Oxford University Press.
- Kranefeld, Ulrike & Mause, Anna-Lisa (2020): Anleitung zum Eigen-Sinn? Ergebnisse einer videobasierten Studie zur Begleitung von Gruppenprozessen des Musik-Erfindens. In Susanne Timm, Jana Costa, Claudia Kühn & Annette Scheunpflug (Hrsg.), *Kulturelle Bildung. Theoretische Perspektiven, methodologische Herausforderungen, empirische Befunde*. Münster, New York: Waxmann, S. 113–128.
- Mause, Anna-Lisa (2020): „Du könntest das einbauen, wenn du die Katze mitbringst." Das Ringen um Vorgaben innerhalb von Prozessen des Musik-Erfindens. In Ulrike Kranefeld & Johannes Voit (Hrsg.), *Musikunterricht im Modus des Musik-Erfindens. Fallanalytische Perspektiven*. Münster: Waxmann, S. 55–65.
- Treß, Johannes; Theißon, Elisabeth & Buchborn, Thade (2022): Gruppenimprovisations- und -kompositionsprozesse initiieren und fördern. Entwicklungsorientierte Forschung zu kreativem Handeln im Musikunterricht. In Ute Konrad & Andreas Lehmann-Wermser (Hrsg.), *Musikpädagogische Forschung zwischen Theoriebildung und Praxisveränderung*. Hannover: ifmpf, S. 197–210.
- Roszak, Stefan (2014): Elementares Komponieren. Ein kompositionsdidaktisches Modell zum Erfinden experimenteller Musik. *Zeitschrift ästhetische Bildung*, 6 (2). http://zaeb.net/wordpress/wp-content/uploads/2020/12/86-345-1-PB.pdf [17.09.2023].
- Wiggins, Jackie (1999): Teacher control and creativity: Carefully designed compositional experiences can foster students' creative processes and augment teachers' assessment efforts. *Music Educators Journal*, 85 (5), S. 30–35.

Ina Henning

Fachdidaktische Überlegungen zu inklusivem Musikunterricht

Verständigungsbezogene Lern-Lehrumgebungen als Modell der Resonanz zwischen Lernenden und Lehrenden

> Der Schritt, eine Synthese aus allgemeiner und sonderpädagogischer Didaktik zu bilden, wird als Grundlage für ein inklusives didaktisches Modell gesehen.

Dieser Beitrag beschäftigt sich mit dem anwendungsbezogenen Modell der verständigungsbezogenen Lern-Lehrumgebungen aus den Erziehungswissenschaften (Rihm 2015) für die inklusive Unterrichtspraxis des Musikunterrichts. Einleitend geht es darum, darzustellen, warum fachdidaktische Überlegungen auf theoretischer Ebene für den inklusiven Musikunterricht für notwendig erachtet werden. Der Schritt, eine Synthese aus allgemeiner und sonderpädagogischer Didaktik zu bilden, wird als Grundlage für ein inklusives didaktisches Modell gesehen. Das Modell der verständigungsbezogenen Lern-Lehrumgebungen wird im Anschluss daran als eine mögliche Konsequenz der Zusammenführung von inklusiven Bezugsfeldern vorgestellt und mit einem unterrichtspraktischen Beispiel in den Musikunterricht übertragen. Ein Fazit beendet den Beitrag und gibt Ausblicke auf unterrichtspraktische Forschung.

In seinem Nachwort zum Sammelband *Musikdidaktische Konzeptionen* benennt Andreas Lehmann-Wermser die Frage nach der Gestaltung von Musikunterricht in inklusiven und heterogenen Lernumgebungen als unmittelbar praxisrelevant (Lehmann-Wermser 2016, S. 173).

Obgleich – wie auch in den allgemeinen Erziehungswissenschaften – innerhalb der Musikpädagogik keinesfalls Einigkeit über die Notwendigkeit eigenständiger Konzeptionen zu inklusiver Fachdidaktik besteht (siehe Weber 2020, S. 15), zeichnet sich ab, dass sich auch im Musikunterricht zum einen situativ nicht automatisch inklusive Praktiken ergeben und dass inklusiver Unterricht nicht allein von methodischen Fragestellungen gesteuert wird, sondern auch grundlegende(re) didaktische Fragestellungen betrifft. So stimmen Lehmann-Wermser aus der Musikpädagogik und Georg Feuser aus Sicht der allgemeinen/integrativen Didaktik überein, wenn sie explizit machen, dass die Kernfrage von inklusivem Unterricht eine „didaktische" sei (Feuser 2012, S. 493). Lehmann-Wermser konstatiert, dass es sich dabei um einen umfassenden Prozess handelt:

> „Tatsächlich aber will mir scheinen, dass es sich auch hier um didaktische Fragen handelt, die also Gegenstand didaktischen Denkens sowohl in einem engen wie auch einem weiten Verständnis des Begriffes sein müssten. Sie markieren möglicherweise das ‚Arbeitsprogramm' der nächsten Jahre für Theoretiker und Praktiker gleichermaßen" (Lehmann-Wermser 2016, S. 173).

So kann zugleich aus fachpraktischer und fachwissenschaftlicher Sicht für die Ausarbeitung von inklusiven fachdidaktischen Ansätzen im Fach Musik aus mehreren Gründen plädiert werden:[1]

a) Die Disziplin der Musikpädagogik sollte sich im Hinblick auf die Fachwissenschaftlichkeit auf Augenhöhe in einen Dialog mit den Erziehungswissenschaften und den Fachdidaktiken anderer Fächer begeben können, die sich bereits mit eigenständigen theoretischen Konzeptionen zu inklusiver Fachdidaktik auseinandergesetzt haben (siehe die über die Grenzen des eigenen Faches hinaus rezipierte Kon-

---

[1] In Anlehnung an das *Haus der Vielfalt* von Hans Wocken bedarf es demnach nicht einer singulären Konzeption, sondern als Antwort auf die Diversität der Schüler:innen auch immer einer didaktischen und methodischen Pluralität.

zeption „Kern der Sache" von Simone Seitz [2009] aus der inklusiven Fachdidaktik des Sachunterrichts).

b) Ein entscheidender Faktor für die Relevanz von inklusiver Didaktik ist die Nachvollziehbarkeit und Ausdifferenzierbarkeit theoretischer Ansätze für die Praxis des Musikunterrichts. Der Anspruch auf Konkretisierung auf die Unterrichtswirklichkeit wurde im Hinblick auf die Umfänglichkeit mancher Konzeptionen zu Recht infrage gestellt (siehe Weber 2020, S. 58).

c) ein Austausch mit den Fachdidaktiken anderer Fächer im Herausarbeiten von Abgrenzungen und Gemeinsamkeiten kann in vielerlei Hinsicht zu einer Schärfung der Ideen zum Thema inklusive Fachdidaktik in der eigenen Disziplin führen, lässt sich aber nur dann adäquat bewerkstelligen, wenn auch didaktische Modelle aus den Fachdidaktiken und der allgemeinen Erziehungswissenschaft rezipiert werden und folgerichtig auch innerhalb der Disziplin der Musikpädagogik nicht nur praxeologische, sondern auch theoriebildende Beiträge vorgelegt werden, die sich mit der Vielfalt der bereits existierenden Modelle anderer Fachdidaktiken auseinandersetzen (siehe Henning 2021).

Um die Charakteristika inklusiver Fachdidaktiken herauszuarbeiten, werden zunächst selektiv einige Bezugsfelder und hervorstechende Prinzipien vorgestellt.

1. Bezugsfelder inklusiver Didaktik

Aus der allgemeinen Didaktik hatte die bildungstheoretische Didaktik Wolfgang Klafkis den größten Einfluss auf die Ausbildung inklusiver didaktischer Modelle. Die Kerngedanken kategorialer Bildung sind beispielsweise in die Konzeption der Entwicklungslogischen Didaktik von Georg Feuser eingegangen, aus der die Arbeit am „Gemeinsamen Lerngegenstand" (Feuser 1989) als bekannteste Denkfigur inklusiver Didaktik entlehnt ist. Dieser wurde verschiedentlich für die Musikpädagogik besprochen und in Anwendung gebracht (u.a. Krebber-Münch 2001; Merkt 2019; Weber 2020).

Andere Konzeptionen entwickeln die Lern- und Lehrtheoretische Didaktik in Form des neueren Berliner/Hamburger Modells von Wolfgang Schulz weiter (Frohn, Brodesser, Moser & Pech 2019). Ein additives Muster von beliebigem Hinzufügen von Merkmalen ‚guten Unterrichts' scheint nicht entscheidend für die Entwicklung inklusiver Modelle auf Unterrichtsebene zu sein. Vielmehr erscheint die Bezugnahme der Merkmale aufeinander als ein entscheidendes Kriterium, sodass die notwendige Flexibilität für inklusive Lern-Lehrumgebungen erst entstehen kann. Zwei Merkmale inklusiver Didaktik sollen hier exemplarisch herausgegriffen werden:

1.1 Das Merkmal des gemeinsamen und individuellen Lernens

Dieses Bezugsfeld betrifft die Ebene der Lernenden und Lehrenden, da gefordert ist, Inhalte und Anforderungen der Lernarrangements, Medien und Lernorte, Form und Ausmaß der zusätzlichen pädagogischen Hilfen, unterschiedliche Sozialformen sowie Maßstäbe der Leistungsbewertung den individuellen Lernbedürfnissen von Schüler:innen gemäß flexibel zu gestalten, sodass ein Lernen gemeinsam oder auch individuell möglich wird. Dies kann sich an einem Gemeinsamen Lerngegenstand orientieren, der sich entweder als zentraler Bezugspunkt in der Planung des Unterrichts wiederfinden lässt oder sich als ko-konstruktiver Prozess darstellt, sodass sich der Gegenstand erst im gemeinsamen Tun herauskristallisiert (Seitz 2009).[2]

1.2 Das Merkmal des Lernens und Lehrens in Form von gesteuerten und freien Phasen des Unterrichts

Es ist nicht von der Hand zu weisen, dass Steuerungsprozesse von Unterricht gerade im inklusiven Setting im Fach Musik besonderer Aufmerksamkeit bedürfen, da Lernprozesse in heterogenen Gruppen

---

[2] Auf unterschiedliche Dimensionen des Gemeinsamen (sozial bedingt, aber nicht als Lerngegenstand vorhanden) wird hier aus Platzgründen nicht eingegangen.

keineswegs selbstverständlich gelingen. Hier geraten auch offene Lernformen in den Blick, die Gruppenprozesse erfordern und Lernstoff auf anderen Ebenen der Aneignung vermitteln. Auch offene Curricula, die mehr Raum für das individuelle Lernen bieten, können Lernprozesse nachhaltig unterstützen, da ein nicht geringer Faktor der Entfaltung von Kreativität von der Variable der Lernzeit abhängt. Beide genannten Merkmale sind methodisch-didaktisch eng miteinander verknüpft und werden im Folgenden als Bezugspunkte aufgriffen, um eine bestmögliche Passung zwischen Unterrichtsgegenstand und Lernvoraussetzungen im folgenden Modell herauszuarbeiten.

2. Das Modell der verständigungsbezogenen Lern-Lehrumgebungen als Modell der Resonanz zwischen Lernenden und Lehrenden

Rolf Werning und Birgit Lütje-Klose formulieren als entscheidendes inklusiv-didaktisches Kriterium ein für die jeweilige Lerngruppe passend austariertes Verhältnis von Offenheit und Strukturierung sowie von Individualisierung und Gemeinsamkeit (Werning & Lütje-Klose 2016, S. 169–174). Der Erziehungswissenschaftler Thomas Rihm hat diese Variablen genau ein Jahr zuvor in einer auf theoretischer Ebene gefassten Rahmung der verständigungsbezogenen Lern-Lehrumgebungen als didaktisches Werkzeug dargelegt (Rihm 2015). Diese Rahmung kann aufgrund ihrer allgemeindidaktischen Verwendbarkeit und der Kriterien der Analysierbarkeit, Modellierbarkeit, des umfassenden theoretischen Hintergrundes sowie der Zugehörigkeit zu mehreren wissenschaftstheoretischen Positionen als ein didaktisches Modell zu inklusivem Unterricht beschrieben werden (Henning 2021). Die Konzeption der verständigungsbezogenen Lern-Lehrumgebungen nimmt ihren Ausgangspunkt in der kategorialen Bildung von Klafki, denn das Fundamentale und Elementare ist gerade in inklusiven Lern-Lehrumgebungen der Schlüssel für die Passung des Unterrichtsangebotes mit der Lebenswirklichkeit von Lernenden (Rihm 2015, S. 196f.). Lernen und Lehren im Modus der Verständigung beruht dabei in Berufung auf die subjektwissenschaftlichen Arbeiten Klaus Holzkamps auf dem Verständigungsprozess als notwendigem kooperativem Prozess, in dessen Rahmen sich Lernende selbst kennenlernen (ebd., S. 197). Wenn sich Lernende für den Lernprozess öffnen können und die Initiative ergreifen, sich mit einer Aufgabenstellung auseinanderzusetzen, haben Lehrende die Aufgabe, Gegenhorizonte zu entwerfen, um den Lernprozess im Fluss zu halten, Elemente zu spiegeln und damit Resonanz zu erzeugen. Die Voraussetzung, dass diese Prozesse gelingen können, besteht in der Bedingung der Öffnung von Verfügungsräumen, die Rihm mit den vier Feldern Raum und Zeit, Sinn und Bedeutung, Kooperation und Verständigung sowie Einflussnahme und Wirklichkeit markiert (ebd., S. 199f.). Als Folge dieser Öffnung entsteht eine Pluralisierung von Lernprozessen hinsichtlich der Lerninteressen, Lernzugänge, Lernwege und Lernabschlüsse. Um diese Pluralisierung wieder in einen didaktischen Orientierungsrahmen zu setzen, entwirft Rihm unter Berücksichtigung von Lernorten, Lernzeiten und Unterstützungsmaßnahmen die Struktur der verständigungsbezogenen Lern-Lehr-Aktivitäten in inklusiven Lernumgebungen. Sie besteht aus der Kreuzung zweier Achsen, der Lehrperspektive mit den beiden Polen des Lehrens ‚instruieren – öffnen' und der Lernperspektive in den Polen ‚individuell – kooperativ' (siehe Abb.1). Im Inneren der Quadranten bilden sich jeweils vier Lern-Lehrmöglichkeiten ab, die auf einer Kombination aus Kognitionspsychologie und Tätigkeitstheorie beruhen (siehe Henning 2021, S. 107). So bilden sich in jedem Quadranten neue subjektorientierte Lernmöglichkeiten, die zeitgleich oder zeitversetzt als Handlungsalternativen angeboten werden können. Entscheidend ist für Rihm, den Lernprozess unter dem Blickwinkel der Verständigung als offenen Lernprozess zu begreifen, der Irritation mitdenkt und Ungewissheit zulässt. Dieser zweite Fokus der Verständigung kann ergänzend zum Fokus der Vermittlung, dessen Modus auf störungsfreie Gewissheit abzielt, gerade in heterogenen Settings Inklusion ermöglichen, da Exklusion mitgedacht wird, aber auch begrenzt wird (Rihm 2015, S. 202). So stehen eben mehrere Modi gleichzeitig zur Verfügung, um Lernen zu ermöglichen und Handlungsalternativen zu entwerfen.

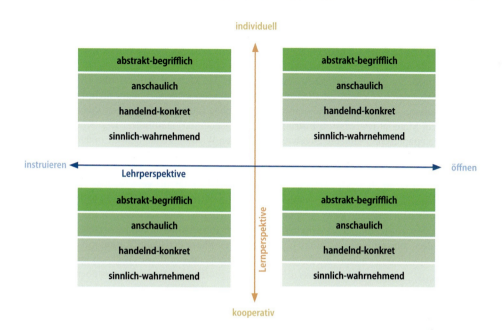

Abb. 1: Struktur der verständigungsbezogenen Lern-Lehraktivitäten in Anlehnung an Rihm 2015, Reihung der Aneignungsmöglichkeiten mit Zustimmung des Autors in umgekehrter Reihenfolge als im Ursprungsmodell

3. Unterrichtspraktisches Beispiel zu den verständigungsbezogenen Lern-Lehrumgebungen

Um das Modell greifbarer zu machen, möchte ich es anhand eines zeitgenössischen Stückes erläutern: *Darmstadt Kindergarten* von Marc Appelbaum.[3] Die Idee des Stückes besteht aus einem siebzehntaktigen Thema, das in zwei Versionen komponiert wurde: einer instrumentalen und einer choreographischen. Die instrumentale Version wird von einem Streichquartett gespielt; die choreografische Version fordert die Spieler auf, ihre Instrumentalklänge durch stumme Handgesten zu ersetzen, die in der Partitur ausführlich beschrieben sind.[4]

Das instrumentale ‚Thema' wird fünfmal in unmittelbarer Folge wiederholt. Bei jeder Wiederholung wird ein weiterer Spieler dauerhaft aus der Instrumentalgruppe entfernt und spielt stattdessen die choreografische Version. Die Handgesten werden in präzisen Momenten ausgeführt, die mit den Rhythmen des Instrumentalparts des Spielers übereinstimmen. Musik kann so auch in Abwesenheit von Klang ausgedrückt werden.[5]

Die Arbeit mit dem Stück ist für unterschiedliche Klassenstufen denkbar, je nachdem, wo in der Vermittlung der fachlichen Ebene Schwerpunkte gesetzt werden sollen.
Kernidee ist es, ein Stück so zu gestalten, dass es fünf Mal wiederholt werden kann und, obwohl in jeder Wiederholung eine Spielerperson fehlt, das Grundgerüst des Stückes erhalten bleibt und durch die

---

[3] Der Titel spielt auf die berühmten Ferienkurse für Musik in Darmstadt an, die Keimzelle für zeitgenössische Musik, die sich eindeutig an ein erwachsenes Publikum richtet und daher manchmal den spielerischen Sinn vermissen lässt, der kindliche Unternehmungen so reizvoll (und vielleicht rehabilitationsbedürftig) macht. Der Komponist wollte ein Stück komponieren, das ein Publikum unterschiedlichen Alters, unterschiedlicher Erfahrung und unterschiedlicher Vorliebe für Leichtigkeit, Ernsthaftigkeit, Launenhaftigkeit und Strenge ansprechen könnte, etwas, das eines ‚Darmstädter Kindergartens' würdig wäre.
[4] https://web.stanford.edu/~applemk/portfolio-works-darmstadt-kindergarten.html [23.12.2022] Partitur als pdf zum Download.
[5] https://youtu.be/hF0LIJNdhss?feature=share [23.12.2022].

visuelle Komponente einer Choreographie unterstützt wird, solange, bis die Musik nur noch im Kopf erklingt und alleine durch die visuelle Darstellung ‚vorhanden' ist.

Die Komponente der musikalischen Annäherung an das Material erfordert die Übertragung der Klangereignisse, deren ‚Gehalt' erhalten bleiben soll, in eigene Ideen, sodass nicht unbedingt eine Nachkomposition, sondern eine Neukomposition entstehen kann. Annäherungen können mit unterschiedlichstem Material (Percussion Instrumente, Alltagsmaterial) stattfinden. Den Klangereignissen werden choreographische Elemente zugewiesen, die einen Wiedererkennungswert in der Kopplung an die Klangereignisse haben, sodass der Effekt entstehen kann, dass in der Choreographie die Musik zum Ausdruck kommt.

Eine ‚sinnlich-wahrnehmende' Annäherung an das Stück bedingt, die verschiedenen Klangereignisse nicht nur akustisch wahrzunehmen, sondern ihnen dadurch Bedeutungsqualität zu verleihen, dass sie im Körper wirken, in spontane Bewegung umgesetzt werden oder Assoziationen für die Neugestaltung mit Instrumenten entstehen. Es ist denkbar, zunächst in Einzelarbeit durch mehrfaches Durchhören individuell Ideen anhand einer instruierten, d.h. geführten Phase der Identifikation mit dem Stück zu sammeln, die dann in einer kooperativen Phase Abgleich und Erneuerung finden, sodass diese in einen ‚geöffneten' Arbeitsprozess übergehen kann.

> Die verständigungsbezogenen Lern-Lehrumgebungen legen den Fokus auf eine Flexibilisierung des Lehrens und Lernens, die für inklusive Settings Möglichkeitsräume eröffnet.

Eine körperlich-perzeptive Beschäftigung mit dem Stück geht über in die ‚handelnd-konkrete' Ausgestaltung und überlappt in den Vorgängen des Ausprobierens und Explorierens. Ideen können konkretisiert oder verworfen werden, ein Ablauf kann entstehen, der soziale Prozess der Einigung in der kooperativ geöffneten Phase beeinflusst den Prozess der künstlerischen Ausgestaltung. Wenn die Ideen zu unterschiedlich verlaufen, um in eine Gruppenphase überführt zu werden, bestehen durch digitale Aufnahmetechniken individuell geöffnet oder instruiert Möglichkeiten, Loops zu erstellen, die die fünfmalige Wiederholung gewährleisten können, sodass eine Person in der Lage ist, das Stück quasi mit sich selbst aufzuführen.

Die handelnd konkrete Auseinandersetzung mit der Umsetzung von Klängen in Choreographie bedingt zum einen eine Klarheit über den musikalischen Ablauf, aber auch eine Definiertheit, welche Zeichen für die Choreographie verwendet werden.

Hier spätestens wird die Transformation von handelnder Form in die ‚anschauliche' Aneignung erforderlich, um eine wiedererkennbare Abfolge von Aktionen festzuhalten, die wiederholbar ist. Dies kann in Form einer mit individuellen Zeichen notierten Klangpartitur erfolgen, aber auch mit Filmen von kleinen Sequenzen, die eine Übersicht über die choreographischen Elemente verschaffen. Hier können individuelle Ideen verfolgt werden, oder in Partnerarbeit zunächst Ideen festgehalten werden, die dann wiederum in den Kleingruppen kooperativ ausgehandelt werden. Dem Transfer von Klang zu Zeichen oder Symbolen ist je nach Altersgruppe besondere Aufmerksamkeit zu schenken, da hier von Lehrendenseite oft instruierendes Feedback notwendig ist, um eine Qualität des Ausdrucks vom Gehalt der Bedeutung transferieren zu können und die Lerngruppe produktiv im geöffneten Modus zu halten. Die ‚abstrakte' Möglichkeit der Aneignung überschneidet sich mit der anschaulichen Ebene in der Herstellung von Zeichen zur Notation oder zur Choreographie, da der Gehalt dessen, was transportiert werden soll, auf die Ebene des Symbols im kooperativen Prozess abstrahiert werden muss. Abstraktion ist aber durch den ganzen Prozess der Aneignung des Stückes individuell von vorneherein gegeben, da sich Erkenntnisse, die auf gedanklichem Weg gewonnen werden, schon in der Phase der sinnlichen Wahrnehmung mit Abstraktionen mischen können.

4. Fazit und Ausblick

Die verständigungsbezogenen Lern-Lehrumgebungen legen den Fokus auf eine Flexibilisierung des Lehrens und Lernens, die für inklusive Settings Möglichkeitsräume eröffnet. Sie sind als zirkulär durchlässiges Modell konzipiert, die Möglichkeiten der Aneignung überschneiden sich und können zeitgleich oder zeitlich versetzt angewendet werden (ebenso die vier Modi des instruiert-geöffneten, individuell-kooperativen Lernens). Das Modell versteht sich als Strukturhilfe in der Planung, Durchführung und Reflexion von Unterricht und kann ebenso als Raster für empirische Forschungsarbeiten im inklusiven Unterricht verwendet werden.[6] Abschließend sei noch einmal bemerkt, dass das Modell der verständigungsbezogenen Lern-Lehrumgebungen *eine* mögliche theoretische Rahmung darstellt, die in die Diskussion eingebracht wird. Spezifizierungen und Ausschärfungen sowie Pluralisierungen hinsichtlich der fachwissenschaftlichen Entwicklung inklusiver Fachdidaktiken sind in der Weiterentwicklung wünschenswert und hoffentlich Gegenstand weiterer fachlicher Diskussion.

Literaturverzeichnis

- Feuser, Georg (1989): Allgemeine integrative Pädagogik und entwicklungslogische Didaktik. *Behindertenpädagogik*, 28 (1), S. 4–48.
- Feuser, Georg (2012): Eine zukunftsfähige „Inklusive Bildung" – keine Sache der Beliebigkeit, nicht nur in Bremen! *Zeitschrift für Heilpädagogik*, (12), S. 492–502.
- Frohn, Julia; Brodesser, Ellen; Moser, Vera & Pech, Detlef (Hrsg.) (2019): *Inklusives Lehren und Lernen. Allgemein- und fachdidaktische Grundlagen*. Bad Heilbrunn: Klinkhardt.
- Henning, Ina (2019): Die Aneignungsmöglichkeiten als fachdidaktisches Prinzip im Inklusiven Musikunterricht. In Kathrin Müller, Ulrike Müller & Iris Kleinbub (Hrsg.), *Individuelles und gemeinsames schulisches Lernen*. Weinheim: Beltz, S. 105–119.
- Henning, Ina (2021): Inklusive Didaktiken des Lehrens und Lernens. Ansätze für inklusiven Unterricht (nicht nur) im Fach Musik. *Gemeinsam leben*, (2), S. 104–113.
- Krebber-Münch, Eva (2001): *Mit meinen Ohren. Musik hören mit behinderten und nicht-behinderten Kindern im gemeinsamen Unterricht der Primarstufe*. Regensburg: Con Brio.
- Lehmann-Wermser, Andreas (Hrsg.) (2016): *Musikdidaktische Konzeptionen. Ein Arbeitsbuch*. Augsburg: Wißner.
- Merkt, Irmgard (2019): *Musik. Vielfalt – Integration – Inklusion. Musikdidaktik für die eine Schule*. Regensburg: Con Brio.
- Seitz, Simone (2009): Inklusive Didaktik: Die Frage nach dem ‚Kern der Sache'. *Zeitschrift für Inklusion*, (1). https://www.inklusion-online.net/index.php/inklusion-on-line/article/view/184 [23.12.2022].
- Rihm, Thomas (2015): Der Modus „Verständigung" als ergänzender Aspekt einer Didaktik für inklusive Lern-Lehr-Prozesse. In Michael Lichtblau, Daniel Blömer, Ann-Kathrin Jüttner, Katja Koch, Michaela Krüger & Rolf Werning (Hrsg.), *Perspektiven auf inklusive Bildung*. Wiesbaden: Springer, S. 196–203.
- Weber, Martin (2020): *Musikalische Improvisation im Kontext inklusiver Pädagogik*. München: Allitera.
- Werning, Rolf; Lütje-Klose, Birgit (2016): *Einführung in die Pädagogik bei Lernbeeinträchtigungen*. München: Reinhardt.
- Wocken, Hans (2017): *Zum Haus der inklusiven Schule*. 3. Aufl. Hamburg: Feldhaus.

---

[6] In einem Unterrichtsbeispiel wurden anhand des Stückes *Stuhlgewitter* (1987) von Dieter Schnebel z.B. die Möglichkeiten der Aneignung erfasst und in den einzelnen Modi auf den zeitlichen Verlauf hin ausgewertet (Henning 2019).

Tobias Hömberg

Wie „Klassik" bedeutsam werden kann

Aktive Zugänge durch Transformation – an Beispielen zu Beethoven, Bartók und den Beatles

„Sage es mir, und ich werde es vergessen. Zeige es mir, und ich werde mich erinnern. Lass es mich tun, und ich werde es verstehen." Dieser dem chinesischen Philosophen und Pädagogen Konfuzius (551–479 v. Chr.) zugeschriebene Ausspruch wird gerne herangezogen, um einen handlungsorientierten Unterricht zu begründen: Nachhaltige Erkenntnis wird weder durch bloße Information noch durch reine Anschauung gewonnen, sondern dann, wenn Menschen sich etwas selbsttätig erschließen. Eine andere Übersetzung der Sentenz betont darüber hinaus das Zu-eigen-Machen des selbst Behandelten: „Lass es mich tun, und ich werde es behalten."

Verstehen zielt auf Bedeutung – Aneignen zielt auf persönliche Bedeutsamkeit. Beides kann im eigenen Tun miteinander verbunden sein. Auch eine Musik mag im Zuge einer aktiven Auseinandersetzung bedeutend und bedeutsam werden: Wenn Schüler:innen sich im Unterricht ein Musikstück selbstgestaltend erschließen, kann es für sie persönlichen Wert erlangen. Ein vielversprechender Weg hierzu sind transformatorische Verfahren – die Übertragung von Erklingendem in Bild, Text, Bewegung oder Szene.

Dieser Beitrag zeigt, wie „klassische" Musiken für Jugendliche durch eigenes Gestalten persönliche Bedeutung und Bedeutsamkeit erlangen können. Dabei greift er exemplarisch die auf dem 5. Bundeskongress Musikunterricht vorgestellten, an anderer Stelle veröffentlichten Impulse und Materialien zu *Beethoven, Bartók, Beatles* (Hömberg 2022a) auf. Er verweist jedoch ebenso auf einige ältere Anregungen zu denselben Komponisten.

Im ersten Schritt wird skizziert, welchen Stellenwert „Klassik"[1] aus musikpädagogischer Sicht heute innehat und welche didaktischen Ansätze zu ihrer Vermittlung aktuell unterscheidbar sind. Im zweiten und dritten Schritt werden transformatorische Zugangsweisen zu „klassischer" Musik dargelegt und an Beispielen von Stücken Ludwig van Beethovens, Béla Bartóks und der Beatles illustriert. Im vierten Schritt schließlich wird die Stiftung von Bedeutung und Bedeutsamkeit durch Transformation in einzelnen Schlaglichtern beleuchtet und begründet: erkenntnistheoretisch, konstruktivistisch, motivationspsychologisch und resonanztheoretisch.

„Klassische" Musik im Musikunterricht

Das Thematisieren von „klassischer" Musik in den Sekundarstufen ist kein einfaches Unterfangen. Steht sie seit jeher in Konkurrenz zu den von Schüler:innen privat präferierten, meist populären Genres, muss sie sich nun auch im Unterricht neben Rock und Pop sowie anderen Musiken der Welt behaupten. Tatsächlich wird ihre pauschale Höherstellung im Bildungskanon seitens der Musikpädagogik heute in Frage gestellt: Artifizielle, folkloristische und populäre Musiken gelten als prinzipiell gleichwertig. So ist ihre Bewertbarkeit abhängig von dem Kriterium, das angelegt wird – beispielsweise Kunstfertigkeit, Tanzbarkeit, Spiritualität oder Subversivität. „Klassische" Musik erhält damit im Musikunterricht einen veränderten Stellenwert. Ihre Vermittlung sollte nunmehr zuerst ein Angebot darstellen, sie in ihren Eigenheiten zu entdecken, zu erfahren und zu reflektieren.

---
[1] Wie die Beispiele zeigen, wird der Begriff „Klassik" hier im engeren wie im weiteren Sinne verstanden: als Epoche der „Wiener Klassik", als Genre der „abendländischen" Kunstmusik, schließlich allgemein als musterhaft „Überdauerndes" – wie es etwa auch in neoklassizistischen (oder neobarocken) Rückgriffen erscheint.

Gegenwärtig bestehen unterschiedliche musikdidaktische Konzepte, mit denen auf je spezielle Weise versucht werden kann, Schüler:innen die Qualität „klassischer" Musik durch aktive Zuwendung erfahren zu lassen und ihnen persönliche Teilhabe daran zu ermöglichen (Hömberg 2022b). Solche Konzepte können versuchsweise zu drei Gruppen gebündelt werden, die durch verschiedene Begriffspaare charakterisiert sind: Der erste Begriff bezeichnet Methodik und Inhalt des Unterrichts, der zweite Begriff das vorrangige Ziel.[2]

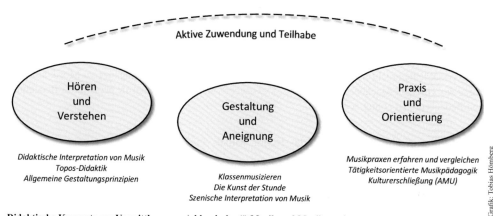

Didaktische Konzepte zur Vermittlung von („klassischer") Musik und Musikpraxis

Auf der einen Seite finden sich Ansätze zum Hören und Verstehen, die in der Tradition einer Kunstwerkorientierung stehen. Weiterhin relevant scheinen dabei Konzepte, die eine Fortschreibung der sogenannten *Didaktischen Interpretation von Musik* und der aus ihr hervorgegangenen *Topos-Didaktik* darstellen (Ehrenforth 1971; 1993; Richter 1976). Verstehen von Musik meint hier die hermeneutische Begegnung von Hörenden und „klassischen" Stücken. So wird davon ausgegangen, dass der Musik selbst lebensweltliche Elemente und menschliche Erfahrungen eingeschrieben sind: In intensiver Auseinandersetzung sollen Schüler:innen ein gewähltes Musikstück, das Wesen von „klassischer" Musik insgesamt, aber ebenso sich selbst wie auch die sie umgebende Welt erfahren können (Richter 1995). Ein jüngeres *Konzept auf der Grundlage allgemeiner Gestaltungsprinzipien* (Hüttmann 2009) fokussiert dabei abstrakte Phänomene wie Anfang und Schluss oder Spannung und Entspannung, die sowohl der menschlichen Lebenswelt wie auch der Musik ihre Form geben.

Weit auf der anderen Seite finden sich Konzepte, die auf Musiken als spezifische kulturelle Praxen ausgerichtet sind und eine musikkulturelle Orientierung der Schüler:innen fördern mögen. Die Praxis „klassischer" Musik ist eine hiervon. Ihre notengebundene Komposition, ihre konzertante Präsentation und ihre konzentrierte Rezeption beinhalten spezielle Artefakte und Praktiken, die insbesondere mit dem Konzept *Musikpraxen erfahren und vergleichen* im Unterricht inszeniert und reflektiert werden mögen (Wallbaum 2010; 2016). Mit dem Konzept einer *tätigkeitsorientierten Musikpädagogik* können typische Tätigkeiten von Menschen innerhalb „klassischer" Musikpraxis thematisiert und durch die Schüler:innen eingeübt werden, etwa diejenigen von Konzert- und Opernbesucher:innen (Jünger 2021; 2022). Womöglich werden sie so motiviert, selbst an der „klassischen" Musikkultur teilzunehmen. Auch das Bemühen um *Kulturerschließung* in der Konzeption des *Aufbauenden Musikunterrichts (AMU)* könnte solchen praxisbezogenen Ansätzen zugeordnet werden (Jank 2021).

---

[2] Auch Frauke Heß systematisiert das Unterrichten von „Klassik" im Unterricht. Entlang von fünf „Argumentationslinien" unterscheidet sie folgende Ziele: „Kulturtradierung", „Interpretation", „Klangerleben", „Ästhetische Wahrnehmung", „Teilhabe an sozialen Praxen" (Heß 2021, S. 219). Mit Blick auf gegenwärtige Konzepte wird im vorliegenden Beitrag eine andere Gruppierung vorgeschlagen. Insbesondere fehlt das Ziel der „Kulturtradierung": Zwar legen etwa Schulbücher und teils auch Lehrpläne weiterhin einen kulturkundlichen, musikgeschichtlichen Unterricht nahe, in der Fachdidaktik sind solche Ansätze aktuell jedoch kaum präsent.

Eine weitere Gruppe von Konzepten lässt sich zwischen den oben genannten verorten. Sie umfasst Ansätze, deren Umgang mit „klassischer" Musik vor allem in praktischen Gestaltungen besteht, mit denen Schüler:innen sich einzelne Stücke durch künstlerische und kreative Aktionsformen aneignen mögen. Darunter können Möglichkeiten des *Klassenmusizierens* fallen. Insbesondere sind hier aber Methoden gemeint, mittels derer Schüler:innen geeignete Musikstücke in andere künstlerische Darstellungsweisen transformieren: Malen, Schreiben, Bewegung sowie szenisches Spiel zu Musik. Beispielhaft ist hier das Konzept des österreichischen Projekts *Die Kunst der Stunde*, das verschiedene dieser Aktionsformen (und weitere) vereint (Niermann & Stöger 1997). Ein besonderes Format bildet die *Szenische Interpretation von Musik und Theater* (Kosuch 2021). Schüler:innen können hier den Gehalt von Musikstücken zum Ausdruck bringen, aber ebenso Praktiken „klassischer" Musik verkörpern: etwa den Inhalt von Opern wie auch deren Entstehung oder Aufführung. Wie im Weiteren gezeigt werden wird, ermöglichen nicht nur hörende, sondern gerade transformatorische Zugänge zu Musik auf dem Wege des Zu-eigen-Machens ein Verstehen „klassischer" Stücke, mit denen sie persönliche Bedeutung und Bedeutsamkeit erlangen können.

Transformatorische Zugänge zu „klassischer" Musik

Schüler:innen inszenieren eine Lebenssituation Ludwig van Beethovens, wobei sie einen Brief des Komponisten und einen zeitgleich entstandenen Sinfonie-Satz ausdrucksvoll szenisch interpretieren. Eine Klasse gestaltet einen Konzertsatz von Béla Bartók aus, indem sie die Musik textlich, tänzerisch und bildlich umsetzt. Jugendliche nehmen einen Song der Beatles zum Anlass, in einer animierten Diashow einen Rückblick auf ihr bisheriges Leben zu werfen, der sich am Textinhalt wie auch an der Musik orientiert. Diese verschiedenen Beispiele (siehe unten) verbindet, dass die Schüler:innen eine ausgewählte Musik in ein anderes, je spezifisches künstlerisches Medium transformieren.

Systematisch lässt sich etwa zwischen der Transformation von Musik in Bild, Text, Bewegung und Szene unterscheiden.[3] Diesen Oberkategorien können wiederum exemplarisch verschiedene künstlerische Ausdrucksformen zugeordnet werden.

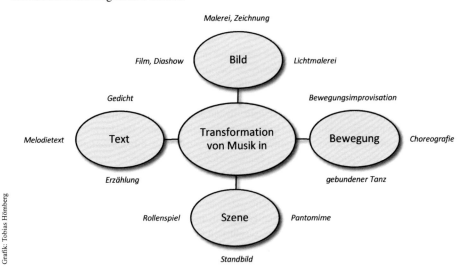

Transformatorische Zugänge zu Musik

---

[3] Oliver Krämer fasst die Transformation in Bewegung und Szene unter die gemeinsame Kategorie „Musik verkörpern". Weiter erläutert er, dass auch entgegengerichtete Transformationen möglich und musikdidaktisch etabliert sind: „Der umgekehrte Weg führt von der literarischen oder bildlichen Vorlage bzw. von der körperlichen Darstellung ins impulsgebunde Erfinden von Musik – in Akte des Improvisierens oder Komponierens" (Krämer 2018, S. 347).

Gegenüber der zeit- und klanggebundenen Musik hat jedes der Medien charakteristische, abweichende Eigenschaften. Bilder entstehen zwar prozesshaft, verwandeln Musik aber in ein statisches, zugleich raumgreifendes Produkt. Auch Texte haben eine fixierte Gestalt, ihre Darbietung verläuft jedoch wiederum, ebenso wie die von Musik, in der Zeit. Bewegungen und Szenen zeichnen sich vor allem durch ihre körperliche Performativität aus, die zeitliche und räumliche Dimensionen beansprucht. Dabei wirken speziell in der szenischen Darbietung verschiedene Ausdrucksmittel zusammen, doch auch sonst sind zahlreiche Mischformen möglich.

Den verschiedenen Eigenschaften der künstlerischen Medien entspricht, dass sie unterschiedliche menschliche Wahrnehmungskanäle ansteuern. Mit der Transformation von Musik in eine andere Ausdrucksform geht also eine veränderte Aufnahme des Ausgedrückten einher. Sie betrifft nicht nur die Sinne selbst, wenn etwa Hören durch Sehen ersetzt oder ergänzt wird. Auch die Verarbeitung des Wahrgenommenen erfolgt auf unterschiedlichen Ebenen und führt zu verschiedenen Modi des Verstehens und Behaltens. Gemäß der kognitionspsychologischen Unterscheidung von enaktiver, ikonischer und symbolischer Repräsentation (Bruner 1966) sind gehörte Klänge, ebenso wie eigene Bewegungen, besonders enaktiv-körperlich repräsentiert. Bildliche Eindrücke werden ikonisch-gestalthaft erfasst und gespeichert. Sprache und Text dagegen sind als stark abstrahierende Zeichensysteme vor allem symbolisch repräsentiert. Die Transformation von Musik oder ihre kreative Kombination mit anderen Ausdrucksformen stimuliert dann neuartige Verknüpfungen der Repräsentationsebenen.

In transformatorischen Verfahren können Farben und Formen, Bildsequenzen, Wörter und Sätze, Körperbewegungen, szenische Interaktionen so angeordnet werden, dass sie Analogien zum musikalischen Geschehen bilden – in ihrer Materialität sind sie indes so eigen, dass eine unmittelbare Übersetzung von Tonhöhe oder Rhythmus schwerlich realisierbar ist. Stattdessen lagern sich dem musikalischen Original im veränderten (oder hinzutretenden) Medium neue Ausdrucks- und Bedeutungsschichten an, während vorhandene verblassen oder schwinden können. Dies eröffnet zugleich Freiheiten der Interpretation und Gestaltung: „Von der möglichst genauen Übertragung über die sich anähnelnde Paraphrasierung oder die künstlerische Weiterentwicklung der ursprünglich musikalischen Idee bis hin zur eigenständigen Antwort mit den ästhetischen Mitteln der anderen Ausdrucksform" (Krämer 2018, S. 346) reicht der Schaffensraum. Er erweitert sich noch einmal, wenn – wie in einigen der hier gegebenen Beispiele – zusätzliche Quellen und außermusikalische Aspekte einbezogen werden.

Transformatorische Verfahren in Beispielen

Beethovens *Zweite Sinfonie* in Szene setzen

Beethovens *Zweite Sinfonie* op. 36 in D-Dur (1801/02) steht repräsentativ für die Epoche der „Wiener Klassik", markiert aber zugleich seine Weiterentwicklung der Gattung. Im langsamen zweiten Satz, mit *Larghetto* überschrieben, verbindet sich ein lyrischer, schwärmerischer Ausdruck mit gelegentlichen dramatischen Ausbrüchen. Diese Musik lässt sich zur seinerzeitigen Lebenssituation Beethovens in Bezug setzen. Er dokumentierte sie in einem Brief an seinen Jugendfreund Franz Wegeler:

> „etwas angenehmer lebe ich jezt wieder, indem ich mich mehr unter Menschen gemacht, du kannst es kaum glauben, wie öde, wie traurig ich mein Leben seit 2 Jahren zugebracht, wie ein Gespenst ist mir mein schwaches Gehör überall erschienen, und ich flohe – die Menschen, mußte Misantrop scheinen, und bins doch so wenig, diese Veränderung hat ein liebes zauberisches Mädchen hervorgebracht, die mich liebt, und die ich liebe, es sind seit 2 Jahren wieder einige seelige Augenblicke […], leider ist sie nicht von meinem stande" (Beethoven 1801, o. S.; Schreibweise gemäß Original).

Beethovens hier angedeutete Neigung zu seiner 16-jährigen Klavierschülerin Giulietta – offiziell Gräfin Julie Gucciardi – schien ihm belebend und ermutigend, wenn auch aussichtslos.

Schüler:innen können versuchen, diese Gefühle nachzuvollziehen. Gestalterisch übertragen sie den Brief zusammen mit der Musik in eine szenische Darstellung:

> Aufgabe: „Setzt den Brief Beethovens an Franz Wegeler in Szene. Verwendet dabei die Musik des *Larghetto*. Wählt oder kombiniert folgende Möglichkeiten: Vortrag der Brief-Ausschnitte in euch passender Reihenfolge, Rollenspiel oder Pantomime, Standbilder, Einspielung des *Larghetto*" (Hömberg 2022a, S. 47).

Mit der Entscheidung für eine bestimmte Form der Umsetzung werden verbale Aussagen und musikalischer Gehalt in je spezifischer Weise zusammengebracht und ausgedrückt. Die entstandene Inszenierung kann im Musikraum wie auch auf größerer Bühne aufgeführt werden (Barth & Hömberg 2015, S. 13).[4] Sie kann jedoch ebenso zur theoretischen Weiterarbeit einladen, indem sie beispielsweise zur Darstellung von Emotion durch Musik hinführt.

Bartóks *Konzert für Orchester* in Text, Tanz, Bild umsetzen

Die Kompositionen von Béla Bartók lassen sich nicht nur allgemein dem Genre „Klassik", sondern speziell der „klassischen" Moderne zuordnen. Darüber hinaus nehmen sie in „neoklassizistischer" Manier mehrfach Anleihen an kunstmusikalischen Formprinzipien früherer Epochen. Sie sind aber ebenso von der osteuropäischen volksmusikalischen Tradition inspiriert. Bartóks *Konzert für Orchester* (1943) verbindet beides: In dessen zweitem Satz, dem *Giuoco delle coppie (Spiel der Paare)*, überträgt er die barocke Idee des konzertanten Wettstreits auf die Instrumentenpaare im Holzbläsersatz und in den Trompeten. Der Satz regt dazu an, ihre Klangfarben, ihre idiomatischen Melodiebewegungen und ihre assoziierbaren Charaktere in eine bunte Malerei, eine pantomimische Bewegungsperformance oder eine literarische Erzählung umzusetzen (Hömberg 2017).

Im kurzen vierten Satz, dem *Intermezzo interrotto (Unterbrochenes Zwischenspiel)*, begegnen sich mit rumänischer und ungarischer Folklore sowie Operette drei verschiedene Musiken. Es sind Anklänge an überlieferte Volkslieder sowie an ein Couplet aus *Die lustige Witwe* von Franz Léhar, das weiter frappante Ähnlichkeit mit dem ersten Satz von Schostakowitschs *Siebter Sinfonie* aufweist. Auch diese jäh wechselnden Stimmungen können von Schüler:innen arbeitsteilig in ein ausgewähltes künstlerisches Medium transformiert werden:

> Aufgabe: „Entscheidet euch in der Klasse für eine textliche, tänzerische oder bildliche Umsetzung. Teilt euch in Gruppen auf, von denen jede einem der drei musikalischen Themen zugeordnet ist. Probiert in der Gruppe, welche Textzeilen, welche Bewegungen bzw. welche bildlichen Elemente zu eurem Thema passen" (Hömberg 2022a, S. 48).

Die textierten Melodien, die Tänze oder die Bilder können zum erklingenden Stück Bartóks so dargeboten werden, dass sie sich wie die drei Musiken gegenseitig unterbrechen und ablösen. Zur Weiterarbeit mit beiden Sätzen bietet sich etwa eine Untersuchung der Partitur an, in der die wechselnden Motive und Themen unmittelbar sichtbar werden.[5]

The Beatles' *In My Life* als Diashow ausgestalten

Auch der „klassische" Rock und Pop der Beatles weist in vielen Songs Reminiszenzen an frühere kunstmusikalische Stile auf. Sie verliehen ihnen bereits zur Zeit der Entstehung den Nimbus des „klassisch" Überdauernden. Im Song *In My Life* aus dem Album *Rubber Soul* (1965) erscheint ein Solo, das im Klang an ein Cembalo, in Gestik und Harmonik an eine barocke Invention bzw. den *Kanon in D-Dur* von Johann Pachelbel erinnert. Es kann als Ausdeutung des Textes verstanden werden: In einer Retrospektive beschreibt John Lennon aus der Ich-Perspektive emotionale Erinnerungen an Kindheit und Jugend

---

[4] Mit der Projektidee *Beethoven und wir* wird die Erarbeitung eines umfangreichen, revuehaften Bühnenprogramms für aktive Erfahrungen mit „klassischer" Musik vorgeschlagen. Ein kompakter Methodenkatalog stellt am Beispiel von Beethovens Musik und Biografie transformatorische sowie verschiedene weitere Zugangsweisen und Präsentationsformen mitsamt geeigneten Materialien vor.

[5] Auch eine *Nachtmusik* aus der *Siebten Sinfonie* von Gustav Mahler erweist sich beispielsweise als besonders geeignet, mittels transformatorischer Verfahren zu einer Untersuchung des Notentextes zu gelangen (Hömberg 2022c).

sowie ehemalige Freunde und Geliebte. Das Solo unterstreicht das nachdenkliche Schwelgen in einer weiterhin präsenten Vergangenheit. Deutlich wird indes, dass das Ich einer aktuellen Liebe den Vorzug gibt.

Da Lennons Formulierungen sehr allgemein gehalten sind, besteht die Möglichkeit, sich als Zuhörer:in darin wiederzufinden und die Worte mit eigener Bedeutung zu konkretisieren. Einen solchen Versuch dürfen auch Schüler:innen unternehmen. Dazu können sie am Computer eine Auswahl persönlicher Fotos oder treffender Symbolbilder zu einer animierten Diashow zusammenfügen:

> Aufgabe: „Gestaltet zum Song eine digitale Diashow. Stellt dazu z.B. Fotos oder Bilder zusammen, die ihr passend zur Audiospur anordnet. Berücksichtigt dabei den Inhalt ebenso wie die Musik. Beschreibt, wie die Musik, der Text und eure Diashow miteinander wirken" (Hömberg 2022a, S. 49).

Zur Herstellung der Diashow genügt eine entsprechende Freeware, in der Bilder beliebig lange angezeigt, im Zeitverlauf angeordnet, mit Überblendungen versehen und zu einer importierten Audiospur des Songs abgespielt werden können. Aussagen des Songs können dadurch mit individueller Bedeutung gefüllt, sein Rhythmus und seine Formteile – das Solo eingeschlossen – im Wechsel der Bilder visuell umgesetzt werden. Eine solche Diashow verknüpft den Song mit dem eigenen Leben. Weiter kann sie zur Auseinandersetzung mit dem Zusammenspiel von Text, Musik und Bild wie auch mit dem Arrangement des Songs anregen. Und schließlich lässt sie sich einbinden in eine Unterrichtseinheit zur Geschichte und Musik der Beatles (Hömberg & Liebenau 2017).

Die Impulse in den hier angeführten Beispielen weisen, wie im vorherigen Abschnitt dargelegt, unterschiedliche Grade transformatorischer Freiheit auf. So können sie auch in je verschiedene Arten der Präsentation bzw. der Weiterarbeit münden. Gemeinsam aber ist ihnen, dass sie dazu einladen, „klassischen" Musiken auf dem Wege der Transformation spezifische Bedeutung und Bedeutsamkeit zu verleihen. Dieser Zusammenhang soll im letzten Abschnitt in vier Schlaglichtern von unterschiedlichen Theorien aus beleuchtet und begründet werden. Dabei weitet sich nach und nach der Fokus: von Bedeutung zu Bedeutsamkeit, von ästhetischer Transformation zu Selbst-Transformation, von Erkenntnis zu Resonanz.

Transformation – Bedeutung – Bedeutsamkeit: erkenntnistheoretisch, konstruktivistisch, motivationspsychologisch, resonanztheoretisch

Erkenntnis durch ästhetische Transformation

Die Musikpädagogin und Kunsttheoretikerin Ursula Brandstätter befasst sich in mehreren Schriften mit den Möglichkeiten ästhetischer Erfahrung und Erkenntnis durch künstlerische Ausdrucksformen. Sie vergleicht die Eigenschaften der Medien *Bild – Musik – Sprache – Körper* (Brandstätter 2008) und fokussiert speziell die *Theorie und Praxis der ästhetischen Transformation* (Brandstätter 2013).

In Bezug auf die Bedeutung künstlerischer Ausdrucksformen stellt auch Brandstätter fest, es gebe „keinen vom Medium und seiner spezifischen Form unabhängigen Inhalt. Vielmehr prägt jedes Medium in der Art und Weise, wie etwas gesagt wird, das Was des Gesagten." Sie schlussfolgert: „Demnach bedeuten Transformationen zwischen den Medien und Künsten […] immer gleichzeitig einen Verlust und einen Gewinn an Botschaften" (Brandstätter 2008, S. 185). Brandstätter geht hier zunächst davon aus, dass bedeutungsvolle Botschaften aus einer Musik oder einem Bild selbst sprechen. Sie entstünden durch medienspezifische Analogien bzw. metaphorische Bezugnahmen auf die „nicht-ästhetischen Wirklichkeiten" (ebd., S. 28). Ästhetische Erkenntnis auf Grundlage transformatorischer Verfahren stellt sich laut Brandstätter aber vor allem ein, indem die Suche nach Analogien zwischen einem Werk und seiner Transformation das „vergleichende Denken, das analoge Denken" herausfordert und aktiviert (Brandstätter 2013, S. 125).[6] Dies gilt demnach zum einen für den transformatorischen Prozess, hier in der Umgestaltung von Mu-

---

[6] Nach Brandstätter sind die originale und die transformatorische Ausdrucksform darin verknüpft, dass sie in metaphorischer Weise (auf) Ähnliches „zeigen". Auf dem „analogen, vergleichenden Denken" beruhend, lasse die besondere Form ästhetischer Erkenntnis durch Transformation zugleich „Freiräume für verschiedene Interpretationen" (Brandstätter 2013, S. 126).

siken durch Schüler:innen. Zum anderen mag der Vergleich auch in der Untersuchung veränderter Ausdrucksformen erhellend und erkenntnisreich sein, etwa wo Motive und Themen Bartóks mit ihrer bildlichen Umsetzung abgeglichen werden.

Brandstätter weist überdies darauf hin, dass nicht nur ein verändertes Medium, sondern bereits ein veränderter Kontext eine Bedeutungsveränderung bewirken kann – hier beispielsweise, wenn ein Sinfoniesatz Beethovens in Zusammenhang mit szenischem Spiel erklingt und gehört wird. Die Bedeutung liegt damit nicht allein in der einzelnen künstlerischen Darstellung, sondern auch in der jeweiligen Situation ihrer Rezeption: „Ein transformierter Kontext verändert den Wahrnehmungsmodus, eine transformierte Wahrnehmung wiederum verändert die Bedeutung" (ebd., S. 123). Sie entsteht demnach stets im Zusammenspiel zwischen künstlerischem Ausdruck und menschlicher Wahrnehmung. Transformationen einer künstlerischen Darstellung können die Ebenen der Verarbeitung und Repräsentation modifizieren und neu miteinander verknüpfen (siehe oben). Brandstätter zufolge gehört die veränderte Wahrnehmung als Erkenntnismoment zu den „zentralen Intentionen" ästhetischen Transformierens in den Künsten (ebd., S. 125). Dementsprechend kann das transformatorische Verändern wahrzunehmender Bedeutung von „klassischen" Musiken auch für Schüler:innen bedeutsam sein.

Bedeutung und Bedeutsamkeit durch Konstruktion

Auch ein konstruktivistisches Verständnis geht davon aus, dass Bedeutung in keiner Weise objektiv sein kann. Demzufolge handelt es sich stets um subjektive Interpretationen von Phänomenen der menschlichen Welt, künstlerische Werke eingeschlossen. Die Musikpädagogin Martina Benz (geb. Krause) befasst sich speziell mit der musikbezogenen Bedeutungskonstruktion und betrachtet die Verknüpfung von *Bedeutung und Bedeutsamkeit* (Krause 2008). Dabei bezieht sie sich unter anderem auf den Erziehungswissenschaftler Horst Siebert, dessen *Pädagogischer Konstruktivismus* (Siebert 1999) die konstruktivistischen Grundlagen von Bildung bündelt.

Siebert zufolge ist Bedeutung nicht etwas, das von einem Sender kommuniziert und von einem Empfänger verstanden wird – etwa durch die Vermittlung offizieller Deutungen von Kunst im Unterricht. Sie entsteht vielmehr als netzwerkartige Verknüpfung von neuen äußeren Impulsen mit individuellen kognitiven und emotionalen Strukturen, die sich durch die persönliche Biografie und Erfahrung entwickelt haben: „Mitteilen lassen sich Informationen, nicht aber *Bedeutungen*. Die Bedeutung ist eine individuelle, lebensgeschichtlich bedingte und emotional verankerte Wertschätzung, die intersubjektiv nur bedingt nachvollziehbar ist und kaum ‚gelehrt' werden kann" (Siebert 1999, S. 37; Hervorh. i. Orig.). Benz erachtet dennoch gerade den Musikunterricht als prädestinierten Ort, um mögliche Bedeutungen von Musik zu konstruieren. Die Bedeutungskonstruktion beim Rezipieren von Musik besteht ihr zufolge darin, Gehörtes zu „interpretieren, indem Musik als etwas Wahrgenommenes in ein anderes Medium, beispielsweise in Sprache, Bilder oder Bewegungen transformiert wird" (Krause 2008, S. 199). Alle Interpretationen der individuellen Wahrnehmung von Schüler:innen sollten laut Benz gemeinsam überprüft werden, indem sie sprachlich artikuliert und in der Gruppe ausgehandelt werden.[7] Solche Prozesse werden speziell auch durch kooperative Aufgaben angestoßen – hier etwa, indem die Musik Bartóks in gemeinschaftlicher Arbeit szenisch, textlich, tänzerisch oder bildlich umgesetzt wird.

Dass Bedeutung eng mit Wertschätzung verbunden ist, zeigt sich nach Benz in der begrifflichen Nähe zu Bedeutsamkeit: „Wenn etwas von mir persönlich als *bedeutsam* eingestuft ist, dann *bedeutet* es mir etwas" (ebd., S. 133; Hervorh. i. Orig.). Wenngleich der Rang des Bedeutsamen rein subjektiv verliehen wird, mag eine Musik gerade im intensiven, gemeinsamen Interpretationsprozess an persönlichem Wert gewinnen. So stellt Benz fest, „dass die prozedurale Form der Bedeutungskonstruktion, wie sie sich im Musikunterricht bietet, für jeden Lernenden ein großes Potenzial an Bedeutsamkeit birgt" (ebd., S. 294). Als spezifischer Weg der Interpretation können transformatorische Verfahren dazu beitragen, „klassische" Musiken bedeutsam werden zu lassen.

---

[7] Für das Interpretieren von Musik gibt Benz grundsätzlich dem Medium Sprache den Vorzug. Dazu begründet sie sprachphilosophisch, „dass alles, was wir tun, durch Sprache geschieht und von Sprache durchdrungen ist, also auch das Tanzen oder Malen" (Krause 2008, S. 283). Diese Auffassung kann, etwa mit Blick auf die körperliche Wahrnehmung von Musik, allerdings auch hinterfragt werden.

Motivation durch individuelle Zugänge

Dass „klassische" Musiken für Schüler:innen durch aktives, speziell transformatorisches Handeln zugänglich werden können, lässt sich auch durch Theorien der Motivationspsychologie belegen. So hält die Musikpädagogin Frauke Heß ein *Plädoyer für individuelle Zugänge* zu *„Klassik" im Musikunterricht* (Heß 2012). Dazu verweist sie insbesondere auf den Pädagogen Andreas Krapp und dessen psychologisches *Interessenkonstrukt* (Krapp 1992).

Krapp betrachtet Interesse als Teil der Beziehung von Personen zu Gegenständen. Dabei könne es sich um Objekte wie beispielsweise „Schallplatten oder Musikinstrumente" oder um Tätigkeiten wie etwa das „Hören von Musik, das Spielen eines Instruments" handeln (ebd., S. 319). Auch Krapp betont, sie könnten individuell bedeutend und bedeutsam sein:

> „Die einer Person bekannten oder zugänglichen Gegenstände haben für sie unterschiedliche *Bedeutung* […]. Einige wenige werden als wichtig und wertvoll erlebt, während andere bedeutungsmäßig nicht besonders akzentuiert sind. Die bedeutungsmäßige Akzentuierung kann sich auf eine einmalige Situation beziehen; sie kann aber auch Ausdruck einer stabilen, individuellen Wertschätzung des Gegenstandes sein" (ebd., S. 306; Hervorh. i. Orig.).

Die pädagogisch-psychologische Interessenforschung widmet sich entsprechend der Frage, unter welchen Bedingungen situationales Interesse in längerfristiges individuelles Interesse überführt werden kann, sodass hier beispielsweise eine Musik persönlich bedeutsam werden kann.

Durch ihre Sichtung motivationspsychologischer Konstrukte kommt Heß zu der Feststellung, dass die unterrichtliche Thematisierung von „Klassik" stets eine „erste *emotionale* und *subjektorientierte* Begegnung" voraussetze. Sie konkretisiert, „dass Werke abendländischer Kunstmusik in der Erstbegegnung unbedingt Gegenstände der sinnlichen Auseinandersetzung sein müssen" (Heß 2012, S. 23; Hervorh. i. Orig.). Transformatorische Verfahren können, so Heß, den Anlass dazu bieten: Die gestaltende Übertragung von Musik in andere Ausdrucks- und Wahrnehmungsformen sei ein aktiver, kreativer und individueller Prozess. Impulse zu solchen künstlerischen Transformationen sieht sie mustergültig im Konzept *Die Kunst der Stunde* (Niermann & Stöger 1997) enthalten (siehe oben). Darin werden Schüler:innen unter anderem eingeladen, „klassische" Musikstücke sprachspielerisch, sich bewegend, malend und szenisch darstellend umzusetzen und diesen Prozess durch Reflexion zu begleiten. Heß hebt hervor, dass Schüler:innen so in eine „individuelle (leibliche) Auseinandersetzung mit dem Werk" eintreten würden: Ein „zutiefst persönlicher, ich-naher Zugang zum Werk" mache als „emotionale Basis […] für die spezifischen Qualitäten des Objekts empfänglich" (Heß 2012, S. 24). Demnach können transformatorische Verfahren ein individuelles Interesse und persönliche Bedeutsamkeit anbahnen, Heß zufolge aber ebenso zur weiteren kognitiven Beschäftigung mit der Musik motivieren.[8]

Resonanz durch Selbst-Transformation

In der Theorie des Soziologen Hartmut Rosa steht Resonanz metaphorisch für eine gelingende *Weltbeziehung* (Rosa 2016, S. 473): Menschen und die sie umgebende Welt versetzen sich wechselseitig in Schwingung, sodass sie in ein lebendiges Antwortverhältnis treten. Rosa zufolge kann sich eine solche Beziehung entlang verschiedener Resonanzachsen einstellen, die etwa in die Sphäre der Kunst, aber ebenso der Schule reichen können (ebd., S. 331).[9]

---

[8] Ähnlich wie Benz betont Heß zum einen, dass die subjektive Transformation von Musik stets auch auf „intersubjektiven Austausch" abziele (Heß 2012, S. 25). Zum anderen stellt sie fest, den Schüler:innen sollten sich darüber hinaus „Möglichkeiten eröffnen, den intuitiven Zugang zur Musik […] durch andere Perspektiven zu weiten und so ihren Erfahrungshorizont zu verändern" (ebd., S. 23).

[9] Rosa unterscheidet drei Ausrichtungen von Resonanzachsen: horizontal (Achsen der „sozialen Beziehungen"), diagonal (Achsen der „Beziehungen zur Dingwelt") und vertikal (Achsen der „Beziehung zur Welt, zum Dasein oder zum Leben" als „Totalität") (Rosa 2016, S. 331). Während Schule der Dingwelt zugeordnet ist, erkennt Rosa in der Beziehung zu Kunst eine Beziehung zur Welt insgesamt, die darin „mit ‚eigener Stimme' zu sprechen vermag" (ebd., S. 473).

Laut Rosa ist eine Resonanzbeziehung durch fünf „Kernmerkmale" bestimmt: (1) „Affizierung" als „Fähigkeit und Erfahrung eines ‚Berührtwerdens' durch ein Anderes", (2) „Selbstwirksamkeit" bezüglich dieser „Fähigkeit und Erfahrung, ein Anderes zu berühren oder zu erreichen", (3) „Anverwandlung" im Sinne einer „Selbst-Transformation", (4) „Unverfügbarkeit" durch die Ergebnisoffenheit solcher Transformation, (5) einen „Resonanzraum" zur Schaffung „resonanzaffiner Kontextbedingungen" (Rosa 2017, S. 315f.). Künstlerische Ausdrucksformen scheinen besonders geeignet, derartige Resonanzbeziehungen zu erfahren und einzugehen. In der Begegnung mit Literatur, Film, Malerei oder Musik verbinden sich nach Rosa häufig das Gefühl des Berührtwerdens und das des Selbst-Berührens – zumal bei einer persönlichen Auseinandersetzung, hier speziell mit einer Musik. Das Verhältnis zwischen Menschen und künstlerischen Werken ist dann nicht durch bloße Aneignung, sondern durch eine wechselseitige „Anverwandlung" gekennzeichnet. Demnach verändert sie die Menschen mitsamt ihrer Wahrnehmung der Werke: Rosa spricht von einer „transformativen Erschütterung und Verflüssigung ihres Selbst- und Weltverhältnisses, des Berührt-, Bewegt- und Ergriffenwerdens" (Rosa 2016, S. 479). Gemäß dieser Auffassung könnte gerade die selbstwirksame, gestalterische Transformation einer Musik in eine andere Ausdrucksform eine Selbst-Transformation anstoßen – hier insbesondere, wenn Jugendliche einen Song der Beatles mit Bildern ihres eigenen Lebens zusammenbringen oder Stücke „klassischer" Komponisten wie Beethoven mit persönlichen Lebenserfahrungen assoziieren. In solcher Auseinandersetzung mit einer spezifischen Musik mögen sie eine „Resonanz im Sinne der unverfügbaren und bedeutungsvollen Stimme eines *Anderen* erfahren" (ebd., S. 481; Hervorh. i. Orig.).

Die „Unverfügbarkeit" der Resonanzbeziehung besagt indes, dass das Ergebnis einer Transformation nicht vorhersehbar ist. Damit bleibt Rosa zufolge ebenso offen, ob und in welcher Weise Resonanz sich einstellt. Das gilt entsprechend auch für jeden Impuls, sich mit einem Kunstwerk zu beschäftigen. Als Kontextbedingung nennt Rosa einen „Resonanzraum", den etwa auch die Schule bilden kann. Voraussetzung für gelingende Resonanz ist demnach, dass Lehrer:innen wie Schüler:innen der unterrichtliche „Stoff" als „Feld von bedeutungsvollen Möglichkeiten und Herausforderungen" erscheint (ebd., S. 411). Wenn ausgewählte musikalische Werke von Lehrenden und Lernenden als ansprechend empfunden werden und zur wechselseitigen Transformation einladen, ist ein Raum für bedeutungsvolle Resonanzerfahrungen geöffnet. In diesem Fall mag schließlich auch ein Unterricht zu „klassischen" Musiken selbst für alle Beteiligten bedeutsam werden.

> Wenn ausgewählte musikalische Werke von Lehrenden und Lernenden als ansprechend empfunden werden und zur wechselseitigen Transformation einladen, ist ein Raum für bedeutungsvolle Resonanzerfahrungen geöffnet.

Literaturverzeichnis

- Barth, Dorothee & Hömberg, Tobias (2015): Beethoven und wir. Eine Projektidee für aktive Erfahrungen mit klassischer Musik. *Musikunterricht aktuell*, (1), S. 4–13.
- Beethoven, Ludwig van (1801): Brief an Franz Gerhard Ludwig Wegeler vom 16.11.1801. https://brieftext.beethoven.de/henle/letters/b0070.phtml [01.02.2023].
- Brandstätter, Ursula (2008): *Grundfragen der Ästhetik. Bild – Musik – Sprache – Körper*. Köln, Wien: Böhlau.
- Brandstätter, Ursula (2013): *Erkenntnis durch Kunst. Theorie und Praxis der ästhetischen Transformation*. Köln, Wien: Böhlau.
- Bruner, Jérôme Seymour (1966): *Toward a Theory of Instruction*. Cambridge: Harvard University Press.
- Ehrenforth, Karl-Heinrich (1971): *Verstehen und Auslegen. Die hermeneutischen Grundlagen einer Lehre von der didaktischen Interpretation von Musik*. Frankfurt a.M.: Diesterweg.
- Ehrenforth, Karl-Heinrich (1993): Musik als Leben. Zu einer lebensweltlich orientierten ästhetischen Hermeneutik. *Musik & Bildung*, (6), S. 14–19.
- Heß, Frauke (2012): „Klassik" im Musikunterricht. Ein Plädoyer für individuelle Zugänge. *Diskussion Musikpädagogik*, (65), S. 22–26.
- Heß, Frauke (2021): „Klassik" im Unterricht. In Werner Jank (Hrsg.), *Musik-Didaktik. Praxishandbuch für die Sekundarstufe I und II*, 9., komplett überarbeitete Auflage. Berlin: Cornelsen, S. 216–225.
- Hömberg, Tobias (2017): Farbe, Bewegung, Charakter. Aktive Zugänge zu „klassischer" Musik am Beispiel von Béla Bartóks „Konzert für Orchester". *Musik & Bildung*, (3), S. 14–21.
- Hömberg, Tobias (2022a): Beethoven, Bartók, Beatles. „Klassik" bedeutsam werden lassen. *Musik & Bildung*, (3), S. 43–49.
- Hömberg, Tobias (2022b): „Klassische" Musik in der Schule. Didaktische Konzepte für den heutigen Musikunterricht. *Das Orchester*, (2), S. 24–27.
- Hömberg, Tobias (2022c): Nacht Gestalten. Aktive Zugänge zu einer Nachtmusik von Gustav Mahler. *mip-Journal*, (63), S. 72–76.
- Hömberg, Tobias & Liebenau, Horst (2017): The Beatles – Geschichte und Musik der erfolgreichsten Band aller Zeiten. Reihe I/D.15. *RAAbits Musik*, (97).
- Hüttmann, Rebekka (2009): *Wege der Vermittlung von Musik. Ein Konzept auf der Grundlage allgemeiner Gestaltungsprinzipien*. Augsburg: Wißner.
- Jünger, Hans (2021): Musiklernen fürs Leben. Einführung in den tätigkeitsorientierten Musikunterricht. http://www.ok-modell-musik.de/download/juenger-ok-2.pdf [01.02.2023].
- Jünger, Hans (2022): Was tun Opernbesucher*innen? http://www.ok-modell-musik.de/download/juenger-2020-opernbesucher.pdf [01.02.2023].
- Kosuch, Markus (2021): Szenische Interpretation von Musik und Theater. In Werner Jank (Hrsg.), *Musik-Didaktik. Praxishandbuch für die Sekundarstufe I und II*, 9., komplett überarbeitete Auflage. Berlin: Cornelsen, S. 187–195.
- Krämer, Oliver (2018): Musik und andere künstlerische Ausdrucksformen als didaktisches Handlungsfeld. In Michael Dartsch, Christine Stöger, Friedrich Platz, Jens Knigge & Anne Niessen (Hrsg.), *Handbuch Musikpädagogik. Grundlagen, Forschung, Diskurse*. Münster, New York: Waxmann, S. 341–348.
- Krapp, Andreas (1992): Das Interessenkonstrukt. Bestimmungsmerkmale der Interessenhandlung und des individuellen Interesses aus der Sicht einer Person-Gegenstands-Konzeption. In Andreas Krapp & Manfred Prenzel (Hrsg.), *Interesse, Lernen, Leistung. Neuere Ansätze der pädagogisch-psychologischen Interessenforschung*. Münster: Aschendorff, S. 297–329.
- Krause, Martina (2008): *Bedeutung und Bedeutsamkeit. Interpretation von Musik in musikpädagogischer Dimensionierung*. Hildesheim: Olms.
- Niermann, Franz & Stöger, Christine (1997) (Hrsg.): *Aktionsräume – Künstlerische Tätigkeiten in der Begegnung mit Musik. Modelle – Methoden – Materialien aus DIE KUNST DER STUNDE*. Wien: Universal Edition.
- Richter, Christoph (1976): *Theorie und Praxis der didaktischen Interpretation von Musik*. Frankfurt a.M.: Diesterweg.
- Richter, Christoph (1995): Das musikalische Kunstwerk als Gegenstand der Musikpädagogik. In Siegmund Helms, Reinhard Schneider & Rudolf Weber (Hrsg.), *Kompendium der Musikpädagogik*. Kassel: Gustav Bosse, S. 150–195.
- Rosa, Hartmut (2016): *Resonanz. Eine Soziologie der Weltbeziehung*. Berlin: Suhrkamp.
- Rosa, Hartmut (2017): Für eine affirmative Revolution. Eine Antwort auf meine Kritiker_innen. In Christian Helge Peters & Peter Schulz (Hrsg.), *Resonanzen und Dissonanzen. Hartmut Rosas kritische Theorie in der Diskussion*. Bielefeld: transcript, S. 311–329.
- Siebert, Horst (1999): *Pädagogischer Konstruktivismus. Eine Bilanz der Konstruktivismusdiskussion für die Bildungspraxis*. Neuwied, Kriftel: Luchterhand.
- Wallbaum, Christopher (2010): *Der außeraustralische Beethoven oder: Klassik in der Schule*. https://nbn-resolving.org/urn:nbn:de:bsz:14-qucosa-63569 [01.02.2023].
- Wallbaum, Christopher (2016): Erfahrung – Situation – Praxis. In Dorothee Barth (Hrsg.), *Musik. Kunst. Theater*. Osnabrück: epOs Music, S. 39–56.

Sheila Hondong & Elke Schneider

Lust auf Archiv?

Stadtgeschichte sichten und sichtbar machen

„,Propagandakünstler' – wie Herr Goebbels es nannte – sind gewiß ebenso beschränkt wie die Experten für Kontrapunkt, und sicherlich gefährlicher durch den Widerspruch zwischen ihrem Bewußtseinsstand und ihrer Macht" (Adorno 1958, S. 60).

Hausmusik in Mannheim zu Richard Wagners Zeiten und im 3. Reich als Instrument der Macht?!

Hausmusik – das Musizieren im privaten Raum, im Mittelalter entstanden, über die Jahrhunderte kultiviert und verfeinert – gilt als wichtiger Teil der romantischen Musikausübung im bürgerlichen Umfeld mit jugendlich-weiblicher Note (vgl. Oberschmidt 2022, S. 104). Wie, also mit welchen Mitteln und Mittelsmännern, wurde es auf regionaler Ebene ein Teil der NS-Propaganda(maschinerie)?

Entgegen anderen strategischen Handlungen – man denke an Begriffe wie Blitzkrieg – die quasi ,aus dem off' von dem NS-Regime durchgeführt wurden, gründet die Vereinnahmung des intimen kulturellen Miteinanders im Rahmen der Hausmusik, dieses so wichtigen Teilbereiches der Musikausübung, auf einer langen Tradition. In Mannheim als kulturellem Zentrum Deutschlands – bereits zu Mozarts Zeiten eher konservativ geprägt – bildete sich bereits während des Kaiserreiches eine wichtige Keimzelle, die die Tragweite in sich barg, aus dem innigliche-häuslich-vertrauten Kreis des Musizierens herauszutreten und eine öffentlich-propagandistisch-wirksame Inszenierung zu kreieren. Dies war nur mithilfe einiger einflussreicher Bürger des Kaiserreiches und insbesondere der Musikszene Mannheims möglich. Zu dieser Zeit waren dies beim Gegenstand unserer Untersuchung nicht DJs, Musikproduzierende oder Sänger:innen, sondern schlichtweg gediegene Klavierbauer oder Musikalienhändler wie die Familie Heckel, insbesondere Emil Heckel. Emil Heckel (1831–1908) wohnte mit seiner Frau Marie in einem Haus in der Kunststraße im Quadrat O3, 10. Dort befanden sich auch die Geschäftsräume seiner Instrumenten- und Musikalienhandlung, die bis in die 1820er Jahre zurückreichten. Heckels Verbindungen zu Richard Wagner nach Bayreuth und zu Hugo Wolf erregten Aufsehen. Tatsächlich wurde die Vernetzung zwischen Bürgerschaft, Musikern und Komponisten zum einen, die Instrumentalisierung und Politisierung von Hausmusik als Instrument der Macht zum anderen, bereits im 19. Jahrhundert betrieben. Wer es als junger Musiker zu einem Musikabend im Hause Heckel geschafft hatte, hatte die Basis für seine Karriere gelegt.

Im Hause Heckel

Kurzer Einblick in die Beziehungen Richard Wagners zum Musikalienhändler Emil Heckel in Mannheim

Zwischen den Musikzentren Bayreuth und Mannheim entwickelte sich im 19. Jahrhundert eine einzigartige Verbindung, die sich in der Biografie eines Mannes widerspiegelt: des Mannheimer Musikalienhändlers Emil Heckel (1831–1908), eines engen Freundes und glühenden Verehrers von Richard und

Cosima Wagner. In der Heckel'schen Musikalienhandlung in der Kunststraße in Mannheim wurden nicht nur Noten und Instrumente verkauft, sondern vielschichtige Fäden in die lokale Musikszene gesponnen und mitunter von Hochkarätern wie Richard Wagner und Hugo Wolf private Konzerte dargeboten, so z.B. auch das Konzert zur Gründung des ersten Wagnervereins, welches im ‚Pianofortesaal' der Heckel'schen Musikalienhandlung aufgeführt wurde. Dieses wurde unter anderem mithilfe von Fotos und Briefen dokumentiert, die im MARCHIVUM verwahrt werden und dort zugänglich sind.

Das Verhältnis Heckels, der in Mannheim 1871 ein legendäres Konzert zugunsten des kurz zuvor gegründeten, weltweit ersten Wagnervereins dirigierte, zu seinem verehrten ‚Meister', der auf den Tag genau 18 Jahre älter war, war sehr emotionsgeladen. Unfassbare Auslassungen gegen die jüdischen Mitbürger und die eitlen Bemühungen Heckels um Ehrungen und eigene Memoria prägten die Beziehung (Gillen 2013, S. 77). Man könnte meinen, dass Emil Heckel stärker von Richard Wagner profitierte als umgekehrt, was wohl jedoch nicht der Fall war, denn ohne „den engagierten Musikalienhändler hätte auch ein Richard Wagner in Mannheim nicht so ohne Weiteres Fuß fassen können" (Gillen 2013, S. 7). Die Beziehung der beiden war wohl für beide Seiten sehr befruchtend.

> „Mit dem ersten ‚Wagnerverein' überhaupt schuf Heckel ein ganz dem Zeitgeist verhaftetes organisatorisches Ventil für seine und seiner Freunde Wagnerbegeisterung. Er erreichte damit aber auch eine Verbreitung der neuen Musik vor Ort, schuf Netzwerke und einen soliden Rückhalt für seinen lokalen Führungsanspruch in Sachen Wagner. Das Wohn- und Geschäftshaus war Organisationsbüro des Vereins und gesellschaftlich-musikalischer Treffpunkt während der Mannheim-Aufenthalte der Familie Wagner" (Gillen 2013, S. 77).

Dieser Beziehung zwischen Heckel und Wagner hat Anja Gillen in Zusammenarbeit mit dem Stadtarchiv 2013 eine eigene Publikation gewidmet.

Relevanz und Funktion des MARCHIVUM

Das MARCHIVUM, Mannheims Archiv, Haus der Stadtgeschichte und Erinnerung, befindet sich seit 2018 im Ochsenpferchbunker in der Neckarstadt-West, einem der über 50 Bunker der Stadt aus dem Zweiten Weltkrieg, der aufwendig saniert und aufgestockt wurde, quasi als bauliches Dokument der NS-Zeit. Ein Lernort zum – im wahrsten Sinne des Wortes – Begreifen, zumal die beiden multimedialen Ausstellungen zur Stadtgeschichte und der NS-Zeit weitere Ansatzmöglichkeiten bieten, Geschichte vor Ort zu erleben. Das Gebäude wurde 2020 von der Architektenkammer Baden-Württemberg prämiert für ‚Beispielhaftes Bauen', speziell für die Entscheidung und die architektonische Umsetzung, „aus dem Bunker der NS-Zeit einen Ort der offenen Wissensvermittlung, der zugänglichen Geschichte sowie lichte Arbeits- und Versammlungsräume zu machen" (Architektenkammer Baden-Württemberg, [8.9.2023]). Das MARCHIVUM bietet als Stadtarchiv ideale Möglichkeiten, damit Schüler:innen ausgehend von einem gemeinsamen Ausgangspunkt ein Thema interessengeleitet in alle Richtungen weiter verfolgen und selbstständig recherchieren können: Unabhängig von einer vorbereiteten Auswahl in Schulbüchern, Arbeitsblättern oder dergleichen sonst in der Schule genutzten Materialien, auch hinausgehend über die individuelle Fachkompetenz der Lehrenden, können sie eigene Fragen überblickshaft in die Breite oder speziell in die Tiefe, in die spätere oder frühere Zeit verfolgen, und dies alles am Wohnort der Lernenden verankert, sodass Geschichte ganz konkret und an Originaldokumenten vor Ort greifbar wird. Hierbei ist hervorzuheben, dass die Recherche auch digital stattfinden kann unter https://scope.mannheim.de/suchinfo.aspx .

Das MARCHIVUM als außerschulischer Lernort versteht sich insbesondere auch als Bildungspartner zum Thema Demokratiebildung. Versierte Archivpädagog:innen sind bestrebt, mit Schulen zusammenzuwirken, und es bieten sich hierzu schier unerschöpfliche Möglichkeiten. Das Archiv verfügt neben den zahlreichen Dokumenten auch über moderne Räumlichkeiten mit technischer Ausstattung, in denen die Schüler:innen in Gruppen arbeiten können und bei der Recherche zugleich Medienkompetenz erwerben. Hierzu werden sie von kompetenten Mitarbeitenden angeleitet, um den Inhalt und die Funktion eines Archivs kennenzulernen, selbstständig in der Datenbank des MARCHIVUMS zu recherchieren, aber auch in Gruppen etwas zu erarbeiten und zu präsentieren.

Tage der Hausmusik in Mannheim in der NS-Zeit – Auszug aus einem zeitgenössischen Zeitungsartikel

Verfolgt man die Spur der Metamorphose der Hausmusik auf der Zeitachse weiter, wird man erneut im MARCHIVUM, insbesondere im Bestand „Reichsmusikkammer" fündig – 1932, ein Jahr vor der Machtergreifung, fanden in Mannheim die Tage der Hausmusik statt, im Archiv greifbar in Form eines Beitrags aus der *Neuen Mannheimer Zeitung* über eben jene Veranstaltung vom 23.11.1932:

Die strikt durchorganisierte Veranstaltung fand in der Öffentlichkeit, häufig an einem anerkannten Lernort, sprich in Schulen (u.a. im heutigen Karl-Friedrich-Gymnasium) statt, gespielt wurden dabei überwiegend deutsche Komponisten. Hausmusik sollte unter dem NS-Regime dem privaten Bereich völlig entzogen und als Teil der NS-Propaganda der öffentlichen und (deutsch-)nationalen Verantwortung zugeordnet werden. Das gemeinsame Singen und Musizieren wurde nicht zuletzt für das Propagieren der Volksgemeinschaft genutzt.

Quelle: Neue Mannheimer Zeitung, 23.11.1932, MARCHIVUM

Dieser Tag wurde, jeweils am 22. November, dem Namenstag der Patronin der Kirchenmusik,

„unter der Ägide der Reichsmusikkammer[1] mit großen Anstrengungen organisiert … [die] von den unterschiedlichsten Partei-Organisationen an der Basis Konzert- und Propagandaveranstaltungen forderte, um das Ideal ‚Hausmusik' in die Breite des Volkes zu tragen. Die ‚Arbeitsgemeinschaft für Hausmusik', die in der Reichsmusikkammer integriert war, erließ ausführliche Anweisungen, wie der Tag der Hausmusik durchzuführen sei" (Jungmann 2017, o.S.).

Im Übrigen gibt es auch bezüglich der Reichsmusikkammer Verbindungen zu Mannheim: Wilhelm Furtwängler, Mannheimer Ehrenbürger, war deren stellvertretender Leiter von 1933 bis 1934. So finden sich deshalb im MARCHIVUM auch hierzu interessante Dokumente. Furtwänglers ambivalentes Verhältnis zur NS-Diktatur ist nur ein Beispiel, das aufzeigen kann, wie stark das Verhältnis von Künstler:innen zum NS-Regime von Ambivalenz geprägt war.

---

[1] Die Reichsmusikkammer, 1933 gegründet, hatte die Funktion, „auf der einen Seite mit einer breiten Palette an Normen das Musikleben zu reglementieren und kontrollieren und auf der anderen Seite in der Musikbürokratie politische Maßnahmen zu setzen" (Riethmüller 2015, S. 35).

Reichsmusikkammer, Zug. 9/1962
MARCHIVUM

Als Besonderheit wurde am Tag der Hausmusik ab 1934 ein Scherenschnitt-Film gezeigt, der extra zu dieser Thematik ‚zurechtgeschnitten' wurde.

Kurzer Exkurs ins Filmische

Lotte Reiniger (1899–1981) ist eine Scherenschneiderin, Silhouetten-Animationsfilmerin und Buchillustratorin, die u.a. mit Bert Brecht und Strawinsky zusammengearbeitet hat, nach der Machtergreifung Deutschland verließ und später mit dem Bundesverdienstkreuz ausgezeichnet wurde. Sie hat 1934 den Scherenschnitt-Film *Das gestohlene Herz* erschaffen, der die Thematik der Hausmusik mit der des Antisemitismus verknüpfte: Friedlich musizierende Kinder werden des Nachts von einem ‚jüdisch' dargestellten Dämonen (hagere Gestalt mit überproportionaler ‚Hakennase') heimgesucht, der den artigen Kindern sämtliche Instrumente entwendet und davoneilt. Nach einem dramatischen Intermezzo gelingt es, die Instrumente aus den Fängen des ‚jüdischen Fürsten der Finsternis' zu befreien, die selbstständig und zufrieden zu den Kindern in deren Zuhause zurückfliegen. Den jugendlichen Zuschauern wird in diesem Film die volkstümliche Kernbotschaft des Tags der Hausmusik – „aber die Musik bleibet bestehen" – vermittelt.

Dieser Film wurde 1934 in Berlin zum Tag der Hausmusik uraufgeführt und am 23.11.1936 zu diesem Anlass auch in Mannheim gezeigt.

Verortung des Themas im Lehrplan Musik (hier exemplarisch für BW und RLP)

Die Zusammenhänge zwischen historischen, politischen und gesellschaftlichen Bedingungen und dem künstlerischen Ausdruck in der Musik machen das Thema ‚Musik und Politik' besonders spannend. Es ermöglicht den Schüler:innen, Wissen aus anderen Bereichen einzubringen und fächerverbindende Kontexte zu erkennen. Das gilt insbesondere für Fächer wie Geschichte, Gemeinschaftskunde und Deutsch.

Standbild aus dem Film *Das gestohlene Herz* von Lotte Reiniger (1934)

Schulart- sowie bundesländerübergreifend taucht im Lehrplan Musik unter den inhaltsbezogenen Kompetenzen sowohl in der Sekundarstufe 1 als auch in der Oberstufe die Begrifflichkeit ‚Musik reflektieren' auf. Teilweise wird das Thema ‚Musik und Politik' im Bildungsplan unter dem Oberbegriff der Interkulturalität aufgeführt. Die kulturelle Bedingtheit der politischen Musik wird mitgedacht und an geeigneten Stellen thematisiert.

> „Politische Bildung ist eine Aufgabe, der sich auch der Musikunterricht stellen muss. Im Sinne der Demokratieerziehung von Schülerinnen und Schülern und der damit einhergehenden Befähigung zur Urteilskompetenz in politischen Fragen betrifft dies das Thema der politischen Funktion von Musik. Historische Fragen wie u.a. das Verbot sogenannter ‚entarteter' Musik durch die Nationalsozialisten gehören hierzu. Ein entscheidender Aspekt ist dabei, dass die Musik selbst nicht politisch ist, sondern immer nur der Kontext, in dem sie verwendet wird, beziehungsweise die Bedeutung, die Menschen der Musik im Sinne eines kommunikativen Prozesses geben. Ein und dieselbe Musik kann also in verschiedenen

Kontexten völlig konträre politische Bedeutung erhalten. Musik kann ebenso als Mittel des Protests, der Sozialkritik oder des Widerstands wie als Mittel der Machtausübung eingesetzt werden" (Ministerium für Bildung Rheinland-Pfalz 2017, S. 52).

Dokumente und Erkenntnisse

Im MARCHIVUM befinden sich neben den aufgeführten noch zahlreiche weitere Dokumente, die von den Schüler:innen quasi ‚entdeckt' werden können. Vorerfahrungen der Schüler:innen sollen in die Arbeit im MARCHIVUM eingebracht werden und können im Einzelnen als Anknüpfungspunkte für die Ausrichtung der jeweils eigenen Recherchen dienen. Dabei entfalten auch die Dokumente selbst eine unmittelbarere, authentischere Wirkung, wenn sie als erhaltene Relikte des täglichen Lebens in der eigenen Region statt im alltäglich eingeübten Rahmen didaktisch aufbereiteter Quellen im Unterricht begegnen. So stellt sich bei einer ganzen Sammlung historischer Fotos und Briefe schnell die Frage, warum und von wem sie überhaupt aufgenommen bzw. verfasst und aufgehoben wurden. Die propagandistische Durchdringung der dokumentierten Ereignisse zeigt sich schon in der Existenz der Dokumente selbst statt in einer Bildunterschrift. Auch das Paradox, dass Künstler sich ambivalent politischen Systemen gegenüber positionieren, wird im MARCHIVUM erlebbar gemacht: Die Schafferin offen antisemitischen Propagandamaterials erhielt später das Bundesverdienstkreuz, der Film selbst ist heute in Deutschland zensiert. Die Konfrontation mit den fraglichen Materialien selbst drängt zu Fragen nach dem Spannungsverhältnis zwischen Verdienstmöglichkeiten einerseits und politischer Integrität andererseits, aber auch zur Schwierigkeit, die Tragweite politischer Entwicklungen im jeweiligen ‚Hier und Jetzt' einzuschätzen und sich darin zu positionieren – was wiederum die Jugendlichen zur kritischen Reflexion aktueller Vorgänge in Politik und Kulturbetrieb, auch ihrer eigenen ästhetischen Präferenzen und deren inhaltlicher Ausrichtungen anregen kann. Gerade die Verflechtung Richard Wagners mit Antisemitismus und Nationalsozialismus, eindrücklich in der Archivarbeit erfahren, lenkt den Blick auch auf die Frage, wie politisch eigentlich Musik selbst ist – ob man etwa gleich ein Neonazi ist, nur weil man Wagners Musik grandios findet? Auch hierzu lassen sich wiederum sehr schnell aktuelle Bezüge herstellen, wenn beispielsweise angesagte Rapper in Texten den Holocaust verharmlosend zitieren.

Literaturverzeichnis
- Adorno, Theodor W. (1958): *Dissonanzen*. 2. Aufl. Göttingen: Vadenhoeck & Ruprecht.
- Architektenkammer Baden-Württemberg: Beispielhaftes Bauen. Auszeichnungsverfahren „Mannheim 2013-2020". https://www.akbw.de/baukultur/beispielhaftes-bauen/datenbank-beispielhaftes-bauen/beispielhaftes-bauen/objekt/marchivum-umbau-und-aufstockung-fuer-das-stadtarchiv-7403 [08.09.2023].
- Gillen, Anja (2013): *Von Feuerzauber und Gralsgesang. Emil Heckel und Richard Wagner in Mannheim*. Mannheim: Wellhöfer.
- Jungmann, Ingrid (2017): Hitlers Hausmusik. https://www.grin.com/document/354035 [06.09.2023].
- Kleßmann, Christoph; Misselwitz, Hans & Wichert, Günter (Hrsg.) (1999): *Deutsche Vergangenheiten – eine gemeinsame Herausforderung*. Berlin: Ch. Links.
- Ministerium für Bildung Rheinland-Pfalz (Hrsg.) (2017): *Lehrplan Musik für die Sekundarstufe I der Gymnasien, Integrierten Gesamtschulen und Realschulen plus*. Föhren: Bastian Druck.
- Oberschmidt, Jürgen (2022): Musik(-unterricht) zwischen Divertimento und Etüde. Über das Spannungsverhältnis zwischen fremdgesteuertem Anpassungsdruck, musikimmanenten Steigerungsstrategien und kontemplativen Zugängen. In Andrea Ellmeier & Doris Ingrisch (Hrsg.), *Muße, Musen und das Müssen. Wissen und Geschlecht in Musik – Theater – Film*. Wien, Köln: Böhlau, S. 103–123.
- Prieberg, Fred K. (1991): *Musik und Macht*. Frankfurt a.M.: Fischer.
- Prieberg, Fred K. (2000): *Musik im NS-Staat*. Köln: Dittrich.
- Riethmüller, Albrecht & Custodis, Michael (Hrsg.) (2015): *Die Reichsmusikkammer. Kunst im Bann der Nazi-Diktatur*. Köln: Böhlau.
- Wulf, Joseph (1966): *Musik im Dritten Reich*. Hamburg: Rowohlt.

Peter Imort & Christiane Imort-Viertel

Musikdidaktische Resonanzen eines popkulturellen Gegenstands

Das Mixtape im Kinofilm „Guardians of the Galaxy"

Einleitung

Das Mixtape war seit den 1970er Jahren ein omnipräsentes Element von Jugendkultur, das das musikalische Nutzungsverhalten ganzer Generationen prägte. Auch im Marvel-Abenteuer *Guardians of the Galaxy* wird das Mixtape als bedeutender popkultureller Gegenstand inszeniert. Die leichte Zugänglichkeit und Verdaulichkeit im Popkornkino soll nicht darüber hinwegtäuschen, dass es hier über dramaturgische Funktionen hinaus um gewichtige Themen im Kontext von Musikpraxis geht, die in diesem Beitrag unter dem Fokus der Resonanz musikdidaktisch perspektiviert werden.

Resonanz als akustisches Phänomen bringt Musik zum Klingen. Nicht nur akustische Musikinstrumente haben einen Resonanzkörper, deren Hohlraum die Lautstärke der Töne steigert und für ein typisches Klangerleben sorgt. Auch elektronische Musikmedien formen den Klang von Musik, indem sie ihn in charakteristischer Weise verstärken, konturieren oder auch verfremden. In diesem Sinn wirken sie wie Resonanzkörper, die die Musik mit einem eigenen, spezifischen Spektrum ‚färben'. Diese medialen Resonanzen beziehen sich jedoch nicht nur auf die Klangqualität von Übertragungsgeräten, sondern können auch durch die musikalische Produktion selbst verursacht werden. Im Zusammenhang von Musikmedien als doppelt konnotierte Kulturtechniken konnte beispielsweise gezeigt werden, dass auf der musikalischen Produktionsebene der medial gefärbte ‚Eigenklang' über beispielsweise bloß exotisches Kolorit (z.B. durch die Verwendung von digital emulierten Ethno-Sounds) hinausgeht und alle Bereiche medialer Produktion, Distribution und Rezeption durchdringt. Er nimmt großen Einfluss auf die mediale Darstellung von (Musik-)Kulturen und umfasst die ganze Bandbreite von beispielsweise Orientalismus in der Popmusik, Verkaufsschlager wie Klezmer Musik oder Phänomene der medial gestützten, interkulturellen Vernetzung in der Neuen Musik (Imort 2009).

Über das lateinische ‚sonare' als musikalisch-akustisches Phänomen hinaus schwingt in der Bezeichnung Re-sonanz etwas von Widerhall, Echo und Antwort mit. Resonanz entsteht, wenn Töne in uns widerhallen und beispielsweise im Tanz zum Ausdruck kommen. Resonanzen entstehen auch in der Begegnung von Menschen unterschiedlicher (kultureller) Herkunft, die sich über Musik austauschen und beim gemeinsamen Nachdenken über Musik eigene Standpunkte finden.

Im folgenden Beitrag konkretisieren sich diese einführenden Überlegungen anhand des Kinofilms *Guardians of the Galaxy*, in dem ein Walkman und das sich darin befindliche Mixtape zum Ausgangspunkt musikdidaktischer Überlegungen werden. Im Soundtrack zum Science-Fiction-Film spielen 12 Songs aus den 1960er- bis 1970er-Jahren eine tragende Rolle, die auf ganz unterschiedliche Weise sicht- und hörbar gemacht werden.[1]

- Resonanzen entstehen z.B. beim Musik-Hören des Protagonisten und Weltraumabenteurers Peter Quill, wenn Töne in ihm widerhallen.
- Resonanz entsteht aber auch, wenn das Kinopublikum die bekannten Songs in Beziehung zur eigenen Biografie setzt.
- Auch Resonanz im Tanz spielt im Film eine zentrale Rolle, vor allem für die Identitätsbildung und den Selbstausdruck Peter Quills, der dem Tanz große persönliche Bedeutung und Kraft beimisst.

---

[1] *Guardians of the Galaxy: Awesome Mix Vol. 1* (Original Motion Picture Soundtrack). Hollywood Records 2014. Die Hits des Mixtapes *Awesome Mix Vol. 1* machen einen wesentlichen Teil des Film-Soundtracks aus und wurden auch sehr erfolgreich separat vermarktet. 2014 war es das zweitbestverkaufte US-Soundtrack-Album mit über 1,75 Millionen verkauften Kopien (Caulfield 2015).

▪ Und Resonanz entsteht, wenn Rezipienten, in unserem Fall Schülerinnen und Schüler, sich selbstwirksam in Gespräche über Musik einbringen, um ihren eigenen Standpunkt zu finden.

Wie resoniert die Musik im Film dramaturgisch, beim Publikum bzw. in musikunterrichtlichen Zusammenhängen? Im Film helfen die Songs des Mixtapes dem Hauptcharakter Peter Quill, mit seiner Vergangenheit und seiner Familie in Verbindung zu bleiben. Sie geben ihm Halt und Orientierung in einer fremden Welt. Peter hört den Songs zu, er kommentiert sie und spricht darüber mit seinen Freunden, seiner Crew.[2] Dieses Sprechen über Musik bildet den Ausgangspunkt der folgenden, ersten musikdidaktischen Perspektivierung.

Musikdidaktische Perspektivierung 1:
Sprechen über die persönliche Bedeutsamkeit von Musik

Schülerinnen und Schüler sprechen in ihrer Freizeit häufig über ‚ihre' Musik. Sie diskutieren untereinander über coole Moves, fette Sounds und Beats, wobei das gemeinsame Musikhören den Bezugspunkt der Gespräche bildet. Im Hinblick auf die Frage, wie sich solche Gespräche mit Schüler:innen über Musik initiieren und moderieren lassen und wie (ästhetische) Gespräche und Kontroversen auch selbst zum Thema von Musikunterricht werden können, heben Christopher Wallbaum und Christian Rolle in Bezug auf rezeptionsorientierte Unterrichts- oder Projektzusammenhänge beispielsweise „die unterschiedliche Wertschätzung eines Musikstücks, das kontroverse Verständnis einer Komposition oder die strittige Qualität verschiedener musikalischer Interpretationen als bestimmte Problemstellung im Unterrichtszusammenhang" (Wallbaum & Rolle 2011, S. 516) hervor und empfehlen unterrichtliche Verfahren wie szenische Interpretation, Malen oder kreatives Schreiben zur Musik.

Demgegenüber bietet die folgende Filmszene eine weitere Möglichkeit, als musikunterrichtlicher Impuls das Sprechen über die persönliche Bedeutsamkeit von Musik anzuregen. Als Erwachsener riskiert Peter Quill in einem dramatischen Moment sein Leben, um seinen Walkman und das Mixtape von einem Gefängniswärter zurückzugewinnen. Diese Aktion wird im Anschluss durch ein Gespräch zwischen ihm und seiner Gefährtin Gamora vertiefend erklärt und die emotionale Bedeutung des Mixtapes hervorgehoben. Das Tape war ein Geschenk seiner sterbenden Mutter an ihn, den achtjährigen Peter. Es verbindet ihn mit zahlreichen persönlichen Erinnerungen; sie haben die Musik gemeinsam angehört und Erinnerungen geteilt. Die Szene verweist auf glückliche Kindheitsmomente und bindet die Musik auf dem Tape, die im Hintergrund leise zu hören ist, in den sinnstiftenden Prozess des biografischen Erzählens ein.

Die Schüler:innen sehen die Eingangsszene, in der der achtjährige Peter das Mixtape von seiner Mutter bekommt. Daran schließt sich ein Unterrichtsgespräch über die Bedeutung des Mixtapes an (u.a. persönliches Geschenk, Erinnerungsobjekt, biografische Bedeutung der Songzusammenstellung).

Peter als Kind Musik hörend (*Guardians of the Galaxy*;
USA 2014; Filmszene ca. 0:00.00 bis 0:01:05).[3]

---

[2] Weitere dramaturgische Funktionen des Mixtapes werden unter dem Aspekt *Mit Musik der Vergangenheit in die Zukunft* in Imort-Viertel & Imort (2023) beleuchtet.
[3] Diese und die folgenden Zeitangaben beziehen sich auf den Stream des Films bei Disney Plus (Rechteinhaberin).

Arbeitsauftrag:
Die Schüler:innen sammeln in Einzelarbeit Musiktitel von Songs, die für sie persönlich bedeutsam sind, und notieren einige dazugehörige Gründe. Anschließend tauschen sie sich zu zweit darüber aus und stellen gegenseitig Rückfragen.

Musikdidaktische Perspektivierung 2: Musik hören mit dem Mixtape

Musikhören mit dem Mixtape spielt in *Guardians of the Galaxy* von der ersten bis zur letzten Szene eine große Rolle. Zu Anfang des Films hört Peter als Kind die Mixtape-Songs von seiner Mutter, während die Schlussszene des Films von dem Song *Ain't No Mountain High Enough* (Gaye & Terrell 1969) begleitet wird, eingeleitet von der Aufforderung „Listen Babe!" als Referenz an die Praxis des (gemeinsamen) Musikhörens.

Das Mixtape als eine selbstgemachte Musikkompilation auf einer Audiokassette entstand parallel zur Verbreitung von Kassetten und Kassettenrecordern und wurde ab den 1970er-Jahren in Jugendkulturen weit verbreitet. Mixtapes können zu unterschiedlichen Anlässen erstellt werden, einschließlich Partys, als persönliches Geschenk oder als Soundtrack für Aktivitäten. Die Erstellung von Mixtapes basiert auf dem eigenen Musikgeschmack und kann eine persönliche Botschaft enthalten. Fortgeschrittene Mixtape-Ersteller nutzen oft auch ein Konzept, z.B. thematisch gebunden. Die sorgfältige Auswahl und Anordnung der Lieder innerhalb eines solchen Mixes kann ähnlich wie beim Sampling als eine künstlerische Aussage interpretiert werden (vgl. u.a. Moore 2005 sowie Drees & Vorbau 2011).

Zuhören mit dem Mixtape

Die Praxis der Erstellung individueller Mixtapes mit analogen Musikmedien ist heute weitgehend verschwunden. Ein zeitgemäßes Äquivalent bietet möglicherweise die Erstellung von Playlists für individuelle Anlässe. Für den Musikunterricht bietet es sich an, mit Schülerinnen und Schülern über verschiedene Anlässe für die Erstellung von Playlists ins Gespräch zu kommen und eine solche in Gruppenarbeit erstellen zu lassen. Hierfür können Streamingdienste oder Musik-Apps wie z.B. Spotify, SoundCloud, Deezer oder auch YouTube genutzt werden, die auch kostenlos verfügbar sind.

Arbeitsauftrag zur Erstellung einer eigenen Playlist:
Die Schüler:innen sammeln zunächst in Einzelarbeit, zu welchem Anlass (Klassenfahrt, Schulparty, Geschenk etc.) und von wem sie schon Playlists bekommen oder selbst erstellt haben. Sie notieren Musiktitel, die auf ihrer persönlichen Playlist nicht fehlen dürfen.
Anschließend erstellen sie in Partner- oder Gruppenarbeit eine Playlist für einen konkreten Anlass und handeln dabei folgende konkrete Aspekte aus:
- Adressat:innen
- Anzahl der Titel und Dauer der Playlist
- Begründung der Reihenfolge der Titel

Musikdidaktische Perspektivierung 3: Resonanz durch Tanz

Guardians of the Galaxy verweist auf zahlreiche popkulturelle Praxen, unter anderem auch auf den Poptanz. Im Folgenden dienen zwei unterschiedliche Filmszenen dazu, diese Praxis unter musikdidaktischen Gesichtspunkten näher zu beleuchten.

Die Szene im Film zeigt einen plötzlichen Wechsel der Sphären, die zum einen durch orchestrale Filmmusik[4] und zum anderen durch Popmusik[5] verkörpert werden. Die orchestralen Klänge repräsentieren eine dystopische, menschenfeindliche Umgebung, die Peter Quill mit geschlossenem Visier seines Weltraumhelms durchschrei-

Peter tanzt durch die dystopisch anmutende Welt (Filmszene ca. 0:04:10 bis 0:07:52)

tet. Angekommen in einer verlassenen Ruine, zeigt das Öffnen des Helms einen Sphärenwechsel an, der nun von einem 1970er-Jahre-Popsong musikalisch begleitet wird. Dieser abrupte Wechsel kann metaphorisch als Übergang von einer äußeren in eine innere Welt gedeutet werden. Peter startet den Pop-Song auf seinem Walkman und es scheint, als ob sich ein innerer Wandel beim Hören der ihm bedeutsamen Musik vollzieht. Die vertraute Sound-Klangkulisse unterstützt ihn auf seiner riskanten Expedition. Die Tanzbewegungen von Peter im Takt des Songs sowie sein imaginärer Gesang ins Mikrophon vermitteln dem Publikum Peters inneren Wandel, der mit einem Gefühl von Selbstsicherheit, Kraft und Gelassenheit einhergeht. Das gemeinsame Anschauen der kurzen Filmszene bildet den Ausgangspunkt für ein Unterrichtsgespräch über den Wandel, der sich in Peter Quill vollzieht. Die innere Transformation des Hauptdarstellers lässt sich an konkreten äußerlichen Merkmalen festmachen, die in der Szene zu sehen sind.

Arbeitsauftrag 1:

Die Schüler:innen beschreiben die Musik in der ersten und in der zweiten Hälfte der Szene. Anschließend notieren sie, was Peter Quill in der ersten und in der zweiten Hälfte der Szene macht, und achten dabei auf seine Mimik, seine Bewegungen sowie auf kleine Gesten. Filmische und musikalische Änderungen im Szenenverlauf und im Wechsel der Sphären können beispielsweise in einer Tabelle oder einem Verlaufsdiagramm gemeinsam festgehalten werden.

Irritation durch Tanz (Filmszene ca. 1:41:35 bis 1:42:20.)

In *Guardians of the Galaxy* wird der Walkman zudem als dramaturgisches Mittel zur Irritation verwendet, indem beispielsweise verschiedene musikalische Parameter verfremdet werden. Auch auf der Erzählebene werden Verfremdungseffekten zweifach eingesetzt, um Irritation zu erzeugen: beim Zuschauer und bei den Charakteren selbst. Auf dem Höhepunkt des dramatischen Showdowns spielen dabei Gesang und Tanz eine entscheidende Rolle, indem Peter Quill den Widersacher Ronan mit einer unerwarteten Performance irritiert, sodass dieser lange genug abgelenkt wird und besiegt werden kann. Das Imaginieren und innerliche Mitsingen des Songs *O-o-h Child* von The Five Stairsteps (1970), sowie kraftvol-

---

[4] Die weitere Filmmusik wurde von Tyler Bates komponiert und separat veröffentlicht. Tyler Bates: *Guardians of the Galaxy* (Original-Score). Marvel Music 2014.
[5] Redbone: *Come and Get Your Love* (USA 1974).

le Moves angelehnt an einen Tanzbattle vergegenwärtigen Peter seine eigene Stärke. Mit zunehmendem Selbstbewusstsein werden sein Gesang und die Musik lauter und seine Moves aggressiver. Dies vermittelt den Zuschauern in der Szene und vor dem Bildschirm seine wachsende Überlegenheit. Unterstützt werden die genannten dramaturgischen Mittel auch durch die Textaussage „O-o-h child, things are gonna be easier, o-o-h child, things'll be brighter", die hoffnungsvoll stimmt.

Quills tänzerische Darbietung verweist darauf, dass die kulturelle Praxis des Poptanzes der Selbstpositionierung und Selbstdarstellung dient. Leiblich-affektive Selbsterfahrung im Tanz fördert die Entwicklung und Repräsentation von Identität und kann so die Herausbildung von Selbstbewusstsein unterstützen. Tanz erlaubt Jugendlichen, ihren individuellen Stil herauszubilden und für Ihre Fähigkeiten Anerkennung und Respekt zu erlangen (Rappe & Stöger 2015).

Arbeitsauftrag 2:

Die Schüler:innen tauschen sich in Gruppenarbeit über beliebte Tanz-Videos bzw. Tänze (z.B. in Kinofilmen, oder auch auf Tik-Tok) aus und sammeln zunächst Wirkungen, die von den gezeigten Moves ausgehen (z.B. lustig, kraftvoll, elegant). Anschließend einigen sie sich auf einen kurzen, beliebten Tanz und üben die Tanzbewegungen gemeinsam ein.

Literaturverzeichnis

- Caulfield, Keith (2015): Billboard 200 Chart Moves: 'Guardians' Soundtrack Surpasses 1 Million in Sales. *Billboard* 16.01.2015. https://is.gd/P11ktS [12.02.2023].
- Drees, Jan & Vorbau, Christian (2011): *Kassettendeck: Soundtrack einer Generation*. Frankfurt a.M.: Eichborn.
- Imort, Peter (2009): Interkulturelle Unterschiede in der Entwicklung und Bedeutung von Musikmedien. In Holger Schramm (Hrsg.), *Handbuch Musik und Medien*. Konstanz: UVK, S. 555–573.
- Imort-Viertel, Christiane & Imort, Peter (2023): Guardians of the Galaxy – Mit Musik der Vergangenheit in die Zukunft. Das Mixtape in Peter Quills Walkman. In Georg Maas & Susanne Vollberg (Hrsg.), *Film und Musik für die Welt von morgen*. Marburg: Schüren, S. 71–84.
- Moore, Thurston (2005): *Mix Tape: The Art of Cassette Culture*. New York: Universe.
- Rappe, Michael & Stöger, Christine (2015): Breaking oder die Verpflichtung, seinen eigenen Stil zu finden. In *Diskussion Musikpädagogik*, (65), S. 18–25.
- Wallbaum, Christopher & Rolle, Christian (2011): Ästhetischer Streit im Musikunterricht. Didaktische und methodische Überlegungen zu Unterrichtsgesprächen über Musik. In Johannes Kirschenmann, Christoph Richter & Kaspar H. Spinner (Hrsg.), *Reden über Kunst. Fachdidaktisches Forschungssymposium in Literatur, Kunst und Musik*. München: kopaed, S. 507–535.

Birgit Jeschonneck

Wir verstehen uns ziemlich gut

Integrative Arbeit mit Musik, Tanz und Sprache in heterogenen Grundschulklassen

Autorin
Birgit Jeschonneck ist Lehrerin an einer Musikalischen Grundschule und Lehrbeauftragte an der Universität Kassel. Sie ist Autorin und Mitherausgeberin von „Grundschule Musik".

Dass meine Schüler:innen (multinationale Grundschule im „Brennpunkt" einer kleineren Großstadt) in der Textzeile *Im Märzen der Bauer die Rösslein einspannt* nur die Wörter *im*, *der* und *die* kennen und verstehen, war mir schon ziemlich lange bewusst – doch das Lied mochte ich ohnehin nie und, dass man vermutlich unbekannte Wörter den Kindern erklärt, sollte selbstverständlich sein. Als ich aber vor etlichen Jahren erstaunt zuhörte, wie meine beiden hochbegabten Viertklässlerinnen Maram und Kadija (mit kurdischen bzw. marokkanischen Herkunftsfamilien) leidenschaftlich darüber diskutierten, was die Adjektive *listig, hochmütig* und *unerbittlich* wohl bedeuten würden, bekam ich das erste Mal eine Vorstellung davon, wie viel sogar sehr leistungsstarke Schüler:innen mit Deutsch als Zweitsprache sich im Unterricht zusammenreimen müssen; mehr, als man – mit Blick auf die eigentlich ganz guten Sprachkenntnisse, das akzentfreie Sprechen und die guten Schulleistungen – so annehmen könnte. Und wie mag es dann denn erst den leistungsschwächeren, noch sprachschwächeren Kindern ergehen? Oder denen, die zusätzlich zur Zweitsprachproblematik vielleicht auch noch eine Sprachentwicklungsverzögerung haben? Und was bedeutet das für meine Unterrichtsplanung? Was kann im Musikunterricht oder in einem fächerintegrierenden Unterricht für die Sprachbildung / Sprachförderung von Kindern getan werden, die keinen NDHS-Status mehr haben und den DaZ-Kurs / die Willkommensklasse längst hinter sich haben? Wie das kollaborative Arbeiten der Kinder untereinander in verbalen und nonverbalen Situationen initiieren? Viele Fragen....

Das Thema Sprachförderung und Entwicklung einer Bildungssprache ist in den letzten Jahren zum vieldiskutierten Thema geworden und das ist auch richtig so. Es reicht eben nicht nur, sprachsensibel zu unterrichten – das sollte inzwischen selbstverständlich sein. Die Mischung aus impliziten Sprachhandlungssituationen, die sich im Unterricht „ergeben" und gezielt impliziten Unterrichtssituationen, in denen – verpackt in eine Musik-, Spiel- oder Bewegungsaktion – ein strukturierter Input an Sprache im Fokus steht, ermöglicht Sprachbildung und Sprachförderung für alle im gemeinsamen Miteinander.

> Im Musik- und Tanzunterricht sind solche integrativen Unterrichtsmodelle besonders gut durchzuführen.

Im Musik- und Tanzunterricht sind solche integrativen Unterrichtsmodelle besonders gut durchzuführen. Musik, Bewegung und Spiel schaffen den motivierenden Rahmen, um sich mit Sprachstrukturen länger als gewöhnlich zu beschäftigen. Für die Kinder steht die Aktion im Vordergrund und eher nebenbei werden sprachliche Elemente hochfrequent gehört und gesprochen und angewendet. Um die Musik nicht nur als Mittel zu funktionalisieren, ist es dann aber auch möglich, mit musikalisch-ästhetischem Schwerpunkt weiterzuarbeiten und jetzt die Sprache als Hilfmittel für gelingende musikalisch-tänzerische Arbeit zu nutzen.

Das Bilderbuch *Paulas Reisen* von Paal Maar und Eva Muggenthaler bildet den Ausgangspunkt für ein integratives, fächer- und jahrgangsübergreifendes Unterrichtsmodell in einer heterogenen Grundschule, in der die Mehrzahl der Schüler:innen Deutsch als Zweitsprache spricht. In dieser Geschichte geht das Mädchen Paula im Traum auf Reisen und gerät so in groteske Traumländer. In jedem dieser Traumländer gibt es eine Hauptregel, der sich alles zu unterwerfen hat – und nichts anderes ist erlaubt.

Das erste Reiseziel ist das „bunte Land der Kreise". Hier hat alles rund zu sein und es wird regiert vom dicken Kugelkaiser. Wird in diesem Land etwas entdeckt, was nicht rund ist, kommt die Kugelpolizei. *Paulas Reisen* ist ein emanzipatorisches Bilderbuch, das Kinder zum Nachdenken bringen soll über Engstirnigkeit und über das Hinterfragen von seltsamen Regelwerken. Darüber hinaus machten wir in der Schule aber auch „Sprachausflüge". Diese bildeten den Rahmen für (gezielt) implizite, aber auch explizite Spracharbeit. Der Sprachausflug in das „Land der Kugeln und Kreise" wird im Folgenden dargestellt:

Rund, rund, rund...

Es beginnt mit einer Fotosafari: Die Kinder gehen zu zweit los. Sie suchen im Schulhaus und auf dem Schulgelände runde Gegenstände und fotografieren sie. „Rund im Sinne von Kreisen – oder sind auch Kugeln erlaubt?", fragen manche schon nach drei Minuten. Egal, alles! Hauptsache rund (und mein Mathekollege freut sich und hat für die Anschlussstunde schon die geometrischen Formen und Körper in der Planung...)

Abb. Runde Fundstücke von der Fotosafari: Mülleimer, Thermostat, Pudelmütze

Nach 20 Minuten kommen die Kinder aufgekratzt wieder angetanzt, schauen in ihre iPads, wischen hin und her, zeigen auf Bilder, plappern miteinander. Die Tandempartner setzen sich im Kreis für die Vorstellungsrunde jetzt nebeneinander. Ich bitte die Paare nun, sich von ihren vielen Fundstücken einen Gegenstand auszusuchen, den sie besonders großartig finden. Wenn sie nicht sicher sind, wie der nun eigentlich heißt und ob er den Artikel der, die oder das hat, können sie jetzt noch nachfragen (bei Fotos von irgendwelcher Gebäudetechnik weiß ich es manchmal selbst nicht – dann muss man zum Hausmeister flitzen).

Und jetzt werden die Gegenstände mit ihrem definiten Artikel nicht etwa aufgeschrieben (kann man später machen), sondern gesungen. Das altbekannte Lied *Grün, grün, grün* wurde umgedichtet und im B-Teil können jetzt je zwei Kinder ihr „Lieblingsding" besingen:

Darum lieb ich, alles was so rund ist,
*weil mein Lieblingsding **der Gullydeckel** ist!*

Die Wiederholung wird mit allen gemeinsam gesungen. Einmal im Kreis herum werden die Lieblingsdinge besungen – da kommen ziemlich viele neue Nomen mit ihren definiten Artikeln zusammen.

Am nächsten Tag kann man das wiederholen, denn in den IPads sind sicherlich noch viele Wortschätze versteckt. Heute mal etwas schwieriger: Die Wiederholung wird nicht einfach imitiert, sondern der Chor bezieht sich auf die Sprecherin / den Sprecher:

*Darum liebt **sie** alles, was so rund ist,*
*Weil **ihr** Lieblingsding die Pudelmütze ist!*

Neben den Nomen mit definiten Artikeln werden jetzt auch die Personalpronomen **sie** und **er** und vor allem die dazugehörigen Possessivpronomen **ihr** und **sein** geübt.

Schriftlich festhalten kann man dies alles in Form eines Klassenliederbuches. Wie beim generativen Schreiben erhalten alle Kinder die zum großen Teil gleichen Textbausteine der Strophen, aber jeder setzt an entsprechender Stelle sein „Lieblingsding" ein und das passende Foto wird dazugeklebt. Es entsteht ein Lieder-Wörter-Buch….

Abb. Noten Rund, rund, rund

Holt die Kugelpolizei!

Im Land der bunten Kreise ist nichts Eckiges erlaubt – dann kommt nämlich die Kugelpolizei! Bei uns auch: Die Kinder stehen im Kreis. Das erste Kind malt mit beiden Armen einen schönen, runden Kreis in die Luft und spricht laut und begeistert:

„Das ist eine runde Lampe!"

Da es runde Lampen ja tatsächlich gibt, strecken alle Kinder ihren Daumen jetzt hoch und rufen im Chor:

„Das ist okay!"

Abb. Noten Das ist okay

Das nächste Kind im Kreis ist an der Reihe, malt einen großen Kreis in die Luft und spricht mit der gleichen Satzstrukrur:
„Das ist ein runder Teller!"
Auch das ist natürlich: *„Okay!"*

Nach etwa 4 bis 5 Kindern macht ein vorher eingeweihtes Kind einen „Fehler": Zwar wird mit voller Überzeugung der schöne runde Kreis in die Luft gemalt, aber zu hören ist der Satz:

*„Das ist ein **runder Würfel**!"*

Jetzt folgt aus dem missbilligendem Plenum eine chorisch, rhythmisch und von Gesten begleitete gesprochene Abmahnung:

„Nein, nein, nein!
Das kann ja gar nicht sein!
Holt die Kugelpolizei,
denn sonst gibt's hier ein Geschrei!"

Nein, nein, nein!   Das kann ja wohl nicht sein! Holt die Ku-gel-po-lizei, denn sonst gibt's hier ein

Geschrei!

Abb. Noten Nein, nein, nein

Und weiter geht es im Kreis herum. Das Spiel, das gerade langweilig zu werden drohte, nimmt nun wieder Fahrt auf. Bei jedem neuen Satz muss man neu überlegen: Kommt jetzt etwas wirklich Rundes, oder werde ich hereingelegt? Ist es denn nun wirklich eindeutig rund? Ein runder Stuhl zum Beispiel…. Gibt es das? Eigentlich nicht – oder doch? Die Sitzfläche vielleicht? Zu jedem Wort rauschen die Bilder durch den Kopf: alle Stühle die man so kennt. Und manchmal beschäftigt es Kinder über den Unterricht hinaus, denn interessant sind ja die (siehe Stuhl) eher zweideutigen Dinge. Dann wird wieder nach dem Kugelpolizei-Spiel gefragt, weil ein neues Wort vorgestellt werden soll: Daumen hoch – oder „Nein, nein, nein!"?

Was passiert in dieser kleinen Unterrichtssequenz? Über den Spaß auf den ersten Blick hinaus werden auch alle vier Sprachebenen angesprochen und gefördert:

1. Phonetik / Phonologie:
Rhythmisches Sprechen, Übung der Prosodie der deutschen Sprache (Sprechen im Trochäus)

2. Lexik:
Wiederholung und Anwendung der Nomen für runde Gegenstände und ihrer indefiniten Artikel.

3. Morphologie / Syntax / Grammatik:
solistisches Sprechen einer einfachen Satzstruktur mit Nominalphrase mit indefinitem Artikel.

4. Pragmatik / Kommunikation:
Verstehen und Umsetzen der Regeln eines Sprechspiels, gestaltete Artikulation

Und für das Lied *Rund, rund, rund* trifft dies alles ebenfalls zu: Noch mehr als das rhythmische Sprechen fördert Singen eine gute Aussprache und ein Gefühl für die Prosodie der deutschen Sprache. Geschmeidig kann man ungewohnte Phoneme und Lautverbindungen wie die schwierigen deutschen Konsonatencluster umschiffen. Die bei der Fotosafari erbeuteten Wörter werden singend wiederholt und gefestigt, denn sie werden jetzt auch unmittelbar gebraucht (Lexik). Eine recht komplexe Satzstruktur (Hauptsatz mit Kausalsatz) wird hochfrequent gehört (Morphologie und Syntax) und der Ablauf zwischen Solo und Tutti / Zuhören und Eigenaktivität entspricht klar definierten Kommunikationsregeln (Pragmatik).

Das ist jetzt alles Sprachförderung *mit* Musik - mit zugegeben noch wenig Musik, nämlich mit Singen und rhythmischem Sprechen. Die Musik erfüllt hier die Funktion als Übe-Vehikel für die notwendige Verstetigung. Die neuen Nomen oder die erwünschten grammatischen Zielstrukturen werden oft gehört und von jedem einzelnen Kind auch aktiv ausgesprochen; die Musik-Aktion bildet die spielerische Rahmung. Die Kinder lernen zwar implizit, doch die Unterrichtssequenz wurde von der Lehrperson **gezielt** implizit geplant. Das vielzitierte Sprachbad wurde sorgfältig vorbereitet. Die Musik – eher Nebensache?

Doch genau an dieser Stelle kann man jetzt auch mit Musik weiterarbeiten. Die oft geübten Sprachstrukturen werden nun zu Bauplänen für rhythmisches Instrumentalspiel, zur Spielregel zum Erfinden von Musik in einer Kleingruppe.

Als Einstieg können bereits in einer Runde des Kugelpolizei-Sprechspiels Rhythmusinstrumente bei „Das ist okay!" (z.B. Holzblöcke und Klanghölzer) und bei „Nein, nein, nein!..." (z.B. Shaker) im Sprechrhythmus mitspielen – jede Sprechsilbe bekommt einen Ton / Klang (syllabisches Prinzip).

Die Kinder finden sich jetzt in Kleingruppen zu 4 bis 6 Kindern zusammen; mindestens ein Kind in jeder Gruppe sollte rhythmisch sicher sprechen können. Die Aufgabe ist, sich ein eigenes rhythmisches Frage-und-Antwort-Spiel nach dem oben geübten Schema auszudenken. Drei „Es ist…"-Sätze werden ersonnen, davon sollte mindestens einer „falsch" sein, z.B.:

Es ist ein runder Lichtschalter
  Das ist okay!
Es ist ein rundes Fußballtor.
  Nein, nein, nein! Das kann ja gar nicht sein! Holt die Kugelpolizei, sonst gibt's hier ein Geschrei!
Es ist ein runder Apfel.
  Das ist okay!

Die Kinder üben in der Gruppe das Sprechen ihrer Texte – es muss also ausgehandelt werden, wer wann was sagt. Und wenn dies gut klappt, werden Rhythmusinstrumente dazu genommen, die den Sprechrhythmus genau mitspielen und übernehmen. Welche Instrumente verwendet werden und wer mit wem wann was spielt – all das muss ebenfalls ausgehandelt werden.

Und nun der letzte Schritt: Die Sprache wird langsam ‚gestrichen'. Sie läuft nur noch im Kopf mit. Zumindest bei den chorischen Stellen „Das ist okay!" und „Nein, nein, nein!..." wird nicht mehr mitgesprochen, es sprechen hier nur noch die Instrumente. Und bei den drei Aussagesätzen kann ja gemeinsam überlegt werden, ob man mitspricht, mitflüstert oder ob auch hier die Stimme nur im Kopf mitläuft. Vielleicht können bei der abschließenden Präsentation die Zuhörer:innen dann ja sogar ein bisschen raten, was da gesprochen worden wäre… Welche Wörter passen in den gehörten Rhythmus?

Der Tanz der Kugeln und Kreise

Wie tanze ich eine Kugel, wie einen Kreis? Mit welchen Körperteilen kann ich runde Formen in die Luft, um mich herum oder auf den Boden ‚malen'? Wie werde ich selber zu einer Kugel? Welche runden Bewegungen sind riesengroß, so dass ich beide Arme ausgestreckt dafür brauche, und welche sind so winzig klein, dass ich nur meinen Zeigefinger bewegen muss?

Kugeln und Kreise kann man fest stehend tanzen und auch ganz frei im Raum. Für den Anfang suchen sich die Kinder aber zunächst erst mal einen festgelegten Tanzraum, jeder findet im Bewegungsraum einen Platz ganz für sich allein, dieser Tanzraum wird auch nicht verletzt.

Zur Musik *Im Land der Kugeln und Kreise* von Udo Tirsch probieren es alle erst einmal für sich allein aus: Für jede neue musikalische Phrase gibt es eine neue runde Bewegung. Mit jüngeren Kindern kann auch erst gemeinsam im Kreis geübt werden; ein Kind macht eine runde Bewegung vor und alle anderen imitieren sie. In einer zweiten Runde macht man es zur Musik; dadurch übernimmt jetzt die Musik das Zeitmanagement, und allzu lange darf man sich jetzt zum Vormachen keine Zeit lassen. Bei der zweiten musikalischen Phrase, der „Antwort"-Phrase, ahmen alle anderen sie Bewegung nach. Ob allein oder gemeinsam im Kreis – die Kinder sollten ein gewisses Bewegungsrepertoire für die folgende Partnerübung zur Verfügung haben.

Je zwei Kinder suchen sich einen Platz im Raum und stellen sich einander gegenüber auf. Sie sprechen ab, wer zuerst Vormacher:in ist. Die Musik beginnt, die Tänzer:innen stehen im Freeze. Die erste Melodiephrase ist zu hören und das Vormacherkind macht dazu eine runde Bewegung – optimaler Weise wird dazu die ganze Zeit der Phrase ausgenutzt. Das Nachmacher-Kind wartet jetzt ruhig ab, schaut konzentriert zu und wiederholt die Bewegung, wenn die zweite melodische Phrase, die „Antwort", zu hören ist. Bei der nächsten Phrase ist wieder das Vormacher-Kind mit einer neuen Bewegung an der Reihe. Nach vier Durchgängen hört man einen kleinen, aber deutlichen Break. Jetzt wechseln die beiden Tänzer:innen die Rollen.

Abb. Der Tanz der Kugeln und Kreise

Diese Tanzgestaltung ist eine Kommunikation in Bewegung. Das erste Kind spricht durch Bewegung und das zweite Kind wartet ruhig ab und reagiert dann darauf. Mit älteren Kindern lässt sich dies variieren: Es wird eine Bewegungsantwort erfunden, die auf die Bewegung des ersten Kindes **reagiert**. Da die Vormacher-Rolle wechselt, erleben die Kinder beide Seiten: Ich kann mir etwas ausdenken, muss dies dann aber auch deutlich darstellen, damit man mich versteht. Das bedeutet durchaus auch Kreativitätsdruck.

Auf der anderen Seite: Ich muss mich zurücknehmen, mich konzentrieren und mir die Tanzfigur merken und dann zur rechten Zeit genau imitieren oder eben darauf reagieren.

Präsentation und Feebeck

Es lohnt, im Tanzunterricht immer mal wieder die Gruppen zu teilen und somit die Kinder sowohl die Position der Präsentierenden als auch die Position der wertschätzenden Beobachter:innen erleben zu lassen. Die Aufgabe bekommt so auf der Stelle eine andere Wertigkeit: Wir müssen jetzt mal was zeigen. Das soll gut werden. Beziehungsweise: Wir müssen genau hinschauen, wie DIE es gemacht haben. Hatten die genauso gute Ideen wie wir?
Beim Feedback kann man zuerst die Ausführung der vorgegebenen Aufgabenstellung kritisch überprüfen: Wurden runde Bewegungen und Figuren getanzt? Haben die Paare das Vormachen – Nachmachen geschafft? Haben sie es synchron zur Musik ausführen können? Wechselten die Paare ihre Rolle beim entsprechenden musikalischen Hinweis?
Die zweite Feedback-Runde soll ihren Schwerpunkt in der B-Note haben: Was war besonders, außergewöhnlich, überraschend? Was hat mich besonders gerührt, was würde ich gerne übernehmen und nachmachen?

Hier kann es hilfreich sein, den Kindern Redemittel zu Verfügung zu stellen, z.B. Satzstarter:
Besonders toll fand ich…
Mir ist aufgefallen, dass…
Am besten hat mir gefallen, als…

Erst wenn das wertschätzende und positive Feedack als Sprechanlass ritualisiert worden ist, sollte das kritische Feedback als dritter Punkt eingeführt werden. Kritisieren fällt schon Kindern so viel leichter als loben. Für ein gutes Klassenklima, in dem man sich auch mal etwas traut, was eventuell auch scheitern kann und darf, ist es aber unabdingbar, dass die Kinder sicher wissen und erfahren haben, dass sie immer wertschätzend kritisiert werden. In der Regel wollen Kinder nämlich gerne eine gute Arbeit abliefern. Ob man es in die Hand der Kinder gibt, die doch eher wenigen ‚troublemaker' zur Rede zu stellen, muss vor Ort von der Lehrperson entschieden werden. Aber wichtig ist, dass kritisches Feedback – wenn möglich – auch immer einen Optimierungsvorschlag einschließt: Ich habe eine Idee für euch – möchtet ihr sie hören?

Weiterführende Literatur
- Jeschonneck, Birgit (2019): *Sprachförderung mit Musik – Unterrichts- und Spielideen zum Bilderbuch von Paul Maar für die Klassen 1+2*. Hannover: Friedrich.
- Jeschonneck, Birgit (2023): *Sprachförderung mit Musik - Märchen neu entdecken. Unterrichts- und Spielideen für die Klasse 2-4*. Hannover: Friedrich.

Hans Jünger

Politische Musik im Unterricht

Wie man kritisches Denken fördern kann

1942: Der Krieg dauert schon drei Jahre und die Opferzahlen nehmen dramatisch zu, da macht Zarah Leander dem Kinopublikum Mut: *Davon geht die Welt nicht unter*. 2015: Kriegsgefahr und Klimakrise werden immer bedrohlicher, da freut sich die Hip-Hop-Band K.I.Z auf das Leben nach der Katastrophe: *Hurra die Welt geht unter*. Der Vergleich der beiden Songs lohnt sich: Er zeigt Schüler:innen, wie politische Musik funktioniert. Aber ist das ein Thema für den Musikunterricht?

> Die Fähigkeit, politische Zusammenhänge zu verstehen, die Fähigkeit, politisch zu handeln, und die Verinnerlichung demokratischer Werte lassen sich im Musikunterricht auf mehreren Ebenen fördern.

Am 15. Juni 1950 hat die (westdeutsche) Konferenz der Kultusminister beschlossen: „Politische Bildung [ist] ein Unterrichtsprinzip für alle Fächer und für alle Schularten. Jedes Fach und jede Schulart haben darum nach ihrer Eigenart und Möglichkeit zur politischen Bildung beizutragen" (KMK 1962, S. 1). Das gilt bis heute und bedeutet, dass auch wir Musiklehrer:innen unseren Schüler:innen dabei helfen sollen, „mündige Bürger" zu werden, d.h. „politische Prozesse und Entscheidungen zu verstehen und [...] nach demokratischen Normen und nach der eigenen Interessenperspektive zu handeln" (Giesecke 1989, S. 230).

Die Fähigkeit, politische Zusammenhänge zu verstehen, die Fähigkeit, politisch zu handeln, und die Verinnerlichung demokratischer Werte lassen sich im Musikunterricht auf mehreren Ebenen fördern: auf der Beziehungsebene durch einen demokratischen Unterrichtsstil, der die Schüler:innen z.B. an der Auswahl von Unterrichtsinhalten mitwirken lässt, auf der methodischen Ebene durch kooperative Lernformen, indem man die Schüler:innen etwa als Gruppen-Puzzle zusammenarbeiten lässt, auf der inhaltlichen Ebene durch Thematisierung kulturpolitischer Probleme, wie der Frage, ob Berlin drei Opernhäuser braucht. Und natürlich kann man sich auch mit politischer Musik wie der von Zarah Leander und K.I.Z kritisch auseinandersetzen. Wie man das macht, will ich im Folgenden erörtern.

Who says what to whom?

Zunächst müssen wir vergegenwärtigen, dass Musik auf sehr vielfältige Weise politisch sein kann – hier einige Beispiele:

■ Musik kann entweder affirmativ oder kritisch sein. Die Kaiserhymne, die Joseph Haydn 1796 in Wien angesichts der herannahenden napoleonischen Armeen komponierte *(Gott erhalte Franz, den Kaiser)*, signalisierte Treue zum habsburgischen Herrscherhaus; dagegen übten Protestsongs wie *Wehrt euch, leistet Widerstand gegen das Atomkraftwerk im Land* in den 1970er Jahren Kritik an der bundesdeutschen Atompolitik.

■ Politisches gibt es in der Popmusik wie in der Kunstmusik. Der Song *Ein bisschen Frieden, ein bisschen Sonne* von Ralph Siegel und Bernd Meinunger, mit dem die siebzehnjährige Nicole Hohloch 1982 in einer angespannten weltpolitischen Situation (Nachrüstungsdebatte, Falklandkrieg) den European Song Contest gewann, bediente sich der sprachlichen und musikalischen Ausdrucksmittel des deutschen Schlagers; dagegen war die Kantate *Il canto sospeso*, in der Luigi Nono 1954 letzte Briefe europäischer Widerstandskämpfer:innen vertonte, auf der Höhe der damaligen Avantgarde-Musik.

■ Es gibt sowohl historische als auch zeitgenössische Beispiele politischer Musik. Das Volkslied *Die Gedanken sind frei*, das der Sehnsucht nach (Meinungs-)Freiheit Ausdruck verleiht, entstand zu Beginn des 19. Jahrhunderts; der Sprechgesang *Kohlekonzerne baggern in der Ferne* ist gegenwärtig beliebt bei Demonstrationen der Fridays-For-Future-Bewegung für Klimagerechtigkeit.

■ Musik kann offen für ein Anliegen werben oder unterschwellig zu beeinflussen versuchen. Das Arbeiterlied *Avanti populo bandiera rossa* (1905) feiert die rote Fahne und spricht sich damit klar für den Sozialismus aus; das Marschlied *Das kann doch einen Seemann nicht erschüttern* (1939) handelt vordergründig von den Gefahren der Seefahrt, ruft aber im Subtext dazu auf, mutig den Gefahren des soeben beginnenden Krieges zu trotzen.

■ Nicht nur textgebundene Musik, sondern auch Instrumentalmusik kann politisch sein. Während in der *Dreigroschenoper* von Bertolt Brecht und Kurt Weill die politischen Anliegen vor allem mit Hilfe des Textes vorgebracht werden, verlässt sich Bedřich Smetana bei seinem Zyklus *Má Vlast (Mein Vaterland)* ganz auf programmmusikalische Mittel, mit deren Hilfe er Landschaft und Geschichte Böhmens schildert, um zur Stärkung eines tschechischen Nationalbewusstseins beizutragen.

■ Es gibt Musik, die von vornherein politisch intendiert ist, und solche, die erst nachträglich mit einer politischen Bedeutung aufgeladen worden ist. *1944*, der Beitrag der ukrainischen Sängerin Jamala zum Eurovision Song Contest 2016, erinnert an die Gräueltaten der Sowjets unter Stalin gegenüber den Krimtataren und positioniert sich damit unmissverständlich gegen die zwei Jahre zuvor stattgefundene Annexion der Krim durch die Russische Föderation unter Wladimir Putin; dagegen hat die Etüde für Klavier in c-Moll opus 10 Nr. 12 von Frédéric Chopin (1831) ihren Beinamen *Revolutionsetüde* nachträglich bekommen und ist erst während der deutschen Besatzung 1939–1945 zum Symbol des polnischen Widerstands geworden.

Um in dieser Vielfalt die jeweiligen politischen Funktionen der Musik zu erkennen und zu verstehen, braucht es ein vielfältig einsetzbares Analysewerkzeug. Dafür bietet sich ein ‚Kommunikationsmodell' an, das heute in vielen Variationen existiert, dessen früheste Ausprägungen aber schon recht betagt sind (zu den Vor- und Nachteilen der verschiedenen Varianten vgl. Jünger 2006, S. 30ff.). Das Shannon-Weaver-Modell (1949) diente zur Identifizierung technischer Probleme bei der Kommunikation per Telefon, die Lasswell-Formel (1948) der Analyse der Funktion von Massenmedien. In beiden Fällen ging man davon aus, dass es einen ‚Sender' gibt, der über einen Kommunikationsweg (‚Kanal') eine ‚Botschaft' an einen ‚Empfänger' schickt: „Who says what in which channel to whom?"

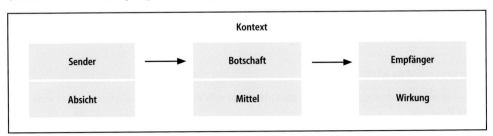

Abb. 1 Kommunikationsmodell

Erweitert wurde dieser einfache Dreischritt durch die Elemente ‚Absicht' (der Sender will mit seiner Botschaft etwas Bestimmtes bewirken), ‚Mittel' (der Sender benutzt auditive oder visuelle Kommunikationsmittel zur Übermittlung seiner Botschaft) und ‚Wirkung' (die Botschaft löst beim Empfänger etwas Bestimmtes aus). Außerdem muss der Kontext berücksichtigt werden, denn je nachdem, in welcher historischen, geographischen und sozialen Situation die Musik stattfindet, hat man es mit unterschiedlichen Sendern und Empfängern und damit auch unterschiedlichen Absichten und Wirkungen zu tun. Wie eine solche Analyse aussehen kann, will ich nun am Beispiel der eingangs erwähnten Weltuntergangslieder vorführen.

Davon geht die Welt nicht unter!

Zarah Leander spielt in dem UFA-Tonfilm *Die große Liebe* (1942, Regie: Rolf Hansen) eine berühmte Sängerin namens Hanna Holberg. Ihre Liebe gilt einem Fliegeroffizier der Wehrmacht, der sie leider immer wieder verlässt, weil er zu Kriegseinsätzen gerufen wird – zuletzt im Rahmen des 1941 beginnenden Russlandfeldzugs. Von solchem Kummer erzählt die Strophe des Liedes („Wenn mal mein Herz unglücklich liebt…"). Doch im darauf folgenden Refrain macht sich das lyrische Ich wieder Mut: „Davon geht die Welt nicht unter…". Diese humorvolle Redensart bietet mit dem ersten Wort eine Leerstelle, in die man alles einsetzen kann, was einen betrübt – vom bloßen Liebeskummer bis zur Trauer über ‚gefallene' Soldaten und zivile Bombenopfer. Hanna Holberg singt dieses Lied in einem Konzert der Truppenbetreuung vor einem Publikum von Wehrmachtssoldaten und SS-Angehörigen – mit durchschlagender Wirkung: Nachdem man bei der Strophe nachdenkliche Gesichter gesehen hat, hellen sich die Mienen beim Refrain auf, und bei dessen Wiederholung singen alle mit, haken sich bei ihren Nachbarn unter und fangen an, gut gelaunt zu schunkeln. Mit ihrem Lied erreicht die Sängerin also genau das, was der Zweck der Truppenbetreuung ist: Die Moral der Truppe wird gestärkt (vgl. Video 1).

So geschickt Bruno Balz seinen Text auch formuliert hat, glaubwürdig wird der mutmachende Effekt des Liedes erst durch Michael Jarys Musik. Die balladenartige Strophe steht in es-Moll, bewegt sich immer wieder stufenweise abwärts (z.B. T. 6–8: des c ces b as ges f) und wird langsam und zurückhaltend vorgetragen. Auf diese Weise holt sie die Hörer:innen bei ihrer Trauer und ihren Ängsten ab. In starkem Kontrast dazu steht der Refrain: Der schwungvolle Walzer in Es-Dur mit den durch schrittweises „Anlauf-Nehmen" vorbereiteten Aufwärts-Sprüngen in eine Vorhaltsnote (z.B. T. 33/36: g as | a b | f es | es) strahlt Optimismus aus und macht die motorischen Reaktionen des Publikums nachvollziehbar. (An dieser Stelle wird übrigens deutlich, warum die Beschäftigung mit politischen Liedern in den Musikunterricht gehört und nicht den Gemeinschaftskundelehrer:innen überlassen werden sollte.)

Während innerhalb der Filmhandlung die Absichten auf der Sender-Seite und die Wirkungen bei den ‚Empfängern' leicht zu identifizieren sind, ist die Situation erheblich komplexer, wenn man – quasi auf der Meta-Ebene – nach ‚Sendern' und ‚Empfängern' des Films fragt. Bei den Auftraggebern – der dem Reichspropagandaministerium unter Joseph Goebbels unterstehenden Ufa-Film G.m.b.H. – kann man davon ausgehen, dass der Film als Ganzes und das Lied im Besonderen die Streitkräfte, aber auch die von Luftangriffen geplagte Zivilbevölkerung zum Durchhalten bis zum ‚Endsieg' motivieren sollen (die Filmprüfstelle stufte den Film damals als ‚staatspolitisch wertvoll' ein – vgl. Courtade & Cadars 1975, S. 211). Die Autoren, Textdichter Bruno Balz und Komponist Michael Jary, hatten wohl eher ihr eigenes Überleben im Sinn – Jary holte den homosexuellen Balz als unentbehrlich für seine Arbeit aus der Gestapohaft (vgl. Bruno Balz-Archiv 2012), er selbst wurde 1944 in die ‚Gottbegnadetenliste' derer aufgenommen, die den Krieg auf jeden Fall überleben sollten (vgl. Kellenter 2020, S. 451f.). Und für Zarah Leander, die die Ernennung zur Staatsschauspielerin abgelehnt hatte und Ende November 1942 in ihr Heimatland Schweden zurückkehrte, dürfte ihre Karriere als hochbezahlter Filmstar im Vordergrund gestanden haben.

Die Wirkung auf die Adressat:innen ist schwer einzuschätzen. Der Film war ein Kassenschlager, und auch das Lied war höchst populär, doch ob es tatsächlich den Glauben an den Endsieg gestärkt hat, lässt sich schwer beurteilen. Weil der Text offen lässt, wovon man sich nicht unterkriegen lassen soll, konnten sich offenbar auch Nazi-Gegner:innen und KZ-Insass:innen damit identifizieren. Im Nachhinein sind Film und Lied sogar als „Verhöhnung des ‚größten Feldherrn aller Zeiten'" gelesen worden (Wendtland 1989, S. 106).

Wegen ihrer Offenheit für unterschiedliche Auslegungen und wegen des Fehlens eindeutiger Hinweise auf Krieg und Nationalsozialismus ist es auch heute noch möglich, solche als ‚Durchhalteschlager' eigentlich disqualifizierten Lieder aufzuführen. Wenn z.B. Chansonniers wie André Heller (vgl. Video 2, 31:35) oder Tim Fischer (Fischer 2008, Track 16) sich ein Abendkleid anziehen und *Davon geht die Welt nicht unter* singen (oder das ebenso populäre und aus demselben Film stammende *Ich weiß, es wird einmal ein Wunder geschehn*), dann wird man ihnen keine politischen Absichten unterstellen, sondern lediglich den Wunsch, ihr Publikum zu unterhalten.

Ein interessanter Fall ist in diesem Zusammenhang das ZDF-Silvesterkonzert 2017, bei dem die Sächsische Staatskapelle Dresden unter Leitung von Christian Thielemann in der Dresdener Semper-Oper Filmschlager aus 100 Jahren Ufa-Geschichte spielte. Eine Wirkung auf Empfängerseite hatte das Ereignis bereits im Vorwege: Schon am Heiligabend übte der Musikjournalist Manuel Brug in der *Welt am Sonntag* heftige Kritik an der „hochgradig zündelnden Programmwahl" für das bevorstehende Konzert, bei dem „als brauner Schandfleck" auch zwei Titel aus dem NS-Propagandafilm *Die große Liebe* dargeboten werden sollten (Brug 2017). Tatsächlich sang die Sopranistin Elisabeth Kulmann dann unter anderem *Davon geht die Welt nicht unter*, allerdings in einer Weise, die auch ahnungslosen Zuhörer:innen signalisierte, dass mit diesem Lied etwas nicht in Ordnung ist: Das Arrangement des Crossover-Komponisten Tscho Theissing beraubt den Refrain seiner auftrumpfenden Schunkellaune und ersetzt sie durch Beklommenheit – der verhaltene, zuletzt im pianissimo verhauchte Gesang wird lediglich von einem leisen Violintremolo in hoher Lage und einigen dissonanten Bläserakkorden begleitet und mündet am Ende in ein Zitat des Weltkriegsschlagers *Lili Marleen*. Das Fernsehpublikum hatte zusätzlich durch die Anmoderation der Musikredakteurin Bettina Volksdorf bereits erfahren, dass dieses Lied „ganz gezielt als NS-Propaganda eingesetzt" worden war (vgl. Video 3, 45:57). Offensichtlich war den Programmplaner:innen daran gelegen, das dunkle Kapitel der Ufa-Geschichte nicht zu verschweigen, die Propaganda-Schlager aber nicht unkommentiert zu lassen und so zur politischen Bildung des Publikums beizutragen. Dieses Beispiel zeigt, dass der Durchhalte-Song auch heute noch, fast 80 Jahre nach Ende des Krieges, für den er geschaffen wurde, eine politische Funktion hat – nun nicht mehr als Mutmacher in einer Kriegssituation, sondern als Symbol des NS-Regimes und seiner heutigen Apologeten.

Hurra die Welt geht unter!

Während bei dem Filmschlager eine ganze Auftragskette von Joseph Goebbels bis Zarah Leander als ‚Sender' in den Blick genommen werden muss, liegt bei dem Hip-Hop-Song alles in einer Hand: Für Text, Musik, Gesang und Video sind die vier Mitglieder der Berliner Band K.I.Z verantwortlich. Diese Hip-Hop-Formation verortet sich spätestens seit ihrem dritten Album (*Sexismus gegen Rechts* 2009) auf der linken Seite des politischen Spektrums. Sie trat zusammen mit den Polit-Punk-Bands Die Ärzte, Feine-Sahne-Fischfilet und Die Toten Hosen auf, engagiert sich für die antifaschistische Satire-Partei DIE PARTEI und nimmt in ihren Texten immer wieder Stellung gegen Kapitalismus, Sexismus, Rassismus und rechtsgerichtete Politik.

Dabei bedienen sie sich mit Vorliebe des Stilmittels der Ironie: Den Tod des verhassten Kärntner Landeshauptmanns Haider (FPÖ) kommentieren sie mit „Jörgi Jörgi Jörg I miss you" (*Straight Outta Kärnten* 2009), Thilo Sarazin parodieren sie mit der Forderung, alle Frauen ins All zu schießen, denn die „wollen sich einfach nicht integrieren" (*Doitschland schafft sich ab* 2011), und vor der Bundestagswahl bedanken sie sich bei der scheidenden Bundeskanzlerin für „Linksruck" und „Umvolkung" (*Danke Merkel* 2021).

Auch die Hook-Line von *Hurra die Welt geht unter* ist natürlich ironisch gemeint – eine über einer Großstadt explodierende Atombombe, wie sie im Video gezeigt wird (vgl. Video 4), ist sicher nicht das, was sich die drei Rapper und ihr DJ wirklich wünschen, ebenso wenig wie das Leben auf einem Floß, auf dem man zehn Jahre nach der Katastrophe zwischen den letzten aus dem Wasser ragenden Hochhausspitzen hindurch treibt. Doch im Refrain sprechen sie ja nicht von „der Welt", sondern von „dieser Welt", und wenn die drei Rapper dann in je einer Strophe aufzählen, was durch den Weltuntergang alles verschwunden sein wird, dann sind das alles Dinge, auf die sie offenbar gerne verzichten würden: Von der Deutschen Bank steht nur noch eine Ruine, Stahlhelme sind nur noch als Kochtöpfe zu gebrauchen, Goldbarren, Bibeln, Pässe sind wertlos geworden – „auf den Ruinen das Paradies" singt der im Atomschutzbunker sitzende Henning May von *AnnenMayKantereit* (als Gast) und fasst so den Galgenhumor der Strophen zusammen. Am Ende des Videos bekommt man dieses anarchische Paradies gezeigt: Das K.I.Z-Floß legt an einer kleinen Insel an, während noch einmal das exotisch klingende Bollywood-Zitat aus dem Intro erklingt, das deutlich macht, dass man nun eine neue Welt erreicht hat (es handelt sich um acht Takte aus dem Song Wada Na Tod aus der Musik von Rajesh Roshan zu dem indischen Film *Dil Tujhko Diya* von 1987 – vgl. Video 5, 3:29.)

Anders als der affirmative, das bestehende System stützende Filmschlager übt das Hip-Hop-Stück Kritik an den gesellschaftlichen Verhältnissen, und zwar auf zwei Ebenen: Es weist – vor allem durch das Video – auf die Gefahren des Atomkrieges und der Klimakatastrophe hin, und es lehnt – vor allem in den Strophen – politische, ökonomische und religiöse Institutionen und Normen ab. Als Absicht darf man unterstellen, dass das Publikum nicht nur durch den satirischen Text und die groovende Musik unterhalten (und zum Kauf des Albums bewegt), sondern auch für eine politische Haltung gewonnen oder in ihr bestärkt werden soll: Sie sollen die im Songtext implizit formulierte Kritik teilen und sich nach Möglichkeit für politische Veränderungen einsetzen.

Die Empfängerseite dürfte weniger heterogen sein als bei dem Filmschlager. Dass das Album 65 Wochen lang in den deutschen Charts gelistet war (eine Woche davon auf Platz 1), deutet zwar auf einen Verbreitungsgrad hin, der auch diejenigen mit einschließt, die die politischen Ansichten von K.I.Z nicht in allen Punkten teilen. Doch ein großer Teil des Publikums dürfte sich in seinen Einstellungen und Haltungen mehr oder weniger bestärkt fühlen. In jedem Fall wird aber der Unterhaltungswert des Songs im Vordergrund stehen.

Dieser ist wohl noch gesteigert worden durch eine kleine Anfrage der AfD im Bundestag, in der die Band K.I.Z und das öffentlich-rechtliche Radio der Verbreitung von Hassbotschaften beschuldigt werden. Als Beispiel werden auch drei Textstellen aus *Hurra die Welt geht unter* herangezogen: „Wir wärmen uns an einer brennenden Deutschlandfahne", „Wenn nicht mit Rap, dann mit der Pumpgun" und „Der Kamin geht aus, wirf' nochmal 'ne Bibel rein" (Deutscher Bundestag 2018, S. 2).

	Davon geht die Welt nicht unter	*Hurra die Welt geht unter*
Kontext	Zweiter Weltkrieg (1942)	Krimkrise, Klimakrise (2015)
Sender	nationalsozialistisches Propagandaministerium	linke Polit-Hip-Hop-Band
Absicht	Unterhaltung, Stärkung des Durchhaltewillens	Unterhaltung, Anregung zum Nachdenken
Botschaft	„Liebeskummer bzw. Krieg ist nicht so schlimm, stellt euch nicht so an!"	„Krieg und Erderhitzung drohen, unsere Gesellschaft ist marode, tut was dagegen!"
Mittel	Strophe: melancholischer Text, traurige Musik, Refrain: humorvoller, aufmunternder Text, schwungvolle Musik	Rap-Strophen: satirisch-utopischer Text, gesungene Hookline: satirisch-feiernder Text, Intro/Schluss: Bollywood-Zitat
Empfänger	deutsche Soldaten und Zivilpersonen	junge Leute aus dem linken Spektrum
Wirkung	Unterhaltung, Stärkung des Durchhaltewillens?	Unterhaltung, Festigung bestehender Einstellungen

Vergleichende Zusammenfassung

Politische Musik unterrichten

Zwei sehr gegensätzliche, aber auf ihre Art sehr wirkungsvolle Arten, mit Musik auf drohende Katastrophen zu reagieren – wie lassen sie sich zur Stärkung des kritischen Denkens nutzen? Wenn wir unsere Schüler:innen mit dem Filmschlager oder dem Hip-Hop-Song konfrontieren, müssen wir ja damit rechnen, dass die von den jeweiligen Autoren beabsichtigten Effekte eintreten und zwischen Musik und Hörer:innen das entsteht, was Hartmut Rosa ‚Resonanz' nennt: emotionale Wirkungen und motorische Impulse, die eine rationale Auseinandersetzung zumindest erschweren (vgl. Rosa 2016, S. 265). Wer sich von Zarah Leanders Gesang zum Schunkeln oder von den K.I.Z-Beats zum Tanzen bewegen lässt, ist kaum in der Lage, kritisch über Botschaft und Funktion der Musik nachzudenken.

Es gilt also, die Resonanz zu stoppen, um Reflexion zu ermöglichen. Damit ist natürlich nicht gemeint, dass es grundsätzlich falsch wäre, sich von Musik berühren und vereinnahmen zu lassen. Resonanz zwischen Schüler:innen und Musik zu ermöglichen, ist eines der zentralen Anliegen des Musikunterrichts. Doch man sollte wissen, was die Musik mit einem macht, und bewusst entscheiden, ob man das zulassen will. Um diese Wahlfreiheit zu gewinnen, muss man sich zumindest vorübergehend aus dem Wirkungszugriff der Musik befreien, und dabei müssen wir unseren Schüler:innen helfen.

> Wer sich von Zarah Leanders Gesang zum Schunkeln oder von den K.I.Z-Beats zum Tanzen bewegen lässt, ist kaum in der Lage, kritisch über Botschaft und Funktion der Musik nachzudenken.

Es gibt noch einen weiteren Grund, Musik am Wirken zu hindern. Politische Bildung findet nicht in einem wertfreien Raum statt. Zwar wird seit dem Beutelsbacher Konsens von 1976 allgemein akzeptiert, dass Lehrkräfte Schüler:innen nicht ihre Meinung aufzwingen dürfen (vgl. Wehling 1977, S. 179f.), doch aus diesem ‚Überwältigungsverbot' folgt kein ‚Neutralitätsgebot' (vgl. KMK 2018). Wenn das politische Anliegen, das ein Musikstück bewirbt, mit Menschenwürde, Gleichberechtigung und demokratischen Werten unvereinbar ist, dürfen sich Musiklehrer:innen nicht verstecken, sondern müssen dem entgegentreten. Daher wäre es auch nicht klug, Schüler:innen NS-Schlager musizieren zu lassen – es sei denn, es geschieht in der kritischen Form, die der oben erwähnte Tscho Theissing für das ZDF-Silvesterkonzert 2017 gefunden hat. Wo es dagegen um die Verteidigung der Menschenrechte, um Frieden und interkulturelle Verständigung oder um den Kampf gegen die Erderhitzung geht, darf man Schüler:innen durchaus ermutigen und ihnen dabei helfen, mit Hilfe politischer Musik für ihre Anliegen zu werben.

Auf methodische Fragen kann ich hier nicht eingehen. Ich habe jedoch kommentierte Unterrichtsmaterialien für Lerngruppen ab Klasse 9 als kostenlosen Download ins Internet gestellt, die zeigen, wie man Schüler:innen mit der Funktionsweise von politischer Musik bekanntmachen kann. Unter www.ok-modell-musik.de findet man nicht nur Arbeitsblätter zu den beiden hier untersuchten Liedern (B 19), sondern auch zu einer Reihe weiterer Beispiele. Außerdem gibt es eine Anleitung zu einem musikalischen Flashmob (B 30), die Schüler:innen ermöglicht, selbst zu Akteur:innen zu werden und Musik für einen selbstgewählten politischen Zweck einzusetzen – denn politische Bildung sollte nicht nur kritisches Denken, sondern auch politisches Handeln fördern.

| zarah leander davon geht die welt nicht unter | ... ausgerechnet Heller. André Heller singt Schnulzen, Schlager, Chansons aus den 20er, 30er und 40er Jahren | Concerto de Ano Novo – Semperoper 2017 | K.I.Z. – Hurra die Welt geht unter ft. Henning May | Wada Na Tod With Lyrics \| Lata Mangeshkar \| Dil Tujhko Diya 1987 Songs \| Rati Agnihotri |

Literaturverzeichnis

- Brug, Manuel (2017): Die Ufa, die SS und das Dresdner Silvesterkonzert. *Die Welt,* 24.12.2017. https://www.welt.de/kultur/buehne-konzert/article171888079/Ufa-und-SS-Das-Dresdner-Silvesterkonzert.html [02.01.2023].
- Bruno Balz-Archiv (2012): LEBENSLÄNGLICH VERFOLGT: § 175. http://www.bruno-balz.com/index.php/lebensla-englich-verfolgt-175 [02.01.2023].
- Courtade, Francis & Cadars, Pierre (1975): *Geschichte des Films im Dritten Reich.* München: Wilhelm Heyne.
- Deutscher Bundestag (2018): *Kleine Anfrage. Verbreitung von Rap-Songs mit Hass-Texten wie beim Chemnitzer Musikkonzert „Wir sind mehr" im öffentlich-rechtlichen Rundfunk.* Drucksache 19/4975, 12.10.2018.
- Fischer, Tim (2008): *Zarah Ohne Kleid – Live aus dem Tipi.* DVD. Sony BMG EAN: 886973399590.
- Giesecke, Hermann (1989): Bildung, politische. In Dieter Lenzen (Hrsg.): *Pädagogische Grundbegriffe. Band 1. Aggression bis Interdisziplinarität.* Reinbek: Rowohlt Taschenbuch, S. 230–232.
- Jünger, Hans (2006): *Schulbücher im Musikunterricht? Quantitativ-qualitative Untersuchungen zur Verwendung von Musiklehrbüchern an allgemein bildenden Schulen.* Hamburg: LIT.
- Kellenter, Theodor (2020): *Die Gottbegnadeten. Hitlers Liste unersetzbarer Künstler.* Kiel: Arndt.
- KMK (1962): Grundsätze zur politischen Bildung (Beschluß der Kultusministerkonferenz vom 15.6.1950). In Sekretariat der Ständigen Konferenz der Kultusminister der Länder in der BRD (Hrsg.), *Sammlung der Beschlüsse der Ständigen Konferenz der Kultusminister der Länder in der Bundesrepublik Deutschland.* Grundwerk, Neuwied: Luchterhand, Nr. 560.
- KMK (2018): Demokratie braucht überzeugte und engagierte Demokraten – Empfehlungen zur Demokratie und Menschenrechtsbildung in der Schule vorgestellt. Pressemitteilung des Sekretariats der Ständigen Konferenz der Kultusminister der Länder in der BRD vom 11.10.2018. https://www.kmk.org/presse/pressearchiv/mitteilung/demokratie-braucht-ueberzeugte-und-engagierte-demokratenempfehlungen-zur-demokratie-und-menschenr.html [02.01.2023].
- Rosa, Hartmut (2016): *Resonanz. Eine Soziologie der Weltbeziehung.* Berlin: Suhrkamp.
- Wehling, Hans-Georg (1977): Konsens à la Beutelsbach? Nachlese zu einem Expertengespräch. In Siegfried Schiele & Herbert Schneider (Hrsg.), *Das Konsensproblem in der politischen Bildung.* Stuttgart: Klett, S. 173–184.
- Wendlandt, Karlheinz (1989): *Geliebter Kintopp. Sämtliche deutsche Spielfilme von 1929–1945 mit zahlreichen Künstlerbiographien.* 1941/42. Berlin: Medium Film.

Videoverzeichnis

1. *zarah leander davon geht die welt nicht unter* (zarahlilawen 27.04.2007). https://www.youtube.com/watch?v=p8D126NPTrU&ab_channel=zarahlilawen [02.01.2023]
2. *...ausgerechnet Heller. André Heller singt Schnulzen, Schlager, Chansons aus den 20er, 30er und 40er Jahren* (C. HIROFUMI 25.09.2022). https://www.youtube.com/watch?v=X0iHlx3A3PI&ab_channel=C.HIROFUMI [02.01.2023]
3. *Concerto de Ano Novo – Semperoper 2017* (Hilbert Winkel 04.01.2018). https://www.youtube.com/watch?v=Fn_a2PMuEQo&ab_channel=HilbertWinkel [02.01.2023].
4. *K.I.Z. – Hurra die Welt geht unter ft. Henning May* (Official Video) (K.I.Z 03.07.2015). https://www.youtube.com/watch?v=XTPGpBBwt1w&ab_channel=K.I.Z [02.01.2023]
5. *Wada Na Tod With Lyrics | Lata Mangeshkar | Dil Tujhko Diya 1987 Songs | Rati Agnihotri* (Goldmines Gaane Sune Ansune 06.03.2020). https://www.youtube.com/watch?v=-0fHf21oNQE&ab_channel=GoldminesGaaneSuneAnsune [02.01.2023]

Joachim Junker

„Wie konntet ihr dazu nur schweigen?"

Rock und Pop in der DDR

Autor

Dr. Joachim Junker, Lehrer für Musik und Deutsch an einem Gymnasium, Präsident des BMU-Landesverbandes Rheinland-Pfalz und Mitglied des Bundesvorstandes des BMU.

Rock und Pop und die DDR – wie passt das zusammen? Und inwiefern kann das für den heutigen Musikunterricht an allgemeinbildenden Schulen ein interessantes Thema sein? Wer sich heute mit dem sogenannten Ostrock beschäftigt, wird schnell in die Schublade des ewig Gestrigen gesteckt. Leicht drängt sich der Verdacht des Stehengebliebenen, Rückwärtsgewandten, der „Ostalgie" auf. Einerseits verstellt dies den Blick darauf, dass in der DDR Bands von beachtlichem musikalischem Können aktiv waren. Andererseits – und das wiegt deutlich schwerer – diskreditiert eine solch pauschale Kritik ein musikpädagogisch weitgehend unerschlossenes Feld, das heute, mehr als dreißig Jahre nach der Wiedervereinigung Deutschlands, in erheblichem Maße zum Verständnis der deutschen Geschichte und zu einer zeitgemäßen Demokratieerziehung beizutragen vermag. Musikunterricht kann hier nicht nur eine nachhaltige Vernetzung von Inhalten der Fächer Geschichte, Sozialkunde und Deutsch in Gang setzen, sondern auch beweisen, dass ihm im schulischen Kontext eine hohe gesellschaftspolitische Relevanz zukommt.

Vordergründig erscheint der Ostrock geradezu als Paradoxon: Eine Musik, deren Ursprünge in den USA und im Vereinigten Königreich liegen und die tief in der politischen, sozialen und ökonomischen Entwicklung des Westens verwurzelt ist, findet jenseits des Eisernen Vorhangs künstlerische Resonanz im real existierenden Sozialismus mit seiner staatlich gelenkten Jugendbewegung und seiner sozialistischen Planwirtschaft. Dabei bleibt es nicht bei der bloßen Rezeption und beim Imitieren westlicher Vorbilder. Im Spannungsfeld zwischen Anpassungsdruck an das politische Establishment einerseits und dem Streben der Musiker:innen nach individueller Freiheit und kreativer Selbstverwirklichung andererseits entstehen zunehmend anspruchsvolle Songs, in denen trotz staatlicher Kontrolle zuweilen durchaus kritische Töne angeschlagen werden.

> Die Musiker:innen mussten einen ständigen Spagat zwischen den Interessen der Partei und den Ansprüchen des Publikums bewältigen.

Die Unterhaltungsmusik der DDR erforderte eine ständige Suche nach Kompromissen zwischen den Interessen und Wünsche der SED und den oft gegenläufigen Vorstellungen und Erwartungen des Publikums. Neben dem Ostrock galt dies ebenso für die Volksmusik und den Schlager. Die Partei lehnte Musik ab, die aus der Zeit vor der Gründung der DDR im Jahr 1949 stammte. Eine Ausnahme bildete lediglich die klassische Musik, die als Beitrag zur Volksbildung ihre besondere Wertschätzung genoss. Die SED strebte eine deutschsprachige Unterhaltungsmusik an, die durchaus Probleme beim Aufbau des Sozialismus thematisieren durfte, dabei allerdings aus ihrer Sicht positive Lösungen aufzeigen musste. Sowohl die Textinhalte als auch die musikalische Gestaltungsweise populärer Musik unterlagen der Zensur. Dabei war sich die Obrigkeit durchaus des Problems bewusst, dass eine zu stark ideologisch aufgeladene Musik Gefahr lief, vom Publikum abgelehnt zu werden. Die breite Bevölkerung wünschte sich zudem eine unterhaltsame Musik, die Anschluss an internationale Trends hielt – in Ost-Berlin und weiten Teilen der DDR konnten die Menschen westliche Musik per Radio empfangen und viele von ihnen zogen sie der heimischen Produktion vor.

Aussichten auf Erfolg hatte demnach eine eigene Musik, die sich an diesen Vorbildern orientierte, dabei jedoch auch auf die Erfahrungswelt und die Lebenswirklichkeit ihrer Hörer:innen Bezug nahm. Die Musiker:innen mussten einen ständigen Spagat zwischen den Interessen der Partei und den Ansprüchen des Publikums bewältigen. Einerseits waren sie gezwungen, mit den zuständigen Staatsorganen zu kooperieren, wenn sie öffentlich auftreten, Schallplatten produzieren oder im Rundfunk gespielt werden wollten. Selbst Amateurbands wurden dazu verpflichtet, sich an staatlichen Musikschulen weiterbilden zu lassen – was eine oft hervorragende musikalische Ausbildung garantierte, aber auch mit dem Versuch ideologischer Beeinflussung verbunden war. Andererseits wollten und mussten die Künstler:innen dem Geschmack des Publikums entsprechen, wenn sie erfolgreich sein wollten.

Ein prägnantes Beispiel für die Doppelbödigkeit von Texten populärer Musik der DDR, die in ihrer gesamten 41-jährigen Geschichte eines ihrer hervorstechendsten Merkmale war, bildet der folgende Ausschnitt aus den Lyrics zu dem 1979 veröffentlichten Song *Scherbenglas* der Gruppe *Lift*:

> „Sie ging aus dem Haus,
> Da waren so still
> Die Vögel rings in den Zweigen.
> Ach ihr Vögel, was habt ihr euch bloß gedacht,
> Wie konntet ihr dazu nur schweigen.
> Und sie lief hinter sieben Bergen
> Und sie lief, lief bis ans Meer.
> Und sie lief hinter sieben Bergen
> Und sie lief, lief bis ans Meer."
> (Quelle: lyrix.at 2018b [16.11.2023])

Vordergründig geht es hier um eine weibliche Person, die unter dem Schweigen der Vögel ein Haus verlässt und „hinter sieben Bergen" „bis ans Meer" läuft (vgl. Vers 6f.). Dabei weckt der Text – gewollt oder ungewollt – intertextuelle Assoziationen an Johann Wolfgang von Goethes berühmtes Gedicht *Wandrers Nachtlied* (besonders an dessen Vers „Die Vöglein schweigen im Walde") und an das Märchen *Schneewittchen* („hinter den sieben Bergen"). Während Goethes Gedicht vieldeutig endet und die Stille sowohl auf ein befreiendes Zur-Ruhe-Kommen als auch auf Erstarrung und Tod bezogen werden kann („Warte nur balde, ruhest du auch"), weist „hinter sieben Bergen" in märchenhafter Sprache maskiert auf das Siebengebirge hin, das sich bei Bonn und somit in der Nähe der damaligen Hauptstadt der Bundesrepublik Deutschland befindet. Auch weitere Bestandteile des Textes lassen sich metaphorisch verstehen: Das „Haus" (Vers 1) kann als heimatliche, räumlich beengte Umgebung verstanden werden, die sich mit der DDR gleichsetzen lässt. Das vierfach anaphorisch akzentuierte „lief" (Vers 6–9) mutet wie eine übersteigerte Bezugnahme auf das in der Romantik verbreitete Wandermotiv an, kann aber in Verbindung mit den „sieben Bergen" auch als Darstellung einer Flucht aufgefasst werden. Doppelbödig wirkt in diesem Zusammenhang auch der Vers „Wie konntet ihr dazu nur schweigen" (Vers 5). Sind die „Vögel rings in den Zweigen" (Vers 2), also die zuschauenden Menschen, ihrer Meldepflicht an die Staatsorgane nicht nachgekommen oder – was wohl eher in den Text hineinzulesen ist – haben sie falsch gehandelt und hätten sich lautstark gegen das herrschende Unrecht auflehnen sollen, ja sogar müssen?

Die Spitzen dieses zweieinhalbminütigen Songs werden dadurch abgemildert, dass er von einem reinen Streichquartettsatz begleitet wird, der an klassische Musik erinnert und dadurch weitgehend staatstreu und unverdächtig wirkt – auch wenn zu dem durchgehend als melodischen Höhepunkt der Singstimme herausgestellten „lief" stets rhythmisch prägnante Tonrepetitionen erklingen, die diesen Passagen zusätzlichen Nachdruck verleihen.

In seiner 41jährigen Geschichte hat der Ostrock einen bemerkenswerten Entwicklungsprozess durchlaufen. In Berlin gab es erstaunlicherweise bereits während der Nazizeit eine vom Jazz inspirierte Unterhaltungsmusik, die den Umbruch des Jahres 1945 überdauerte. Hinzu kam anschließend eine rasch wachsende Blues- und Folkszene sowie der Siegeszug des Rock'n'Roll. In den ersten Jahren der DDR entstanden zahlreiche Bands, die vor allem die Musik westlicher Vorbilder nachspielten. In einem Staat, der großen Wert auf eine eigenständige sozialistische Unterhaltungsmusik legte, wurden sie zunehmend als kulturelle Opposition wahrgenommen. 1958 trat schließlich die 60/40-Regel in Kraft, nach der ab sofort 60 Prozent der im DDR-Rundfunk gesendeten Titel aus heimischer Produktion stammen mussten. Sie war eine wichtige Voraussetzung für die Entwicklung einer eigenständigen populären Musik und ging mit der Gründung zahlreicher Musikschulen sowie der gezielten Suche nach musikalischen Talenten einher. Um 1960 konnte sich allerdings auch die DDR der „Beatlemania" nicht mehr erwehren. Versuche, eine staatstreue Tanzmusik wie den „Lipsi" von 1959 zu lancieren, blieben erfolglos im Vergleich zu DDR-Beatgruppen wie den *Sputniks* oder den *Butlers*. Selbst etablierte Bands wie die *Amigos* spielten damals Coverversionen von Beatles-Songs. Die liberale Haltung dieser Zeit äußerte sich auch in einem Politbürobeschluss von 1963:

> „Niemandem fällt ein, der Jugend vorzuschreiben, sie solle ihre Gefühle und Stimmungen beim Tanzen nur im Walzer- oder Tangorhythmus ausdrücken. Welchen Takt die Jugend wählt, ist ihr überlassen: Hauptsache, sie bleibt taktvoll!" (Mählert 2004, S. 105).

Der damalige FDJ-Vorsitzende Horst Schumann setzte sich sogar für den Modetanz Twist ein, um das angestaubte Image der Bewegung aufzubessern. Zur Schau gestellt wurde diese liberale Haltung beim dritten und letzten Deutschlandtreffen der Jugend, das vom 16. bis 18. Mai 1964 in Ost-Berlin stattfand und als Begegnung von Jugendlichen aus Ost und West konzipiert war, die der Werbung für eine deutsche Einheit nach den Vorstellungen der DDR-Führung diente.

Der Sturz des sowjetischen Generalsekretärs Nikita Chruschtschow am 14. Oktober 1964 führte zu einem jähen Ende der musikpolitischen Offenheit. Das SED-Regime, allen voran Erich Honecker, machte Front gegen Rowdytum, Gammler, Langhaarige, Verwahrloste und Herumlungernde. Die FDJ-Führung unterstützte Aktionen, bei denen Jugendlichen vor ihren Freundinnen und Freunden die Haare abgeschnitten wurden. Am 15. September 1965 fand der denkwürdige erste Auftritt der *Rolling Stones* auf der Berliner Waldbühne statt, die durch randalierende Fans vollständig zerstört wurde. In der DDR kam es daraufhin zu einem Verbot der Beatmusik. Entsprechende Bands durften fortan nicht mehr auftreten und waren auch nicht mehr im Rundfunk zu hören. Im Rahmen der Leipziger Beatdemonstration vom 31. Oktober 1965 kämpften 2500 Jugendliche vergeblich gegen diese Maßnahmen – der Aufstand wurde durch ein massives Polizeiaufgebot niedergeknüppelt. Im Rahmen des XI. Plenums des Zentralkomitees der SED, das vom 16. bis 18. Dezember 1965 tagte, fiel schließlich der Beschluss, kritische Kunst und Jugendkultur generell zu verbieten. Generalsekretär Walter Ulbricht proklamierte die Haltung der Partei zur Rockmusik in einem berühmt gewordenen Statement:

> „Ist es denn wirklich so, dass wir jeden Dreck, der vom Westen kommt, nu [sic] kopieren müssen? Ich denke, Genossen, mit der Monotonie des Je-Je-Je, und wie das alles heißt, ja, sollte man doch Schluss machen"
> (Quelle: Ulbricht 1965 [16.11.2023]).

In der Folgezeit kam dem *Oktoberklub*, dessen Name auf die russische Oktoberrevolution und die DDR-Staatsgründung rekurriert, ein zentraler Stellenwert für die popularmusikalische Kultur zu. Diese auch als FDJ-Singebewegung bezeichnete Institution wurde fortan als Modellfall sozialistischer Kulturpolitik gefördert und vereinnahmt. Ein markantes Beispiel für ihre ideologisch aufgeladenen Texte ist der Refrain des Agitationsliedes *Sag mir, wo du stehst*:

> „Sag mir wo du stehst, sag mir wo du stehst, sag mir wo du stehst und welchen Weg du gehst. Sag mir wo du stehst, sag mir wo du stehst, sag mir wo du stehst und welchen Weg du gehst"
> (Quelle: König 1967 [16.11.2023]).

Des Weiteren wurden in der zweiten Hälfte der 1960er Jahre zahlreiche neue Bands gegründet, beispielsweise in Berlin die *Puhdys* und die *Modern Soul Band*, in Sachsen das *Dresden Sextett*, *Electra* und die *Klaus Renft Combo* und in Thüringen die *Nautiks* und *Jürgen Kert*. Diese Gruppen suchten nach eigenen künstlerischen Ausdrucksformen und orientierten sich dabei teils an östlichen Vorbildern wie der sehr erfolgreichen ungarischen Band *Omega*. Nach einigen Startschwierigkeiten feierten sie so große Live-Erfolge, dass das politische Establishment sie nicht länger ignorieren konnte und sie auch von *Amiga*, dem für die Unterhaltungsmusik zuständigen DDR-Plattenlabel, akzeptiert wurden.

Die 1970er Jahre verliefen in musikalischer Hinsicht wechselhaft: Der Sturz Walter Ulbrichts und die Machtübernahme durch Erich Honecker nährten 1971 die Hoffnung auf eine erneute Liberalisierung, zumal sogenannte Pilzkopfstudien die Unbedenklichkeit von Beat und Twist bescheinigten und ihn als nicht zwangsläufig staatsfeindlich einschätzten. Die X. Weltfestspiele, die vom 28. Juli bis zum 5. August 1973 in Ost-Berlin stattfanden, lösten einen neuen Rockboom aus, während es jedoch auch immer wieder zu politisch veranlassten Auflösungen von Bands kam, aus deren Mitgliedern sich oft neue Gruppen formierten. Beispielsweise wurde die *Klaus Renft Combo* 1975 mit einem Aufführungsverbot belegt, Nina Hagen 1976 in die BRD ausgebürgert und *Panta Rhei*-Frontfrau Veronika Fischer siedelte 1981 in den Westen über. Aus Mitgliedern von *Panta Rhei* entstand 1975 die Gruppe *Karat*, während die *Klaus Renft Combo* sich 1976 zu *Karussell* umgruppierte. 1975 unternahmen die *Puhdys* eine erste Konzertreise in den Westen und bald folgten auch andere Gruppen wie *Karat* und *Silly*.

> Um 1980 kam es unter dem Eindruck der Entwicklung hin zu Punk, Wave und der Neuen Deutschen Welle auch in der DDR-Musikszene zu einem Generationswechsel.

Um 1980 kam es unter dem Eindruck der Entwicklung hin zu Punk, Wave und der Neuen Deutschen Welle auch in der DDR-Musikszene zu einem Generationswechsel, mit dem sich neue Gruppen wie *Rockhaus, Jessica, Pankow, Keks, Reggae Play* und *Juckreiz* etablierten. Diese orientierten sich wieder stärker an westlichen Vorbildern, was sich beispielsweise in der auffälligen optischen und akustischen Ähnlichkeit zwischen *Juckreiz* und der BRD-Erfolgsband *Nena* zeigt. Neben den offiziell anerkannten Gruppen bildete sich vor allem in der zweiten Hälfte der 1980er Jahre eine vielfältige und lebendige Untergrundszene heraus. Die Namen dieser vom offiziellen Musikleben weitgehend abgeschirmten Bands zeugen oft von großer Kreativität; sie hießen beispielsweise *Die Anderen, Feeling B, Expander des Fortschritts, Skeptiker, Namenlos, AG Geige, Die fantastischen Frisöre, Kulturwille, Noise am Markt, Suizid, Wrackmente* sowie *Ornament & Verbrechen*.

Die eingangs postulierte Eignung des Ostrock für einen zeitgemäßen, gesellschaftlich verantwortungsvollen Musikunterricht sei im Folgenden anhand zweier Titel ‚offizieller' Bands näher beleuchtet. Zum einen handelt es sich dabei um den Song *Der blaue Planet* von *Karat*, zum anderen um *S.O.S.* von *Silly*. Der Text zu *Der blaue Planet* ist ohne Kenntnis seiner zeitgeschichtlichen Hintergründe kaum zu verstehen. Im Zuge des Kalten Krieges wurden in der DDR seit Mitte der 1970er Jahre sowjetische SS-20-Mittelstreckenraketen mit nuklearen Sprengköpfen stationiert. Im Gegenzug sah der NATO-Doppelbeschluss von 1979 die Aufstellung amerikanischer Pershing-II-Raketen und Marschflugkörper in Westeuropa, aber auch die Aufnahme bilateraler Verhandlungen der Supermächte zur Begrenzung atomarer Mittelstreckenraketen vor. Während der zähen, bis 1983 andauernden Verhandlungen lebten die Menschen in ständiger Angst vor den von diesen Raketen ausgehenden Gefahren. In der BRD gewann die Friedensbewegung an Zulauf, während sich in der offiziell als Friedensstaat bezeichneten DDR eine Bürgerbewegung etablierte. Die erste Strophe des *Karat*-Songs greift die Sorgen der Menschen in beiden Landesteilen auf:

> „Tanzt unsere Welt mit sich selbst schon im Fieber?
> Liegt unser Glück nur im Spiel der Neutronen?
> Wird dieser Kuss und das Wort, das ich dir gestern gab
> Schon das Letzte sein?
> Wird nur noch Staub und Gestein ausgebrannt alle Zeit

Auf der Erde sein?
Uns hilft kein Gott, unsere Welt zu erhalten."
(Quelle: Karat 1982 [16.11.2023])

Neben der Angst vor einem Atomschlag beziehen sich diese Verse auf weitere noch immer aktuelle Themen wie auf die Furcht vor dem Verlust von Liebe und Vertrauen (vgl. Vers 3 f.), den Raubbau an der Natur (vgl. Vers 5 f.) und die Notwendigkeit, dass die Menschen ihr Schicksal selbst in die Hand nehmen und nicht auf einen schützenden Gott vertrauen (vgl. Vers 7). Des Weiteren zeichnet sich der Song durch seine bis heute bemerkenswerte musikalische Gestaltung aus. Es handelt sich um ein technisch aufwendig produziertes Stück Weltmusik, das neben seinen farbenreichen synthetischen Sounds auch durch Anklänge an arabische Musik besticht, die als trillerartige Drehfiguren, mikrotonale Gestaltungselemente und Bezugnahmen auf den Klang der Baglama in Erscheinung treten. Die Verbindung westlicher Rock- und Popklänge mit arabischen Einflüssen sprengt die engen Grenzen der DDR und gibt einen umfassenden Blick auf die Situation des gesamten blauen Planeten frei – eine im Zeitalter des Kalten Krieges bemerkenswerte und zudem durchaus regimekritische Perspektive.

Zu Beginn des Jahres 1989 erschien der Song *S.O.S.* von *Silly*, bei dem es bis heute ein Rätsel bleibt, wie sein offen regimekritischer Text die Zensur passieren konnte. Er beginnt mit den Worten „Wir bezwingen Ozeane / Mit 'm gebraucht'n Narrenschiff", die auf die *MS Arkona* Bezug nehmen, ein ursprünglich unter dem Namen *MS Astor* verkehrendes westdeutsches Kreuzfahrschiff, das von der DDR gekauft wurde und ab 1985 als Traumschiff für linientreue Genoss:innen unterwegs war. Gleichzeitig spielt er auf Sebastian Brants spätmittelalterliche Moralsatire *Das Narrenschiff* an, die schonungslos das Fehlverhalten und die Lasterhaftigkeit der damals lebenden Menschen aufdeckt und ihnen einen Spiegel vorhält. In der zweiten Strophe erscheint zusätzlich das Bild des Eisbergs, das auf die Unglücksursache für das Sinken der *Titanic* im Jahr 1912 verweist und dazu beiträgt, die DDR als ein dem Untergang geweihtes Schiff darzustellen. Unterstrichen wird dies durch die S.O.S.-Notrufe im Refrain:

„Immer noch schwimmt da vorn der Eisberg,
nur die Spitze ist zu sehn.
Immer noch träumen wir von Heimkehr
und vertraun dem Kapitän.
Immer noch glaubt der Mann im Ausguck
einen Silberstreif zu sehn.
Immer noch findet sich keiner der ausspuckt
und keiner darf beim Kompass stehn.

S.O.S.,
lasst die Bordkapelle spielen.
S.O.S.,
einen Walzer mit Gefühlen.
S.O.S.,
fresst und sauft und sauft und fresst.
S.O.S. ..."
(Quelle: Silly 1989 [16.11.2023])

In der dritten Strophe wird eine bevorstehende Revolution angedeutet, wenn es auf ihrem Höhepunkt heißt: „Immer noch hab'n wir den Schlüssel / Von der Waffenkammer nicht". In musikalischer Hinsicht zeichnet sich der Song durch den Einsatz aggressiv wirkender verzerrter Sounds der E-Gitarren aus, die sich mit einem aufwühlenden Riff, stampfender Rhythmik und immer häufiger zu hörenden S.O.S.-Rufen verbinden. Maßgeblich geprägt durch die schonungslose, Härte und Satirik vermittelnde

Vortragsweise der Leadsängerin Tamara Danz wird so unverkennbar ein politischer Umbruch heraufbeschworen. Musik wird zur Waffe im Kampf für Veränderungen eines erstarrten und morsch gewordenen Systems. Allerdings sollte man den Song nicht als Aufruf zur Liquidierung des Sozialismus missverstehen. Radikaler politischer Protest war in der Endzeit der DDR eher die Sache von Untergrundbands. Noch am 18. September 1989, wenige Tage nach der Öffnung der ungarischen Grenze, unterschrieben die Mitglieder von *Silly* zusammen mit etwa 50 anderen Größen der ‚offiziellen' DDR-Rockszene die *Resolution von Rockmusikern und Liedermachern zur inneren Situation und zum Aufruf des Neuen Forums*, die zwiespältige Reaktionen auslöste. Darin heißt es unter anderem:

> „Wir, die Unterzeichner dieses Schreibens sind besorgt über den augenblicklichen Zustand unseres Landes, über den massenhaften Exodus vieler Altersgenossen, über die Sinnkrise dieser gesellschaftlichen Alternative und über die unerträgliche Ignoranz der Staats- und Parteiführung, die vorhandene Widersprüche bagatellisiert und an einem starren Kurs festhält. Es geht nicht um ‚Reformen, die den Sozialismus abschaffen', sondern um Reformen, die ihn weiterhin in diesem Land möglich machen. Denn jene momentane Haltung gegenüber den existierenden Widersprüchen gefährdet ihn. [...]
> Feiges Abwarten liefert gesamtdeutschen Denkern Argumente und Voraussetzungen. Die Zeit ist reif. Wenn wir nichts unternehmen, arbeitet sie gegen uns" (Schüddekopf 1990, S. 39f.).

Mag die Geschichte den hier zu erkennenden Wunsch nach einer grundlegenden Erneuerung des Sozialismus überholt haben, so ist bei der Beurteilung des Schreibens auch zu bedenken, dass die Wiedervereinigung Deutschlands namhafte DDR-Bands vor erhebliche Probleme stellte, denn sie verloren nicht nur mit einem Schlag alle staatlichen Fördermaßnahmen, sondern konnten sich auf dem westlichen Musikmarkt auch kaum gegen die übermächtige internationale Konkurrenz behaupten. Umso erfreulicher ist es, dass nach 1990 auch abseits von verbliebenen Fangemeinden und diversen Ostrock-Revivals einige Gruppen mit DDR-Vergangenheit beachtliche Erfolge feiern konnten. Neben Bands wie *Bell, Book & Candle* und *Silbermond* zählen hierzu vor allem *Die Prinzen* und *Rammstein*. In jedem Fall verdient der Ostrock, der letztlich weitgehend dem Niedergang des Regimes zum Opfer fiel, gegen das er selbst rebelliert hat, in einem zeitgemäßen Musikunterricht mehr als nur eine kurze Erwähnung – und zwar nicht nur wegen seiner komplexen politischen Verstrickungen, sondern auch wegen seiner bemerkenswerten musikalischen Qualitäten.

Literaturverzeichnis

- Karat (1982): Der blaue Planet. In Lyrix.at. Musik-News, Liedertexte, Gedichte, Lifestyle! (2018). https://www.lyrix.at/t/karat-der-blaue-planet-06d [16.11.2023].
- König, Hartmut (1967): Sag mir, wo du stehst. In Lieder aus der DDR.de. Das größte Archiv der alten DDR Lieder (2023). https://lieder-aus-der-ddr.de/sag-mir-wo-du-stehst/ [16.11.2023].
- Lift (1979): Scherbenglas. In Lyrix.at. Musik-News, Liedertexte, Gedichte, Life-Style! (2018). https://www.lyrix.at/t/lift-scherbenglas-6a8 [16.11.2018].
- Mählert, Ulrich (2004): *Kleine Geschichte der DDR*. München: C.H. Beck.
- Schüddekopf, Charles (1990): *„Wir sind das Volk!". Flugschriften, Aufrufe und Texte einer deutschen Revolution*. Hamburg: Rowohlt.
- Silly (1989): S.O.S. In Lyrix.at. Musik-News, Liedertexte, Gedichte, Lifestyle! (2018). https://www.lyrix.at/t/silly-sos-c99 [16.11.2023].
- Ulbricht, Walter (1965) Redebeitrag auf dem XI. Plenum des ZK der SED. In Wikiquote. Zitatsammlung (2023). https://de.wikiquote.org/wiki/Walter_Ulbricht [16.11.2023].

Weiterführende Literatur:

- Galenza, Ronald & Havemeister, Heinz (Hrsg.) (2013): *Wir wollen immer artig sein... Punk, New Wave, Hip Hop und Independent-Szene in der DDR 1980-1990*. Berlin: Schwarzkopf & Schwarzkopf.
- Hentschel, Christian & Matzke, Peter (2007): *Als ich fortging... Das große DDR-Rock-Buch*. Berlin: Neues Leben.
- Hintze, Götz (2014): *Rocklexikon der DDR*. Ahrensburg: tradition.
- Leitner, Olaf (1983): *Rockszene DDR – Aspekte einer Massenkultur im Sozialismus*. Reinbek: Rowohlt.
- Linder, Bernd (2008): *DDR Rock & Pop*. Köln: Komet.
- Schwenke, Elmar (2010): *Popmusik in der DDR*. Gudensberg-Gleichen: Wartberg.

Martin J. Junker

Objektbeziehungen und Resonanzerfahrungen mit Alltagsutensilien

Pop-up-Gartensäcke im Musikunterricht

Jedes Jahr wechselt die Präsidentschaft der Kultusministerkonferenz und wandert turnusmäßig an die Amtsspitze eines Bundeslandes. Die musikalische Umrahmung der feierlichen Übergabe gestalten stets Schüler:innenensembles aus dem jeweiligen Bundesland – gewöhnlich Chöre, kammermusikalische Bläser- oder Streicherbesetzungen. 2019 übernahm der hessische Kultusminister das Präsidentenamt und zur Feierstunde im Berliner Bundesrat spielte das Percussion-Ensemble eines südhessischen Gymnasiums. Die Erwartung der geladenen Gäste aus Politik und Gesellschaft war sicherlich eine andere, als acht Musiker:innen mit zusammengefalteten Gartensäcken die Bühne betraten. Es folgte eine dreisätzige Komposition[1] – experimentell, marschartig, swingend, groovig –, bei der durch unterschiedliche Spielweisen Klänge den Säcken entlockt wurden: aufpoppend, stampfend, werfend, schüttelnd sowie mit Sticks und Jazzbesen schlagend oder wischend. Der zuvor durch Reden und Gespräche beschallte Konferenzraum kam nun in ‚Schwingung' – verstärkt durch den stets fußstampfenden Puls, der den Parkettboden spürbar in Vibration brachte. Neben dieser unmittelbar physisch erlebbaren Resonanz war es interessant zu beobachten, welche körperliche Resonanz der Beitrag beim Publikum auslöste: lächelnd, staunend, starrend, verharrend, mitwippend, mitnickend, fotografierend, filmend. Beim abschließenden Sektempfang wechselte die bisher stumme Zuschauerreaktion nun zu einer verbalen Resonanz, sowohl positiv als auch zurückhaltend kommentierend.

Solche vielschichtigen Resonanzerfahrungen, ausgelöst durch einen Alltagsgegenstand im musikalischen Kontext, bilden die Basis der folgenden musikpädagogischen Überlegungen.

Dingbeziehungen als Welterfahrung

Bei jeder instrumentalen Musikausübung treten die Ausführenden in eine Beziehung zu einem Spielobjekt. Die Resonanzqualität liegt hier – nach rationalem Verständnis – im Verhältnis von Impuls (Spieler:in), Klangresultat (Instrument) und Rezeption/Reaktion (Spieler:in). Dies ist ein einseitig vom Subjekt initiierter und gesteuerter Vorgang, der keine Wechselwirkungen im Sinne eines humanen Austausches ermöglicht – es sei denn, Objekte werden aufgefasst als „belebte, beseelte oder sprechende Dinge, die in einer inneren Verbindung zu den Menschen und oft auch in einem resonanten Beziehungs- und Verweisungsgeflecht zu Ahnen, Geistern oder Göttern stehen" (Rosa 2016, S. 381), was vor allem bei vor- und außermodernen Kulturen sowie Kindern zu beobachten ist. Auch Musiker:innen scheinen zuweilen eine besondere, menschenähnliche Beziehung zu ihren Instrumenten zu pflegen, was sich in ‚Zwiegesprächen' mit dem Instrument (lobend, schmeichelnd, schimpfend, strafend) oder der fürsorglichen Pflege äußert. Die Beschädigung oder gar der Verlust eines Instruments gleicht oft einem zwischenmenschlichen Drama tragischen Ausmaßes.

Musikinstrumente sind – anders als Naturobjekte – Artefakte, die zum Zweck eines kulturellen Ausdrucks geschaffen wurden und somit als intendierte Objekte eine Resonanzqualität per se besitzen.

---

[1] *Pop up! Percussion-Oktett für Pop-up-Gartensäcke* von Martin J. Junker.
Ein Mitschnitt aus dem Frankfurter Senckenberg-Museum findet sich unter:
https://www.youtube.com/watch?v=JupFRD7PtTM [09.10.2023].

Wie verhält es sich aber nun mit Dingen und Geräten des Alltags (technische Artefakte), wenn ein zweckentfremdeter Gebrauch die ursprüngliche Funktion außer Acht lässt und andere Nutzungsmöglichkeiten aufzeigt? Welche Beziehungen und Resonanzerfahrungen entstehen in diesem Fall zwischen Benutzer:in und Objekt?

Die vor allem im mathematisch-naturwissenschaftlichen Schulunterricht praktizierte „objektivierende Verdinglichung der Dinge" (ebd., S. 382), das heißt die Transformierung von „vieldeutigen Dingen in eindeutige und von ihnen als unabhängig gefasste Objekte" (Röhl 2015, S. 162), weicht in künstlerischen Auseinandersetzungen einer „Vielfalt an möglichen Natur- und Weltbeziehungen" (Rosa 2016, S. 383). Solche ästhetischen und kreativen Kontexte schaffen eine museale Aufwertung von stummen Alltags-Artefakten und können die scheinbar immer stärker entfremdende Dingbeziehung beleben:

> „Der Versuch, Alltagsgegenstände in Museen und Ausstellungen *zum Sprechen zu bringen*, und das Bestreben, museale und/oder handgemachte Objekte gleichsam artifiziell in den Alltag zu (re-)integrieren, um diesem eine Stimme und ein Gesicht zu geben, könnten zwei Weisen des gleichen Bemühens sein, der erstarrten Dingwelt der (Spät-)Moderne wieder Resonanzqualitäten zu verleihen" (ebd., S. 388, Hervorh. i. Orig.).

Solche Resonanzerfahrungen entstehen nicht allein durch ‚Zurschaustellung', sondern verlangen ein besonderes Wahrnehmungsvermögen, welches auch durch den Musikunterricht zu fördern ist. Dabei geht es um ein „verändertes Verhalten [...] zur Hörwelt insgesamt. [...] Der Schüler müsste dabei befähigt werden, die hörbare Umwelt als Basis aller seiner musikalischen Erfahrung, der rezeptiven wie der produktiven, zu erfahren und sich zu erschließen" (Frisius 1973, S. 4). „Um die Dinge wahrzunehmen, muss man ihren Blick erkennen [...]: Die Dinge schauen uns an, aber wir schauen nicht zurück. Wer den Blick der Dinge auffangen kann, sieht eine andere Welt" (Kimmich 2011, S. 56). Eine lebendige Resonanzbeziehung zu Alltagsobjekten kann aber nur durch aktives Handeln entstehen, damit „das Material zu antworten beginnt [...]: Das Berühren, Bewegen, Verändern, Gestalten der Dinge und damit die Erfahrung handelnder Selbstwirksamkeit" (Rosa 2016, S. 393). Solch eine

> „Anverwandlung [...] ist zeitintensiv und erfordert das *Sich-Einlassen* auf die Dinge sowie die Bereitschaft, sich selbst zu verändern, sich gleichsam *aufs Spiel zu setzen*; zugleich ist sie nur dort möglich, wo Selbstwirksamkeit erfahrbar wird, was wiederum den Einsatz von Zeit, Aufmerksamkeit, Libido und Energie voraussetzt" (ebd., S. 433, Hervorh. i. Orig.).

Wenn nun technische Artefakte im Musikunterricht zum Einsatz kommen, treten Schüler:innen in Beziehung zu Klang-/Musikobjekten und erfahren eine weitere Resonanzqualität, die in Alltagsgegenständen steckt. Diese ‚neue Welterfahrung zu den Dingen' zeigt sich in verschiedenartigen resonanten Erlebnissen und Verhaltensweisen.

Die Schüler:innen
- erleben die Vieldeutigkeit von scheinbar eindeutigen Dingen
- erkunden und probieren das Klangpotential von stummen Alltagsobjekten aus
- vergleichen Objektinstrumente mit traditionellen Instrumenten (Klanglichkeit, Spieltechnik)
- präparieren/frisieren die Objekte, um neue akustische Varianten zu testen
- haben das Bedürfnis, Objekte zu pflegen und zu reparieren
- haben Lieblingsobjekte und beschriften sie mit eigenem Namen
- suchen und testen im häuslichen Kontext nach Klangobjekten
- nehmen Geräusche des Alltags bewusster wahr
- verändern die Sichtweise auf Orte des materiellen Konsums: z.B. der Baumarkt als Klangreservoir
- produzieren oder reproduzieren aus den akustischen Möglichkeiten von Alltagsobjekten ‚Musik', im Sinne von kreierten Werken aus organisierten Klängen

- erfahren und reagieren auf spezifische Eigenheiten (Klang, Spieltechnik, Interaktion etc.) im Ensemblespiel
- stellen eigene Klang-/Spielerfahrungen vergleichbaren künstlerischen Materialadaptionen (Kompositionen, Klanginstallationen etc.) gegenüber
- erfahren, wie Zuhörer:innen auf derartige Zweckentfremdungen reagieren, und tauschen sich darüber aus.

Diesen Handlungsweisen liegt ein musikpädagogisches Lernpotenzial inne, das verschiedene Qualifikationen, Ziele und Kompetenzen umfasst: hören, machen, transformieren und Kultur erschließen. Auf eine konkretere Ausdifferenzierung möglicher Lernkontexte soll hier nicht näher eingegangen werden (vgl. hierzu Junker 2008, S. 236f. und Junker 2012, S. 155f.).

Die folgenden Ausführungen konkretisieren nun die besonderen instrumentalen Resonanzqualitäten eines Hilfsmittels, das üblicherweise bei der Gartenarbeit zum Einsatz kommt: der Pop-up-Sack.

Instrumentale Resonanzerfahrungen

Neben den oben beschriebenen ‚dinglichen' Resonanzeigenschaften von technischen Artefakten besitzen viele Alltagsutensilien auch klangliche Qualitäten, welche im instrumental-musikalischen Kontext eingesetzt werden können. Damit wird Resonanz, wie bei jedem Musikinstrument, im physikalisch-akustischen Sinne körperlich spürbar: das durch äußerliche Einwirkung bedingte Mitschwingen eines Systems.

Handelsübliche Gartenabfallsäcke sind meist mit einer Spirale versehen und werden zum Verstauen zusammengefaltet. Bei Entriegelung entfalten sich die Säcke von selbst. Dieser Pop-up-Effekt wird mit einem reißenden, knallenden Geräusch begleitet. Der unter Spannung stehende Sack kann aber auch kontrolliert gefaltet werden. Zudem bieten die Sackflächen Möglichkeiten der Klangerzeugung.

Schon beim bloßen Betrachten eines ausgefalteten Pop-up-Gartensacks (Abb. 1) werden sofort Ähnlichkeiten mit Kesseltrommeln erkennbar: ein zylindrischer Korpus mit einer geschlossen und einer geöffneten Seite, der einem Resonanzkörper mit Schlagfell entspricht – vergleichbar mit Bongos, Timbales oder Tomtoms, wobei letztere zudem noch ein Resonanzfell besitzen.

Abb. 1: **Standtom und geöffneter Gartensack im Vergleich**

Das Schlagfell einer Trommel steht unter besonderer Spannung und ermöglicht einen sog. Rebound, also das Zurückprallen des Sticks nach der Ausführung eines Trommelschlags. Dieser Rückstoß hängt zum einen von der Beschaffenheit (z.B. der Härte) und Spannung des Fells ab, zum anderen aber auch davon, an welchem Griffpunkt der Stick gehalten wird.[2] Schlägt man nun mit Sticks von außen auf die geschlossene Gartensackseite (Schlagfell), so spürt man diesen Rebound-Effekt kaum, da das vermeintliche Schlagfell zu schwach gespannt ist. Stärker ist der Rückstoß fühlbar, wenn man mit Jazzbesen spielt und damit eine stärkere abfedernde Wirkung erzielt oder mit Sticks auf den Sackrand schlägt, da hier die eingezogene Spirale härter ist und u.U. etwas nachgibt – Spieltechniken, wie sie im 2. Satz *Schlägelarbeit* aus *Pop-up!* ausgelotet werden (Junker 2021, S. 14–17). Diese Resonanzerfahrungen gleichen also, wenn auch abgewandelt, denen mit Fellinstrumenten.

Pop-up-Gartensäcke lassen aber auch einzigartige Spielerfahrungen ohne Schlägel zu, die Schüler:innen im besonderen Maße ansprechen. Hierzu gehört an erster Stelle der schon erwähnte Pop-up-Effekt. Bekannt sind solche plötzlich auftauchenden Erscheinungen auch bei anderen Alltagsobjekten wie dem Pop-up-Buch oder der Pop-up-Karte, bis hin zum Pop-up-Fenster als grafisches Element einer Computerbenutzeroberfläche. Der Pop-up-Vorgang bei Gartensäcken lässt sich lenken und damit eine

---

[2] Iannis Xenakis experimentiert mit solchen Pralleffekten in seinem Werk *Rebonds* für einen Solo-Schlagzeuger (1987–1989), unter Verwendung unterschiedlicher Anschlagflächen verschiedener Instrumente (Große Trommel, Bongos, Tomtoms, Tumba, Woodblocks) und rhythmischer Akzentuierungen.

Klangabsicht verfolgen. Das Geräusch des Aufploppens verändert sich, je nachdem, ob man den Sack nach oben, unten, seitlich hält oder ihn mit Nachdruck öffnet. Gerade das bewusst verstärkte Stoßen kann zu einem kräftigen Knallen führen, das durch Mark und Bein geht! Nach dem geräuschvollen Öffnen folgt zwangsläufig das Zusammenfalten des Sacks. Auch dies, begleitet von einem leiseren Knistern, kann von einer Klangabsicht beeinflusst werden, indem man entscheidet, wie fest und wo man den Sack (z.B. am Oberschenkel oder Bauch) zusammenfaltet. Solche Knistergeräusche können auch durch leichtes Öffnen und Schließen des auf dem Oberschenkel liegenden Sacks in rascher Folge oder rhythmisiert erzeugt werden, was einem Flattern gleicht.

Eine echte Rückschwingung entsteht, wenn man den geöffneten Sack im Stehen schüttelt, wobei sich bei einem regelmäßigen Schüttelpuls besonders gut Akzente platzieren lassen. Eine ähnliche Rückstoß-Erfahrung macht man, wenn der Gartensack – vorzugsweise im Sitzen – auf den Boden gestampft und wieder hochgezogen wird. Bei dieser als Einheit durchzuführenden Bewegung wird der Boden als Klang- und Resonanzmedium hinzugezogen. Auch hier können die Ausführenden die Klangintensität und die zeitliche/rhythmische Abfolge von Impulsen beeinflussen. Solche auf Aktion und Reaktion basierende Vorgänge finden sich in der Konstruktion von vielen Arbeitsgeräten wieder. So ist z.B. die Bedienung von Explosionsrammen[3] durchaus mit dieser stampfenden Spielweise vergleichbar.

Unterrichtspraktische Impulse

Folgende Übungen sind im Musikunterricht ohne schlagzeugspezifische Vorkenntnisse gut einsetzbar und beschränken sich auf Spielweisen ohne Schlägel.[4]

Am handlichsten sind Säcke, je nach Altersstufe, mit einem Volumen von 80 bis 120 Litern. Es sollte darauf geachtet werden, dass das verwendete Kunststoffmaterial beim Auseinander- und Zusammenfalten geräuschvoll ist. Spiralabfallsäcke aus stoffartigem Gewebe (Vlies, Leinen, Baumwolle) sind demnach nicht geeignet. Eine hohe Synchronität der Pop-up-Aktionen ist dann zu erreichen, wenn alle Spieler:innen Säcke des gleichen Fabrikats benutzen. Bei längerem und intensivem Gebrauch können Spiralenden sich durch das Gewebe bohren und herausstehen. Um Verletzungen zu vermeiden, sollten die abstehenden Drahtteile wieder hineingeschoben und mit Gewebetape abgeklebt werden.

Erfahrungsgemäß zählt der Pop-up-Effekt bei Schüler:innen zu den beliebtesten Klang- und Spielarten. Unabhängig vom Alter wirkt der sich wie von Geisterhand selbst öffnende Sack sehr motivierend. Eine erste koordinierte Aktion kann darin bestehen, die Lerngruppe zu animieren, den Sack gleichzeitig nach unten öffnen zu lassen, nachdem eingezählt wurde. Die exakte Ausführung der Aktion auf eine Zählzeit verlangt schon einige Konzentration und bereitet auf die Übung ‚Die Kette' vor (Abb. 2).

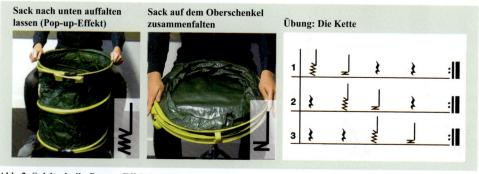

Abb. 2: Spieltechnik ‚Pop-up-Effekt'

---

[3] Die Funktionsweise einer Explosions(pflaster)ramme entspricht der einer Freikolbenmaschine. Schlägt der Kolben auf die Schlagplatte auf, so explodiert ein Kraftstoff-Luft-Gemisch, wodurch der Kolben erneut nach oben geschleudert wird. Explosionsrammen, die von einer Person bedient und bewegt werden können, waren bis in die 1980er Jahre im täglichen Straßen- und Wegebau hör- und sichtbar im Einsatz.

[4] Das Bespielen von Gartensäcken mit Sticks oder Jazzbesen verlangt eine gute Schlägelkontrolle, so dass diese Spielweise eher in Ensembles mit erfahrenen Schlagzeuger:innen Anwendung finden sollte.

Hier wird der Auf- und Zusammenfaltungsvorgang in einem zeitlich organisierten Rahmen trainiert. Nachdem alle zunächst die 1. Stimme spielen und das koordinierte Auf- und Zusammenfalten auf die Zählzeiten 1 und 2 in einem Vierermetrum geübt haben, erfolgt eine dreistimmige Aufteilung, in der die zweiteilige Faltungsaktion kanonartig verschoben ist.

Ein Klangkontinuum kann erzeugt werden, wenn viele Spieler:innen den Sack in rascher und freirhythmischer Folge ‚flattern' lassen. Dabei liegt der Sack zusammengefaltet auf dem Oberschenkel und wird im Wechsel leicht geöffnet und zusammengepresst (Abb. 3). Dieses ‚Flatterorchester' kann nun klanglich gestaltet werden, indem ein:e Dirigenten:in spontan Dynamikverläufe, Einsätze sowie Gruppenunterteilungen anzeigt.

Sack liegt zusammengefaltet auf dem Oberschenkel und wird etwas geöffnet und geräuschvoll zusammengepresst, so dass ein Flattergeräusch entsteht

Übung: Das Flatterorchester
- in rascher Folge ‚flattern'
- ein:e Dirigent:in gibt Einsätze und zeigt Dynamikverläufe an

Abb. 3: Spieltechnik ‚Flattergeräusch'

Das im Stehen auszuführende Sackschütteln ist besonders physisch spürbar und überträgt sich (sichtbar) auf den ganzen Körper. Jeder Schüttelimpuls löst einen kleineren Gegenstoß aus, der hör- und fühlbar ist. Besonders gut sind Impulsfolgen zu realisieren. Bei der ‚Auf- und Abbau-Übung' (Abb. 4) werden Pausen – im Sinne eines graduell-minimalistischen Prozesses – durch Schüttelimpulse peu à peu gefüllt, bevor dieser Vorgang sich umgekehrt und wieder am Ausgangspunkt endet.

Übung: Auf- und Abbau

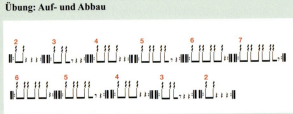

Abb. 4: Spieltechnik ‚Schütteln'

Bei der letzten Spielweise wird der Fußboden als ‚Prallfläche' mit einbezogen: Sitzend stampfen die Spieler:innen den Sack auf den Boden und ziehen ihn danach wieder hoch (Abb. 5). Wie schon erwähnt, erinnern sowohl der mechanische Bewegungsablauf als auch die dabei erzeugten Geräusche an automatisierte Maschinen. Mit den beiden Aktionen lassen sich kurze rhythmische Patterns kreieren, die von der Lehrkraft – später auch von Schüler:innen – spontan vorgetragen und durch die Lerngruppe imitiert werden (Call & Echo).

Übung: Call & Echo: die Lehrkraft spielt kurze Rhythmen vor, welche die Gruppe jeweils imitiert

Abb. 5: Spieltechnik ‚Aufstampfen und hochziehen'

Literaturverzeichnis

- Frisius, Rudolf (1973): Musikunterricht als auditive Wahrnehmungserziehung. *Musik & Bildung*, 5 (1), S. 1–5.
- Junker, Martin J. (2008): Objekt-Percussion oder wie „sperrige" Alltagsmaterialien zu Schlaginstrumenten werden. In Frauke Heß & Jürgen Terhag (Hrsg.), *Musikunterricht heute 7. Bach – Bebop – Bredemeyer. Sperriges lebendig unterrichten*. Oldershausen: Lugert, S. 234–245.
- Junker, Martin J. (2012): Schulutensilien im Musikunterricht: erkunden, hören, spielen. In Michael Pabst-Krueger & Jürgen Terhag (Hrsg.), *Musikunterricht heute 9. Musizieren mit Schulklassen. Praxis – Konzepte – Perspektiven*. Oldershausen: Lugert, S. 155–163.
- Junker, Martin J. (2021): *Pop up! Percussion-Oktett (Quartett) für Pop-up-Gartensäcke*. Dinklage: Gretel.
- Kimmich, Dorothee (2011): *Lebendige Dinge in der Moderne*. Konstanz: Wallstein.
- Röhl, Tobias (2015): Die Objektivierung der Dinge. Wissenspraktiken im mathematisch-naturwissenschaftlichen Schulunterricht. *Zeitschrift für Soziologie*, 44, S. 162–179.
- Rosa, Hartmut (2016): *Resonanz. Eine Soziologie der Weltbeziehung*. Berlin: Suhrkamp.

Martina Krause-Benz

Musikunterricht im ‚Vielklang'

Zur Relevanz konstruktivistischer Lerntheorien für Resonanz im Musikunterricht

1. Einführung

In folgendem Beitrag möchte ich die Idee eines resonanten Musikunterrichts – basierend auf der Resonanztheorie von Hartmut Rosa (Rosa 2016) – mit einer konstruktivistischen Vorstellung von Musikunterricht konfrontieren. Die Idee entsprang meiner Lektüre von Rosas Publikation, in welcher mich einige Aussagen an konstruktivistische Grundannahmen erinnerten. Andere Thesen in Rosas Ausführungen wiederum schienen für mich im Widerspruch zu konstruktivistischen Ansätzen zu stehen. Ich selbst habe mich seit meiner Dissertation (Krause 2008) kontinuierlich mit dem Konstruktivismus und dessen Relevanz für den Musikunterricht in der Schule beschäftigt (z.B. Krause-Benz 2014) und meine Überzeugung vom Gewinn des Konstruktivismus für die Musikpädagogik immer wieder hinterfragt, dies insbesondere vor dem Hintergrund soziologischer Theorien, die in letzter Zeit in der Musikpädagogik stark rezipiert werden (vgl. Krause-Benz 2020). Daher habe ich mir anlässlich des Kongressthemas die Frage gestellt, ob ein konstruktivistisch orientierter Musikunterricht mit einem – im Sinne von Rosa – resonanten Musikunterricht (un)vereinbar ist und ob sich aus einer Zusammenschau beider Theorien möglicherweise ein Gewinn für den schulischen Musikunterricht ziehen ließe.

    Dieser Frage werde ich nun in folgenden Schritten nachgehen: Im folgenden Abschnitt möchte ich die Grundzüge eines am Konstruktivismus orientierten Musikunterrichts in der gebotenen Kürze erläutern, indem ich zunächst die wichtigsten theoretischen Annahmen des Konstruktivismus darlegen und anschließend zeigen werde, welche Konsequenzen sich daraus für den Musikunterricht ergeben können. Im darauf folgenden Teil erfolgt ein Perspektivwechsel, indem ich zu Rosas Resonanztheorie schwenke und deren wichtigste Thesen auf Musikunterricht beziehe. Anschließend vergleiche ich diese beiden Theorien, wobei ich die Frage stelle, ob – und wenn ja, wie – man sie zusammendenken könnte, ob sie sich gegenseitig ergänzen und bereichern könnten und wie sich schließlich daraus wertvolle Impulse für einen resonanten Musikunterricht gewinnen lassen.

2. Grundzüge eines am Konstruktivismus orientierten Musikunterrichts

Ich möchte mit einem prominenten musikalischen Beispiel einsteigen, das Anlass für verschiedene Interpretationen gibt: Franz Schuberts *Der Lindenbaum* aus *Winterreise op. 89*.

    Vor einiger Zeit habe ich in einem Seminar zum Konstruktivismus in der Musikpädagogik meine Studierenden gebeten, ihre spontanen Bedeutungszuweisungen an dieses Kunstlied, das den meisten zwar bekannt war, aber mit dem sie sich bislang nicht näher auseinandergesetzt hatten, zu skizzieren. In den Äußerungen der Studierenden entstand einerseits das Bild des Lindenbaums als Ort der Ruhe mit Anziehungskraft und als Repräsentant einer schönen, jedoch verlorenen Erinnerung, andererseits wurde die Ambivalenz des Stücks durch die musikalischen Gegensätze in den Strophen herausgestellt und dem Lindenbaum etwas negativ Verlockendes und Betörendes attestiert.

    In der musikwissenschaftlichen Literatur finden sich diese Aussagen unterstützende und gleichzeitig präzisierende Deutungen, beispielsweise von Hans Heinrich Eggebrecht, der die gesamte *Winterreise* als romantischen Gegensatz zwischen einer Traumwelt und der bitteren Wirklichkeit auffasst, wobei der Traum mit der Musik selbst assoziiert wird, die in einer von Zensur und Repression geprägten Zeit bedroht ist:

> „Der Wirklichkeitswelt gegenüber errichtet und erblickt der Romantiker eine andere Welt, in der als Zuflucht vor der Wirklichkeit er sein Zuhause sucht. Es ist die Welt der Phantasie, der Kunst und inbegrifflich das Reich der Musik – eine Welt des Schönen, des Unberührten und Reinen, des Traums und der Sehnsucht, befreit von der Wirklichkeit und schön gerade auch dann, wenn Traurigkeit und Tränen, Elend und Bitternis in ihr erscheinen" (Eggebrecht 1997, S. 162–163).

Musikalisch werden diese zwei Welten durch den abrupten Wechsel von Dur und Moll ausgedrückt. Ähnlich und zugleich den Blick auf das Düstere des Liedes radikalisierend äußert sich Wolfgang Hufschmidt:

> „Moll ist der Zustand der – grauen – Realität, Dur der des Traums, der Unwirklichkeit, des falschen Scheins. In E-Dur steht ,Der Lindenbaum' (Lied 5). Dieses E-Dur täuscht eine Idylle vor: Das Lied handelt von einem verdrängten Selbstmordversuch" (Hufschmidt 1986, S. 72).

Beispielhaft für diese Deutung sei die Stelle „Du fändest Ruhe dort" genannt, die auch als Versuchung zum Suizid verstanden werden kann.

Dass es darüber hinaus auch noch eine weit von jeglicher Dramatik und Todessehnsucht entfernte Bedeutungszuweisung an den *Lindenbaum* gibt, zeigt dessen verharmlosende Bearbeitung für Chor von Friedrich Silcher, der aus dem Kunstlied ein beliebtes, heiteres Volkslied machte, in welchem die Moll-Strophen als solche überhaupt nicht mehr vorkommen. Was der *Lindenbaum* wirklich bedeutet, welche Interpretation richtig und welche falsch ist, lässt sich hingegen nicht eindeutig feststellen.

Aus konstruktivistischer Sicht wäre es müßig, nach der ,richtigen' Bedeutung des *Lindenbaums* zu suchen. Der Konstruktivismus ist eine Erkenntnistheorie, deren basale Grundannahme darin besteht, dass wir unsere Umwelt, die wir wahrnehmen, niemals fotografisch in unseren Köpfen abbilden können.[1] Was wir als Realität wahrnehmen, ist unsere Realität, da wir diese nur durch unsere eigene Wahrnehmung erkennen können. Grundsätzlich ausgeschlossen wird dabei nicht notwendig, dass es eine Realität als Außenwelt gibt; allerdings können wir diese niemals auf gleiche Weise wahrnehmen, da wir als Menschen Reize selbstgesteuert verarbeiten: Wir sind kognitiv autonom (Schmidt 1996). Unsere Wahrnehmungen und die darauf basierenden Bedeutungszuweisungen sind also abhängig von unseren bisherigen Erfahrungen und unserem Wissen. Damit wird die Bezugnahme auf eine unabhängig von uns existierende Außenwelt aus konstruktivistischer Perspektive irrelevant. Peter W. Schatt beschreibt das in der Neuauflage seiner *Einführung in die Musikpädagogik* folgendermaßen: „Wir beziehen uns nicht auf das Ding an sich, sondern auf menschliches Wissen, auf Erfahrungen, Gefühle und Empfindungen" (Schatt 2021, S. 62).

Diese Erkenntnis hat pädagogische Konsequenzen, daher ist der Konstruktivismus lerntheoretisch von großer Bedeutung: Wenn Menschen kognitiv autonom sind, ist es prinzipiell nicht möglich, ihr Denken und Lernen direkt von außen zu beeinflussen. Jeder Mensch baut im Laufe seines Lebens kognitive Strukturen selbst auf, ergänzt und verknüpft oder verändert sie und konstruiert somit mentale Schemata. Ein Beispiel:[2] Hört eine Schülerin der 8. Klasse zum ersten Mal in ihrem Leben im Musikunterricht atonale Musik, in ihrer Freizeit aber ausschließlich Popmusik, hat sie im Laufe ihrer Biografie ein Schema von Musik konstruiert, welches vermutlich mit Bedeutungszuweisungen wie ,eingängig', ,harmonisch' oder ,chillig' verbunden ist. In dieses Schema passt atonale Musik (zunächst) nicht hinein, sodass die Reaktion der Schülerin darauf ablehnend ausfallen dürfte – nicht selten hört man in solchen Fällen das vernichtende Urteil ,Das ist doch keine Musik'. Bei einem bislang ungehörten Popsong würde die Schülerin vermutlich nicht in der Weise reagieren, weil sie – kognitionspsychologisch ausgedrückt – einen neuen Popsong gut assimilieren kann, da diese Musik an das bereits etablierte

---

[1] Auf eine detaillierte Darstellung verschiedener Ausprägungen des Konstruktivismus wird im Folgenden verzichtet.
[2] Das folgende Beispiel ist fiktiv und hat lediglich eine illustrative Funktion.

Schema anschließbar ist (vgl. Illeris 2010, S. 51–52). Atonale Musik bringt die musikalische Welt der Schülerin dagegen in eine gehörige Unordnung.

Wird eine derartige Störung der bisherigen Ordnung wahrgenommen, spricht man in konstruktivistischer Terminologie von Perturbation. Eine Perturbation hat immer Folgen: Die Schülerin kann sich gegenüber der Bedeutungszuweisung, dass Musik auch einmal nicht eingängig oder melodisch ist, verweigern, oder sie kann den umgekehrten Weg gehen, nämlich ihre kognitiven Strukturen und damit ihr Musik-Schema so verändern, dass es dem neuen Reiz angepasst und atonaler Musik die Bedeutung ‚Musik' attestiert wird. Diese Art von Lernen ist akkommodativ und impliziert eine Umstrukturierung bisheriger mentaler Schemata (Illeris 2010, S. 52–55). Perturbationen sind allerdings lediglich „Angebote zu einem ‚Pool' von Phänomenen, Gegenständen, Ideen […], auf deren Grundlage das lernende Individuum Veränderungsselektionen durchführen kann" (Orgass 2007, S. 362). Damit kann (und muss) die Schülerin letztlich selbst entscheiden, ob sie den Prozess der Umstrukturierung auf sich nehmen möchte. Trotz aller kognitiven Autonomie wird aber deutlich, dass die Welt der Musik, die unsere Schülerin bisher konstruiert hatte, nur ein Ausschnitt aus der Welt der Musik ist. Die Subjektabhängigkeit der Realität hat zur Folge, dass es unterschiedliche Realitäten und somit auch immer noch mehr hinter der eigenen Realität zu entdecken gibt; die eigene konstruierte Wirklichkeit ist also prinzipiell korrigier- und erweiterbar.

Um einen Prozess der Umstrukturierung überhaupt anzustoßen, ist der Austausch mit anderen Menschen notwendig. Insbesondere Kersten Reich legt in seiner interaktionistisch-konstruktivistischen Pädagogik daher den Schwerpunkt auf die Beziehung in Konstruktionsprozessen (Reich 2010) und stellt damit heraus, dass ein konstruktivistisch orientierter Unterricht keineswegs beliebig und unverbindlich ist.

Zusammenfassend ist ein Musikunterricht, der mit einer konstruktivistischen Grundhaltung geplant und gestaltet wird, davon geprägt, a) die kognitive Autonomie der Lernenden prinzipiell anzuerkennen, b) die Subjektgebundenheit der eigenen Musik-Konstrukte einzugestehen und damit nicht auf vermeintlich objektiven Wahrheiten zu beharren, c) Deutungen durch gezielte Perspektivwechsel immer auf den Prüfstand zu stellen, aber auch d) Begründungen für die eigenen Konstrukte einzufordern, um intersubjektive Nachvollziehbarkeit zu gewährleisten.

Der Konstruktivismus tritt also ein für eine Offenheit gegenüber vielfältigen Bedeutungszuweisungen, die Heinz Geuen für den Musikunterricht nicht als Schwäche, sondern als Stärke wertet, da der Umgang mit Musikwerken „an den Umgang mit ‚echten' Fragen" (Geuen 2008, S. 45) geknüpft wird. Der Konstruktivismus bietet somit ein Potenzial für „besonders große gestalterische Spielräume" (Dyllick 2019, S. 133) im Musikunterricht, da es nicht darum geht, nach einer richtigen musikalischen Lösung zu suchen, sondern verschiedene Musik-Welten miteinander ins Spiel zu bringen.

3. Musikunterricht im Spiegel der Resonanztheorie nach Hartmut Rosa

Die Resonanztheorie nach Rosa wird im Folgenden in aller Kürze sowie in musikpädagogischer Perspektive dargestellt.

Rosa wählt den musikalischen Begriff der Resonanz, um hieraus eine Soziologie der Weltbeziehung zu entwickeln, die er als Kritik an den Weltverhältnissen der Moderne und insbesondere am alltäglich beobachtbaren Problem des permanenten Beschleunigungs- und Steigerungszwangs versteht. Um seine Vorstellung von Resonanz zu entfalten, wählt Rosa das Bild zweier Stimmgabeln. Die Schwingung der einen Stimmgabel bringt die andere Stimmgabel zum Schwingen, jedoch unter bestimmten Bedingungen:

> „Von Resonanz lässt sich dabei allerdings nur sprechen, wenn die beiden Körper nicht so miteinander verkoppelt sind, dass die Bewegungen des einen mechanisch-lineare Reaktionen des anderen erzwingen (etwa indem die beiden Stimmgabeln miteinander verleimt oder verklammert werden). Resonanz entsteht also nur, wenn durch die Schwingung des einen Körpers die *Eigenfrequenz* des anderen angeregt wird" (Rosa 2016, S. 282).

Resonanz setzt folglich zwei voneinander unabhängige Körper voraus, die – metaphorisch ausgedrückt – jeweils ‚mit eigener Stimme sprechen'. Somit ist Resonanz nach Rosa nicht als reine Konsonanz bzw. Harmonie aufzufassen, sondern sie beruht auf Irritation und Widerspruch (ebd., S. 743). Damit habe die schwingende Beziehung, die man zu Dingen oder anderen Personen aufbaut, eine transformative Wirkung: Entsteht ein „*vibrierender Draht* zwischen uns und der Welt" (ebd., S. 24), verändert dies unser Verhältnis zur Welt und zu uns. Da die Welt nicht nur passiv aufgenommen, sondern anverwandelt wird, verwandelt sich das Subjekt selbst (vgl. ebd., S. 100). Notwendige Bedingungen hierfür sind ein intrinsisches Interesse und Selbstwirksamkeitserwartungen. Resonanz lässt sich nach Rosa allerdings nicht steuern und schon gar nicht erzwingen, sondern sie ist grundsätzlich unverfügbar. Sie kann sich plötzlich einstellen, wenn man gar nicht damit rechnet, z.B. wenn man durch Musik auf unerklärliche Weise tief berührt wird.

> Resonanz setzt folglich zwei voneinander unabhängige Körper voraus, die – metaphorisch ausgedrückt – jeweils „mit eigener Stimme sprechen."

Als Gegenbegriff zu Resonanz entfaltet Rosa den Begriff Entfremdung:

> „Mein Vorschlag lautet daher nun also, Entfremdung als einen Modus der Weltbeziehung zu bestimmen, in dem die (subjektive, objektive und/oder soziale) Welt dem Subjekt gleichgültig gegenüberzustehen scheint (*Indifferenz*) oder sogar feindlich entgegentritt (*Repulsion*)" (ebd., S. 306).

Im Modus der Entfremdung bleiben die Weltbeziehungen stumm und die Resonanzdrähte „starr und unbeweglich" (ebd., S. 308). Da allerdings nicht ständig Resonanz herrschen kann – sonst würde man sie nicht wahrnehmen –, taucht sie immer vor dem Hintergrund einer entfremdeten Weltbeziehung auf und kann die Erfahrung des plötzlichen Ergriffenseins dann überhaupt erst ermöglichen. Daher stehen die beiden Begriffe Resonanz und Entfremdung bei Rosa in einem dialektischen Verhältnis.

Rosa bezieht seine theoretischen Grundannahmen auch auf den Bereich der Schule (ebd., S. 402–420). In einer gelungenen Unterrichtsstunde erreiche die Lehrkraft die Lernenden und lasse sich auch selbst berühren, die Schüler:innen stellten eine echte Beziehung zum Stoff her und ließen sich ebenfalls davon ansprechen. In einer misslungenen Stunde dagegen zeige sich Entfremdung durch Langeweile, Unaufmerksamkeit und ein von Missachtung geprägtes Verhältnis zwischen Lehrkraft und den Lernenden. Rosa erwähnt in diesem Zusammenhang explizit die besondere Bedeutung des Musikunterrichts für das Verhältnis zur Musik im späteren Leben: „*Ob* uns Musik etwas ‚zu sagen' hat […], entscheidet sich an den Erfahrungen, die wir im Musikunterricht […] machen" (ebd., S. 404). Ein resonanter Musikunterricht wird nach Rosa die Schüler:innen ansprechen, ihnen aber auch eine eigene Stimme geben, denn will „ein Lehrer partout die *richtige* Antwort hören, hat er den Resonanzdraht bereits festgehalten; Stoff kann damit beherrscht, aber nicht zum Sprechen gebracht werden" (ebd., S. 416). Allerdings betont Rosa die besonders wichtige Funktion der Lehrperson im Unterrichtsgefüge, da durch deren Berührung „die Welt für die Lernenden erst zu singen [beginnt]" (ebd., S. 415).

Musikalische Resonanz lässt sich nach Rosa nicht nur durch bestimmte Musik herstellen – Rosas Beispiele reichen von Bach bis Heavy Metal –, allerdings sieht er eine große Gefahr im Umgang mit Smartphone-Apps, weil „das Andere nicht mehr mit unverfügbarer eigener Stimme spricht, sondern technisch erzeugbar und beherrschbar wird" (ebd., S. 497). Diese Aussage ist vor dem Hintergrund des Stellenwerts, den das Musizieren mit Apps seit einigen Jahren in der musikpädagogischen Diskussion einnimmt,[3] sicherlich diskussionswürdig.

Es ist daher interessant, die theoretischen Grundsätze des Konstruktivismus, die ich im ersten Teil erläutert habe, mit der Resonanztheorie zu vergleichen und daraus Perspektiven für den Musikunterricht zu gewinnen.

---

[3] Vgl. hierzu insbesondere die Veröffentlichungen von Matthias Krebs, der die *Forschungsstelle Appmusik* an der Universität der Künste Berlin leitet (http://forschungsstelle.appmusik.de/ [09.12.2022]).

4. Konstruktivismus und Resonanztheorie im Vergleich

Die folgenden Ausführungen erheben nicht den Anspruch auf Vollständigkeit, sondern verstehen sich als Einladung zu weiteren Untersuchungen und Diskussionen.

Ich gehe zunächst auf Gemeinsamkeiten bzw. Berührungspunkte zwischen beiden Theorien ein.

1. Die Betonung der Irritation als Auslöser von Transformationen in Rosas Resonanztheorie ist aus meiner Sicht gut vereinbar mit der Bedeutung von Perturbation im Konstruktivismus. Dabei ist zu bedenken, dass Perturbationen auch immer als von außen kommend wahrgenommen werden. Insofern sind Perturbationen unverfügbar, auch wenn deren anschließende Verarbeitung selbstgesteuert verläuft. Allerdings zeigt sich hier schon ein Unterschied in beiden Theorien: Aus konstruktivistischer Sicht würde die Ursache von Perturbationen nicht in einer vom Subjekt unabhängigen eigenen Stimme des Objekts verortet werden, da die Wahrnehmung einer Irritation immer abhängig von den eigenen Konstrukten ist. Dennoch könnte in der grundsätzlichen Bedeutung von Irritationen für das Verhältnis des Subjekts zur Welt ein gemeinsamer Anknüpfungspunkt liegen.
2. Rosa lehnt eindeutige Antworten ab, ebenso fördert der Konstruktivismus Pluralität. Würde im Musikunterricht beispielsweise eine bereits vorab festgelegte Deutung des *Lindenbaums* von der Lehrkraft eingefordert, widerspräche dies sowohl einer konstruktivistischen Grundhaltung als auch der resonanztheoretischen Maxime, mechanisch-lineare Reaktionen vermeiden zu wollen, um Resonanz nicht zu verhindern.
3. Damit hängt eine dritte Gemeinsamkeit zusammen. Rosa spricht von einem intrinsischen Interesse, welches Subjekte der Welt in einer Resonanzbeziehung entgegenbringen. Dieses Postulat korrespondiert mit der weiter oben angeführten These von Geuen, dass Schüler:innen in einem konstruktivistisch orientierten Musikunterricht zu ‚echten' Fragen an die Musik motiviert werden.

Es zeigen sich aber auch einige Unterschiede zwischen den beiden Theorien:
1. Die Beziehung zur Welt ist im Konstruktivismus primär kognitiv. Zwar wird auch die Bedeutung von Emotionen für die Wirklichkeitskonstruktion betont, aber letztlich liegt der Fokus klar auf der Konstruktion mentaler Schemata (vgl. Schatt 2021, S. 63). Demgegenüber sind die Weltbeziehungen in der Resonanztheorie umfassender, denn Resonanz ist nach Rosa eine „emotionale, neuronale *und vor allem durch und durch leibliche Realität*" (Rosa 2016, S. 747; Hervorh. d. Verf.).
2. Die kognitive Autonomie der Subjekte stellt eine der wichtigsten konstruktivistischen Annahmen dar. Autonomie ist ein Begriff, den Rosa zwar nicht grundsätzlich ablehnt, den er jedoch kritisch fasst, da aus resonanztheoretischer Sicht erst der Verlust von Autonomie Resonanzerfahrungen ermöglicht, wenn man eben nicht mehr alles unter Kontrolle hat. Allerdings muss bedacht werden, dass die kognitive Autonomie des Individuums auch im Konstruktivismus durch den sozialen Kontext immer ein Stück weit eingeschränkt wird.
3. Rosas Überzeugung, dass die Welt mit eigener Stimme spricht, auf welche die Subjekte antworten, verträgt sich nicht mit der konstruktivistischen These, dass die Welt gar nicht ‚an sich' erkennbar ist. Die Wahrnehmung eines Gefühls des Angesprochen-Seins ist aus konstruktivistischer Perspektive immer subjektabhängig. Ebenso wenig ist die Vorstellung, dass eine Stimmgabel eine andere zum Schwingen bringen kann, konstruktivistisch haltbar, denn sie setzt implizit ein nicht schwingendes, also stummes und passives Gegenüber voraus, während der Konstruktivismus prinzipiell von einem aktiven, welterzeugenden Subjekt ausgeht. Rosa kritisiert in diesem Zusammenhang einen Unterricht, in welchem die Schüler:innen „selbst bestimmen, auf welche Weltausschnitte sie sich in welcher Form einlassen" (ebd., S. 414). Hierin sieht Rosa die Gefahr der Unterschätzung der Lehrkraft als „erste Stimmgabel" (ebd.), durch welche die Lernenden aus seiner Sicht überhaupt erst berührt und für den Stoff sensibilisiert werden können. Was Rosa hier kritisiert, würde der Konstruktivismus insofern fördern, als es in einem konstruktivistisch orientierten Musikunterricht nicht darum geht, die eigene Stimme der musikalischen Welt zu erkennen, sondern darum, die Welt der Musik durch Perspektivwechsel und unterschiedliche Gestaltungsmöglichkeiten im Vielklang zu erfahren. Und dies bedeutet, dass die Lehrperson die Aufgabe hat, den Lernenden musikalische Weltausschnitte anzubieten, Perspektivwechsel zu initiieren und somit Bildungsprozesse anzustoßen.

5. Perspektiven für den Musikunterricht

Ich ziehe aus der Zusammenschau von Konstruktivismus und Resonanztheorie abschließend folgende Konsequenzen, die für den Musikunterricht wirksam werden können:

Ein am Konstruktivismus orientierter Musikunterricht könnte von der Resonanztheorie insofern profitieren, als das leibliche Spüren und Vibrieren beim Musizieren und Musikhören eine stärkere Gewichtung bekäme.[4] Insbesondere für gemeinsame Musizierprozesse im schulischen Musikunterricht kann der Konstruktivismus durch die Betonung der Leiblichkeit in der Resonanztheorie eine wichtige Ergänzung erfahren.

Umgekehrt fördert ein am Konstruktivismus orientierter Musikunterricht viel stärker die Eigenständigkeit der Lernenden in Lernprozessen und kann Experimentierfreudigkeit sowie inhaltliche Flexibilität gewährleisten. So wäre der Umgang mit digitalen Medien im Musikunterricht aus konstruktivistischer Sicht keineswegs problematisch oder gar bildungsverhindernd, da prinzipiell jedem Klang erzeugenden Objekt Bedeutung zugewiesen werden kann. Musikunterricht, der von und mit einer konstruktivistischen Grundhaltung geplant und durchgeführt wird, kann Resonanz daher wirklich als ‚Vielklang' erfahrbar machen.

Literaturverzeichnis

- Dyllick, Nina (2019): *Vokalpraxis in der Schule aus der Perspektive einer systemisch-konstruktivistischen Pädagogik.* Köln: Dohr.
- Eggebrecht, Hans Heinrich (1997): *Die Musik und das Schöne.* München: Piper.
- Geuen, Heinz (2008): Autonomie musikalischer Erfahrung und kulturelle Orientierung. Oder: Welchen Nutzen hat der Konstruktivismus für die Musikdidaktik? *Diskussion Musikpädagogik,* (40), S. 37–46.
- Hufschmidt, Wolfgang (1986): *„Willst zu meinen Liedern deine Leier drehn?" Zur Semantik der musikalischen Sprache in Schuberts „Winterreise" und Eislers „Hollywood-Liederbuch".* Dortmund: pläne.
- Illeris, Knud (2010): *Lernen verstehen. Bedingungen erfolgreichen Lernens.* Bad Heilbrunn: Klinkhardt.
- Krause, Martina (2008): *Bedeutung und Bedeutsamkeit. Interpretation von Musik in musikpädagogischer Dimensionierung.* Hildesheim: Olms.
- Krause-Benz, Martina (2014): „Musik hat für mich Bedeutung." Bedeutungskonstruktion im Musikunterricht als Dimension musikbezogener Bildung. In Olivier Blanchard & Carmen Mörsch (Hrsg.), *Musikpädagogische Forschung: Positionen und Arbeiten aus dem deutschsprachigen Raum.* Zürich: Institute for Art Education (Zürcher Hochschule der Künste), S. 1–8. https://sfkp.ch/resources/files/2017/11/Martina-Krause-Benz-Text_n%C2%B09.pdf [09.12.2022].
- Krause-Benz, Martina (2020): Subjekte des Musikunterrichts im Spannungsfeld zwischen kulturwissenschaftlichen und konstruktivistischen Perspektiven. In Frauke Heß, Lars Oberhaus & Christian Rolle (Hrsg.), *Subjekte musikalischer Bildung im Wandel. Sitzungsbericht des Symposions „Subjekte musikalischer Bildung im Wandel" der WSMP vom 10. und 11. Mai 2019 an der Universität zu Köln.* S. 70–81. https://www.zfkm.org/wsmp20-krausebenz.pdf [09.12.2022].
- Orgass, Stefan (2007): *Musikalische Bildung in europäischer Perspektive. Entwurf einer kommunikativen Musikdidaktik.* Hildesheim: Olms.
- Reich, Kersten (2010): *Systemisch-konstruktivistische Pädagogik. Einführung in die Grundlagen einer interaktionistisch-konstruktivistischen Pädagogik.* 6. Aufl. Weinheim, Basel: Beltz.
- Rosa, Hartmut (2016): *Resonanz. Eine Soziologie der Weltbeziehung.* Berlin: Suhrkamp.
- Schatt, Peter W. (2021): *Einführung in die Musikpädagogik.* 2. Aufl. Darmstadt: WBG.
- Schmidt, Siegfried J. (1996): *Kognitive Autonomie und soziale Orientierung. Konstruktivistische Bemerkungen zum Zusammenhang von Kognition, Kommunikation, Medien und Kultur.* Frankfurt a.M.: Suhrkamp.
- Spychiger, Maria (2008): Musiklernen als Ko-Konstruktion? Überlegungen zum Verhältnis individueller und sozialer Dimensionen musikbezogener Erfahrung und Lernprozesse. Einführung des Konstrukts der Koordination. *Diskussion Musikpädagogik,* (40), S. 4–12.

---

[4] Einen Ansatz aus der konstruktivistischen Diskussion in diese Richtung hat Maria Spychiger mit ihrem Konzept der Ko-Konstruktion entwickelt. Sie meint damit, dass sich Menschen beim Musizieren in einer Gruppe aufeinander einschwingen und gemeinsam musikalische Bedeutung konstruieren; die musikbezogene Bedeutungskonstruktion müsse also nicht immer nur vom Individuum ausgehen und bekommt in diesem Ansatz eine leibliche Dimension (Spychiger 2008).

Bettina Küntzel

Musikalisches Lernen in Selbstverantwortung

Auf dem Bundeskongress 2022 des Bundesverbandes Musikunterricht e.V. war ich als Referentin der Workshops „Popmusik im Unterricht" und „Musikunterricht in Selbstverantwortung der Schüler*innen" tätig. Obwohl die Stufenzuordnung einmal die Grundschule (Popmusik) und das andere Mal die Sekundarstufe (Selbstverantwortung) betraf, ging es doch gleichermaßen darum, das selbstgewollte musikalische Lernen von Schüler:innen zum Zentrum des Musikunterrichts an allgemeinbildenden Schulen zu machen und diese Ausrichtung inhaltlich und praktisch zu füllen.

In Heft 16/2022 von *musikunterricht aktuell*, der Mitgliederzeitschrift des BMU, verblüffen nun zwei zentrale Artikel, die dieses Thema in einer jeweils eigenen Variante aufgreifen. Daher lasse ich gerne die Kollegen Georg Biegholdt und Jürgen Oberschmidt sprechen und nähere mich auf diese Weise an dieser Stelle dem Thema.

Biegholdt fragt in der Überschrift seines Beitrags: „Musik bildet?" und antwortet sich selbst, indem er die „Absurdität eines Slogans *Musik bildet*" hervorhebt: „Bildung ist etwas, was der Mensch erwirbt, ein Grundbedürfnis, ein Prozess. Nach dieser Lesart kann nichts und niemand einen Menschen bilden. Das kann nur er selbst tun." Aus dieser klugen Aussage ergibt sich für ihn, dass schulischer Musikunterricht drei Aufgaben hat: „Die Neugier zu wecken und sie zu befriedigen sowie Möglichkeiten zu eröffnen, die vorhandene musikalische Bildung weiterzuentwickeln." Seine gesunde Skepsis gegenüber Bewertungen von außen, die „auf dem subjektiven Bildungskanon des Bewertenden" beruhen, lässt ihn aufmerken: „Aber Moment: Bedeutet ‚die Neugier wecken' nicht schon wieder eine Beurteilung von außen, dass da etwas defizitär ist?" Nicht unbedingt, denn: „Mit ‚die Neugier wecken' ist also eine Begegnung gemeint, deren Ausgang offen bleibt" (Biegholdt 2022, S. 4f.).

Aus diesen Ausführungen ist eine pädagogische Haltung erkennbar, die sich auf konkreten Musikunterricht auswirkt. Aus meiner langjährigen Praxis als Vollzeit-Lehrerin für das Fach Musik an einer Grund- und an einer Sekundarschule kann ich bestätigen, dass diese Sichtweise zu einer kommunikativen Entspannung, einem intensiven Miteinander und einem freudigen, aktiven und ergebnisorientierten Unterricht führt. Dazu gehören ein paar Umgangsformen und Umsetzungen:

1. Wir – Lehrperson und Schüler:innen – sprechen miteinander. Wir planen den Unterricht gemeinsam. Die Schüler:innen erfahren, dass sie die Expert:innen für Musik sind, wenn es darum geht, diese praktisch zu musizieren. Und dass ich die Expertin für die Umsetzung bin, die in der Lage sein muss, alle Schüler:innen einer Klasse unabhängig von ihrem individuellen Wissens-, Könnens- und Interessenstand in das musikalische Tun zu integrieren und zu einem befriedigenden musikalischen Ergebnis zu führen.
2. Als Expert:innen für den Inhalt des Musizierens übernehmen die Schüler:innen also die Verantwortung für diesen Teil des Unterrichts. Denn der Song, der erwünscht wird, muss auch umgesetzt werden können. Das heißt, es muss eine:n oder mehrere Sänger:innen geben, die den Song entweder bereits singen können oder bereit sind, ihn intensiv zu üben und dann zu singen. Oder es muss einen Gitarristen oder eine Gitarristin geben, der oder die das Stück durch ihre Kompetenz trägt. Ich bin dann zuständig für die anderen, für jene, die einen Part innerhalb der Begleitmusik übernehmen.
3. Diese Vorgabe gilt: Sobald sich die Klasse auf einen Song geeinigt hat, der musiziert werden soll, sind alle mit im Boot. Es entsteht ein Gesamtklang, für den jede:r einzeln und alle gemeinsam verantwortlich sind.

4. Gemeinsam wird nicht nur der Song entschieden, sondern auch die Grundzüge des Arrangements. Wir hören also den Song und fragen: Welche Instrumentalstimmen sind besonders auffällig, sodass sie den Song tragen? Und wer spielt sie dann? Wie kann der Begleitrhythmus vereinfacht werden, sodass er sowohl wirkungsvoll als auch umsetzbar ist? Dazu trommeln wir auf dem Tisch oder den Oberschenkeln am besten einfach mal einen passenden Rhythmus mit. Welcher Ablauf ist gewünscht? Reicht der Refrain, braucht es das Intro, muss der Zwischenteil sein?
5. Natürlich entscheiden auch alle gemeinsam, ob der Song schul- oder ganz öffentlich präsentiert wird. Sollte dies erwünscht sein, steigt die Selbstverantwortung noch einmal. Denn nun muss so gut geprobt werden, dass ein Erfolg garantiert ist.

Was die Bewertung anlangt, gibt es drei einfache Einstufungen: hat der/die Schüler:in das Projekt nicht behindert, gestört, kaputt gemacht und sich stattdessen auf einen Mindestbeitrag beschränkt? Super, dann ist die Leistung in Ordnung. Hat der/die Schüler:in dazugelernt, war er/sie präsent, aktiv? Klasse, dann ist das eine wirklich gute Leistung. Hat der/die Schüler:in das Projekt aktiv getragen, Verantwortung übernommen, als Co-Lehrperson agiert? Fantastisch, dann ist das eine hervorragende Leistung. Erfahrungsgemäß gibt es nicht die Schüler:innen, die immer herausragend mitarbeiten oder sich auf das Mindeste beschränken. Es hängt meistens vom Song ab. Mal motiviert er mehr, mal weniger. Wer also bei dem einen Song entspannt dabei war, könnte in einem anderen Song eine Führungsrolle übernehmen.

Biegholdt setzt sich in seinem Beitrag nicht nur mit dem Begegnungs- und Selbstbildungscharakter von Musikunterricht auseinander, sondern auch mit gezielten Angeboten, die nicht von Schüler:innen, sondern von der Lehrkraft ausgehen. Er fragt: „Gibt unser Angebot den Lernenden tatsächlich die Möglichkeit, sich musikalisch zu bilden? Wie gelingt es uns, den Sinn eines Angebotes deutlich zu machen? Oder wie gelingt es uns, das Angebot attraktiv genug aufzubereiten?" Und er kommt zu dem Schluss: „Bin ich tatsächlich der Meinung, dass mein Angebot für den Anderen eine gute Möglichkeit ist, sich musikalisch zu bilden, dann bleibt mir nichts anderes, als ihn davon zu überzeugen (nicht, ihn zu überwältigen)." (Biegholdt 2022, S. 7). Auch hier entdecke ich eine didaktische Grundhaltung, die mir sehr gut gefällt. Daher möchte ich an dieser Stelle einen Aspekt aus meiner Unterrichtserfahrung anführen, der dem Unterricht immer wieder gutgetan hat: In der Kommunikation mit Schüler:innen klarstellen, was gerade stattfindet. Das gilt tatsächlich von der ersten bis zur zehnten Klasse und bedeutet: Ich lege offen, ob dieser Unterrichtsinhalt aus der Klasse kommt oder von mir. Handelt es sich um einen Schüler:innenwunsch oder ist es eine Außenansicht, die von der Lehrkraft ausgeht? Schüler:innen haben nach meiner Erfahrung überhaupt kein Problem damit, wenn die Lehrkraft ein Unterrichtsthema vorgibt. Je älter sie sind, desto skeptischer werden sie jedoch gegenüber Lehrer:innen, die davon ausgehen, dass ein von ihr oder ihm vorgegebenes Thema Schüler:innen interessieren müsste. Das ist nicht unbedingt der Fall, auch wenn die Lehrkraft um einen schülernahen Zugang bemüht ist. Dies zu respektieren, gehört besonders in der Sekundarstufe zu den Schlüsseln für einen nachhaltigen Unterricht. Dennoch: Eine Außenansicht gehört in den Unterricht. Natürlich wird ein solches Angebot attraktiv aufbereitet, wie Biegholdt betont. Aber es wird nicht so getan, als sei dies ein ‚Schülerthema'. Denn hier sollen sich Schüler:innen mit einem Thema beschäftigen, das ihnen neu ist. Daher sind Erwartungen unsinnig, die auf ein bestimmtes Lernziel ausgerichtet sind. Was die Schüler:innen mit einem ihnen bis dahin unbekannten Input anfangen, obliegt nur ihnen selbst (siehe Biegholdts Selbstbildungspostulat weiter oben).

> Was die Schüler:innen mit einem ihnen bis dahin unbekannten Input anfangen, obliegt nur ihnen selbst.

Ein Beispiel aus meiner Unterrichtspraxis möge dies untermauern. Die Musik-AG der dritten und vierten Klassen sowie die Klassen 5 bis 10 müssen mit mir in die Staatsoper Hamburg fahren. Diese Fahrten sind Bestandteil des Unterrichts und nicht freiwillig. Da mein Heimatort Lüneburg nah an Hamburg liegt und die Staatsoper verlockende Angebote macht, nutze ich diese Möglichkeit für eine erlebnis- und möglicherweise erkenntnisorientierte Außenansicht. Da gibt es Proben für eine Oper im Haupthaus der Staatsoper, spielerische Einführungen in den Inhalt und die Musik einer Oper und die dazugehörige Abendvorstellung. Da gibt es aber auch den Besuch einer Orchesterprobe in der berühmten Elbphilharmonie oder kleine, aber feine Kammermusiken für Kinder. Das Ganze kostet für Schüler:innen praktisch nichts, zum Beispiel 5 € einschließlich der Zugfahrt für die Elbphilharmonie oder 10 € für den Abendbesuch einer Oper einschließlich der Zugfahrt und auf 100-€-Plätzen sitzend. Diese Ausflüge sind für keinen Schüler unzumutbar, stattdessen stellen sie eine besondere Neuerfahrung dar. Erwartet wird nicht, dass Schüler:innen nun plötzlich Opern und Orchestermusiken lieben, sondern erwartet wird, dass sie sich angemessen verhalten, wenn sie sich in diesen Räumen und Kontexten aufhalten. Allein diese Herausforderung macht eine solche Unternehmung sinnstiftend.

Biegholdts Schlussfolgerung für den Musikunterricht in Hinblick auf musikalische Bildung lautet: „Die Auseinandersetzung mit Musik – selbstbestimmt oder pädagogisch reflektiert angeleitet – kann zu musikalischer Bildung führen" (ebd.). Das stimmt. Wir können sie zwar nicht messen, aber wir können entsprechende Impulse geben.

Oberschmidt hält im selben Heft ein „Plädoyer für einen No-Education-Musikunterricht" und beschreibt am Ende seiner Ausführungen, worauf No Education hinausläuft: „No Education ist eine Gegenwehr. Klassische Programme der kulturellen Bildung und Vermittlung suggerieren häufig, dass erst Kennerschaft zu einer tiefen künstlerischen Erfahrung befähige. No Education lädt Kinder, Jugendliche und Erwachsene ein, sich ohne Vor- und Fachkenntnisse den Formen und Sprachen zeitgenössischer Kunst zu nähern" (Oberschmidt 2022, S. 12). Als Unterfütterung dieses Statements zitiert er ein sehr anschauliches Beispiel, das von Hans Heinrich Eggebrecht stammt:

> „Was muss man wissen, um Bach zu verstehen? Nichts. Ein ganzes Leben lang war ich als Wissenschaftler immer wieder bemüht, vom Wissen, vom Verstande her an Bach heranzukommen und andere Menschen daran teilhaben zu lassen, damit auch sie Bach besser verstehen, als es ohne Verstandeswissen möglich erscheint. Aber je mehr ich wissen wollte und das Wissen auch anderen zu vermitteln suchte, desto deutlicher erkannte ich, daß bei aller Wissenssuche ein Rest bleibt, den das Wissen nicht erreichen kann. Und je älter ich wurde, desto größer wurde der Rest und desto klarer wurde mir, dass in ihm, diesem nicht erreichbaren, die Hauptaufgabe gelegen ist, das Wichtigste, das Wesentliche. Diesen Rest nenne ich: das X" (Eggebrecht 2000, zitiert nach Oberschmidt 2022, S. 10).

Aus meiner Unterrichtspraxis kann ich bestätigen, dass Musik bei Schüler:innen eine besondere ‚Bildungsferne' provoziert, wenn man ‚Bildung' hier im Eggebrechtschen Sinne als Wissen vom Verstande her begreift. Schüler:innen aller Altersstufen wollen sich die Musik nicht dadurch kaputt machen lassen, dass sie musiktheoretisch analysiert oder Faktenwissen drumherum vorausgesetzt wird. Wenn es um Musik geht, dann geht es nur um Musik. Auch beim eigenen Musikmachen geht es nur um die Musik. Was ich dafür brauche, welche Töne, welche Rhythmen, welche Instrumente gespielt werden müssen, zielt nicht auf Wissen über Töne, Rhythmen und Instrumente, sondern nur auf die Musik. Je genauer ich diese ‚Regel' einhalte, desto besser und schneller kommen wir musikalisch zum Ziel. Dieses Phänomen zu realisieren, zu verstehen und zu respektieren, gehört zu den beglückendsten Momenten meines Berufslebens.

> Schüler:innen aller Altersstufen wollen sich die Musik nicht dadurch kaputt machen lassen, dass sie musiktheoretisch analysiert oder Faktenwissen drumherum vorausgesetzt wird.

Erstaunt bin ich auch immer wieder über die Kompetenz von Kindern und Jugendlichen, Musik zu hören. Seit Jahren vertrete ich für mich allein und insgeheim die These, dass Kinder und Jugendliche gleichermaßen kompetent Musik hören und aufgreifen wie Erwachsene bzw. wie ich. Es gibt keinen Unterschied. Immer wieder verblüffen mich zum Beispiel die Musikwünsche, denn in den meisten Fällen sind es hervorragend komponierte und arrangierte Stücke. Ist dem nicht so, geht es dem Schüler oder der Schülerin nicht um die Musik, sondern um das zur Schau gestellte Selbstbild: „Ich bin cool, denn ich höre *Capital Bra*." Geht es um Musik, hat sie fast immer ein hohes Niveau.

Das gilt auch für Musik, die nicht den ihnen zugeschriebenen Hörgewohnheiten entspricht. Kinder verstehen klassische und Avantgarde-Musik genauso gut wie Erwachsene. Es gibt keinen Unterschied. Daher weigere ich mich, Erkenntnisse im Kontext von Musik in einen direkten Zusammenhang mit der Musik selbst zu setzen.

Ein Beispiel: Wenn es darum geht, Töne auf einem Instrument zu finden, damit uns diese Kompetenz ermöglicht, gemeinsam Musik zu machen, dann wird diese Unterrichtseinheit abgetrennt vom Musizieren, dann heißt es eines Tages beispielsweise: „Heute geht es darum, Töne auf einem Keyboard zu finden." Später dann wird dieses Wissen aufgegriffen, um Musik zu machen.

Ein anderes Beispiel: Man sollte den Kontext, in dem der US-amerikanische Rap steht, kennen, genauso wie die historische Einordnung klassischer oder barocker Musik; aber das hat dann situativ nichts mit der Musik zu tun. Der Musik nähert man sich ohne Vor- und Fachkenntnisse, wie Oberschmidt es ausdrückt, aber das heißt nicht, dass man unabhängig vom konkreten Musikerlebnis auf Vor- und Fachwissen verzichten muss.

Eine der unseligsten Angewohnheiten der Musikpädagogik besteht in ihrem Beharren auf Parameteranalysen. In allen Curricula wird gefordert, dass Kinder und Jugendliche hoch und tief, laut und leise, anschwellend, abschwellend, schnell und langsam usw. analytisch hören sollen. Meinetwegen kann das „klinisch" passieren, also mit Sinustönen, die jedes Phänomen sehr plastisch und eindeutig zeigen. Aber in komplexer Musik? Was ist da schon „hoch", was ist „langsam", was ist „laut"? Spielt das Orchester laut oder ist der Lautsprecher laut gestellt? Ist es laut, weil viele spielen? Ist es laut, weil die Pauke dabei ist? Manchmal ist es auch „laut", weil der Gesamtklang rhythmisch aggressiv wirkt, ohne dass besonders laut gespielt wird. Kinder und Jugendliche, die Musik verstehen, die also Musik musikalisch hören, sind durch solche Aufgaben verwirrt und überfordert. Und sie haben Recht, denn es gibt da keine einfachen Antworten. Fatal wäre es, diese Schüler:innen deswegen schlecht zu bewerten, denn damit würde die Musikalität dieser Schüler:innen diskreditiert werden mit oftmals nachhaltig belastenden Folgen für das Selbstbild dieser jungen Menschen.

Wichtig sollte jedem Musiklehrer und jeder Musiklehrerin sein, den von Eggebrecht genannten „Rest X" nie zu beschädigen. Schule kann sowas. Schule kann Neugier, Enthusiasmus, Vertrauen und Kraft umwandeln in dumpfes Erfüllen von Lehrer:innenerwartungen. Wäre schön, wenn das zumindest im Fach Musik nicht passiert.

Literaturverzeichnis

- Biegholdt, Georg (2022): Musik bildet? *Musikunterricht aktuell*, (16), S. 4–7.
- Eggebrecht, Hans Heinrich (2000): X. In Andreas Keller (Hrsg.), *Passion. Internationale Bachakademie Stuttgart*. Mönchengladbach: B. Kühlen, S. 15–18.
- Oberschmidt, Jürgen (2022): Plädoyer für einen No-Education-Musikunterricht. *Musikunterricht aktuell*, (16), S. 8–12.

Julia Lutz

Ein Thema mit Variationen

Musikunterricht als Erfahrungs- und Lernraum gestalten

Autorin
Dr. Julia Lutz; Professorin für Musikpädagogik und Musikdidaktik an der Folkwang Universität der Künste Essen; Vizepräsidentin des BMU-Landesverbands Bayern.

Variationen sorgen für Abwechslung, machen eine Sache facettenreich und eröffnen verschiedene Möglichkeiten, sich mit ihr zu beschäftigen. Im Folgenden wird der Blick nicht auf musikalische Werke gerichtet, in denen ein Thema hinsichtlich Parametern wie Melodie, Rhythmus, Tongeschlecht, Begleitung oder Artikulation verändert wird. Anders formuliert mit Worten von Heinrich Christoph Koch aus seinem *Musikalische[n] Lexikon* zum Begriff „Variazionen, Variazioni": Es geht nicht um Werke, die gestaltet sind als

> „mehrmalige unmittelbare Wiederholung eines kurzen Tonstücks, wobey die Melodie jedesmal durch Verschiedenheit der Zergliederungen ihrer Hauptnoten und der damit in Verbindung gebrachten durchgehenden und Nebennoten verändert wird, jedoch ohne dabey die Aehnlichkeit mit der Hauptmelodie ganz zu vermischen" (Koch 1802, Sp. 1629).

Vielmehr werden Möglichkeiten betrachtet, um ein Unterrichtsthema in unterschiedlichen Variationen zu realisieren und Musikunterricht variantenreich zu gestalten.

Ausgangspunkt dafür sind die individuellen Voraussetzungen, welche Kinder und Jugendliche in den Unterricht mit- und einbringen – unabhängig davon, ob explizit von Inklusion die Rede ist oder nicht. Im Mittelpunkt stehen Überlegungen, wie ein Unterrichtsthema in vielfacher Weise variiert werden kann, um allen beteiligten Schülerinnen und Schülern sowohl gemeinsames Musik-Lernen und Musik-Erleben als auch Schritte der persönlichen Weiterentwicklung zu ermöglichen. Ansatzpunkte dafür bietet das Modell der inklusionsdidaktischen Netze (Heimlich & Kahlert 2014, S. 173–185), das den Blick auf Lernbereiche und Entwicklungsbereiche und damit sowohl auf Inhalte als auch auf die Lernenden lenkt, zum Denken in verschiedenen Dimensionen anregt und hier hinsichtlich der Gestaltung von Musikunterricht weitergedacht wird. Gemeint ist ein Musikunterricht, der die von den Lernenden ausgehende Vielfalt aufgreift und darauf reagiert, der also Diversität als einen im Unterrichtsgeschehen immer mitspielenden Faktor betrachtet und beachtet.

> Jeder Unterricht lässt sich als Zusammenspiel von Variablen beschreiben

Fachliche und entwicklungsorientierte Aspekte als Basis für Variationen

Jeder Unterricht lässt sich als Zusammenspiel von Variablen beschreiben. Zentral sind die beteiligten Personen und die Inhalte; über Lehr-Lern-Formen, Handlungsmuster und Medien entwickelt sich innerhalb eines zeitlichen und räumlichen Rahmens eine Interaktion. Ihren Ansatz der inklusionsdidaktischen Netze sehen Kahlert und Heimlich als Unterstützung zur Planung dieses Zusammenspiels. Den Kern eines solchen Netzes bilden die fachliche Dimension sowie eine auf die Möglichkeiten der persönlichen Weiterentwicklung der Lernenden bezogene entwicklungsorientierte Dimension. Aus der Vielzahl an Ideen, die sich im Kontext eines solchen Netzes ausgehend von einem Unterrichtsthema generieren lassen, trifft die Lehrperson eine „Auswahl der für die eigene Lerngruppe förderlichen Ideen" (Kahlert & Heimlich 2014, S. 177).

Für den Musikunterricht lässt sich die fachliche Dimension anhand von Lernbereichen, wie sie in Lehrplänen zu finden sind und die Struktur des Faches verdeutlichen, erfassen: Musik machen mit der Stimme und mit Instrumenten, Musik erfinden, Musik hören, Musik umsetzen in Symbole, Bilder, Texte und szenische Elemente, sich bewegen zu Musik sowie das Sprechen und der Austausch über Musik. Auch wenn die Lernbereiche teilweise mit etwas unterschiedlichen Wortlauten bezeichnet werden, so spiegeln sich darin die Umgangsweisen mit Musik bzw. musikbezogenen Verhaltensweisen, wie sie Dankmar Venus (1969, S. 21f.) formuliert hat – Produktion, Reproduktion, Rezeption, Transposition und Reflexion. Auf der Ebene der Entwicklungsbereiche sind sensorische, motorische, kommunikative, emotionale, soziale und kognitive Aspekte zu berücksichtigen.[1]

Das folgende Kapitel gibt Impulse, wie die individuellen Voraussetzungen des Lernenden, sowie die mit einem Unterrichtsinhalt verbundenen Potenziale erfasst werden können.

Wechselnde Perspektiven einnehmen

Lehr-Lern-Situationen differenziert und auf die Fähigkeiten, Bedürfnisse und Interessen aller Kinder und Jugendlichen in einer Lerngruppe hin ausgerichtet zu planen bedeutet, als Lehrperson über die Voraussetzungen der einzelnen Lernenden möglichst gut informiert zu sein und diese immer wieder neu in den Blick zu nehmen – durch Beobachtung oder in Gesprächen mit den Lernenden, mit deren Eltern, mit anderen Lehrkräften. Die Übernahme der Perspektive einzelner Lernender ermöglicht Lehrenden, im Prozess der Unterrichtsplanung Chancen und Herausforderungen, die sich für dieses Kind bzw. diesen Jugendlichen ergeben können, mitzudenken.[2] Da ist beispielsweise die Schülerin, der es schwerfällt, sich zu konzentrieren. Wie nimmt sie eine Situation wahr, in der mehrere Gruppen im Raum Musik zu einem Gedicht erfinden und dabei mit verschiedenen Klangerzeugern experimentieren? Ein Schüler, der über geringen Wortschatz in deutscher Sprache verfügt, hat Schwierigkeiten, sich verbal mitzuteilen. Wie kann er in den Austausch über ein Musikvideo einbezogen werden?[3]

Alle Perspektiven, die Kinder bzw. Jugendliche einer Klasse hinsichtlich von Faktoren wie Sprache, Verhalten, psychische Disposition, kognitive, emotionale und motorische Entwicklung in den Unterricht einbringen, als Lehrperson gleichermaßen zu kennen und vorausblickend mitzudenken, wird kaum realisierbar sein. Umso mehr Raum sollte spontan entstehenden Variationen im Unterrichtsarrangement gegeben werden – angeregt durch Schülerinnen und Schüler ebenso wie durch die Lehrperson. Wenn alle Mitwirkenden sich dafür verantwortlich und angesprochen fühlen, mit ihren individuellen Möglichkeiten mitzuwirken, kann dieser Raum so ausgefüllt werden, dass er allen persönlich bedeutsame Erfahrungen ermöglicht.

Unterricht differenziert zu gestalten bedeutet auch, die Sache, die Lerngegenstand sein soll, aus verschiedenen Perspektiven zu betrachten und nach Optionen zu fragen, auf unterschiedlichen Ebenen allen Schülerinnen und Schülern Zugang zu und Umgang mit dieser Sache zu ermöglichen. Ein Ansatz, dies zu tun, ist, Erfahrungs- und Entwicklungsfelder als Impulse zum Blick auf ein Thema oder einen konkreten Unterrichtsinhalt zu nutzen (Lutz 2020, S. 33–37). Fünf Felder regen dazu an, sich das Potenzial hinsichtlich Selbsterleben und Selbstausdruck, Gruppenerleben und Gruppenausdruck sowie

---

[1] Die Bereiche sind angelehnt an Kahlert und Heimlich (2014, S. 174), die ihr Modell anhand eines Beispiels des Sachunterrichts darstellen. Dort wird der Bereich der sensomotorischen Aspekte thematisiert und nicht in sensorische und motorische Aspekte ausdifferenziert.
[2] Zur Bedeutung der Fähigkeit zur Perspektivenübernahme in der Schulpraxis allgemein vgl. Dimitrova & Lüdmann (2014, S. 7); mit Blick auf die Gestaltung von Lernsituationen mit dem Fokus auf der von den Schülerinnen und Schülern ausgehenden Heterogenität vgl. Lutz (2020, S. 32f.).
[3] Weitere Beispiele für individuelle Perspektiven von Lernenden, die im Prozess der Unterrichtsplanung als Anregung für einen Blick aus Lernenden-Sicht dienen können, vgl. Lutz (2020, S. 31f.).

Konzentration und Aufmerksamkeit zu vergegenwärtigen.[4] Welche Möglichkeiten bietet ein Unterrichtsthema oder ein ausgewählter Unterrichtsinhalt, um sich, die Musik und die Interaktion mit anderen zu erleben? Welches Potenzial besteht, sich individuell oder in der Gruppe auszudrücken? Inwiefern werden Konzentration und Aufmerksamkeit gefordert und gefördert? Konkreter gefragt: Welche Formen des Erlebens – emotional, körperlich, kognitiv – eröffnen sich?[5] Welche Möglichkeiten zum Ausdruck – durch Bewegung, Mimik und Gestik, durch Zeichen, Bilder und Sprache, mit Instrumenten oder mit Körperklängen – können den Lernenden angeboten werden?

Die hier formulierten Fragen fordern dazu auf, den Blick auf die Sache mit jenem auf die Relevanz für eine bestimmte Lerngruppe zu verbinden, um Räume für gemeinsames ebenso wie für individuelles Lernen zu eröffnen. Wie ein Unterrichtsthema in Variationen realisiert werden kann, verdeutlichen die folgenden Überlegungen.

Tag und Nacht – ein Thema mit und in Variationen realisieren

Tag und Nacht werden täglich (bzw. nächtlich) aufs Neue erfahren – mit gewohnten Abläufen und mit neuen Eindrücken. Dieses nicht explizit mit Musik verbundene Thema lässt sich mit musikalischen Elementen verknüpfen und im Musikunterricht ebenso wie über das Fach hinausgehend in unterschiedlichen Jahrgangsstufen und Schulformen von der Grundschule bis zum Gymnasium facettenreich umsetzen. Anregungen, wie die fachliche Dimension in Form verschiedener Umgangsweisen mit Musik und anknüpfend an die Musik mit entwicklungsbezogenen Aspekten in Verbindung gebracht werden kann, bietet die Darstellung auf der gegenüberliegenden Seite.

Sie verdeutlicht das Zusammenspiel verschiedener Variablen mit einer kreisförmigen Anordnung und regt zu einer mehrdimensionalen Herangehensweise an das Thema an. Die im Kreisinneren genannten Aktivitäten können Elemente einer Unterrichtsstunde oder -reihe sein und miteinander verbunden werden. Die folgenden Beispiele bringen die Vielfalt an Möglichkeiten, „Tag und Nacht" als Thema in bzw. mit Variationen zu realisieren, zum Ausdruck:

- ■ Hören: für den Tag bzw. die Nacht typische Geräusche und mit der Thematik verknüpfte Kompositionen hören – von der *Morgenstimmung* aus Edvard Griegs *Peer Gynt Suite Nr. 1* oder dem *Sonnenaufgang* und *Sonnenuntergang* in der *Alpensinfonie* von Richard Strauss über Ausschnitte aus *Ein Sommernachtstraum* von Felix Mendelssohn Bartholdy, Claude Debussys *Clair de lune (Suite bergamasque)*, Ein *Abend auf dem Lande* von Béla Bartók bis hin zu *It's been a hard day's night* von den Beatles und noch weiter zu *Wolken im eisigen Mondlicht (Ein Kinderspiel, Nr. 2)* von Helmut Lachenmann

- ■ Sich bewegen: Parameter der Musik aufgreifen, eine eigene Choreographie entwickeln, z.B. mit Alltagsmaterialien zur Darstellung von Gegensätzen Tag – Nacht, Licht – Dunkelheit

- ■ Musik umsetzen: in verschiedene Notationsformen, in Bilder, in Texte, in szenische Elemente

- ■ Musik erfinden: eine musikalische Nachtimpression ausgehend von einem bekannten Abendlied gestalten, einen Sonnenaufgang verklanglichen, ein Zwischenspiel zu einem Abendlied improvisieren, ein Gedicht oder eine Geschichte schreiben und klanglich untermalen

---

[4] Zum Ansatz der Erfahrungs- und Entwicklungsfelder als Reflexionsimpulse für Musikunterricht, der von den Voraussetzungen der Lernenden ausgeht, vgl. Lutz (2020, S. 33–37). Der Begriff der Erfahrungsfelder wird im Schnittfeld von (Musik-)Pädagogik und (Musik-)Therapie auch von Isabelle Frohne (1981) verwendet, Joachim Kahlert und Ulrich Heimlich sprechen im Kontext ihres Modells der inklusionsdidaktischen Netze von „Erfahrungs- und Entwicklungsbereichen" (Kahlert & Heimlich 2014, S. 176).

[5] Überlegungen zum Begriff des musikalischen Erlebens – auch verbunden mit der Frage nach Gemeinsamkeiten und Unterschieden zum Begriff der ästhetischen Erfahrung – vgl. Löbbert und Ziegenmeyer (2022, S. 355–358).

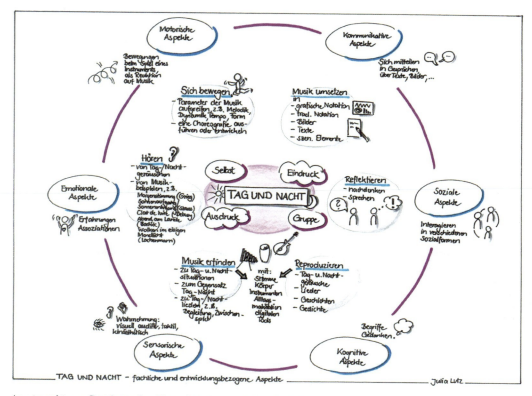

Ansatzpunkte zur Gestaltung eines Unterrichtsthemas mit bzw. in Variationen

■ Reproduzieren: für den Tag bzw. die Nacht typische Geräusche ausführen, Lieder singen, Geschichten oder Gedichte lesen bzw. vortragen

■ Reflektieren: über persönliche Erfahrungen und Eindrücke nachdenken und sich austauschen. Wie fühle ich mich bei einem Spaziergang am Tag, wie in der Nacht? Welche Assoziationen habe ich beim Hören einer Komposition oder beim Lesen eines Textes, der von täglichen oder nächtlichen Begebenheiten erzählt?

Mit Blick auf konkrete Unterrichtssituationen gilt es, diese vom Fach Musik ausgehende Perspektive durch jene zu ergänzen, die auf die Entwicklungsbereiche gerichtet ist, und dabei die Individuen ebenso wie die Gruppe und die Dimension des Eindrucks wie des Ausdrucks zu berücksichtigen. Die auf der äußeren Kreisbahn angeordneten entwicklungsbezogenen Aspekte sind rotierend um die Lernbereiche als fachliche Dimension zu sehen. Wie können die Schülerinnen und Schüler emotional angesprochen werden? Auf welchen Ebenen der Wahrnehmung – visuell, auditiv, taktil und kinästhetisch – lässt sich ein Thema zugänglich und erfahrbar machen, etwa durch Objekte, die betrachtet, befühlt und zur Erzeugung von Geräuschen verwendet werden? Welche Möglichkeiten der motorischen Aktivität lassen sich schaffen? Welche Rolle kann die kognitive Ebene spielen? Welche Formen der sozialen Interaktion und der Kommunikation bieten sich an?

Diese Ideensammlung möchte zum Ergänzen und Weiterentwickeln anregen. Dass für jede Unterrichtsstunde eine Auswahl getroffen wird, deren Ausgestaltung für bestimmte Klassen und von jeder Lehrperson immer von Neuem erfolgt, liegt auf der Hand – genau dann kann der Unterricht auf die Vielfalt reagieren, die von den Individuen in der jeweiligen Klasse ausgeht.

In Variationen weiterdenken

Im Prozess des Arrangierens und Inszenierens von Musikunterricht können die folgenden Fragen zum Nach- und Weiterdenken anregen:

- Wie wird eine Musikstunde zu einem Unterricht, der nicht (bzw. nicht in erster Linie) von Lehrplänen und Kompetenzerwartungen ausgeht, sondern von den Schülerinnen und Schülern und den Potenzialen, mit denen sie zum Unterricht beitragen können?

- Welche Möglichkeiten eröffnen sich, wenn Schülerinnen und Schüler sowie die Lehrkräfte sich nicht in festen Rollen als Lernende bzw. Lehrende sehen, sondern zwischen diesen Rollen wechseln und je nach Situation verschiedene Rollen einnehmen und sich so aus und mit wechselnden Perspektiven ins Unterrichtsgeschehen einbringen? Was kann ich als Lehrerin oder Lehrer von den Kindern und Jugendlichen lernen, und was können diese voneinander und miteinander lernen?

- Wenn Lernen verstanden wird als „Prozess, der auf Erfahrung beruht" (Gerrig 2018, S. 214): Wie kann Musikunterricht als Erfahrungs- und Lernraum gestaltet werden, der die Entwicklung der Individuen unterstützt und ihnen ermöglicht, ihre persönlichen Formen des Ausdrucks einzubringen und sich als Teil der Gruppe zu erleben?

- Welche Möglichkeiten bietet ein Thema, um die fachliche Dimension zu weiten, um es über das Fach Musik hinausgehend zu betrachten, es fachübergreifend zu erschließen und sich auf unterschiedlichen Ebenen mit ihm auseinanderzusetzen?

- Welches Potenzial eröffnet sich durch digitale Medientechnologien? Wie lassen sich konkrete Apps oder eine bestimmte Software so einsetzen, dass im Lehr-Lern-Setting ein Mehrwert entsteht? Wo bzw. wann kann auf digitale Tools bewusst verzichtet werden, da sie andere Formen des Umgangs mit Musik nur ersetzen, nicht jedoch erweitern würden oder eher mit Barrieren als mit Chancen verbunden sind?

- Welche persönlichen Ziele habe ich als Lehrerin bzw. Lehrer im Unterricht mit dieser Klasse – unabhängig von Vorgaben in Lehr- und Bildungsplänen bzw. darüber hinaus? Welche Erfahrungen möchte ich den Lernenden ermöglichen, die im Fach Musik und über das Fach hinaus für sie bedeutsam sein können?

Musikunterricht zu gestalten, der auf die von den Schülerinnen und Schülern mit- und ins Spiel gebrachte Vielfalt reagiert, heißt: bewährte Inhalte, Aufgabenstellungen, Lehr-Lern-Formaten und Handlungsmuster immer wieder hinterfragen und deren Zusammenspiel ggf. neu arrangieren. In diesem Gestaltungsprozess wird es Herausforderungen geben, denen auf verschiedene Weise begegnet werden kann. Unverzichtbar sind ein Blick aus immer wieder anderen Perspektiven und die Offenheit, umzudenken, auszuprobieren, Ideen zu verwerfen, Richtungen zu ändern und die Zahl an Variationen eines Themas – ebenso wie jene an Variationen der eigenen Handlungsmöglichkeiten als (Musik-)Pädagogin bzw. Pädagoge – niemals als abgeschlossen zu betrachten.

Literaturverzeichnis

- Dimitrova, Vasilena & Lüdmann, Mike (2014): *Sozial-emotionale Kompetenzentwicklung. Leitlinien der Entfaltung der emotionalen Welt.* Wiesbaden: Springer.
- Frohne, Isabelle (1981): *Das Rhythmische Prinzip. Grundlagen, Formen und Realisationsbeispiele in Therapie und Pädagogik.* Lilienthal: Eres.
- Gerrig, Richard J. (2018): *Psychologie.* 21., aktualisierte und erweiterte Aufl. Hallbergmoos: Pearson.
- Heimlich, Ulrich & Kahlert, Joachim (2014): Inklusionsdidaktische Netze – Konturen eines Unterrichts für alle (dargestellt am Beispiel des Sachunterrichts). In Ulrich Heimlich & Joachim Kahlert (Hrsg.), *Inklusion in Schule und Unterricht. Wege zur Bildung für alle.* 2. Aufl. Stuttgart: Kohlhammer, S. 153–190.
- Koch, Heinrich Christoph (1802): *Musikalisches Lexikon, welches die theoretische und praktische Tonkunst, encyclopädisch bearbeitet, alle alten und neuen Kunstwörter erklärt, und die alten und neuen Instrumente beschrieben, enthält.* Offenbach a.M.: André. https://www.digitale-sammlungen.de/en/view/bsb10271116?page=836,837 [17.09.2023].
- Löbbert, Christine & Ziegenmeyer, Annette (2022): Räume für ästhetisches Erleben. In Heinrich Klingmann & Katharina Schilling-Sandvoß (Hrsg.), *Musikunterricht und Inklusion. Grundlagen, Themen und Handlungsfelder.* Esslingen, Innsbruck, Bern-Belp: Helbling, S. 355–364.
- Lutz, Julia (2020): *Musik erleben – Vielfalt gestalten – Inklusion ermöglichen. Anregungen für den Musikunterricht und den Grundschulalltag.* Hannover: Kallmeyer in Verbindung mit Klett.
- Venus, Dankmar (1969): *Unterweisung im Musikhören.* Wuppertal, Ratingen, Düsseldorf: Henn.

Malte Markert

„The possibility of saying nothing"

Zum Verhältnis von Intentionalität und Absichtslosigkeit in der Musikdidaktik und in der Musikästhetik John Cages

I. Resonanz, Intentionalität und Musikdidaktik

‚Resonanz' ist ein ungemein vielschichtiger Begriff, der ausgehend von seiner ursprünglichen Bedeutung als physikalisches Phänomen inzwischen in unterschiedlichsten Bereichen Anwendung findet (Schäffler 2019, S. 11). Er lässt sich auf das In-Schwingung-Versetzen und Klingen eines Körpers oder Musikinstruments beziehen, aber auch in einem Prozess fortschreitender Metaphorisierung auf einen Vorschlag in einer Diskussion, einen Impuls in der öffentlichen Debatte, auf das Verhältnis zu einem anderen Menschen oder sogar die Beziehung zur Welt im Ganzen (Oberschmidt 2019, S. 14–17). Buchstäbliche wie metaphorische Verwendungen des Begriffes ‚Resonanz' vereinen dabei in aller Regel zwei unterschiedliche Momente: auf der einen Seite einen absichtsvollen Akt, verbunden mit Zielgerichtetheit, Planbarkeit, Bewusstsein, auf der anderen Seite die Erfahrung, die Konsequenzen aus diesem Akt nicht oder nicht mehr vollständig in der Hand zu haben – oder prägnanter: Das Ereignis wird größer als derjenige, der es angestoßen hat. Die folgenden Überlegungen knüpfen an diesen Gedanken an sowie an Reflexionen, die in einem größeren, dort vom Begriff des ‚Verstehens' ausgehenden Theorie-Kontext entwickelt wurden (Markert 2018, insb. S. 55–63); inzwischen wurden diese Impulse weiterentwickelt, konkretisiert und mehrfach mit Schülern erprobt (Arbeitsmaterialien zum Download auf der BMU-Homepage, siehe weiter unten).

Seit sich Musikpädagogik und -didaktik als eigenständige Disziplinen etabliert haben und insbesondere in der Abkehr von Kunstwerkdidaktik und Wissenschaftsorientierung der 1960er Jahre ist die Bedeutung des aktiven, handelnden, intentionalen Subjekts starkgemacht worden. Dieser Einspruch gegen den übermächtigen Anspruch des Objekts (klassischerweise des ‚Werks') ist in gewisser Weise überhaupt die Begründung einer Musikdidaktik, die zwar über elementare Musikpraxis, Singen und Flöten hinausgehen will, gleichzeitig aber mehr und Anderes sein will als eine Reduktion der historischen Musikwissenschaft.[1] Er bestimmt schon die frühen Ansätze der Didaktischen Interpretation und lässt sich in zahlreichen von Handlungsorientierung oder Konstruktivismus bestimmten Konzepten nachvollziehen, bis er weitgehend zum Allgemeingut geworden ist.[2] In aller Regel wird dabei eine antithetische Struktur ausgeprägt:

passiv	aktiv
Nachvollziehen	planvolles, absichtsvolles Handeln
Reproduzieren	eigenes Entdecken
Musik als Objekt	das musikalische Subjekt

---

[1] „Schulmusik und Musikwissenschaft bilden ein Ganzes, Zusammengehöriges, aufeinander Eingestelltes: Sie treffen und verbinden sich in den gleichen, auf Wissenschaft basierenden Aufgaben" (Eggebrecht 1972, S. 30).
[2] Ehrenforth thematisiert in der Auseinandersetzung mit Bartóks *Divertimento für Streichorchester* explizit das Bewusstsein um den Widerspruch zwischen subjektivem Zugang und tatsächlichem historischen Kontext (vgl. Ehrenforth 1971, S. 44). Die „Frontstellung" dieser Struktur wird am deutlichsten in Scharfs Gegenüberstellung eines ‚alten' und eines ‚neuen' Paradigmas der Musikpädagogik, wobei letzteres durch Begriffe wie „Selbststeuerung", „offener Erfahrungsraum" und „(aktive) Konstruktionsleistung des Subjekts" gekennzeichnet ist (Scharf 2007, S. 292).

Die Struktur ist zum einen antithetisch, zum anderen hierarchisch, insofern als die Begriffe auf der linken Seite als negativ, die auf der rechten Seite aber als positiv, wertvoll und erstrebenswert bewertet werden. Während in allen genannten Konzepten diese Hierarchie jedenfalls erläutert und reflektiert wird, greifen Unterrichtsmaterialien, Lehrer-Begleitbände oder Stundenentwürfe in einer gleichsam vulgarisierten Variante vielfach nur noch einzelne Stichwörter wie ‚Aktivität' und ‚Schülertätigkeit' auf, als ob ein Ansatz, Konzept oder Unterrichtsschritt damit bereits begründet und legitimiert wäre und sich eine weitere Reflexion erübrige.[3]

Der Fortschritt, den die Musik-Didaktik ausgehend von diesen Überlegungen nahm, ist sicher nicht zu leugnen und ganz sicher kann es nicht darum gehen, das Rad wieder zurückzudrehen. Allerdings aber lässt sich fragen, ob diese Hierarchie so eindeutig ist, welchen Preis man für die Anwendung allgemeiner Prinzipien auf das Ästhetische bezahlt und ob das Verhältnis von ‚aktiv' und ‚passiv' nicht auch grundsätzlich anders gedacht werden kann. Möglicherweise kann es auch einen Raum geben, der diese starre Dichotomie aufbricht, der sich „dazwischen" befindet und der dem Spezifischen des Ästhetischen gerade so näherkommt. In der Philosophie und der Pädagogik werden diese Fragen seit einiger Zeit von Autoren wie Emmanuel Lévinas, Dieter Mersch oder Herbert Wimmer in unterschiedlichsten Schattierungen diskutiert; exemplarisch führe ich hier an, wie Lambert Wiesing die traditionelle Dichotomie von wahrnehmendem Subjekt und wahrgenommenem Objekt problematisiert und stattdessen den Vorgang der Wahrnehmung in den Mittelpunkt rückt. Er fragt nicht „nach den *subjektiven Bedingungen der Möglichkeit von Wahrnehmung*, sondern stattdessen nach den *Folgen der Wirklichkeit von Wahrnehmung für das Subjekt*" (Wiesing 2009, S. 112, Hervorh. i. Orig.) und unterscheidet dabei drei verschiedene Konstellationen.

Die erste geht aus vom Primat des Wahrnehmungsgegenstandes und impliziert die Forderung, diesen näher zu bestimmen. Dieser Konstellation wären in der Erkenntnistheorie verschiedenste Varianten der Abbildtheorie, Widerspiegelungstheorie oder des Naiven Realismus zuzurechnen; in der Musikdidaktik entsprächen ihr Abbilddidaktik, Kunstwerkdidaktik im Sinne Michael Alts sowie allgemeiner jeder unterrichtliche Ansatz, der allein auf objektive Lösungen zielt, während Besonderheiten, Erwartungen, Interessen und Wertungen der Schüler keine oder eine zu vernachlässigende Rolle spielen.

In der „zweiten Konstellation" rückt dagegen das Wahrnehmungssubjekt ins Zentrum: „Es gibt die Wahrnehmung, weil es ein wahrnehmendes Subjekt gibt, welches die Wahrnehmung von einem Gegenstand so sein läßt, wie sie ist" (Wiesing 2009, S. 117). Darunter fielen erkenntnistheoretisch alle Konzepte, die die Vorstellung eines objektiv zu bestimmenden Wahrnehmungsgegenstandes kritisieren und die die pädagogische Theoriebildung zunehmend bestimmt und bereichert haben, gleichzeitig aber dazu tendieren, den immergleichen Strohmann aufzubauen, um dann auf ihn einzuschlagen: „Mit einer eigenwilligen Penetranz bietet sich auch noch die tausendste Variante des Interpretationismus und Konstruktivismus als eine dringend notwendige Befreiung vom Primat des Objekts an" (Wiesing 2009, S. 117). Eben das lässt sich in der Musikdidaktik sehr gut nachvollziehen: das Immer-Wieder-Anschreiben gegen die Abbildtheorie oder das scheinbare Immer-Wieder-Neu-Entdecken des Konstruktivismus, nachdem er längst Mainstream geworden ist. Die Konsequenzen daraus bleiben häufig trotzdem unklar, wenn man sich nicht darauf beschränken will, subjektive Erfahrungen, Zugänge und Wertungen der Lernenden zu wiederholen oder zu reproduzieren, sondern den Anspruch hat, ihnen auch Unbekanntes oder Fremdes näherzubringen.[4]

Wiesing skizziert schließlich ein drittes Modell, in dem die „Wirklichkeit der Wahrnehmung" zum Fixstern in der Konstellation wird. Der Schwerpunkt soll nun weder auf dem Objekt noch auf dem Subjekt liegen und die Grundannahme lauten: „Es gibt den Wahrnehmenden, weil es das Wahrnehmen von Gegenständen gibt, welches den Wahrnehmenden so sein läßt, wie er ist" (Wiesing 2009, S. 118).

---

[3] Im schlimmsten Falle wird die gehäufte Verwendung von solchen „Hochwert-Wörtern" zu einer Strategie, um das Fehlen konzeptueller Substanz zu kaschieren.
[4] Die Begegnung von Schüler und ästhetischem Gegenstand bleibt also tendenziell redundant oder reproduziert Sichtweisen/Wertungen, die schon bestanden (vgl. Markert 2018, S. 50).

Es geht hier – wie oben skizziert – nicht um die einfache Umkehrung eines antithetischen Verhältnisses, sondern darum, sowohl den Wahrnehmenden als auch das Wahrnehmungsobjekt als Ergebnis eines Wahrnehmungsvorgangs zu betrachten. Für das wahrnehmende Subjekt mündet das in die Erfahrung: „Ich bin ein Unterworfener" – und diese Vorstellung ist tatsächlich maximal weit entfernt vom Bild eines aktiven, absichtsvollen, selbstbestimmten, selbstbewussten ‚Ich' (Wiesing 2009, S. 121).[5] Während das bewusst handelnde Subjekt sich gerade definiert durch seine Intentionalität, durch die Haltung, „es so kommen zu lassen, wie man will", geht es hier demgegenüber um eine „heteronome Erfahrung", die die Grenze dieses absichtsvoll Planbaren markiert (Masschelein & Wimmer 1996, S. 64).

Was bedeutet das nun für die Begegnung von Subjekt und musikalischem Gegenstand? Es bedeutet, einen Weg zu suchen zwischen einer einfachen Objekt- oder Abbilddidaktik, in der der Lernende nicht vorkommt, und der Beliebigkeit subjektiver Erfahrungen, Erwartungen und Assoziationen – eine Annäherung an den ästhetischen Gegenstand, die weder die Intentionalität des Werks, des Komponisten oder des Lehrers noch die des Schülers absolut setzt und stattdessen versucht, vorher unbekannte Resonanzen zum Klingen zu bringen und sich damit dem Spezifischen des Ästhetischen anzunähern.[6] Beim Versuch, das positiv zu beschreiben, kreisen verschiedene Autoren um ein Wortfeld aus ‚Aushalten',[7] ‚Sich-Einlassen', ‚Aussetzen' oder auch „das staunende Hinhorchen" (so bereits Kneif 1973, S. 169). Gemeinsam haben diese Begriffe zum ersten, dass sie von einer gewissen Unschärfe sind, sich zumindest aber nicht dem Paradigma von Aktivität, Bewusstsein, Verstehen und Beherrschen zuordnen lassen – ‚Passivität' wäre hier nicht negativ besetzt, sondern eigentlich positiv im Sinne einer ‚Passibilität' oder ‚Befähigung zum Sich-Einlassen'. Zum zweiten haben sie gemeinsam, dass sie auf einen durchaus schwierigen oder sogar schmerzhaften Prozess verweisen und zum dritten, dass sie kaum zu operationalisieren und zu überprüfen sind.

Ein solcher Ansatz stellt also in mehrfacher Hinsicht eine Provokation dar: für eine auf Aktivität und Intentionalität des Subjekts setzende Musikpädagogik ebenso wie für eine Unterrichtsplanung mit klar definierten Kompetenzen und eindeutig zu überprüfenden Lernzielen und nicht zuletzt weil die Befähigung zu einer ‚naiven' Wahrnehmung durchaus in Konflikt treten kann zu einem kritischen Verhältnis zur Welt.[8]

II. Resonanz und das Problem ‚absichtsloser Klänge' bei John Cage

In der Musik kann es unterschiedlichste, potenziell zahllose Anknüpfungspunkte für das Gesagte geben. Der Komponist, der sich am deutlichsten und am radikalsten vom Paradigma der Intentionalität absetzt, ist sicherlich John Cage. Cage selbst erläutert seine Kompositionstechnik in den 1950er Jahren explizit aus der Perspektive des Ideals der „Absichtslosigkeit" von Klängen und nähert sich in Begriffen wie „nonintention", „self-surrender" oder „no-continuity" (*Lecture on Something*, Cage 1973, S. 132) in bemerkenswerter Weise an das zuletzt aufgefächerte Begriffsfeld von ‚Aushalten', ‚Ertragen' oder ‚Unterwerfen' an.[9]

Cage selbst begründet sein ästhetisches Ideal mit Verweisen auf Zen-Buddhismus, indische Philosophie und auch mittelalterlich-abendländische Mystik (vgl. dazu etwa Jürging 2002, S. 79f.), die sich jeweils gegen den Primat von Intentionalität, Logos und Subjektivität wenden. Cages Musik im Kontext seiner Auseinandersetzung mit verschiedenen philosophischen und religiösen Strömungen zu

---

[5] Erkenntnistheoretisch gewendet bedeutet das: „Ich weiß nicht, was ich bin, aber ich weiß, wie es ist, ein wahrnehmendes Subjekt in einer wahrnehmenden Welt zu sein." Wiesing stellt Descartes' „Ich denke, also bin ich" damit entgegen: „Ich denke, also gibt es mich" (ebd., S. 123).
[6] Diese ‚Fremdheit des Ästhetischen' ist damit auch weitgehend unabhängig von der Frage nach interkultureller Pädagogik oder außereuropäischer Musik, sondern zeigt sich bei jeder Begegnung mit einem unbekannten ästhetischen Gegenstand.
[7] „Die Expressivität des ‚Pierrot Lunaire', des ‚Wozzeck', der ‚Soldaten' kann ich *nicht mehr* – endgültig und eindeutig – verstehen, ich kann sie – im günstigsten Fall – aushalten" (Behne 1993, S. 143, Hervorh. i. Orig.).
[8] Dieses Spannungsfeld berührt natürlich Grundfragen des Verhältnisses von ästhetischer Einstellung und gesellschaftlichem Engagement und ist schon in Kants Begriff vom Wohlgefallen „ohne alles Interesse" angelegt, den er von der Frage nach „Nutzen" oder „Moral" gerade trennt (*Kritik der Urteilskraft*, Kant 2008 [1790], S. 867).
[9] Für eine ausführlichere Auseinandersetzung mit Cages Schrifttum, der Forschungslage sowie weiteren ästhetischen Implikationen sei wiederum auf Markert 2018, S. 87ff. verwiesen.

betrachten ist dabei eine ebenso schlüssige wie durch Selbstzeugnisse belegbare Lesart – gleichzeitig steht sie insofern in der Gefahr einer Verkürzung, als Cages Musik auf eine Umsetzung seiner Weltanschauung reduziert wird.

Die Musik lässt sich auch im Kontext eines ästhetischen Diskurses untersuchen, innerhalb dessen „Absichtslosigkeit", „Nicht-Intentionalität" oder „self-surrender" die radikalste – und teilweise auch prinzipiell nicht mehr zu überbietende – Ausprägung eines anti-hermeneutischen Denkens sind und Cages Komponieren nicht nur in Musik gesetztes philosophisches Programm, sondern Konsequenz eines musikästhetischen Problems ist, das im Buddhismus weniger seinen Ursprung als seine Explikation findet. Auch dafür existieren zahlreiche Belege, namentlich die Geschichte der drei Männer[10] und die Aufwertung des (als präintentional gedachten) Schreibens von Musik gegenüber dem geistigen Vorgang des *Komponierens* (*Composition as Process*, Cage 1973, S. 19).

Schon hier handelt es sich um den Versuch, gleichsam „gegen" die eigene Absicht und auch gegen das eigene Gedächtnis anzugehen. Cage geht es demgegenüber um die Wertschätzung des Moments, die sowohl die Erinnerung an die Vergangenheit (das Gedächtnis) als auch die Planung der Zukunft (die Absicht) ausschließt. Mit eindeutig positiver Konnotation bezeichnet Cage dagegen als „experimentell" Aktionen, deren Ausgang nicht vorhersehbar ist – auch deswegen gewinnt die Integration von Umweltgeräuschen eine herausragende Bedeutung (vgl. Kostelanetz 1989, S. 161–162). Als Widerpart zu Cages Ästhetik fungiert dabei vor allem Beethoven, dessen Musik Cage als Verkörperung von Intentionalität, Zielgerichtetheit und insbesondere harmonischer Logik begreift und dessen Einfluss er in letzter Konsequenz als „tödlich" bezeichnet („*deadening* to the art of music", Kostelanetz 1989, S. 81, Hervorh. i. Orig.).

Cages Ideal dagegen besteht – in der Verschränkung einer philosophischen Position, eines ethischen Impulses und konkreter musikalischer Parameter – in „no-continuity" im Sinne eines sowohl absichtslosen als auch „nicht-besitzenden" Verhältnisses zur Welt, zu Klängen im Allgemeinen und bestimmten Harmonien und Melodien im Besonderen: „This is what is meant when one says : No-continuity. No sounds. No harmony. No melody. No counterpoint. No rhythm. That is to say there is not one of the somethings that is not acceptable" (*Lecture on Something*, Cage 1973, S. 132). Verbunden ist damit auch der Widerspruch gegen die Auffassung, Musik sei Kommunikation,[11] und zwar in einem umfassenden Sinne, der auch die für die gesamte klassisch-romantische Tradition grundlegende Vorstellung unterschiedlicher musikalischer Charaktere einschließt. In dem um den Schlüsselbegriff „discipline" kreisenden ästhetischen Programm (AB 1) wird in der letzten Zeile explizit statt des „*Selbst-Ausdrucks*" die „*Selbst-Veränderung*" beschworen.

Cages Ziel besteht in einer jenseits der Subjektivität liegenden und vom „Gedanken" unabhängigen Musik unter Aufgabe der Intention aufseiten des Komponisten und auch des Ausführenden. Darüber hinaus ist das Ideal der Absichtslosigkeit verbunden mit dem Ziel, die Grenze zwischen einer „zelebrierten" Kunst und dem „täglichen Leben" aufzuheben.[12] Der Komponist ist also nicht mehr „Handwerker" oder „Tonsetzer", sondern hat gerade die Aufgabe – gegen die eigene

---

[10] „Several men, three as a matter of fact, were out walking one day, and as they were walking along and talking one of them noticed another man standing on a hill ahead of them. He turned to his friends and said, 'Why do you think that man is standing up there on that hill?' One said, 'He must be up there because it's cooler there and he's enjoying the breeze.' He turned to another and repeated his question, 'Why do you think that man's standing up there on that hill?' The second said, 'Since the hill is elevated above the rest of the land, he must be up there in order to see something in the distance.' And the third said, 'He must have lost his friend and that is why he is standing there alone on the hill.' After some time walking along, the men came up the hill and the one who had been standing there was still there: standing there. They asked him to say which one was right concerning his reason for standing where he was standing. 'What reasons do you have for my standing here?' he asked. 'We have three', they answered. 'First, you are standing up here because it's cooler here and you are enjoying the breeze. Second, since the hill is elevated above the rest of the land, you are up here in order to see something in the distance. Third, you have lost your friend and that is why you are standing here alone on this hill. We have walked this way; we never meant to climb this hill; now we want an answer: Which one of us is right?' The man answered, 'I just stand.'" (*Composition as process*, Cage 1973, S. 33–34).

[11] „Nothing is communicated. And there is no use of symbols or intellectual references" (*Lecture on Something*, Cage 1973, S. 136).

[12] „Meine Einstellung ist die, daß das tägliche Leben, wenn wir es bewußt aufnehmen, interessanter ist als irgendwelche zelebrierten Ereignisse. Dieses ,Wenn' ist gegeben, wenn wir keinerlei Absichten verfolgen. Dann erkennt man auf einmal, daß die Welt magisch ist" (Kostelanetz 1989, S. 163). „Magisch" bezieht sich auf den von Buddhisten angestrebten Zustand höchster Aufmerksamkeit, beim „Meisterwerk" abendländischer Prägung dagegen weiß der Hörer immer schon vorher, was passieren wird: „Memory has acted to keep us aware of what will happen next, and so it is almost im-possible to remain a-live in the presence of a well-known masterpiece" (ebd., S. 136, Worttrennungen original).

Ratio und Erfahrung –, eine Musik zu ermöglichen und „hinzunehmen", die traditionelle Mittel, Zusammenklänge und formale Strukturen gezielt ausschließt.

Exemplarisch zeigt sich dieses Spannungsfeld in Cages Klavierkonzerten. Im *Concerto for Prepared Piano and Chamber Orchestra* von 1951 arbeitet Cage mit klanglichen Bausteinen oder „gamuts", die er im ersten Schritt „wie Muscheln am Strand" sammelte (AB 2). Diese „Bausteine" („tone", „interval", „aggregate", „constellation") werden im zweiten Schritt mithilfe eines festgelegten, teilweise durch das chinesische *I Ching* bestimmten Algorithmus' kombiniert, bevor im dritten Schritt das konkrete „In-Töne-Setzen" der „gamuts" erfolgt. Der Status des komponierenden Subjekts ist also in jedem Schritt ein anderer und bewegt sich zwischen subjektiv kontrollierten und von Cage als nicht-intentional gedachten Verfahren.

In gewisser Weise „überlistet" der Komponist so während des Komponierens seinen eigenen Verstand; im Ergebnis erhält Cage trotz der Integration von Zufalls- oder „chance"-Operationen während des Kompositionsprozesses letztlich eine im traditionellen Sinne fixierte Partitur (AB 3). Während das Orchester von Anfang an der „gamut"-Technik folgt und auf der Seite des „Östlichen" und des „Nicht-Intentionalen" steht, findet das *Präparierte Klavier* erst über den Verlauf der drei Sätze von einem auf Ausdruck zielenden, „westlichen" und im weitesten Sinne „romantischen" Gestus zur „Nicht-Intentionalität" und „überwindet" allmählich den Ausdruckswillen.[13]

Schüler:innen können an dieses Verfahren anknüpfen, indem sie zunächst „Klänge" und Geräusche im weitesten Sinne sammeln, idealerweise nicht in einer Unterrichtssituation und im Klassenzimmer, sondern im Vorhinein und mit Zeit zum Hinhören – wie bei einem Strandspaziergang oder bei einem tatsächlichen Spaziergang – und dann eine kurze Komposition anfertigen (AB 2, Aufg. 1–2). Im Unterricht sammeln die Schüler:innen dann „Klänge" im engeren Sinne, tragen alle Klänge in ein Chart ein und entwickeln ein Verfahren, das unabhängig von Geschmacksentscheidungen ein Stück daraus werden lässt (Würfel, Spielkarten, geometrische Figuren auf dem Chart etc.; Aufg. 3–5). Im Anschluss an die eigenen Kompositionserfahrungen, das Hören des Werks, den Partiturausschnitt und schließlich Cages eigene Erläuterungen kann Cages Konzeption umfassend ergründet und zur Diskussion gestellt werden (AB 3).

Im sieben Jahre später entstandenen *Concert for Piano and Orchestra* (1958/59) führt Cage die Idee eines „absichtslosen" und nicht vorhersehbaren Klangs mit gesteigerter und vielleicht auch nicht zu überbietender Konsequenz fort. Das *Concert* 1958 weitet den Einfluss des Zufalls auf die Aufführungssituation und die Interpreten aus und vollzieht so – in Cages eigener Terminologie – den Schritt von „chance" zu „indeterminacy".[14] Cages wichtigstes Ziel bestand gerade darin, die Vorhersehbarkeit der Formbildung zu verhindern (daran hatte sich ja wesentlich seine Kritik an Beethoven entzündet); beim *Concert* ist nicht nur das Ergebnis des Kompositionsprozesses, sondern jede einzelne klangliche Realisation anders und unvorhersehbar.

Cages Komposition der 14 Orchesterstimmen basierte auf sieben verschiedenen Schritten, die Zufallsoperationen einschlossen,[15] und führte wiederum zu vollständig fixierten Stimmen. Ausdrücklich zu vermeiden ist allerdings eine Struktur im Sinne eines geregelten Zusammenspiels, gestattet ist nur die Vereinbarung der Aufführungsdauer. Auch die Anzahl der Stimmen ist variabel, sodass auch eine Aufführung für Klavier solo erlaubt ist – und sogar die „Nichtaufführung" des Werks ist eine von Cage ausdrücklich erwähnte Option. Die prinzipiell neue Qualität gründet hier im Part des Soloklaviers, dessen 84 verschiedene Notationsformen unterschiedliche Hinweise geben, aber in keinem Falle ein bestimmtes klangliches Ergebnis in Analogie zu einer klassischen Partitur vorschreiben.[16] Häufig finden sich traditionelle Notenlinien, -köpfe oder -schlüssel wieder, fast durchgehend aber sind sie

---

[13] Pritchett hört eine „dramatic tension between soloist and ensemble" (Pritchett 2001, S. 797).
[14] Die Musik ist damit einer Analyse der „Partitur" im traditionellen Sinne schwer oder sogar nicht mehr zugänglich; die letztlich erklingende Gestalt des *Concert* 1958 ist so offen, dass eine Wiedererkennbarkeit nicht nur erschwert, sondern unmöglich gemacht worden ist – was zu dem in gewisser Weise paradoxen Schluss führt, dass die Identität des Werks im *Concert* 1958 umso mehr von der zugrundeliegenden Partitur abhängt.
[15] Beginnend mit dem Notieren einzelner Noten, wo das Papier Unregelmäßigkeiten oder Fabrikationsfehler aufwies (siehe Metzger 2012, S. 125).
[16] Metzger unterscheidet „präskriptive" von „suggestiven" und „provokatorischen" Notationen, weist aber gleichzeitig darauf hin, dass es nicht um eine schlüssige Systematik, sondern gerade um das „Chaos" gehe (Metzger 2012, S. 129).[17] Zur Begründung meiner eigenen Schlussfolgerung siehe wiederum Markert 2018, S. 106–109.

verfremdet und nehmen einen Rätselcharakter an. Zu den unterschiedlichen Formen zählen etwa Kreise (AB 4, AI), handgezogene und schiefe Linien zwischen einzelnen erkennbaren Noten, stern- oder vektorartige Strukturen oder „labyrinthische" graphische Formen (AY). Hervorzuheben ist außerdem ein „spielerischer" Zugang zur Notation (z.B. die Draufsicht zweier Flügel, BT), der darüber hinaus häufig nicht primär einem ästhetischen Maßstab des Klingenden folgt, sondern einem ästhetischen Maßstab des Gezeichneten. Nur scheinbar allerdings läuft der hohe Grad an möglicher Freiheit der Interpretation auf Beliebigkeit hinaus; es ist mehrfach überliefert, dass Cage sehr ungehalten werden konnte, wenn Ausführende „discipline" (s.o.) vermissen ließen und glaubten, alles sei möglich oder sie könnten willkürlich musikalische Zitate oder Versatzstücke einstreuen.

Hier erhalten die Lernenden zunächst die Aufgabe, eines oder mehreres der Notate aus Cages zweitem Klavierkonzert zu realisieren (AB 4, Aufg. 1). Ebenso wichtig wie das klangliche Resultat wäre aus Cages Sicht die Reflexion auf die Änderung der inneren Einstellung (Aufg. 2); wenn beide Aufgaben in Kleingruppen bearbeitet werden, kann die Präsentation von Aufg. 1 für die anderen Gruppen mit Aufg. 2 zusammenfallen. Nach meiner Erfahrung reagieren Schüler:innen sehr positiv und aufgeschlossen, wenn ihr Erleben und ihre innere Einstellung in den Mittelpunkt gerückt und ernst genommen werden und einmal nicht nur den Einstieg in die Analyse, sondern den eigentlichen Fluchtpunkt des Unterrichtsgeschehens darstellen. Aufg. 3 stellt dann eine Möglichkeit dar, die Schüler selbst die Rolle des ‚Komponisten' einnehmen zu lassen.

AB 5 schließlich bietet anhand von fünf Zitaten die Möglichkeit, Cages ästhetische Positionen zusammenzufassen, zu klären und – in Verbindung mit AB 1 – zur Diskussion zu stellen. Insbesondere die Frage, ob und wo es einerseits dem Komponisten und andererseits dem Hörer gelingt, das Subjekt, den Willen und die Intentionalität aus dem Prozess auszuschließen, ist äußerst fruchtbar und anregend (Markert 2018, S. 106–109). Die Bedeutung des Themas aus didaktischer Sicht zeigt sich aus meiner Sicht gerade hier: im Erproben und in der Reflexion klanglicher Möglichkeiten, verschiedener Rezeptionseinstellungen und Cages ästhetischer Prämissen, die über im Äußerlichen bleibende Experimente mit Alltagsgeräuschen, mit „Stille" oder mit Münzwürfen, wie sie in verschiedenen Schulbüchern zu finden sind, weit hinausgehen.

Literaturverzeichnis

- Behne, Klaus-Ernst (1993): Musikverstehen – ein Mißverständnis? In Siegfried Mauser (Hrsg.): *Kunst verstehen. Musik verstehen. Ein interdisziplinäres Symposion*. Laaber: Laaber, S. 129–150.
- Cage, John (1973): *Silence. Lectures and writings by John Cage* [1961]. Middletown: Wesleyan University Press.
- Eggebrecht, Hans Heinrich (1972): Wissenschaftsorientierte Schulmusik. *Musik und Bildung*, 4 (1), S. 29–31.
- Ehrenforth, Karl Heinrich (1971): *Verstehen und Auslegen. Die hermeneutischen Grundlagen einer Lehre von der didaktischen Interpretation der Musik*. Frankfurt a.M.: Diesterweg.
- Jürging, Stefan (2002): *Die Tradition des Traditionsbruchs. John Cages amerikanische Ästhetik*. Frankfurt a.M.: Lang.
- Kant, Immanuel (2008): *Die Kritiken* [1790]. Frankfurt a.M.: Zweitausendeins.
- Kneif, Tibor (1973): Anleitung zum Nichtverstehen eines Klangobjekts. In Peter Faltin & Hans-Peter Reinecke (Hrsg.): *Musik und Verstehen. Aufsätze zur semiotischen Theorie, Ästhetik und Soziologie der musikalischen Rezeption*. Köln: Volk, S. 148–170.
- Kostelanetz, Richard (1989): *John Cage im Gespräch. Zu Musik, Kunst und geistigen Fragen unserer Zeit*. Köln: DuMont.
- Markert, Malte (2018): *„Musikverstehen" zwischen Hermeneutik und Posthermeneutik. Untersuchungen aus historischer und pädagogischer Perspektive*. Würzburg: Königshausen & Neumann.
- Masschelein, Jan & Wimmer, Michael (1996): *Alterität, Pluralität, Gerechtigkeit. Randgänge der Pädagogik*. St. Augustin: Academia.
- Metzger, Heinz-Klaus (2012): *Die freigelassene Musik. Schriften zu John Cage*. Wien: Klever.
- Oberschmidt, Jürgen (2019): „Den Resonanzdraht in Schwingung versetzen". Eine Auseinandersetzung mit Hartmut Rosas „Soziologie der Weltbeziehung" in musikpädagogischer Absicht. *Diskussion Musikpädagogik*, (81), S. 14–21.
- Pritchett, James (2001): Art. „Cage". In Stanley Sadie (Hrsg.): *The new Grove dictionary of music and musicians*. London: Macmillan, S. 796–802.
- Schäffler, Philipp (2019): Im Sog der Resonanz. *Diskussion Musikpädagogik*, (81), S. 10–13.
- Scharf, Henning (2007): *Konstruktivistisches Denken für musikpädagogisches Handeln. Musikpädagogische Perspektiven vor dem Hintergrund der Postmoderne- und der Konstruktivismusdiskussion*. Aachen: Shaker.
- Wiesing, Lambert (2009): *Das Mich der Wahrnehmung*. Frankfurt a.M.: Suhrkamp.

Ortwin Nimczik

„ … ein Mannheimer Crescendo, das auf mächtigen Eisenrädern auf den Hörer zurollt"

Anregungen für den Musikunterricht durch Wolfgang Schlüters Roman „FOX oder der kleine Klavierschwindel" (2019)

Die im Text benannten Mindmaps können hier angesehen werden.

Intention und Eingrenzung

Die Wechselbezüge von Literatur und Musik, Musik und Literatur öffnen ein weites Themenfeld, auch für den Musikunterricht. Ein besonderes Interesse kann dabei Texten zukommen, in die Musik bzw. ihre Deskription (,verbal music'), musikalische Bezüge oder musikalische Prinzipien in konkreter Weise eingelagert sind. Sie können als Anstoß fungieren, den Klang der Musik in der Literatur zu entdecken, ihm nachzuhören und ihn konzeptuell zu erschließen.

Ein interessantes Beispiel hierzu bietet der (neue) im Verlag Matthes & Seitz erschienene Roman *FOX oder der kleine Klavierschwindel* (2019) von Wolfgang Schlüter (geb. 1948)

Schlüter präsentiert mit seinem Text ein vieldimensionales Resonanzgefüge. Im kapitelweisen Wechselspiel mit einer weitschweifigen Lebens-,Beichte', die ein mutmaßlicher Straftäter in Gesprächen mit seiner vom Gericht bestellten fachärztlichen Gutachterin anbietet, steht die gleichsam kriminalistische Aufdeckung eines akustischen Lügengespinsts, das sich aus der Produktion und dem Verkauf manipulierter Tonträger aufgebaut hat. Als Kitt dieser vordergründig disparaten Handlungsstränge fungiert – wie so oft bei Schlüter – eine außerordentlich breit angelegte Liebeserklärung an die Musik.

Das, was der Roman in exorbitanter Fülle vorstellt, ist nur im weiten kulturell-gesellschaftlichen Rahmen zu entschlüsseln. Schlüter entfaltet im Konglomerat von sprachlicher Eleganz, Verschrobenheit, Polemik und Provokation die Lebensgeschichte des ebenfalls 1948 geborenen Protagonisten als Bestandteil einer individuellen Sozialgeschichte im Nachkriegsdeutschland bis zum Beginn der 2010er-Jahre, die auch offene wie opake autobiographische Bezüge des bei Carl Dahlhaus promovierten Autors anbietet. Der Schlüter-Roman ist durchaus fordernde Literatur, und ohne musikalische Kenntnisse lässt sich der Text einerseits eigentlich nicht entschlüsseln, andererseits öffnet die Auseinandersetzung mit ihm vielseitige Entdeckungsreisen in andere Facetten der Kulturgeschichte. Ein überquellendes, komplexes, nahezu unerschöpfliches Opus, das gleichermaßen provoziert wie fasziniert.

Vor diesem Hintergrund verfolgt unser Beitrag, ohne Anspruch, dem fast 500-seitigen Roman in seiner Ganzheit damit gerecht werden zu können, eine doppelte Absicht. Zunächst vermittelt er eine einführende Grundorientierung zur Personenkonstellation und zum Inhalt (Teil I). Dabei jedoch gilt es eingrenzend, nicht ‚zu viel' zu verraten. Die Einführung möchte eher als Appetizer fungieren und zum Lesen des Romans motivieren, um sein schier unendliches Potential an Bezügen und Details selbst zu entdecken – schlicht zur Freude an der Literatur sowie an der in ihr resonierenden Musik, aber auch, um Aspekte aus ihm, ggf. in ganz anderen Zusammenhängen, im Musikunterricht zu thematisieren. Zudem stellt der Artikel vier aus dem Roman abgeleitete Themenfelder vor, die in den Musikunterricht der Gymnasialen Oberstufe eingebracht werden können (Teil II). Hierzu werden vornehmlich die inhaltlichen Bezüge aufgezeigt und durch ein Netz ausgewählter Materialien repräsentiert.

Teil I: „FOX ... " – eine kleine Einführung

Musikbezüge sind für die meisten von Schlüters Romanen konstitutiv und fungieren als Konstante in seinem literarischen Werk, aus dem *Dufays Requiem* (2001) sicherlich als Hauptwerk gewertet werden kann.

Im *FOX* deutet sich der Musikbezug bereits im Titel an und Schlüter stellt hier – wie auch in seinen anderen Büchern – provokante Thesen in den Raum, wenn er seinen Protagonisten gleichsam als Verfechter einer spezifischen ‚Kunstwerk'-Orientierung z.B. formulieren lässt: „Wer dauerhaft Heavy Metal oder Hard Rock hört, verdirbt sich erst das Gehör, dann den Verstand und zuletzt den Charakter" (Schlüter 2019, S. 428).

Der Roman ist zweischichtig angelegt, das erste Kapitel *flachbild* und das letzte Kapitrl *raumbild* fungieren als Rahmenteile. Als Einstieg in die erste Handlungsschicht (MindMap 1) bietet sich das Lesen des Beginns der ersten Gesprächssitzung zwischen den beiden zentral relevanten Protagonisten (Dr. med. Annegret Soltau und Dr. Claus-Henning Abendroth) an (ebd., S. 21–24): Abendroth wird als Angeklagter von der forensischen Gutachterin, die für diese Romanschicht eine Rolle als Ich-Berichterstatterin einnimmt, befragt. Schicht 1 entfaltet sich entsprechend der Abfolge der Sitzungstermine in fünfzehn Kapiteln. In ihnen blicken wir in die weitgehend chronologisch dargestellte Lebensgeschichte des Angeklagten und inhaltlichen Protagonisten. Abendroth entpuppt sich als wunderlich gespaltene Persönlichkeit z.B. wissenschaftlich-analytisch denkend / weitschweifig, blumig, partiell altbacken formulierend; politisch links, Adorno-Jünger, 68er ... / kulturell äußerst konservativ, misstrauisch gegenüber jedwedem Fortschritt. Die Gespräche mit der Gutachterin lassen seine problematische Kindheit und familiäre Sozialisation nachvollziehen, zunächst im sogenannten „Zonenrandgebiet", dann in Lüneburg. Abendroth reflektiert, wie der Musik, recht früh beginnend, allmählich die zentrale Rolle in seinem Leben zukommt, er schildert die Erfahrungen in seinen Studienorten Hamburg, Wien und Berlin, die Rolle von Bildungsreisen nach Italien, zu den britischen Inseln und in die Abgeschiedenheit Irlands, wo er seine musikwissenschaftliche Dissertation beendete, wird beleuchtet, seine grundsätzliche Sozialfähigkeit erscheint immer fragwürdiger – die Lebensschilderung wandelt sich zu einer kurvenreichen Verlaufsgeschichte hin zu den vorgeworfenen Straftaten des Hausfriedensbruchs und des Totschlags.

Soltau nimmt als Gutachterin die Rolle eines rationalen Gegenpols zu Abendroth ein. Sie gerät jedoch – nicht zuletzt aufgrund seiner mit exorbitanter Eloquenz gepaarten Selbstsicherheit und ihrer eigenen unterdrückten bzw. gescheiterten musikalischen Biographie – mehrfach ins gedankliche Straucheln und Zweifeln. Gleichsam ‚in den Fängen' des Angeklagten fällt es ihr zunehmend schwer, zwischen ‚Dichtung und Wahrheit' zu differenzieren.

Eingewebt in diese Romanschicht sind zahlreiche biographische Parallelen zwischen dem Autor Schlüter und seiner Romanfigur Abendroth, die hier nicht Gegenstand sind.

Die zweite Romanschicht, in sich selbst doppelschichtig, besteht aus einer von Abendroth verfassten und an seine Gutachterin übergebenen Erzählung. Abendroth verknüpfte bei der Übergabe seine Aussagebereitschaft mit der Bedingung, dass Soltau seine Erzählung in ihre Begutachtung aufnehmen müsse. Diese sogenannte „Englische Erzählung" schildert zum einen, vornehmlich im englischen Seebad Brighton spielend, Abläufe und Umstände der vom Musikkritiker Steven Birthwistle und seinen skurrilen Freunden organisierten acht Musikfachvorträge, die im Gemeindesaal einer örtlichen Kirche stattfinden (MindMap 2). Zum anderen entwickelt sich auf einer zweiten Ebene die anfänglich eher belanglose Diskussion der Freunde über die neuesten Schallplattenproduktionen der eigentlich schwer erkrankten Pianistin Ellen Swindon zur Aufdeckung eines Kriminalfalles mit gefälschten Tonaufzeichnungen und doppelt tödlichem Ende (MindMap 3 und 4). Für diesen sich allmählich in die zweite Romanschicht einschleichenden „Klavierschwindel" nutzte Schlüter den Fall der britischen Pianistin Joyce Hatto (1928–2006) als Ideenpool: Hattos Ehemann gab Anfang 2007 zu, zahlreiche Aufnahmen fremder Pianisten akustisch manipuliert und unter dem Namen seiner Frau veröffentlicht zu haben (zur Diskussion dieses „dreisten Schwindels" in der Fachpresse vgl. Brendel 2009 und Nyffeler 2010).

> Im Folgenden werden nun vier Romanausschnitte vorgestellt, aus denen musikunterrichtliche Kontexte abgeleitet werden.

Teil II: Romanauszüge in musikunterrichtlichen Kontexten

Im Folgenden werden nun vier Romanausschnitte vorgestellt, aus denen musikunterrichtliche Kontexte abgeleitet werden. Dabei geht es jeweils um ein Netz von Gegenständen, Fragerichtungen und unterrichtlichen Anschlussmöglichkeiten, die sich auf ganz unterschiedliche Weise mit den jeweiligen Lerngruppen der Sekundarstufe II erarbeiten lassen. Alle Vorschläge sind gleichermaßen erweiterbar, differenzier- und/oder reduzierbar.

1 „gleise, weichen, signal" – Haydn: „Sinfonie D-Dur" Nr. 42, 1. Satz

Das erste Beispiel ist dem zur „Englischen Erzählung" zugehörigen Romankapitel *gleise, weichen, signal* entnommen, in dem sich die Beschreibung des ersten musikalischen Fachvortrags findet. Ariel Yberseindt stellt im „Gemeindesaal von St. Martin" vor nur wenigen Zuhörern den ersten Satz aus Joseph Haydns *Sinfonie D-Dur* Nr. 42 vor. Seine ‚Interpretation' dieses zu den Esterházy-Sinfonien gehörenden Werkes ist sehr subjektiv und eigentümlich: Es wird als „Eisenbahn-Musik" gedeutet, die aufgrund ihrer immanent „drängenden Bewegung" eine spezifische Zeiterfahrung freisetzt. Der Vortrag Yberseidts löst eine interessante Diskussion über die Kontexte von immanenten Programmen, Gefühlen sowie die Relation zwischen Strukturen und Bedeutungen aus – zumal, wie von Fox festgestellt wird, zum Zeitpunkt der Komposition der Sinfonie im Jahre 1771 die „Dampfmaschine, ... geschweige denn die Dampflokomotive" noch gar nicht erfunden war. Mit diesem Romanauszug sind spezifische Fragestellungen für den Musikunterricht geöffnet (MindMap 5). Sie können sich je nach den unterrichtlichen Gegebenheiten mehr auf ästhetische Kontexte richten, wie Absolute Musik, „tönend bewegte Form" (Hanslick 1854) oder Programmmusik, oder eher musikhistorische und kompositionsgeschichtliche Aspekte aufgreifen, wie Esterházy-Sinfonien, Konstituierung der Gattung Sinfonie oder Mannheimer Manieren etc. (vgl. z.B. Walter 2007, S. 28–72).

> „Der Gemeindesaal von St. Martin war schlecht geheizt; kalter Regen trommelte gegen die Fensterscheiben. Die Stuhlreihen waren nur knapp zur Hälfte besetzt […] als Yberseindt linkisch aufs Podium schlich, für die freundliche Begrüßung dankte und, bevor er die Abspielanlage in Betrieb nahm, ankündigte:
> ‚Sie hören jetzt für kleines Orchester aus zwei Oboen, zwei Hörnern, Streichern und Fagotti (‚con Basso' notiert), entsprechend der etwa achtzehnköpfigen Besetzung der Ester-

házyschen Hofkapelle um 1770, in D-Dur zuerst einen Tutti-Forte-Schlag auf der Eins im Vierviertel, mit dem das Ausfahrtsignal auf Grün schaltet – über Achtel-Trommelbässen, denen ein Thema aus zwei sehnsüchtig aufsteigenden Seufzermotiven folgt – diese Seufzermotive konventionalisierte, aus dem Affektenreservoir des Barock ins Empfindsame übergeführte Figuren, nur mehr zarte Zitate einer Gebärde –, die zweimal angestoßen, angeschoben werden von der Untersekund, notiert nicht als Vorschläge, sondern ausgeschrieben als lombardischer Rhythmus, hier als Sechzehntel plus punktiertes Achtel. Diese vier Takte werden alsdann wörtlich wiederholt und stiften somit eine regulär achttaktige Periode. Tempovorschrift ist laut Autograph Moderato e maestoso, mithin ein … Allegro, das Raum lässt für Kantabilität und stolze Vertikalakzente. Eine Maschine gerät in Bewegung. Lauf- und Triebräder kommen in Schwung. Kolben-, Kurbel-, Schub- und Pleuelstangen greifen in einander. Ein ingeniöser Mechanismus nimmt Fahrt auf.'

Dann drückte Yberseindt eine Taste des Uher-Tonbandgeräts, […] die Musik begann, und mittels eines zugeschalteten Sennheiser-Mikrofons sprach Yberseindt hinein: ‚Hören Sie? Jene ersten Takte werden um einen Takt gedehnt, einen überzähligen Takt, eine Silbe, die nirgends, in keinem Wort unterzubringen ist, einen Takt, in dem das Seufzermotiv ein drittes Mal sich ausschwingt auf der Tonika, dabei über Terz und Quint des Grunddreiklangs einen Oktavraum ausmißt in die Höhe, auf diesem Scheitelpunkt aber von einer Interjektion im Unisono-Forte gestellt wird, die unwirsch abstürzt zur Molldominant mit einer grantigen Sekundreibung a-b-a in der Tiefe.

Und danach, weiter auf dem Gleisrhythmus der Trommelbässe, mit vollem Bläsersatz das lombardische Motiv, aufgewirbelt in einem Mannheimer Crescendo bis zur ersten Klimax des synkopierten eingestrichenen D […]

Dies also', und hier stoppte Yberseindt mit einem Tastendruck die Rotation der Bandspulen, ‚der Beginn der Ausfahrt. Kessel, Schornstein und Triebwerk dampfen, fauchen zischen. Bis hierhin pochen vierundzwanzig Takte. Es werden noch vierzig Takte Seitensatz folgen, plus sechzehn Takte Schlußgruppe. Mithin vierundzwanzig plus vierzig plus sechzehn gleich achtzig Takte für die Exposition, denen sich bis zum Ende des ganzen Satzes weitere 144 Takte addieren. Die Gesamtzahl von 224 verhält sich zu diesen 144 exakt wie eben jene hundertvierundvierzig zu den achtzig Takten der Exposition, deren Ende somit präzis den Goldenen Schnitt im ganzen Satz markiert, übrigens einem der feinsten, kunstvollsten, die der Komponist schrieb, und von dem wir uns gerne als Passagiere befördern lassen.

[…] Alles ist in diesem Satz vom ersten Schlage an im Fluss, in drängender Bewegung: Klangrede mit nervösem, doch konstantem Puls, im Dialog zwischen Setzung und Widerruf, Elegie und Aufschwung, im Wechsel auch zwischen thematischer Arbeit mit Abspaltung, Fortspinnung oder athematischen, lediglich energetischen Ereignisfeldern – ein Prozess, der Einheit stiftet im Mannigfaltigen, ein früher Triumph absoluter Musik, die ihren Sinn allein aus ihrem Formgesetz empfängt […]'

Hier hielt Yberseindt kurz inne, nahm einen Schluck Wasser, räusperte sich, raschelte mit seinen Papieren und fuhr fort: ‚Wollten wir eine Lokomotive, eine Eisenbahn miniaturisieren, dann hätten wir den komplexen mechanischen Funktionszusammenhang, der diese Musik charakterisiert: eine Maschine, die in sich bewegt, mit dieser Bewegung jedoch zugleich in sich stillgestellt ist. Räder: drehen sich um sich selbst – Hebelkraft: stößt ab und zieht an – Gestänge: verschiebt sich vor und zurück – alles bleibt, damit es reibungslos ineinandergreift, an seinem Platz, so unverrückbar wie die Gleise, die der Fahrt ihren Verlauf vorgeben. Dasselbe Prinzip des unbewegten Bewegers, von dem Aristoteles spricht, herrscht innerhalb der tönend bewegten Form dieser Musik. Zugleich jedoch bewegt sich, entfernt sich das Ganze im Raum, von A nach Z, und wir, als Hörende, als mitreisende Passagiere, erfahren diese räumliche Translokation als Verlauf, als Zeit.' […]

Fox hatte die Hand erhoben zwecks Anmeldung eines Einwands. ‚Pardon me interrupting,

Ariel, aber ihre Eisenbahnmetapher leuchtet mir nicht ein. 1771, als Haydn diese seine Symphonie Nr. 42 schrieb, war die Dampfmaschine noch nicht erfunden, geschweige denn die Dampflokomotive. Was es stattdessen gab, waren Mail Coach, Phaëton, Buggy, Kabriolett, Einspänner, Berliner Chaise, Coupé, Break, Tilbury, Dogcart, Cab, Lohndroschke und der gleichen, Räder und Achsen aus Holz, gezogen von Pferden, von lebendig Organischem'" (Schlüter 2019, S. 96ff.).

2 „backstein im nebel" – Bach: „Widerstehe doch der Sünde", BWV 54

Im zweiten Romanausschnitt wird die Schülerzeit von Abendroth in Lüneburg thematisiert. Es handelt sich um einen Ausschnitt aus der fünften Sitzung mit der Gutachterin Frau Dr. Soltau, für die der Angeklagte „mit Erlaubnis der U-Haftanstalt" einen Kassettenrecorder mitbringen durfte (vgl. unten Schlüter 2019, S. 132ff). Im Zusammenhang mit seiner eigenen Schülerzeit am 1406 gegründeten *Johanneum* in Lüneburg charakterisiert Abendroth die Nachwehen des „protestantischen Klimas" und zeichnet u.a. hoch interessante Lehrerbilder aus der Zeit der 1960er Jahre: „Die Lehrer der Schule waren eine Galerie individualisierter, doch pädagogisch unbedarfter Charakterköpfe" (vgl. ebd., S. 138ff.). Sein Schulweg führte ihn am Bordell der Stadt vorbei, das durch die „immerleuchtende rote Laterne" als „Sündenhaus" markiert war. Aus dieser Erinnerung konstruiert er in der Sitzung mit Dr. Soltau einen Bezug zu Bachs Kantate BWV 54 *Widerstehe doch der Sünde*, deren Interpretation durch die Altistin Hilde Rössl-Majdan er der Gutachterin vorspielt und dabei seine Assoziation einer „lasziv … auf einem Diwan" hingestreckten Sängerin offen legt.

Egon Schiele. *Liegende*.

Auch dieser Romanausschnitt bietet anregende Impulse zu musikunterrichtlichen Thematisierungen (MindMap 6). Neben den eher traditionellen Möglichkeiten der Sachauseinandersetzung oder des Interpretationsvergleichs können hier auch übergreifende Kontexte zu den Fächern Kunst, Religion und Philosophie aufgegriffen werden, wie Bilder als Theologie, Musik als klingende Theologie oder der Mythos „Sündenfall".

„,[…] Jeden Morgen führte mich mein Radweg zur Schule durch dieses sinistere, verwinkelte Viertel, dessen abgelegenstes Haus über dem Eingang eine immerleuchtende rote Laterne trug. Das war das städtische Sündenhaus.'
Abendroth musste damit gerechnet haben, dass ich bei diesem Wort die Brauen heben würde. Er hatte, mit Erlaubnis der U-Haftanstalt, einen Kassettenrecorder mitgebracht und bat mich jetzt, ihn einschalten zu dürfen, um mir kurz ein Tonband vorzuspielen, das seine Antwort auf meine zu erwartende Frage wenigstens kommentieren, wenn nicht sogar besser darstellen können, als es seine Worte vermöchten. Ich möge nur zuhören, sagte er, die Musik dauere wenig länger als zwölf Minuten.
‚Entstanden 1714', so erläuterte er, ‚verdankt sie sich einer Sphäre pietistisch verinnerlichter Gelehrsamkeit und Glaubensobservanz, der nämlichen Sphäre, die mich an meinem neuen Gymnasium umgab, einer 500 Jahre alten Klosterschule namens Johanneum, einem Milieu von Provinzkantorei und Lateinschule, Rohrstock und Perücke, Sündenaustreibung, Andacht, Exegese und Erbauung – einem protestantischen Klima, wie es die ästhetischen Prämissen dieser Musik zutiefst prägte […]
[…] Und wunderlich, geradezu exzentrisch ist ja gleich die instrumentale Einleitung der Da-

capo-Arie, mit einem unvorbereiteten Dominantseptakkord zum Grundton der Tonika, der so klingt, als hätte die Musik, ehe wir sie vernehmen, bereits begonnen und, uns unhörbar, eine Weile schon gespielt.

Gesungen wird von Sünde: für den Darmstädter Hofbibliothekar Georg Christian Lehms war sie, wie für jeden christlichen Theologen, die zentrale Moralkategorie des Glaubens; seinem Kantatenlehrgang Gottgefälliges Kirchen=Opffer von 1711 entnahm Bach den Text für seine Kantate BWV 54, die er im einfachsten Normschema der Gattung für eine Altstimme mit zwei von einem Rezitativ verklammerten Arien setzte, begleitet nur von Streichern mit geteilten Violen und Basso continuo.

Die Anfangsarie Widerstehe doch der Sünde / sonst ergreifet dich ihr Gift ermahnt zur Resistenz gegen das lockend Tödliche, und die Musik ist, wie zumeist in Bachs Vokalwerken, exegetisch, das heißt symbolisch oder tonmalerisch, und ihre Semantik geschöpft aus dem Fundus der überlieferten Affekten- und Figurenlehre. Die melodieführende Stimme lockt von Vorhalt zu Vorhalt; das beharrliche Schreiten im Baß auf Orgelpunkten malt das Ineinander von hypnotischer Anziehung und trotzigem Widerstand gegen die einerseits gezogene, andererseits zögerliche Minimalfortschreitung der übrigen Stimmen. Die über lange Strecken unaufgelöste Dominantsept-Dissonanz ist süß und peinigend ineins, Sündenqual und Sündenlockung zugleich; jähe Trugschlüsse weben an einer trügerischen Trance, einer suggestiven vox interna, einer inneren Gewissensstimme, die klingt, als singe sie uns nicht vor den Ohren sondern im Kopf.'

‚Sie ist aber sehr sinnlich', wagte ich zu bemerken, ‚jedenfalls in der Aufnahme, die sie mir vorgespielt haben.'

‚Ja, nicht wahr? So füllig gurrend, wie Hilde Rössl-Majdan dies in der unteren Altlage singt, tönt es, als läge die Sängerin lasziv hingestreckt auf einem Diwan, während das Mikrofon oder unser Ohr ihr ganz nah an die Lippen rückt'" (Schlüter 2019, S. 132ff.).

3 „wie von alters her" – Schumann / Adorno: „Winterszeit II"

Der nun im Blick stehende Romanausschnitt ist dem fünften Musikvortrag aus der „Englischen Erzählung" entnommen, den diesmal Fox im Brightoner Gemeindesaal hält (vgl. unten Schlüter 2019, S. 231ff.). Im Zentrum stehen Klavierstücke von Robert Schumann aus seinem 1848 entstandenen *Album für die Jugend* op. 68. Unsere Textauswahl ist zentriert auf *Winterszeit II*, die Nummer 39 aus diesem Opus. Fox stellt sie in der Schumannschen Originalversion und der Instrumentation von Theodor W. Adorno vor; unter der Betitelung *Kinderjahr* hat Adorno insgesamt sechs der Schumann-Stücke im Jahre 1941 für kleines Orchester gesetzt. Im Rekurs auf den Vortrag über *Winterszeit II* reicht das weite Feld der Thematisierungsmöglichkeiten für den Musikunterricht von toposorientierten Auseinandersetzungen zum Thema ‚Kälte-Musik', über Deutungsversuche im Horizont gesellschaftlich-politischer Musikverständnisse, die Beschäftigung mit Einbezügen von Zitaten und ihre spezifische Bedeutung bis hin zur Untersuchung der Bearbeitungstechnik Adornos sowie weitergehenden analytischen Instrumentationen (MindMap 7).

„‚[…] Hören Sie sich einmal das Stück Nr. 39 Winterszeit II an.'
Fox spielte die ersten 24 Takte. Dann wandte er sich wieder seinen Zuhörern zu: ‚Wir hatten zuerst 24 Takte lang im 2/4 eine in Achtel zerlegte Dreiklangsbewegung in c-moll, mit einer Aufhellung nach Es zur Durparallele, die aber eher sinister als freundlich klang. Dieser Schleichgang nicht eigentlich thematisch, aber auch nicht amorph, sondern in einem lyrischen Zwischenbereich, einem typisch schumannischen Grenzbereich der Gestaltwerdung, getreu der romantischen Idee des Poetischen als einer Bestimmtheit des Unbestimmten, Ahnungsvollen, ‚Unendlichen'. Und nach dem Doppelstrich' – er spielte weiter und sprach zugleich ins Gespielte hinein – ‚ein ‚nach und nach belebterer' Mittelteil, mit einer metrischen

Verschiebung im Baß, die den Piouretten im Diskant Anschwung gibt – aber zweimal, Takt 34 und 36, unterbrochen wird von einem markanten Stolpermotiv, als wärs ein Sturz beim Eislauf. Die Wiederholung jetzt führt scheinbar zum Beginn zurück – nur daß dieser nach 8 Takten im tiefen Baß bei Takt 49 mutiert zu einem liedhaften Gebilde, eigentlich einer Variante jenes c-moll-Schleichgangs, zu einer Ableitung ins nunmehr Gemütvolle, Humoreske, in ein Selbstzitat, dem seinerseits das Zitat eines sächsischen Volksliedes zugrunde liegt [...] Adorno ändert nichts an Schumanns Tempi, Tonarten, Melodik oder Harmonik. Er versetzt nichts, oktaviert und verstärkt nicht, sondern spaltet Themen und Begleitstimmen behutsam so auf, wie es das analytische und charakterisierende Verfahren der Zweiten Wiener Schule, die ihm zeitlebens maßstäblich blieb, mit Orchestrierungen Bachs oder Brahmsens vorgemacht hatte, einschließlich der Winkelhäkchen zur Unterscheidung von Haupt- und Nebenstimmen. Die sehr zurückhaltende Aufsplitterung im Klangfarbenwechsel koloriert nicht lediglich die Struktur des Komponierten, sondern fügt ihm mit ihren Valeurs etwas bei, das klingt, als wäre es ihm eigentlich schon immer inhärent gewesen und hätte nur seiner Entbergung geharrt: eine idiomatische, semantische Dimension, die sich zum Beispiel entschlüsselt, wenn das zweite Volksliedzitat – ich spiels Ihnen noch einmal vor – von einem Horn herbeigeweht wird, come da lontano. Das Klangbild der Stelle Takt 59 bis 60 und der Ausdruck, den ihr der Klang verleiht, scheinen sich zudem an die Posthorn-Episoden aus dem dritten Satz der 3. Symphonie Mahlers erinnern zu wollen; ‚wie von Ferne' meint hier ja eigentlich ‚wie von alters her'. Vielleicht ist es der sehnsüchtigen Posthornsphäre Eichendorffs geschuldet; es ist ja kein Zufall, dass die Eichendorff-Lieder op. 39 das einzige Schumann-Werk sind, dem Wiesengrund einen ganzen analytischen Essay gewidmet hat'" (Schlüter 2019, S. 231ff.).

4 „hörprobe" – Der Fall Joyce Hatto

Der letzte Romanauszug ist dem Kriminal-Fall der „Englischen Erzählung" entnommen: Die todkranke Pianistin Ellen Swindon diskutiert mit ihrem Mann Charles über die manipulierten Einspielungen, die unter ihrem Namen auf den Schallplattenmarkt gebracht werden sollen (vgl. unten Schlüter 2019, S. 326ff.). Abgesehen vom Impuls zur Rekonstruktion des zugrundeliegenden kriminellen Vergehens z.B. mittels Internetrecherche, das sein ‚Vorbild' im „Fall" der britischen Pianistin Joyce Hatto hat, werden hier grundlegende Fragen zur Ästhetik der Tonaufzeichnung und der Interpretation aufgeworfen. So können die Relationen zwischen originalen Kunstwerken und ihren diversen Möglichkeiten der Reproduktion in den Blick genommen werden (vgl. als Ausgangspunkt Benjamin 1935/36); es bietet sich an, nach der Entwicklung der Tonaufzeichnung und ihrer Rezeption in der Vergangenheit wie in der Gegenwart zu forschen sowie die Vor- und Nachteile der technischen Bedingungen zu diskutieren – im Blick auf den Stand der digitalen Technik heute wahrlich ein weites Feld (MindMap 8).

„Da schellte die Haustürglocke.
‚[...] der Postbote [...] Bin gleich wieder da.' Swindon erhob sich rasch vom Krankenlager [...] Als er wieder eintrat, brachte er ein [...] Paket mit [...] ‚Look, sweetheart!' rief er, ‚Polyphon hat die Belegexemplare der Schubert-Impromptus geschickt. [...] Vor vier Monaten [...] hast du sie eingespielt. Erinnerst du dich?'
Es war Ellen Swindon anzusehen, dass sie sich zu erinnern suchte, aber ihre Gedanken nur noch mit Mühe auf die Schallplatten richten konnte [...]
Da er sah, dass das Äußere der Schallplatte seiner Gattin eher Unbehagen als Freude bereitete, schlug er ihr eine Hörprobe vor [...] Mrs. Swindon rührte sich nicht in ihrem Kissen und gab keinen Laut von sich, als die Musik erklang [...]
‚Das war nicht meine Aufnahme', murmelte sie matt. ‚[...] Das habe nicht ich gespielt.'
‚Aber Kindchen, wer denn sonst? Natürlich hast du das gespielt [...] Du wirst dich doch

erinnern an den Nachmittag: Es regnete in Strömen; wir mussten das Rauschen der Regenrinnen extra wegfiltern. Im zweiten Stück bei Takt 16 schellte die Türklingel, weil der Milchmann das Warnschild nicht gelesen hatte, und da mußten wir ab Takt 9 einen neuen Take machen: das wirst du doch noch wissen!'

‚Was du sagst, weiß ich schon noch. Aber diese Musik hier, die wir eben gehört haben – die kommt nicht von mir.'

‚Ja aber von wem denn sonst?' Swindon tupfte sich den Schweiß von der Stirn […]

‚Charles, du weißt, daß ich Klangmanipulation immer ausdrücklich untersagt habe […]'

[…] Erneut tupfte sich Swindon den Schweiß von der Stirne. Er fühlte sich erbärmlich. Er log – und er wußte, daß seine todkranke Gattin wußte, daß er log […] ‚Vielleicht sollten wir beide die Idee von Urheberschaft selber einmal gründlich überdenken. Was heißt das denn: ‚mein' Spiel, ‚meine' Interpretation, ‚meine' Musik? Die Musik kommt nicht von uns, sondern von Schubert. Wenn wir sie spielen, geben wir dem Hörer ein akustisches Material an die Hand, das er im Kopf auf je eigene, völlig verschiedene Weise transformiert. Ja, man könnte soweit gehen, zu behaupten, es sei völlig egal, wie das Werk realisiert wird. Weil diese Realisierung nur ein Rohstoff ist, der erst im Gehirn des Perzipierenden zur Interpretation wird. Er ist es, der die Musik auslegt, deutet, mit Sinngehalt füllt, mit Bedeutung und Empfindung anreichert, verlebendigt, gliedert, versteht, oder auch […] an sich abgleiten läßt, in Belanglosigkeit fallen läßt. Und dazu bedient er sich der Noten, oder seiner eigenen Hände, oder der Hände […] meiner geliebten Ellen Swindon […] '

‚Du meinst also, es sei zuletzt völlig gleichgültig, wie Musik gespielt wird?'

‚ […] Nein, für den, der spielt, ist es das selbstverständlich nicht. Denn sein Tun ist eine Aneignung, eine Sinnstiftung, die ihr Recht und ihre Notwendigkeit an sich selber hat. Was wir aber in Zweifel ziehen können, ist der Anspruch auf einen objektiven Wahrheitsgehalt der Sache selbst.'

‚Das kann nicht dein Ernst sein, Charles. Dann dürften wir keinen Unterschied mehr machen zwischen schöner und häßlicher, guter und schlechter, richtiger oder falscher Darstellung? Dann wäre das musikalische Kunstwerk ins willkürlich Private gestellt […]?'

‚Alles, was ich in Zweifel ziehe, ist die Idee eines platonischen Urbilds. Wenn wir die Realisierung von Musik als ‚sinnliches Scheinen der Idee' begreifen, setzen wir ‚die Idee' voraus. Aber welche sollte das sein? Wo sollten wir sie finden, Ellen? In den Noten? Die sind nur auf den ersten Blick eine mittels Zeichen fixierte ‚Wahrheit' – auf den zweiten, genaueren Blick zumeist kaum mehr als eine Art Ausführungsanleitung, praktische Handlungsanweisung für den Musiker zwecks Lautwerdung eines irgendwie Gemeinten […] Und so kommt (der Rezipient) zuletzt darauf, daß es eine platonische Idee des Werkes gar nicht gibt, nicht geben kann, nie gegeben hat, sondern immer nur Approximationen, Versuche, Entwürfe, Konzepte, Ahnungen, Andeutungen und Intentionen im steten Flusse historischer Variablen, das Umkreisen eines prinzipiell Unerreichbaren. Derart sind Komposition, Interpretation und Rezeption ineinander […] hörst du mir überhaupt noch zu?'

Die Frage war ins Leere gesprochen. Ellen Swindon hatte sich zur Seite gedreht und beide Hände unter die rechte Wange gelegt; ihre Augen hatten sich geschlossen und ein leises Röcheln und langsame, tiefe Atemzüge taten kund, dass sie eingeschlafen war" (Schlüter 2019, S. 326ff.).

Persönlicher Nachklang

Dieser Beitrag erhebt – wie anfangs geklärt – nicht den Anspruch, den Schlüter-Roman in Gänze zu erschließen. Vieles bleibt offen und noch zu entdecken, nur zwei Beispiele seien abschließend genannt: Der Einstieg in den Roman, bei dem die Gutachterin und eine nie gesendete, aber heute tatsächlich im Internet vorhandene Dokumentation des irischen Fernsehens über die Ballade *An Baile Atá Láimh Léi*

Siúd von *Pádraig Ághas* eine zentrale Rolle spielen; oder der Hase, der als Steiff-Schlafhase-Geschenk zum 5. Geburtstag von Claus-Henning auftaucht, sich als vielschichtige Metapher durch den Roman zieht, u.a. in der „Fabel vom Hasen und seinen vielen Freunden" und am Textende im Zusammenhang mit dem Jagdfries an der Außenwand der Apsis des Kaiserdoms in Königslutter, der Geburtsstadt sowohl Dr. Abendroths als auch Wolfgang Schlüters, in einer außergewöhnlichen Darstellung auftaucht. Zudem ‚erklingen' zahlreiche weitere Musikstücke im Roman, sie werden von Schlüter beschrieben, auf zum Teil skurrile Weise interpretiert und auf interessante Art kontextiert. Dies eröffnet neue und andere Möglichkeiten der musikunterrichtlichen Thematisierung. Mindmap 9 bietet überblicksartig einige ausgewählte Stücke an. Angegeben sind die Zuordnung zum jeweiligen Romankapitel, die jeweilige zentrale Komposition sowie Vorschläge zur (möglichen) unterrichtlich-thematischen Einbindung.

Zum Schluss noch eine persönliche Positionierung zum Schlüter-Roman, die von einer schlichten Frage ausgeht: Was hält diesen überbordenden und komplexen Text neben dem fundierenden Musikbezug eigentlich zusammen?

Meine Positionierung resultiert aus dem Versuch des Autors, mit seinem Roman – vor dem Hintergrund unserer gegenwärtigen gesellschaftlichen Situation, nämlich der simultanen Erosion von Subjekt, Gesellschaft und Wahrheit – keine allgemein politische, sondern eine Antwort in und aus der Kunst sowie bezogen auf Menschen zu geben. Ich dokumentiere sie mit drei Sätzen aus dem Roman. Der letzte bleibt ein offener Fragesatz, der mich und möglicherweise auch Sie weiterverfolgen wird – vor allem, wenn Sie das Buch lesen werden.

> „Der Wahrheitsanspruch, den das Spiel eines Kempff oder Horowitz erhebt, wird nicht […] eingelöst […] das Spiel ist bloß eine Setzung, etwas Thetisches. Diese These behauptet eine Wahrheit, die im Grunde ein Trug ist, ein Blendwerk […] – und der Hörer tut gut daran, an ihr zu zweifeln" (Schlüter 2019, S. 332).

> „Was die Sache […] mysteriös macht, liegt in der Doppelnatur A.s beschlossen, […] in seinem Vagieren zwischen der Wahrheitsverpflichtung des […] Wissenschaftlers und jener Lizenz zum Täuschen, zum Fingieren, die er für seinen literarischen Beruf sich ausborgen durfte" (ebd., S. 457).

> „Wenn Wahrheit nicht mit Wirklichkeit verwechselt werden darf, und wenn Werke Trugbilder sind und Trost ohne Scheincharakter kaum vorstellbar ist, darf dann Menschen in Grenzsituationen nicht ebenfalls erlaubt sein, zu trügen?" (ebd., S. 420).

Weitere Musikbeispiele bzw. zentrale musikalische Themen, die sich aus der „Englischen Erzählung" ableiten ließen, finden Sie hier:

Literaturverzeichnis
- Benjamin, Walter (2012): *Das Kunstwerk im Zeitalter seiner technischen Reproduzierbarkeit*. Berlin: Suhrkamp.
- Brendel, Alfred (2009): Naiver Wunderglaube. Der Fall der britischen Pianistin Joyce Hatto. *Neue Zürcher Zeitung [02.01.2010]*, (303), S. 23.
- Hanslick, Eduard (1854): *Vom Musikalisch-Schönen. Ein Beitrag zur Revision der Ästhetik der Tonkunst*. Darmstadt: WBG.
- Nyffeler, Max (2010): Über den Löffel balbiert. *nmz*, (2), S. 8.
- Schlüter, Wolfgang (2019): *FOX oder der kleine Klavierschwindel*. Berlin: Matthes & Seitz.
- Walter, Michael (2007): *Haydns Sinfonien. Ein musikalischer Werkführer*. München: C.H. Beck.

Weiterführende Literatur:
- Appel, Bernhard R. (1998): *Robert Schumanns „Album für die Jugend". Einführung und Kommentar*. München: Atlantis Musikbuch-Verlag.
- Bäßler Hans (2004): *Das Geheimnis des Wernfried Hübschmann. Musikpädagogische Überlegungen zu Wolfgang Schlüters „Dufays Requiem"*. In: Musik & Bildung 3/2004, S. 40–45
- Dürr, Alfred (2000): *Johann Sebastian Bach. Die Kantaten*. 8. Aufl. Kassel: Bärenreiter.
- Englbrecht, Bernd (2004): *Akustische Umweltverschmutzung. Persönliches, Polemisches, Provozierendes – Diskussionsimpulse aus der Belletristik*, in: Musik & Bildung 3/2004, S. 36–39.
- Flasch, Kurt (2017): *Eva und Adam. Wandlung eines Mythos*. München: C.H. Beck.
- Forchert, Arno (2020): *Johann Sebastian Bach und seine Zeit*. Laaber: Laaber, insb. S. 205–214.
- Geck, Martin (2000): *Bach. Leben und Werk*. Reinbek: Rowohlt.
- Geck, Martin (2017): *Luthers Lieder. Leuchttürme der Reformation*. Hildesheim: Olms.
- Gould, Glenn (1987): Die Zukunftsaussichten der Tonaufzeichnung. In Glenn Gould (Hrsg.), *Vom Konzertsaal zum Tonstudio. Schriften zur Musik II*. München: Piper, S. 129–160.
- Janz, Tobias (2022): „Widerstehe doch der Sünde". Bach, Brach und die Ästhetik der Verweigerung. *Musik & Ästhetik*, 26 (4), S. 39–53.
- Kant, Immanuel (1964): *Mutmaßlicher Anfang der Menschengeschichte*. In Immanuel Kant, *Werke in sechs Bänden*, hrsg. von W. Weischedel, Darmstadt: Insel, S. 85–102.
- Klek, Konrad (2017): *Dein ist allein die Ehre. Johann Sebastian Bachs geistliche Kantaten erklärt*. Leipzig: Evangelische Verlagsanstalt.
- Schering, Arnold (1950): *Über Kantaten Johann Sebastian Bachs*. Leipzig: Koehler & Amelang.
- Schlüter, Wolfgang (1998): *John Field und die Himmels-Electricität. Skizzen*. Frankfurt a.M.: Eichborn.
- Schlüter, Wolfgang (2001): *Dufays Requiem*. Frankfurt a.M.: Eichborn.
- Schlüter, Wolfgang (2007): *Anmut und Gnade*, Frankfurt a.M.: Eichborn.
- Schlüter, Wolfgang (2011): *Die englischen Schwestern*. Frankfurt a.M.: Eichborn.
- Schneider, Ernst Klaus (2000): Kältelandschaften. Überlegungen und ein Bericht zu einem grunderfahrungsbezogenen Musikunterricht. In Werner Jank & Hermann Jung (Hrsg.), *Musik und Kunst. Erfahrungen – Deutung – Darstellung*. Mannheim: Palatium, S. 151–166.

Markus Sauter

Musik der Weltreligionen

Eine projektorientierte Unterrichtseinheit in der Oberstufe

In dem bereits 1996 verabschiedeten und 2013 überarbeiteten Beschluss zur *Interkulturellen Bildung und Erziehung in der Schule* fordert die KMK (Ständige Konferenz der Kultusminister der Länder in der Bundesrepublik Deutschland), dass Schule „zum Erwerb interkultureller Kompetenzen im Unterricht aller Fächer und durch außerunterrichtliche Aktivitäten" beitragen soll.

Dazu wird weiter ausgeführt:

> „Die Schule unterstützt die Schülerinnen und Schüler beim Erwerb interkultureller Kompetenzen u. a. dadurch, dass sie Lernanlässe zu folgenden sich gegenseitig bedingenden Dimensionen gestaltet:
>
> - Wissen und Erkennen: Kulturen als sich verändernde kollektive Orientierungs- und Deutungsmuster wahrnehmen, Entstehung und Wandel soziokultureller Phänomene und Strömungen analysieren, Einfluss kollektiver Erfahrungen aus Vergangenheit und Gegenwart auf interkulturelle Begegnungen erkennen, insbesondere hinsichtlich der Entstehung von Fremdbildern.
> - Reflektieren und Bewerten: eigene kulturgebundene Prägungen und Deutungsmuster sowie gegenseitige soziale Zuordnungen und Stereotypisierungen reflektieren, Offenheit gegenüber Anderen und anderen Deutungsmustern entwickeln, Widersprüche zu eigenen Deutungsmustern in der Kommunikation mit Anderen aushalten sowie soziokulturelle Entwicklungsprozesse aus mehreren Perspektiven betrachten.
> - Handeln und Gestalten: Mitverantwortung für die Entwicklung gleichberechtigter Teilhabe im persönlichen, schulischen und gesellschaftlichen Bereich übernehmen, bewusst gegen Diskriminierung und Rassismus eintreten, in der Kommunikation und Zusammenarbeit mit Anderen soziokulturelle, interessenbedingte oder sprachliche Barrieren überwinden, Interessen respektvoll aushandeln und Konflikte friedlich austragen" (KMK 2013).

Man kann davon ausgehen, dass die große Mehrheit der Lehrenden in der Schule mit ihrem allgemeinpädagogischen Wirken die Vermittlung der genannten Dimensionen von Interkultureller Kompetenz verfolgt. Und selbstverständlich dürfte es Ziel jeder Schule in Deutschland sein, dass damit zusammenhängende Werte von ihrer Schulgemeinschaft gelebt und verwirklicht werden. Nicht umsonst haben viele Schulen die Stärkung interkultureller Kompetenz z.T. explizit in ihren offiziellen Leitbildern verankert.

Dennoch werden sich vielleicht gerade Musiklehrende fragen, was sie in ihrem Musikunterricht zu diesen Zielen beitragen können und welche Lernanlässe es im Musikunterricht gibt, die Erfahrungen in den oben genannten Dimensionen ermöglichen. Damit verbindet sich sicherlich für viele Musiklehrende auch die bange Frage, ob sie sich auch ohne vertiefte musikethnologische Expertise dieser Unterrichtsherausforderung stellen können. Sie werden sich vielleicht fragen, ob man, auch ohne vertieftes Detailwissen zum indischen Raga zu haben, diese Musik sowohl musiktheoretisch als auch mit qualitätvollen musikpraktischen Erfahrungen im Unterricht vermitteln kann, also dem Anspruch dieses Unterrichtsgegenstandes und letztlich dieser Musik gerecht werden kann. Nicht zuletzt wird man sich vielleicht auch fragen, ob in den eng gesetzten zeitlichen Rahmenbedingungen des durchschnittlichen

Musikunterrichts das angestrebte Reflexionsniveau mit den Lernenden erreicht werden kann, oder ob all diese Ziele und Ansprüche den Musikunterricht nicht sogar überfordern.

Ein Weg zur Vermittlung von interkultureller Kompetenz im Musikunterricht ist für Dorothee Barth, Musik in ihrer konkreten Verwendungssituation zu erörtern. Hierbei „geht es weder um deren formale Analyse noch um ein reflexionsloses Musizieren, sondern um eine Bewusstwerdung der Bedeutung der Musik für die Menschen" (Barth 2012, S. 84).

Die jeweilige Bedeutung der Musik für die Menschen kann in diesem Zusammenhang ein sehr gewinnbringender Ansatz für den Musikunterricht sein. Denn Musik ist immer auch eingebunden in historische und soziale Kontexte. Gerade Musik anderer Kulturkreise in ihren sozialen Kontexten wahrzunehmen, kann in vielfacher Hinsicht eine didaktische Bereicherung sein: Die Beschäftigung mit dieser Musik unter einem lebensweltlichen thematischen Bezug, den die Lernenden aus ihrem eigenen Erfahrungsbereich kennen, wie z.B. Musik zu religiösen Riten wie Hochzeit oder Bestattung, schafft einen Bezugspunkt zu dieser zunächst fremden Musik. Die Lernenden erkennen, dass Musik in unterschiedlichen Erdteilen vielleicht ganz ähnliche und vor allem auch ihnen bekannte Funktionen übernimmt.

> Gerade Musik anderer Kulturkreise in ihren sozialen Kontexten wahrzunehmen, kann in vielfacher Hinsicht eine didaktische Bereicherung sein.

In dieser didaktischen Perspektive geht es zunächst um musiksoziologische Phänomene und weniger um musikstrukturelle, also musiktheoretische Phänomene. Das kann auch Musiklehrende entlasten, die sich der musiktheoretisch-analytischen Auseinandersetzung mit dieser Musik nicht gewachsen fühlen. Außerdem bietet sich hier eine interessante Schnittstelle im Musikunterricht, an der Musik unterschiedlicher Herkunft und Traditionen unter einem bestimmten funktionalen Fokus, hier also Musik im religiösen Ritus, gleichberechtigt in den Blick genommen werden kann. Tatsächlich wäre dies im Sinne der Forderung der KMK ein Lernanlass, mit dem Musiklernende interkulturelle und transkulturelle Lernerfahrungen machen können.

Die im Folgenden dargestellte und mehrfach in der Praxis in Klassenstufe 10 erprobte Unterrichtseinheit folgt dem eben beschriebenen didaktischen Ansatz. In einer projektorientierten Gruppenarbeit erarbeiten sich die Lernenden über mehrere Schulwochen Expertise zum Musikgebrauch in einer der Weltreligionen. Dabei lernen sie religiöse Musik aus verschiedenen Kulturkreisen kennen und beschreiben ihre wesentlichen Merkmale. Sie beschäftigen sich mit den Bedeutungen und den verschiedenen Funktionen der Musik und reflektieren Unterschiede und Gemeinsamkeiten des Musikgebrauchs in den einzelnen Weltreligionen. Nicht zuletzt erweitern die Lernenden durch die Auseinandersetzung mit dieser Thematik ihre interkulturelle Kompetenz.

Die Lehrenden müssen dabei keine Experten für die religiöse Musik des Islam oder des Buddhismus sein, sondern können sich als Lernbegleiter, d.h. als Impulsgeber und Moderatoren verstehen, die mit den Lernenden auf eine gemeinsame musikalische und musiksoziologische Entdeckungsreise gehen.

Die Unterrichtseinheit gliedert sich in vier Phasen:

I. Unterrichtseinstieg / Vorbereitungsphase (1-2 Doppelstunden):

- Gemeinsames Erstellen einer Mind-Map zur Fragestellung: Welche Aufgaben / Funktionen hat religiöse Musik?
- Danach werden Hörbeispiele religiöser Musik aus den fünf großen Weltreligionen vorgespielt, die die Lernenden den jeweiligen Religionen zuordnen sollen.
- Daran anknüpfend erhalten die Lernenden erste Informationen über die fünf Weltreligionen und deren Musikgebrauch (Statements von prominenten Repräsentanten der fünf Weltreligionen, zusätzliche Sachtexte – s.u.: Unterrichtsmaterial), die sie arbeitsteilig zusammenfassen und zusammen mit den exemplarischen Hörbeispielen ihren Mitschülern vorstellen.
- Ergebnissicherung auf einem Arbeitsblatt (s.u.: Unterrichtsmaterial).

II. Zentrale Erarbeitungsphase (mehrere Doppelstunden + Hausarbeit):

In arbeitsteiliger Gruppenarbeit beschäftigen sich die Lernenden über mehrere Stunden (Wochen) vertieft mit der Musik im Judentum, Islam, Buddhismus und Christentum.

Aufgabenstellung:
1. Stellen Sie Informationen zur Musik der Weltreligion zusammen. Berücksichtigen Sie dabei folgende 5 Aspekte: Formen, musikalische Merkmale, Wirkung, Bedeutung, Funktion der Musik in der jeweiligen Religion. Arbeiten Sie dazu die vorgegebenen Materialien durch und ergänzen Sie diese Informationen um weitere Infos (ggfs. auch Bilder, Hörbeispiele, Filme) aus dem Internet.
2. Erstellen Sie ein Handout mit den oben genannten 5 Aspekten.
3. Bereiten Sie eine Präsentation Ihrer Ergebnisse vor und beziehen Sie dabei auch geeignete Audio- bzw. Filmtracks ein.
4. Leiten Sie im Rahmen Ihrer Präsentation ein (kurzes) Musikstück an, mit dem beim gemeinsamen Singen oder Musizieren mindestens einer der 5 oben genannten Aspekte für alle erfahrbar wird.

Die Lernenden recherchieren geeignetes Material (s.u.: Unterrichtsmaterial) und bereiten dies für die Präsentation auf. Sie erstellen ein Handout und üben (mit Unterstützung der Lehrkraft) ein gemeinsam zu musizierendes Musikstück. Möglich ist eine fächerübergreifende Zusammenarbeit mit dem Fach Religion, gegebenenfalls kann die Expertise von Lernenden unterschiedlicher Religionszugehörigkeit einbezogen werden.

Vor Beginn der Arbeitsphase werden die Bewertungskriterien transparent gemacht und gemeinsam reflektiert:
- Arbeitsprozess (v.a. als Individualbewertung)
- Präsentation (Individual- und Gruppenbewertung)
- Präsentationsmedium (Plakat oder PowerPoint)
- Handout
- Anleitung des Musizierstücks

III. Präsentationsphase (ca. 2 Doppelstunden):
- Vorstellen des Musikgebrauchs in den einzelnen Religionen (Aspekte: Formen, musikalische Merkmale, Wirkung, Bedeutung, Funktion) – Ergebnissicherung: vorbereitetes Handout.
- Einbeziehung geeigneter Audio- bzw. Filmtracks;
- Anleitung mindestens eines gemeinsamen Musizierstücks, bei dem mindestens einer der oben genannten Aspekte erfahrbar wird.
- Gegebenenfalls Mitwirkung externer Referenten oder
- evtl. ergänzt durch den Besuch außerschulischer Institutionen (Moschee, Synagoge, Museum o.ä.).

IV. Reflexionsphase (ca. 1 Doppelstunde):
Vergleichende Zusammenschau der Ergebnisse unter der Perspektive:
Gemeinsamkeiten und Unterschiede im Hinblick auf den Musikgebrauch in den einzelnen Weltreligionen (Formen, Bedeutungen und Funktionen).

Bei der Aufgabenstellung ist zu bedenken, dass die Beschreibung der Wirkung von (religiöser) Musik eine subjektive Einschätzung darstellt und dass die angemessene Wirkungsbeschreibung ungewohnter und fremder Klänge nicht nur für Lernende sehr schwierig ist.

Weiterhin ist zu bedenken, dass z.B. der Muezzin-Ruf oder eine Koran-Rezitation im islamischen Ritus von den Ausführenden nicht als Gesang wahrgenommen wird, oder dass im Buddhismus die Ritualglocke Dril-bu nicht als Musikinstrument verstanden wird. Das heißt, dass diese Phänomene streng genommen gar nicht mit unserem gewohnten Musikbegriff zu erfassen sind. Aber bereits mit der Bewusstmachung dieser Tatbestände beginnt interkulturelles Lernen.

Das Anleiten eines Musizierstücks als Teil ihrer Präsentation stellt für die Lernenden durchaus eine Herausforderung dar. Hier können Lehrende anbieten, die Lernenden z.B. instrumental oder vokal zu unterstützen, auch könnten die Lernenden im einfachsten Fall zu einem entsprechenden Hörbeispiel, evtl. auch einem YouTube-Track, mitsingen. Allerdings werden diese Musizierergebnisse immer nur eine Annäherung an eine authentisch musizierte Originalmusik sein können. Dies sollten Lehrende von vornherein akzeptieren. In diesem pädagogischen Kontext erscheint der Prozess wichtiger als das Produkt, d.h. wichtiger als eine möglichst ‚perfekte' Klassenversion eines jüdischen Kaddisch-Gesangs ist das entdeckende und problemlösende Arbeiten, das hörende Recherchieren einer geeigneten Musik, das wiederholte Hören und eigene Musizieren eines zunächst fremden Musikstücks, mit dem sich die Gruppe dann aber zunehmend identifiziert und das dann zu ‚ihrem' Stück wird.

Eine Herausforderung stellt auch die Tatsache dar, dass es – von der Strömung des Sufismus einmal abgesehen – im islamischen Ritus keine religiöse Musik im engeren Sinne gibt. Im Mittelpunkt steht hier die feierliche Rezitation des Korans, deren Realisierung als Klassengesang aber nicht sinnvoll möglich ist und außerdem unangebracht erscheint. Allerdings existiert mit der Tradition der Naschid/Nasheed als Lobpreislieder eine sehr lebendige und wandlungsfähige Musikform mit weltweit kreativen Autoren und Interpreten, deren Lieder z.T. mit Übersetzungen der häufig arabischen Texte auf YouTube zu finden sind. Hier können sich Lernende zumindest in Ausschnitten in die kunstvoll ausgeschmückte Melodik mit ihren feinen Tonhöhennuancen und Melismen einfühlen, indem sie zunächst zum Hörbeispiel mitsummen und danach partiell auf Tonsilben oder Text mitsingen. Die z.T. an Popmusik orientierte Instrumentierung kann ebenso wie islamischer Hip-Hop von den Lernenden als transkulturelles Phänomen reflektiert werden und unter Umständen auf die eigene Lebenswelt bezogen werden.

In der Reflexionsphase wird dann die musikalische Praxis in den verschiedenen Weltreligionen miteinander verglichen. Neben interessanten Gemeinsamkeiten und Parallelen, v.a. in Bezug auf die Funktion, werden dabei auch Unterschiede deutlich: In manchen Religionen gibt es einen eng begrenzten Kanon religiöser Musik, der sich über Jahrhunderte kaum verändert hat, in anderen Religionen, v.a. in christlichen Kirchen, findet sich eine unübersehbare, vielleicht sogar irritierende Vielfalt von Musikformen. Die Reflexion und Diskussion möglicher Gründe kann Anlass für eine Erörterung von positiv oder negativ empfundenen Aspekten beider Ansätze sein und in eigene begründete persönliche Stellungnahmen der Lernenden münden. Auch schließt sich hier vielleicht eine fruchtbare Diskussion der Frage an, was überhaupt religiöse Musik ist, ob es das überhaupt gibt, wenn ja, wann eine Musik ‚religiös' ist, ob es dazu einen gesungenen Text braucht oder ob auch weltliche Musik, die im religiösen Ritus verwendet wird, allein dadurch zu religiöser Musik wird.

> In jedem Fall ermöglicht diese Unterrichtseinheit interkulturelles Lernen.

In jedem Fall ermöglicht diese Unterrichtseinheit interkulturelles Lernen, bei dem die Beschäftigung mit dem historisch gewachsenen Musikgebrauch verschiedener Kulturen zu mehr Toleranz und Akzeptanz gegenüber diesen Musiktraditionen führen kann, aber auch zu einem bewussteren Blick auf die eigene historische Musiktradition. Ebenso wird deutlich, dass diese kulturgebundenen Musikpraxen ebenso wie die historischen Traditionen, denen sie entstammen, nichts Unveränderliches sind, sondern einem mehr oder weniger starken Wandel unterworfen sind. Lernende werden dabei vielleicht auch Phänomene musikalischer Globalisierung wie popmusikalische Einflüsse auf Musikpraxen, die lange Zeit sehr traditionell geprägt waren, wahrnehmen. Sie können dies auch als transkulturelles Phänomen reflektieren, das sie vielleicht mit ihrer eigenen Zugehörigkeit zu verschiedenen Teilkulturen in Verbindung bringen.

Verwendetes Unterrichtsmaterial:
- Sauter, Markus und Weber Klaus (Hrsg.) (2017): *Musik um uns, Sekundarstufe II*. Braunschweig: Westermann-Verlag. Kapitel „Musik und Religion" S. 204–214, darin: Musik der Weltreligionen, Musik im Judentum, Musik im Islam, Musik im Buddhismus, Die geistliche Musik des Christentums, Religiöse Vielfalt in Indonesien, Popmusik wird zur Religion.

Die Buchseiten bzw. Begleitmaterialien enthalten die wesentlichen Informationen zum Kernbestand der Musikpraxis in jeder Weltreligion mit Hörbeispielen, Bildmaterial und Filmtracks, Arbeitsblatt mit Lösungshorizont.

Literaturverzeichnis
- Barth, Dorothee (2012): Was verbirgt sich im Trojanischen Pferd? Eine Analyse von Unterrichtsmaterialien zur Interkulturellen Musikpädagogik. In Anne Niessen & Andreas Lehmann-Wermser (Hrsg.), *Aspekte Interkultureller Musikpädagogik. Ein Studienbuch*. Augsburg: Wißner, S. 73–92.
- Barth, Dorothee (2019): Interkulturelle Musikpädagogik vor neuen Herausforderungen. Zur Theorie und Praxis einer Interkulturellen Musikpädagogik mit Menschen. In Dorothee Barth, Georg Biegholdt, Ortwin Nimczik, Jürgen Oberschmidt & Michael Pabst-Krueger (Hrsg.), *Musikunterricht 4. Bildung – Musik – Kultur. Am Puls der Zeit. Dokumentation zum 4. Bundeskongress Musikpädagogik 2018 in Hannover*. Kassel, Mainz: Bundesverband Musikunterricht, S. 60–65.
- Barth, Dorothee (2018): Kulturbegriffe. In Michael Dartsch, Jens Knigge, Anne Niessen, Friedrich Platz & Christine Stöger (Hrsg.), *Handbuch der Musikpädagogik: Grundlagen – Forschung – Diskurse*. Münster, New York: UTB Waxmann, S. 24–30.
- Bubmann, Peter (2011): Musik – Sprache zwischen den Religionen? In Peter Bubmann (Hrsg.), *Medien-Macht und Religionen*. Berlin: EB, S. 270–277.
- KMK (2013): Interkulturelle Bildung und Erziehung in der Schule. Beschluss der Kultusministerkonferenz vom 25.10.1996 i.d.F. vom 05.12.2013. https://www.kmk.org/fileadmin/Dateien/pdf/Themen/Kultur/1996_10_25-Interkulturelle-Bildung.pdf [23.01.2023].
- Knigge, Jens & Niessen, Anne (2012): Modelle Interkultureller Kompetenz für das Fach Musik? In Anne Niessen & Andreas Lehmann-Wermser (Hrsg.), *Aspekte Interkultureller Musikpädagogik. Ein Studienbuch*. Augsburg: Wißner-Verlag.
- Krause-Benz, Martina (2013): (Trans-)Kulturelle Identität und Musikpädagogik – Dimensionen konstruktivistischen Denkens für Kultur und Identität in musikpädagogischer Perspektive. In Jens Knigge & Hendrikje Mautner-Obst (Hrsg.), *Responses to Diversity. Musikunterricht und -vermittlung im Spannungsfeld globaler und lokaler Veränderungen*. Stuttgart: Staatliche Hochschule für Musik und Darstellende Kunst. https://www.pedocs.de/frontdoor.php?source_opus=8175 [15.11.2023], S. 72–84.
- Schläbitz, Norbert (Hrsg.) (2007): *Interkulturalität als Gegenstand der Musikpädagogik*. Essen: Die Blaue Eule.
- Stroh, Wolfgang Martin (2017): Musik der einen Welt im Unterricht. In Werner Jank (Hrsg.), *Musik-Didaktik. Praxishandbuch für die Sekundarstufe I und II*. 6. Aufl. Berlin: Cornelsen, S. 187–194.

Mathias Schillmöller

Wenn es beim Klassenmusizieren zu knistern anfängt

Ein Plädoyer für kreative Musizierprojekte

„Gib mir ein hörendes Herz", so umschreibt Hartmut Rosa jüngst den zentralen Impuls seines Resonanzbuches, „um ein gelingendes Einzelleben und ein gelingendes Zusammenleben zu haben" (Rosa 2022, S. 21). Indem der Autor bereits 2016 das von seinem Wesen zunächst musikalisch verortete Resonanzphänomen zu einem Gesellschaftsideal erhob (Rosa 2016), setzte er gleichsam ein polyphones Resonieren in Wissenschaft und Kunst in Gang. Dieses strahlt nun als Motto des BMU-Kongresses 2022 und diverser zumeist theoretischer Publikationen wieder in die Musikpädagogik zurück (z.B. Oberschmidt 2020). In diesem Beitrag sollen zentrale Ideen zum Resonanzbegriff mit Blick auf eine schulpraktische Umsetzung in kreativen Formen des Klassenmusizieren (vgl. Schillmöller 2021b) genauer betrachtet werden.

Klassenmusizieren und Resonanz

Klassenmusizieren wird häufig als Königsdisziplin des Musikunterrichts angesehen. Es soll zum einen musikalische Fertigkeiten und soziale Kompetenzen aufbauen. Zum anderen sollen Freude am Musizieren erlebt und selbstbestimmte Erfahrungen mit Kunst gemacht werden. Wenn Hartmut Rosa als Indiz für resonanzreiche Settings ein „Knistern" im Klassenzimmer mit leuchtenden Augen der Schüler:innen erklärt (Rosa & Endres 2016), dann wünschen wir Musiklehrenden uns das allemal für unsere Klassenmusiziersituationen: begeisterte Musizierende, die in den Pausen geradezu nachvibrieren und gleich weiterüben wollen. Dennoch wird das schöne Knistern in der Praxis häufig zum hässlichen Radau. Mal finden die Lernenden das gemeinsame Musizieren oder das Arrangement altmodisch oder uncool, mal reicht die Zeit nicht. Störungen bringen jede zarte Resonanzachse zum Verstummen. Am Ende geht es dann doch nur um das bloße Einüben und Nachspielen von festgefügten Vorgaben. Die Lehrperson ist weit von Rosas Ideal der „ersten Stimmgabel" (Rosa & Endres 2016) entfernt. Angesichts dieser offensichtlichen Resonanzlücken in der schulischen Musizierlandschaft mag es kaum verwundern, dass in den letzten Jahren und explizit beim BMU-Kongress 2022 das Thema Resonanz ein neues musikpädagogisches Interessse erhalten hat. Bei der kontroversen Rezeption des schillernden Begriffes spielen vor allem zwei begriffliche Spielarten von Resonanz eine Rolle, die Jürgen Oberschmidt für die Musikpädagogik ausgelotet hat (Oberschmidt 2020). Zum einen meint der Begriff der Resonanz in Physik und Musik das Mitvibrieren von schwingenden Substanzen. Sich einzuschwingen, aufeinander abzustimmen, synchron zu musizieren sind motivierende Ideale, die die Harmonie bzw. die Magie beim gemeinsamen Musizieren ausmachen. Einzutauchen in einen gemeinsamen Flow hat zunächst etwas Beglückendes. Dennoch verbinden sich damit immer auch verheerende Tendenzen des betäubenden Gleichklangs, wie etwa beim Marschieren eines Soldatentrupps. Auf die Pädagogik bezogen bedeutet die Resonanzkatastrophe, dass Schüler:innen sich möglichst effizient Lerninhalte im Einheitsbrei aneignen. So entsteht eine an den Maßstäben (rationalistischer) Ökonomie ausgerichtete Lern- und Musizierkultur, „die sich gegen das stellt, was wir früher Bildung genannt haben" (Oberschmidt 2020, S. 13). Und hier wirkt die zweite Bedeutung des Resonanzbegriffs, wie sie Hartmut Rosa entwickelt hat, quasi als positive Gegenkraft. Resonanz ist für den Soziologen „nicht die reine Harmonie und die reine Übereinstimmung, denn sonst

> Klassenmusizieren wird häufig als Königsdisziplin des Musikunterrichts angesehen.

wäre es keine Resonanz" (Rosa 2022, S. 58). Rosa bezieht Resonanz eben radikal auf menschliche Beziehungen, die im Idealfall zu lebendigen, genuinen Resonanzbeziehungen werden können. Resonanz ist für ihn ein polares Wechselspiel zwischen Personen, bei dem Schwingungen nicht nur auf andere übertragen werden, sondern bei jedem Einzelnen Eigenfrequenzen in Gang kommen. Das blumige Ideal des „hörenden Herzens" meint in Rosas Denken eine neue „Form der Weltbeziehung" (Rosa 2016, S. 298), die „durch offene, vibrierende, atmende Resonanzachsen gekennzeichnet ist, die die Welt tönend und farbig und das eigene Selbst bewegt, sensitiv, reich werden lassen" (Rosa & Endres 2016, S. 29). Diese Ideen hat der Soziologe selbst bereits auf den Schulunterricht bezogen und damit Tore für neue Zugänge und Methoden geöffnet: In seinem Resonanzdreieck bilden Lehrende und Lernende ein Team, das sich gemeinsam in einer Atmosphäre der Offenheit und Annahme vom Stoff (der Musik!) begeistern lässt, weil dieser ihnen als „Feld von bedeutungsvollen Möglichkeiten und Herausforderungen" erscheint (vgl. Oberschmidt 2020, S. 12). Zusammenfassend lassen sich dabei fünf bestimmende Resonanz-Elemente ausmachen (vgl. Rosa 2022, S. 58–64 und Oberschmidt 2020, S. 14) die hier nun für das Klassenmusizieren fruchtbar gemacht werden sollen:

1. Berührung: Die Lernenden hören auf (halten inne) bzw. sie hören auf das dezidiert Andere. Klassenmusizieren beginnt mit einem Impuls, der sie anspricht.
2. Selbstwirksamkeit: In der aktiven Erfahrung dieses ersten Impulses finden sie eigene Antworten, d.h. Musizier- oder Projektideen.
3. Transformation: Die Lernenden verändern sich, indem sie sich Neues nicht eigennützig aneignen, sondern schöpferisch anverwandeln. Musikalische Materie wird entwickelt.
4. Unverfügbarkeit: Die Musiziervorhaben lassen sich weder komplett herstellen noch erzwingen, sie müssen ergebnisoffen bleiben, um eigene Schwingungen zu ermöglichen.
5. Kontextbedingungen: Resonanz braucht eine entgegenkommende Atmosphäre (Raum, Licht, Phasierung).

Ein Musikunterricht, der darauf zielt, derartige Resonanzbeziehungen zu ermöglichen, braucht radikal neue Lernsettings mit Lehrpersonen, die bereit sind, den „klassischen Beibringe-Unterricht" hinter sich zu lassen. Diesen halten sie jedoch „durch ihre musikalische Qualifikation" und kraft ihrer „Lehrerpersönlichkeit" im aus der eigenen Musiksozialisation adaptierten, autoritären Meister-Schüler-Verhältnis häufig aufrecht (vgl. Oberschmidt 2020, S. 15). Resonanz bedeutet nach Rosa aber eben nicht „Echo, sondern Widerstand" (Rosa 2016, S. 416f.). Deswegen kann resonanzfähiger Musikunterricht nur dann eine Chance bekommen, wenn „Schülerinnen und Schüler nicht als Dienstleister für andere musizieren, sondern ihr Musizieren an sich selbst adressieren und es hier darum geht, Musik zum einmalig-eigenen Besitz zu machen" (Oberschmidt 2020, S. 17). Musizieren muss „ohne diktatorische Amplitude immer neu und im kommunikativen Austausch über Praxen" entstehen (ebd., S. 18). „Es sollte unsere Aufgabe sein, Schülerinnen und Schülern Gestaltungsräume zu öffnen und sie dazu zu befähigen, in eigener Verantwortung ihr eigenes (musikalisches) Leben selbst in die Hand zu nehmen" (ebd.).

Resonanzaffine Gestaltungsräume und Atmosphären bei Musizierprozessen

Zu gestalterischen, offenen Ansätzen beim Klassenmusizieren, wie sie in den aktuellen Bildungsplänen gefordert werden, finden sich in Deutschland und vor allem in anglo- und frankofonen Räumen zahlreiche Veröffentlichungen. Sie betreffen die Gestaltung ästhetischer Erfahrungsräume, Produktions- oder Kompositionskonzepte, die empirische Erforschung des Erfindens von Musik oder eher theoretische Abhandlungen. Konkrete methodische Anleitungen zu freieren, kreativeren Formen des Klassenmusizieren sind immer noch selten. Einige Ansätze mit Praxisbezug seien hier kurz vorgestellt, weil bei diesen (wenn auch nicht immer explizit) Resonanzachsen im oben genannten Sinn eine potentielle Rolle spielen. Musizierprozesse werden verbunden mit:

1. ritualisierten Phasen des Live-Arrangements (Terhag 2012), bei denen sich häufig im Kreis Resonanzachsen herausbilden, in denen musikalische Bausteine imitiert und gestaltet werden
2. konkreten Phänomenen mit berührenden Inhalten, die aktiv musikalisch oder auch kunstübergrei-

fend gestaltet werden (Schönherr 2011, Schillmöller 2021a)
3. performativen Elementen, die Resonanzen in leiblicher Ko-Existenz von Darbietenden und Zuschauenden in ergebnisoffenen, musikalischen Live-Acts entfalten (Wulf & Zirfas 2007, Krause-Benz 2016)
4. der Gestaltung und Inszenierung musikalischer Situationen, bei denen Resonanzachsen durch ein In-Musik-Sein in Vibration versetzt werden, das die Menschen im Mitvollzug verwandelt (Khittl & Hirsch 2022)
5. Verfahren der Bricolage und des wilden Lernens, bei denen grundsätzlich veränderbare Arrangements und offene Verfahren zwar nicht darauf zielen, zu großen Kunstwerken zu führen, aber durchaus attraktive, tragfähige Gebilde hervorbringen (Khittl 2014).

So verschiedenartig diese Ansätze auch sind, spielen bei allen als potentielle Resonanzräume stets bestimmte Atmosphären eine Rolle. Resonanzgeschehen wird durch die bewusste Gestaltung von Atmosphären konkret greifbar. Wie dies bei Musizierprojekten zu realisieren ist, hat Stefan Zöllner-Dressler jüngst in einem Modell verdeutlicht, das sich zum einen auf Projektmethoden aus der Kunstpädagogik stützt und zum anderen den Begriff der Atmosphäre zum methodischen Fokus erhebt (Zöllner-Dressler 2021). Die bereits erwähnten Resonanzelemente klingen hier durchaus an, wenn der Autor drei zentrale Verfahren der künstlerischen Kunstpädagogik „Recherche – Konstruktion – Transformation" (ebd., S. 35 und Buschkühle 2012, S. 36) als Bausteine einer „künstlerischen Musikpädagogik" instrumentalisiert. Er schlägt Musizierprozesse vor, in denen durch „Verfahren, die mit der Analyse und Produktion von Lebenswelt" zu tun haben, eine „Teilhabe mittels eines eigenen künstlerischen Ausdrucks" ermöglicht werden soll (Zöllner-Dressler 2021, S. 36). Resonanzaffines Musizieren erschließt sich hier als eine „Vorstellung von Klängen" und als ein „Denken in Klängen", bzw. als ein künstlerischer „Prozess, der im ständigen Abgleich von klanglichen Vorstellungen und daraus resultierenden Gestaltungen zu ästhetischen Welten von eigener Qualität gelangt" (ebd.). Transformationsphasen erlauben es bei diesem Verfahren auch, „auf andere Ausdrucks- und damit Notationsformen auszuweichen" und Unterricht in den „Zwischenbereichen der Künste" anzusiedeln (ebd.; vgl. hierzu auch Hallmann 2016). Eine Atmosphäre können Lernende subjektiv und auch gemeinsam in Gruppen wahrnehmen und entwerfen, herstellen und evaluieren. Anders als bei abstrakter Werkanalyse oder Interpretation von fertigen Klassenmusizierarrangements können hier alle Lernenden teilhaben.

Grundimpuls von Zöllner-Dresslers Überlegungen ist der Atmosphärenbegriff, wie ihn Gernot Böhme entwickelt hat. Dazu ein kurzer Exkurs: Böhme versteht eine Atmosphäre zunächst als das Phänomen, „das die Verwandtschaft von Wetter und Gefühl trägt" (Böhme 2014, S. 140). Darüber hinaus sieht er darin aber auch einen vibrierenden Zwischenbereich, in dem sich das frei spürende Subjekt und das aus sich heraustretende Objekt begegnen: „Seit Jahrhunderten aber, und zwar in den meisten europäischen Sprachen, bezeichnet dieser Ausdruck auch die emotionale Tönung des Raums beziehungsweise räumlicher Konstellationen" (ebd. und Zöllner-Dressler 2021, S. 30). Die Parallelität zu Aspekten von Hartmut Rosas Resonanzbegriff wird hier evident. Julia Jung hat den Atmosphärenbegriff unlängst weiter konkretisiert und für den Musikunterricht erforscht (Jung 2019). Sie grenzt ihn vom Resonanzbegriff ab, der bei Rosa eine positive Stimmung beschreibt, während Atmosphären durchaus auch negativ behaftet sein können (ebd., S. 48): „Eine Atmosphäre kann als drückend empfunden werden, als angespannt, friedvoll, fröhlich oder gar mitreißend. Zur Bestimmung von Atmosphären (gr. atmós: dt. Dampf, Dunst, Hauch und gr. sphaira: dt. Kugel) werden im Duden (online) Synonyme wie Glashülle, Ausstrahlung, Air, Duft, Flair, Fluidum, Hauch, Klima, Stimmung oder auch Ambiente, Milieu und Umgebung angegeben" (ebd., S. 11). Jung entwirft verschiedene Formen von Unterrichtsatmosphären, die sie in Zwischenphänomene, gestimmte Räume und Zeitspielräume unterteilt. Sie unterscheidet Atmosphäre generierende Faktoren zwischenmenschlicher und gegenständlicher Art. Letztere lassen sich mit Rosas Resonanzachsen bzw. resonanzaffinen Kontextbedingungen vergleichen. Jungs Definition der „Unterrichtsatmosphäre" trägt den Resonanzbegriff auch ganz explizit in sich: „Die Unterrichtsatmosphäre kann – mit einem ihr eigenen Klang – so als wahrnehmbares Ganzes gesehen werden, als eine spürbare Einheit, entstanden aus (zwischenmenschlichen) Resonanzen im Klassenzimmer." Die

Autorin baut ihre Forschung zur Atmosphäre im Unterricht auf Gernot Böhmes Verständnis auf, der diese sowohl von der Rezeptionsseite als auch stark von seiten der Produktion analysiert (Jung 2019, S. 11). Dementsprechend erhebt Zöllner-Dressler das Wahrnehmen und Herstellen von Atmosphären zum (neuen) Ziel kunstübergreifender Projekte (vgl. hierzu auch Heß 2002, S. 44). Atmosphären sollen gemeinsam imaginiert, (z.B. in Portfolios) versprachlicht, mit selbst recherchierten, gewählten Materialien hergestellt (komponiert, improvisiert, eingeübt, performt) und immer wieder reflektiert bzw. evaluiert werden (Zöllner-Dressler 2021, S. 38). An derartigen Prozessen können beim Klassenmusizieren verschiedenste Akteur:innen teilhaben. Sie erfahren selbstwirksam und kooperativ zutiefst musikalische, elementare und allgemein künstlerische Denk- und Gestaltungsformen, die beide oben genannten Resonanzfacetten enthalten, etwa:

- das Erfinden künstlerischer Produkte
- das Entwickeln und Realisieren einer Klangvorstellung
- das Erzeugen schöner Klänge und Wirkungen im gemeinsamen Gestalten einer Atmosphäre
- das Sich-Eingebettet-Fühlen in einen gemeinsamen Flow
- die Erfahrung, mit anderen genau synchron zu musizieren
- das Gefühl, mit anderen über Klänge kommunizieren zu können
- die Chance, persönliche Gefühle mit Klangwelten zu verbinden und so zu formen.

Kreatives Klassenmusizieren als Resonanzgeschehen

Inwieweit die hier angeklungenen resonanzaffinen Methoden und das Atmosphärenmodell im Konzept des Kreativen Klassenmusizierens konkret zur Anwendung kommen könnten, soll im Folgenden an einigen zentralen Elementen verdeutlicht werden (vgl. Schillmöller 2021b). Das Konzept verbindet herkömmliche Phasen und Methoden des Klassenmusizierens mit kreativen Anteilen. Kreativität wird als „schöpferische, Neues hervorbringende menschliche Eigenschaft" verstanden (ebd., S. 12), die beim Klassenmusizieren zu elementaren Tätigkeiten wie Musik erfinden, herstellen, kombinieren oder verwandeln führen kann. Sie bereichert auf höherer Stufe Improvisations- und Kompositionsprozesse. Das Resonanzelement der Unverfügbarkeit bzw. Ergebnisoffenheit fließt hier ein und wird im methodischen Rahmen einer kollektiven Kreation in fünf Phasen verwirklicht. Resonanzachsen werden in einem kreativen Setting systematisch geweckt:

> „Kreativität kann auf der Ebene der Person unterstützt werden, z.B. indem alle Mitwirkenden gleichermaßen in den Prozess einbezogen werden oder im Hinblick auf allgemeine Verhaltensweisen und Fähigkeiten, die kreatives Denken und Handeln begünstigen (z.B. Risikofreudigkeit und Sinn für unkonventionelle Lösungen). Aber auch durch besondere Rahmenbedingungen (Umfeld, Regeln, Rituale, Zeitmanagement), ein Klima des Vertrauens und der Geborgenheit, provokative Aufgabenstellungen und eine angemessene Bewertungskultur können kreative Prozesse in gesicherten Bahnen ablaufen. Kreativität entfaltet sich in der Mitte zwischen aktivem Tun und passivem Geschehen-Lassen" (Schillmöller 2021b, S. 13).

Hier klingen vier Grundbereiche an, in denen sich Kreativität artikuliert und die in der aktuellen Kreativitätsforschung untersucht werden: Personen, Produkte, Prozess und Umfeld. Anhand dieser Bereiche sollen im Folgenden einige konkrete Vorschläge für ein resonanzförderndes Klassenmusiziersetting gemacht werden, das die Gestaltung von Unterrichtsatmosphären berücksichtigt. Sie eignen sich insbesondere für die Projektarbeit, können aber auch in mehrstündige Unterrichtsabschnitte einfließen:

Personen

Beim Kreativen Klassenmusizieren nehmen die Lehrkraft und die Lernenden konsequent neue Haltungen oder Rollen an. Sie arbeiten miteinander auf Augenhöhe, bilden ein gemeinsames Team of creators, das mutig dazu bereit ist, gemeinsam neue Wege zu gehen, spielerisch zu experimentieren und risikofreudig auch Momente des Scheiterns zu ertragen. Haltungen wie Wertschätzung oder Achtsamkeit für andere und anderes und gegenseitiges Vertrauen werden eingeübt, als Regeln etabliert und kultiviert. Die Lehrperson setzt das erste und zweite Resonanzelement der Berührung/Selbstwirksamkeit in Gang, indem sie selbst sich immer wieder vom Projekt begeistern lässt und der Lerngruppe ansprechende Inhalte (Kunstwerke, Praxen, Dinge, Informationen) vorschlägt und daran mögliche Erfahrungsräume eröffnet: „Dies gelingt, wenn die Lehrperson es anstrebt, zwischen den Schülerinnen und Schülern und den Dingen Resonanzachsen zu bauen. Sie begleitet den kreativen Prozess, ermutigt und provoziert kreative Antworten, unterstützt Risikofreudigkeit und fördert stets Imagination und Fantasie" (ebd., S. 16). Die Selbstwirksamkeit, Präsenz, Achtsamkeit und experimentierfreudige Offenheit der Lerngruppe werden durch Übungen zur inneren und äußeren Haltung begünstigt. Dazu finden sich Informationen unter dem Punkt Prozess.

Umfeld

„Kreatives Tun braucht eine Wohlfühlatmosphäre. Diese im schulischen Rahmen zu erreichen, erfordert konkrete Maßnahmen, die frühzeitig organisiert werden und sich in der kreativen Arbeit auszeichnen. Beim Kreativen Klassenmusizieren gestalten die Schülerinnen und Schüler die Rahmenbedingungen (Klima, Räume, Requisiten) aktiv mit" (ebd., S. 25). Als erste Maßnahme zur Umsetzung des zweiten und fünften Resonanzelementes Selbstwirksamkeit/Kontextbedingungen wird das Team of creators gebildet. Dazu werden gemeinsam Aufgaben oder Ämter bestimmt und übernommen, z.B. Musik- und Projektdesign, Zeitüberwachung, Instrumenten- und Requisitenwartung, Atmosphärencoach etc., Regeln vereinbart und fixiert, z.B. als Kärtchen oder Video. Ein ‚methodischer Pannendienst' greift bei Störungen oder Entgleisungen mit Lösungsstrategien ein. Das zweite Augenmerk gilt dem Raum, der einen entscheidenden Einfluss auf die Entfaltung einer Atmosphäre oder eines Resonanzgeschehens hat. Das Team diskutiert über mögliche Spielstätten, Übeplätze, Nebenschauplätze, Outdoor-Szenarien, Bühnenbereiche, Umbauten, Technik und Lichtgestaltung und entwickelt ein Konzept für ein Aufführungsformat. Dies kann als klassische Konzertsituation, Flash-Mob, Salon, Wandelkonzert oder als Event an einem unkonventionellen Aufführungsort, z.B. Garage, Schuldach, Fußgängerzone, Kaufhaus, Internet, geplant werden. Ein atmosphärisch wirksames Element ist das Licht. Das Technikteam sollte hier frühzeitig die Verdunklung des Raumes überprüfen und sichern. Ein Beamer bzw. fester Bestand an LED-Scheinwerfern mit verschiedenen Farbtönen bereichert das Instrumentarium des Musikraums.

Produkte

Erfahrungen mit künstlerischem Tun zu vermitteln und dabei das Spüren, Imaginieren, Transformieren und Performen von Atmosphären zu fördern, kann ein Haupt-Ziel des Kreativen Klassenmusizierens werden. Wie bereits gesagt, sind hier zur Umsetzung der Projektidee alle Kunstformen willkommen. Um die Ergebnisoffenheit des Endproduktes und das Herstellen von Atmosphären optimal zu gewährleisten, sollte die Lehrperson für sich selbst einen äußerst offenen Werkbegriff vertreten. Das nicht zu planende Endprodukt kann ein Stilpotpourri sein, analoge und digitale Elemente enthalten, Klänge, Improvisationsphasen, Bausteine aus bestehenden Stücken oder selbst arrangierte oder komponierte Passagen enthalten. Die Struktur bildet sich aus den entstehenden Beiträgen der Gruppe heraus, wird immer wieder mit der Ausgangsidee abgeglichen und modifiziert und erhält durch die Imagination einer bestimmten Atmosphäre, z.B. durch ein Gefühl, eine Stimmung, eine Lichtkonstellation, Wetter, fünf Elemente oder eine Jahreszeit geprägt und verbunden, ihre dramaturgische Form, ihren roten Faden, ihre Struktur. Immer wieder werden Elemente unterschiedlicher Ausdrucksformen im Dienste der Grundidee aufeinander abgestimmt. Dabei geht die gemeinsame Suche stets nach neuen Wechselbeziehungen der Elemente, z.B. zwischen Licht, Tanz, Theater, Film, Wort, Bild und Klang. Hier kann es stets neue hybride Gattungsformen geben, die an Slam, Melodram oder Pantomime erinnern und von allen wiederum evaluiert werden.

Prozess

Kreative, offene Prozesse sind nicht planbar, können aber in Resonanzräumen angebahnt und gerahmt werden. Dazu hat sich in der Praxis des Kreativen Klassenmusizierens ein Fünf-Phasen-Modell bewährt, das es erlaubt, Resonanz und Atmosphären einzubeziehen (vgl. Schillmöller 2021b, S. 12–24).

In der Starting-Phase bekommt das Element der Berührung oder Anrufung einen Raum. Ein (gegebenenfalls auch von der Lehrperson zu vermittelndes) Element einer universellen Thematik oder einer Atmosphäre (Text, Musikstück, Filmausschnitt, suggestives Licht- oder Raumarrangement) kann eine vorsichtige Imaginierung des Endproduktes in Gang bringen. Dazu gibt es Übungen zum Spüren, zum Wecken der Sinne, des Körpers, der Stimme und der Kreativität. Dann folgt als erste Antwort, als Ausdruck von Selbstwirksamkeit, die Projektplanung mit dem entsprechenden Team of creators und den benötigten Regeln und Ämtern und einer konkreteren Idee des Endproduktes.

Working/Transforming: Die Selbstwirksamkeit wird vertieft, indem erste Bausteine, z.B. Klänge, Melodien, Rhythmen, Bewegungen im Kreis als Live-Arrangement ausprobiert werden. Hier setzt das Element des Transformierens ein, dem beim Kreativen Klassenmusizieren die Phase Transforming entspricht. Das Material wird entwickelt und je nach Idee auf andere Kunstformen übertragen. Dann suchen die Akteur:innen sich ihren Platz am Instrument oder in einer Kreativgruppe. Hier kommt nun im gemeinsamen Abstimmen und Einschwingen der primäre Resonanzbegriff zum Tragen. Flow entsteht. Wieder achten die Coaches auf bipolare vibrierende Resonanzachsen, die zwischen den verschiedenen Schauplätzen aktiviert und überprüft werden. Das Einüben passiert selbstbestimmt, stumm, einzeln, in Paaren, Ensembles nach den vereinbarten Regeln. Das Endprodukt nimmt langsam Form an, wird mehrmals durchgespielt und reflektiert.

Performing/Ending: Wenn das Produkt eine wiederholbare Struktur angenommen hat und die Rahmenbedingungen realisiert sind, kann eine erste Aufführung stattfinden. Diese wird mehrfach wiederholt und im Hinblick auf die erste Idee gemeinsam verbessert und evaluiert.

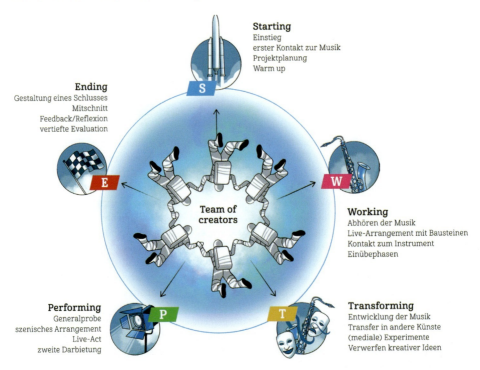

Resonanzräume in den fünf Phasen des Kreativen Klassenmusizierens (Schillmöller 2021b, S. 23)

Literaturverzeichnis

- Böhme, Gernot (2007): Atmosphären wahrnehmen, Atmosphären gestalten – mit Atmosphären leben: Ein neues Konzept ästhetischer Bildung. In Rainer Goetz & Stefan Graupner (Hrsg.), *Atmosphäre(n). Interdisziplinäre Annäherungen an einen unscharfen Begriff*. München: kopaed, S. 31–43.
- Böhme, Gernot (1998): *Anmutungen über das Atmosphärische*. Stuttgart: Wagner.
- Buschkühle, Carl-Peter. (Hrsg.) (2012): *Künstlerische Kunstpädagogik – Ein Diskurs zur künstlerischen Bildung*. Oberhausen: Athena.
- Hallmann, Kerstin (2016): *Synästhetische Strategien in der Kunstvermittlung. Dimensionen eines grundlegenden Wahrnehmungsphänomens*. München: kopaed.
- Heß, Frauke (2002): Wirklichkeit versus Realität. Atmosphäre als Grundkategorie ästhetischen Erlebens in Gernot Böhmes Aisthetik. *Diskussion Musikpädagogik*, (15), S. 43–47.
- Jung, Julia (2019): *Stimmungen weben. Eine unterrichtswissenschaftliche Studie zur Gestaltung von Atmosphären*. Wiesbaden: Springer.
- Khittl, Christoph (2014): Musikalische Selbstbildung und ‚wildes' Musiklernen musikdidaktisch reflektiert als Chance für formal gelenkten (aufbauenden) Musikunterricht. In Georg Brunner & Michael Fröhlich (Hrsg.), *Impulse zur Musikdidaktik. Festschrift für Mechthild Fuchs*. Esslingen: Helbling, S. 101–123.
- Khittl, Christoph & Hirsch, Markus (2022): *„In-Musik-Sein" – die musikalische Situation nach Günther Anders. Interdisziplinäre Annäherungen in musikpädagogischer Absicht*. Münster: Waxmann.
- Krause-Benz, Martina (2016): Handlungsorientierung – zwischen Praktizismus und Performativität. In Andreas Lehmann-Wermser (Hrsg.), *Musikdidaktische Konzeptionen. Ein Studienbuch*. Augsburg: Wißner, S. 83–95.
- Oberschmidt, Jürgen (2020): Resonanz. Überlegungen zu Hartmut Rosas Resonanztheorie in (musik-)pädagogischer Hinsicht, *Musikunterricht aktuell,* (11), S. 10–18.
- Rosa, Hartmut (2016): *Resonanz. Eine Soziologie der Weltbeziehung*. Berlin: Suhrkamp.
- Rosa, Hartmut & Endres, Wolfgang (2016): *Resonanzpädagogik. Wenn es im Klassenzimmer knistert*. 2. Aufl. Weinheim: Beltz.
- Rosa, Hartmut (2019): Resonanz als Schlüsselbegriff der Sozialtheorie. In Jean-Pierre Wils (Hrsg.), *Resonanz. Im interdisziplinären Gespräch mit Hartmut Rosa*. Baden-Baden: Nomos, S. 11–32.
- Rosa, Hartmut (2022): *Demokratie braucht Religion*. München: Kösel.
- Schillmöller, Mathias (2021a): Klassenmusizieren in blue – Eine kreative Performance zwischen Chopin und Billie Eilish. *Musik und Unterricht,* (142), S. 18–29.
- Schillmöller, Mathias (2021b): *Kreatives Klassenmusizieren. Innovative Musizierkonzepte für Unterricht und Projekt*. Innsbruck, Esslingen, Bern-Belp: Helbling.
- Schönherr, Christoph (2011): Phänomenorientierung als Weg zu sinnerfülltem Klassenmusizieren. *Diskussion Musikpädagogik*, (3), S. 80–84.
- Terhag, Jürgen & Winter, Jörn Kalle (2012): *Live-Arrangement. Vom Pattern zur Performance*. Mainz: Schott.
- Wulf, Christoph & Zirfas, Jörg (2007): *Pädagogik des Performativen*. Weinheim: Beltz.
- Zöllner-Dressler, Stefan (2021): Das Künstlerische. In Christoph Stange & Stefan Zöllner-Dressler (Hrsg.), *Denkkulturen in der Musiklehrer*innenbildung*. Münster: Waxmann, S. 17–42.

Christoph Stange

Handgemacht

Bewegungstransformation unter den Vorzeichen von Postdigitalität

Können die Erfahrungen aus der Coronazeit dabei helfen, einen zukunftsweisenden Musikunterricht zu entwickeln? Zugegeben, das ist eine ziemlich provokante Frage. Für viele war die Coronazeit eine Zeit höchster Belastung. Privat sowieso, aber auch für die eigene Arbeit als Musiklehrende. Als belastend wurde vor allem der Verzicht auf Präsenz und damit auf gemeinsames Musizieren wahrgenommen. Entsprechende Untersuchungen scheinen das zu bestätigen (Brunner & Treß 2021). In der Tat scheint sich ein moderner Musikunterricht ja vor allem über das gemeinsame Musizieren zu definieren. Unter dieser Prämisse kann die Coronazeit tatsächlich vor allem als defizitär erlebt worden sein.

Dem lässt sich eine weitere Perspektive hinzufügen. Sie ergibt sich, wenn man den Blick vom Musizieren in Präsenz abwendet und sich stattdessen anderen Weisen künstlerischen Agierens beziehungsweise musikalischen Verstehens zuwendet. Das betrifft insbesondere jegliche Formen von Transformation, ganz gleich, ob sie sich nun auf Bewegung, auf das Schreiben oder auf das Malen zu Musik beziehen. Diese Weisen des Musikverstehens sind nicht zwangsläufig auf Präsenz angewiesen. Beispielsweise mit Hilfe von Videoaufzeichnungen können sie auch jenseits von Live-Performances dargeboten und wahrgenommen werden. Angesichts dessen, dass Corona vorbei ist und die Frage der Präsenz nicht mehr im Mittelpunkt aller Diskussionen steht, kann sich die Aufmerksamkeit auf anderes als die Mängel von digitalen Formaten richten. Spannend ist doch die Frage, inwiefern sich neue Gestaltungspotenziale aus digital basierten ästhetischen Praxen ergeben haben, denn dass sie vielfach aus der Not geboren wurden, bedeutet ja nicht, dass sie automatisch keinen Wert hätten. Mit dieser Sichtweise steht nicht länger primär das als defizitär Wahrgenommene aus der Coronazeit im Vordergrund, sondern es öffnet sich der Blick für das Potenzial postdigitaler Musikpraxen. Ich möchte dies anhand eines Beispiels veranschaulichen, das die Potenziale von Multiscreentechnologien einerseits und Bewegungen der Hände andererseits gleichermaßen nutzt und somit digitale und analoge Formate miteinander verschränkt. Dieses ‚Sowohl-als-auch' zeigt: Es geht mit den folgenden Überlegungen nicht darum, analoge Vermittlungsformate im Musikunterricht durch digitale Formate zu ersetzen. Vielmehr soll erkundet werden, wie sich analoge körperliche Erfahrungen mit den Möglichkeiten des Digitalen im Hinblick auf das Ziel subjektiv bedeutsamen Musikverstehens verweben lassen und inwiefern dem ein unverwechselbares künstlerisches Potenzial innewohnt. Es geht hier also weder um eine rein analoge, noch um eine rein digitale Herangehensweise. Vielmehr wird die strikte Trennung von analog und digital aufgehoben. Wir haben es mit anderen Worten mit einer postdigitalen Herangehensweise beziehungsweise einer postdigitalen Produktion zu tun.

> Es geht hier also weder um eine rein analoge, noch um eine rein digitale Herangehensweise. Vielmehr wird die strikte Trennung von analog und digital aufgehoben.

Hände. Gesten. Ausdruck.

Normalerweise zielen Bewegungstransformationen auf den ganzen Körper. Unter den Bedingungen von Corona war es schlichtweg nicht möglich, den gesamten Körper einzubeziehen. Lehrende und Lernende saßen gleichermaßen zuhause vor ihren Bildschirmen. Ein gemeinsames Agieren in einem Raum war nicht möglich. Ebenso wenig waren ganzkörperliche Bewegungen vor der Kamera denkbar.

Die Schamgrenze für ein quasi solistisches Agieren vor der Kamera, allein im häuslichen Raum, wäre vorhersehbar zu hoch gewesen. Abgesehen davon ist die räumliche Komponente, die zwangsläufig zu einem körperlichen Agieren gehört, vor der Kamera und ihrem sehr begrenzten Ausschnitt nicht annähernd ausreichend darstellbar. Es stellte sich daher die Frage, wie körperliche Transformation von Musik auch unter diesen Umständen stattfinden kann. Sehr schnell geraten in dieser Konstellation die Hände ins Blickfeld. Schon in rein pragmatischer Hinsicht passen sie ins Bild: Bei den Händen kann auch ein größerer Bewegungsradius von der Kamera erfasst und übertragen werden. Hinzu kommt jedoch auch noch eine weitere Komponente, die eher auf der Ebene des Ausdrucks und des Verstehens angesiedelt ist: Die Hände verfügen über ein ausnehmend breites und ausdrucksstarkes Bewegungsrepertoire.

Freilich wird den Händen in unserer Zeit kein „handfestes öffentliches Interesse" (Hörisch 2021, S. 17) zuteil, zumal jene, die sich die Hände beim Arbeiten schmutzig machen, kein allzu großes Ansehen genießen (dafür ist der Handwerkermangel vielleicht noch nicht groß genug). Das ist insofern ungerechtfertigt, als kein Körperteil so vielseitig wie die Hand ist:

„Sie greift und tastet, streichelt und schlägt, begrüßt und schließt Verträge" (ebd., S. 2). Hände sind insofern „die produktiven (und destruktiven) Organe schlechthin" (ebd., S. 62). Das schlägt sich auch im metaphorischen Sprechen nieder: Wir können unser Leben selbst in der Hand haben und es gestalten, oder es haben uns andere in der Hand, sei es nun

„die öffentliche Hand, [...] die unsichtbare Hand des Marktes, die starke Hand eines Despoten oder eben die Hand Gottes, in der unser Schicksal beschlossen liegt. Ob all diese Hände kooperieren oder aber zu Fäusten geballt werden, um gegeneinander zu kämpfen, ob die rechte Hand weiß, was die linke tut, ob Treuhändern wirklich zu trauen ist, ob wir zusammen mit anderen solidarisch Hand in Hand durchs Leben gehen oder uns weigern, andere mit Handschlag zu begrüßen, ob wir mit starker Hand das Schicksal bezwingen oder eine glückliche Hand bei Partnerwahl und Finanztransaktionen haben" (ebd.)

– all dies ist kaum vorhersehbar, hängt jedoch unübersehbar mit „Handgreiflichem und Händeln, mit Handel und Handlungen" zusammen, und es stellt sich die Frage, ob sich damit auch eine Emanzipation verbindet: „Meint der Begriff ,Emanzipation' (von lat. manus/Hand) doch das Projekt, sich aus der Hand fremder Mächte zu befreien" (ebd.).

In der Pädagogik wurde das Lernen mit der Hand immer wieder händeringend eingefordert. Es zeigt sich in der Überlegung Pestalozzis, ein ganzheitliches ,Lernen mit Kopf, Herz und Hand' anzustreben, und findet späten Niederschlag in der populären, gleichwohl nur selten nicht missverstandenen Forderung nach einem handlungsorientierten Unterricht. Solchen Ansinnen liegt die Erkenntnis voraus, dass Kognitives und Emotionales gleichermaßen handbasiert, ja den Händen eingeschrieben ist, vor allem aber: dass Erfühlen und Tasten „die eigentliche Leistung der Hand" darstellen (Levinas 1987, S. 242). „,Begriff' und ,begreifen' sind Worte, die unüberhörbar aus der haptischen und taktilen Sphäre stammen. [... Dabei ist die Hand] nicht die handfeste Alternative zur Abstraktion, sondern die handgreifliche Bedingung ihrer Möglichkeit" (Hörisch 2021, S. 36). Was für die kognitive Sphäre gilt, berührt die emotionale nicht minder:

„Wer Gefühle empfindet, muss auch fühlen können. Etwas fühlen, feststellen, dass sich etwas so oder anders anfühlt (weich oder hart, heiß oder kalt, kräftig oder schwach, et cetera), ist Sache der Hand. Die Extremitäten dieser Extremität, die Fingerspitzen, sind mit ungemein feinfühligen Sensoren und Nerven ausgestattet. Wir fühlen, indem wir greifen. Und wir können gerührt sein, wenn wir etwa ein neugeborenes Kind erstmals mit unseren Händen berühren" (ebd.).

Dabei bürgen die Hände dafür, dass der Mensch nicht zur modernen Einseitigkeit bloßer Rationalität verkommt, kann er doch nichts ohne das tastende Fühlen begreifen. Insofern kulminieren die verschiedenen Sphären des Menschen in den Händen, verschränken sich Sinn und Sinne. Tatsächlich sind die Hände „die komplexesten Schnittstellen zwischen uns und dem Rest der Welt" (ebd.).

Der Aktionsradius der Hände bezieht auch die Mitmenschen ein. Bekanntlich kommunizieren wir nicht nur verbal, sondern auch mit dem Körper, mimisch und: gestisch. Gesten, unweigerlich an die Hände gekoppelt, verdoppeln dabei nicht nur verbale Informationen, sie fügen ihnen ein Mehr hinzu, das verbal nicht einholbar ist. Mit Gesten interagieren wir mit anderen Menschen und zeigen unsere momentane Gefühlslage an: Gesten fallen, je nach Verfassung, mal weicher oder härter, mal größer oder kleiner, mal langsamer oder schneller aus. Und die Art, wie wir sie ausführen, ist auch nicht von uns als Person zu trennen. Die spezifische Verbindung von unverwechselbar eigener Hand und Originalität der Bewegung ist absolut individuell; in ihr drückt sich die Einzigartigkeit eines Menschen aus.

Auch bei musikbezogenem Agieren spielt die Hand in vielfältiger Weise eine zentrale Rolle. Ging es bei Guido von Arezzo mit dem nach ihm benannten System noch darum, die Hand als mobile Zeigekarte mit vorab definierten Zeichen als *memory recall* für Tonhöhenverläufe zu nutzen, so sind spätere Formen der Anleitung wie das klassische Dirigat nicht nur darauf ausgerichtet, ein metrisches Zentrum des Musizierens zu installieren, sondern auch eine bestimmte Interpretation anzuregen. Das ist nicht denkbar ohne die Gestik der Hände, deren Ausdrucksstärke nicht nur dort, sondern bspw. auch beim Tanz (etwa beim Flamenco oder beim HipHop) genutzt wird. Mit künstlerischer Intention verwendete Gesten erweitern die für sich genommen bereits breite Palette an Alltagsgesten um neue Nuancen. Aufgrund dieser Modifikation sind sie nicht sofort in gleicher Weise zugänglich wie jene Gesten, die einen intersubjektiv verstehbaren Imperativ transportieren: „Komm her!", „Stop!", „Ruhe bitte!". Im Gegensatz zu solchen imperativen Gesten zeigen und transportieren künstlerisch verfremdete Gesten etwas, das sich nicht sofort in Worte übersetzen lässt, das über die Verbalisierbarkeit hinausgeht. Diese Gesten und Bewegungen bringen etwas zum Ausdruck, das jenseits reiner Funktionalität oder reiner Sender-Empfänger-Logik mit ihrem oftmals unterstellten eindeutigen Sinn liegt – etwas, das dennoch zum Ausdruck gebracht werden will und das ebenso individuell ist wie die Form der Hände und wie deren Bewegungen.

Postdigitalität

Nicht um ein Ersetzen des Analogen durch das Digitale sollte es gehen, wurde eingangs geschrieben. Was aber dann, wenn doch Digitalität mit im Spiel sein soll? Letztlich ist die Gegenüberstellung von analog vs. digital, online vs. offline zunehmend obsolet. Vielmehr werden beide Sphären vielfach miteinander vernetzt und greifen ineinander, etwa wenn wir ein Dokument am Computer erstellen, es ausdrucken und unterschreiben. Weitere Beispiele für solche Verflechtungen sind beispielsweise Fahrassistenten, Schrittzähler oder auch das Mixen analoger und digitaler Instrumente.

Digitalität wirkt hierbei zunehmend als eine in den Alltag, in alle Lebensbereiche eingelassene Infrastruktur, bei der Analoges und Digitales häufig gar nicht so ohne Weiteres zu trennen sind (Cramer 2015; Jörissen 2017; Negroponte 1998). Digitalität wirkt insofern als eine Art Plug-in, das die bislang vorhandenen Möglichkeiten erweitert, statt sie zu ersetzen oder sie lediglich in irgendeiner Form schöner zu machen und aufzupolieren.

Besonders herausfordernd ist die Verschränkung von analog und digital natürlich in Bezug auf körperliche Bewegungen, wird doch mit schöner Regelmäßigkeit kolportiert, dass Digitalität fast schon gesetzmäßig jeglicher sinnlichen Erfahrung entgegenstehen würde (Fuchs 2020). Völlig richtig bleibt natürlich die Annahme einer unhintergehbaren Bindung von musikalischer Bildung an den Körper (Oberhaus & Stange 2017). Doch scheint es etwas zu weit zu gehen, daraus ableiten zu wollen, körperliche Erfahrungen und Digitalisierung seien unvereinbar miteinander (Rosa 2013, S. 123). Viel gewinnbringender scheint die Suche nach sinnvollen Berührungspunkten von Körper und Technologie zu sein, genauer noch: nach neuen ästhetischen Gestaltungsmöglichkeiten, die sich aus dieser Verbindung ergeben.

Bewegungen kreieren

Welche Möglichkeiten haben wir mit unseren Händen, Musik in Bewegung zu transformieren? Welches Ausdruckspotenzial wohnt den Bewegungen unserer Hände inne? Dem lässt sich suchend, tastend, erkundend nachgehen.

Das Ansinnen, Bewegungen mit den Händen zu kreieren, um damit Wege des Musikverstehens zu eröffnen, ist mit ähnlichen Herausforderungen verbunden wie eine Choreographie, die die Bewegungen des gesamten Körpers einbezieht. Natürlich ist die Schamgrenze bei einer Handchoreographie weniger hoch als bei einer ganzkörperlichen Bewegungsfolge. Gleichwohl stellt sich auch hier die Frage, wie man Schüler:innen dabei unterstützen kann, Bewegungen selbst zu entwickeln und ein Gefühl für deren Qualität zu bekommen.

Dafür gibt es ganz verschiedene Wege. Der hier vorgeschlagene bezieht Bilder und Assoziationen ein. Bilder können Hilfen sein, um Handbewegungen zu kreieren. Das ist unabhängig davon, ob man – wie im vorliegenden Beispiel – *Experiences No. 1* von John Cage als musikalischen Bezugspunkt wählt. Als Bilder, die sich beim Hören dieser für ein präpariertes Klavier geschriebenen Komposition betrachten lassen, bieten sich z.B. *Melancholie* von Edvard Munch oder *Piazza d'Italia* von Giorgio de Chirico an (beide Bilder sind problemlos im Internet auffindbar). Bilder erlauben es häufig, Assoziationen beim Hören der Musik genauer zu fassen. Sie ermöglichen zudem, anstelle von oder zusätzlich zu Assoziationen das auf den Bildern Gesehene mit der Musik zu verbinden. Entscheidend ist, diese Beobachtungen und Vorstellungen in Bewegungsverben zu übertragen. So lässt sich bspw. Schwere oder Niedergeschlagenheit mit Verben wie schleichen, schwanken etc. in Verbindung bringen.

Schüler:innen mit komplementären Bewegungsverben können sich in Gruppen finden und mit einer Auswahl der Bewegungsverben eine kurze Choreographie mit den Händen entwerfen. Diese kann noch ohne Musik auskommen, wodurch eine Fokussierung auf das Bewegungsgeschehen ermöglicht wird. Die Choreographie kann die Beteiligten sukzessive, abwechselnd oder simultan einschließen, ebenso lassen sich die verschiedenen Ideen der Schüler:innen gleichzeitig oder nacheinander in die Bewegungsfolge einflechten. Das kann durchaus in mehreren Anläufen geschehen – selten sind die Beteiligten bereits nach dem ersten oder zweiten Versuch zufrieden. Von entscheidender Bedeutung für die Entwicklung der Ideen sind Zwischenpräsentationen. Sie sind von dem Druck befreit, ein finales Opus zeigen zu müssen. Gleichzeitig stellen sie Zäsuren dar, die den Arbeitsprozess strukturieren und Gelegenheit geben, den bisherigen Stand zu reflektieren. Vor allem die Frage, ob das Gezeigte deutlich ist, steht dabei im Mittelpunkt. Müssen Bewegungen langsamer oder schneller, kleiner oder größer ausgeführt, müssen Punkte gesetzt werden? Der Blick für Gelungenes hilft dann, die Choreographie im nächsten Arbeitsschritt mit Hilfe einer genaueren Vorstellung weiterzuentwickeln. Das gilt letztlich auch, wenn Choreographie und Musik zusammengeführt werden, das bisher Erreichte im Hinblick auf die Musik modifiziert wird und sich die Reflexion vor allem um die Frage dreht, inwiefern mit der Bewegungsfolge gelungen auf die Musik Bezug genommen wurde.

Ein Multiscreenvideo erstellen

Werden die Hände gefilmt, so ermöglicht das den Zuschauenden, sich nur auf deren Bewegungen zu konzentrieren. Nichts lenkt ab, weder ein Gesichtsausdruck noch die Farbe der Schuhe o. ä. Mit der Kamera kann man alle Hände gleichermaßen frontal filmen. Wird der gesamte Hintergrund schwarz gemacht und werden nur die Hand ausgeleuchtet, dann steigert das die Konzentration auf

Abb. 1 Multiscreen

das Wesentliche. Vor allem aber initiiert die Anordnung der einzelnen Videos in einem Screen noch einmal eine eigene künstlerische Arbeit. Nicht nur, dass die Handbewegungen in größter Genauigkeit zur Musik und im Verhältnis zueinander geschnitten werden müssen. Es lassen sich auch völlig neue Konstellationen entwickeln. Das beginnt bei der Anordnung der Videos (z.B.: Gibt es ein Zentrum? Wie werden Konstellationen der Videos untereinander hergestellt?) und kann Bewegungen beinhalten, die über mehrere Videos laufen, mit Variationen der Geschwindigkeit arbeiten, auch mit Freeze, mit leeren Kacheln usw. Diese Gestaltung ist eine eigene künstlerische Arbeit, die den analogen Raum nicht ersetzen kann und die ihrerseits ebenso wenig ersetzbar ist. Erst im Zusammenspiel der vorher entwickelten Choreographie und der Möglichkeiten visueller Darstellung auf dem Bildschirm entsteht das Produkt, das analoge und digitale Welt vereint und das in dieser Verquickung neue Möglichkeiten des Ausdrucks, neue künstlerische Perspektiven eröffnet.

Das erwähnte Beispiel aus meiner Arbeit (John Cage, *Experiences No. 1*, Teil 2) findet sich hier:

Beginnen

Vor jeglicher Arbeit an einer Choreographie sollte natürlich immer ein Warmup stehen. Es stärkt die Körperwahrnehmung und hilft, das Bewegungsrepertoire der Hände bewusst zu machen. Gemeinsam lässt sich mit Alltagsbewegungen beginnen:
- reiben, falten, streicheln, waschen, desinfizieren, kneten, klatschen, tippen, schlagen, winken, schütteln, drehen, tasten (Kälte, Wärme, Rauhes, Glattes, Spitzes, Weiches), gleiten, drücken, tupfen, stoßen, schweben, peitschen, flattern, wringen ...
- Interaktionen, z.B. geben, nehmen
- Gegensatzpaare: beugen – strecken, öffnen – schließen

Der Variantenreichtum dieser Alltagsbewegungen lässt sich erkunden, wenn sie mit Bewegungsqualitäten gekoppelt werden, am besten in der Gegenüberstellung von Gegensatzpaaren:
- sanft – hart,
- schlaff – kraftvoll,
- schnell – langsam,
- fließend – stockend,
- groß – klein,
- Punkte setzen – fließen.

Diese wird ergänzt um eine Raumkomponente mit
- verschiedenen Ebenen (Mitte – oben – unten),
- verschiedenen Richtungen (links – rechts),
- verschiedenen Raumtiefen (vor – zurück).

Schließlich lässt sich auch der Reichtum an Gesten einbeziehen:
- nein, vielleicht, Bitte!, ok, schlecht, Du kannst mich mal!, Ich drück' die Daumen, Victory, Hallo, Bye bye, super, Komm!, Stop!, Her damit!, Hör auf!, Komm her!, Verschwinde!, Achtung!, Setz Dich!, Bitte kommen Sie herein! ...

Ein guter Beginn schafft die Grundlage für gelingende künstlerische Arbeit, für künstlerisch überzeugende postdigitale Verschränkungen.

Weiterentwicklung

Eine Möglichkeit der Weiterentwicklung soll zumindest noch skizziert werden. Sie bezieht weitere Aspekte des Künstlerischen und von Postdigitalität ein und erweitert den Radius der Partizipation. Sie zielt darauf, das Video nicht lediglich vorzuführen, sondern Zuschauer:innen partizipieren zu lassen. Im Bild ist zu sehen, wie ein Zuschauer das Multiscreenvideo anschaut und live die Choreographie der eigenen Hände in der Mitte des Bildschirms hinzufügt. Parallel wird die Musik per Kopfhörer zugespielt. Die Zuschauer:innen stecken ihre Hände durch das schwarze Stofftuch und bewegen sie so, wie sie die gehörte Musik wahrnehmen und verstehen. Die Hände werden jenseits des Stofftuches unter optimalen Lichtverhältnissen gefilmt, auf den Bildschirm übertragen und dort in das bereits existierende Video eingefügt. Multiscreen und Live-Choreographie treten dabei in ein lebendiges Wechselspiel. Die gesehenen Bilder regen im Zusammenspiel mit der gehörten Musik an, eigene Handbewegungen zu entwi-

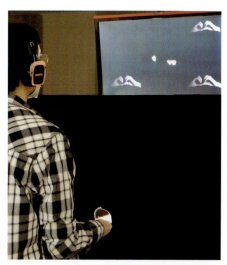

Abb. 2 Weiterentwicklung

ckeln. Dabei müssen nicht zwangsläufig einzelne oder alle Bewegungen vom Bildschirm mitvollzogen werden, auch gegenläufige Bewegungen sind denkbar. Ob nun als Kontrapunkt oder als simultaner Mitvollzug: Die Live-Choreographie fügt dem bereits existierenden Multiscreen eine neue Dimension hinzu, die z.B. überraschend, bestärkend, widerstreitend sein kann. Die Verschränkung von digitalen und analogen Dimensionen erfolgt unmittelbar und ist zudem die Voraussetzung für die Einbeziehung von Zuschauer:innen, die nicht (wie etwa in einer klassischen Konzerteinführung oder bei anderen Vorführungen wie bspw. bei Tagen der offenen Tür) in einer passiven Rolle verharren, sondern aktiv die je aktuelle Performance gestalten. Nichts weniger als künstlerische Partizipation unter den Vorzeichen von Postdigitalität also.

Literaturverzeichnis

- Brunner, Georg & Treß, Johannes (2021): „Da ist so ein bisschen Aufbruchstimmung". Einsichten zum Musikunterricht auf Distanz während der Corona-Pandemie. *Diskussion Musikpädagogik*, (92), S. 17–23.
- Cramer, Florian (2015): What Is 'Post-digital'? In David M. Berry & Michael Dieter (Hrsg.), *Postdigital Aesthetics. Art, Computation And Design*. London: Palgrave Macmillan, S. 12–26.
- Fuchs, Thomas (2020): *Verteidigung des Menschen. Grundfragen einer verkörperten Anthropologie*. Berlin: Suhrkamp.
- Hörisch, Jochen (2021): *Hände. Eine Kulturgeschichte*. München: Hanser.
- Jörissen, Benjamin (2017): Subjektivation und „ästhetische Freiheit" in der post-digitalen Kultur. *KULTURELLE BILDUNG ONLINE*. https://www.kubi-online.de/artikel/subjektivation-aesthetische-freiheit-post-digitalen-kultur [03.03.2023].
- Lévinas, Emmanuel (1987): *Totalität und Unendlichkeit. Versuch über die Exteriorität*. München, Freiburg: Karl Alber.
- Negroponte, Nicholas (1998): Beyond Digital. *Wired* 6/12. https://web.media.mit.edu/~nicholas/Wired/WIRED6-12.html [22.09.2023].
- Oberhaus, Lars & Stange, Christoph (Hrsg.) (2017): *Musik und Körper. Interdisziplinäre Dialoge zum Erleben und Verstehen von Musik*. Bielefeld: transcript.
- Rosa, Hartmut (2013): *Beschleunigung und Entfremdung. Entwurf einer kritischen Theorie spätmoderner Zeitlichkeit*. Berlin: Suhrkamp.

Björn Tischler

Das Geschenk

Ein Abenteuer mit Musik, Bewegung, Spiel und Sprachförderung

Fotos: D. Frei

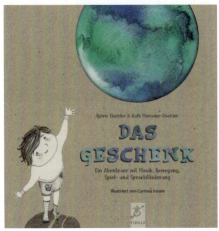

Das Unterrichtsvorhaben

Sprachliche Fähigkeiten sind grundlegend für den schulischen Lernerfolg. Aus dieser Erkenntnis leiten sich verschiedene Konzepte durchgängiger Sprachbildung für alle Schulfächer ab. Das Fach Musik bietet hierbei gleichermaßen Möglichkeiten allgemeiner Sprachbildung wie spezifischer Sprachförderung. Zum einen ergeben sich über das Musikmachen und -hören vielfältige Anlässe zur Sprechaktivierung. Zum anderen enthalten musikalische Aktivitäten selbst sprachlich relevante Elemente, die einer spezifischen Sprachförderung dienlich sein können. Musikalisches und sprachliches Lernen bedingen einander gegenseitig, sind aber je nach Intention unterschiedlich zu gewichten. Als Rahmen dieser beiden, sich mehr oder weniger überschneidenden, aber zu differenzierenden Aspekte bieten sich Geschichten mit Themen an, die für die Zielgruppe bedeutsam sind. Dazu gehört zum Beispiel das Thema Schenken.

Geschenke und der Umgang mit dem Schenken haben eine kulturell-gesellschaftlich grundlegende Funktion und sind ein nicht wegzudenkender Bestandteil zwischenmenschlichen Handelns. Die als Kinderbuch von Corinna Insam illustrierte, im Fidula-Verlag veröffentlichte und hier vorgestellte Geschichte *Das Geschenk* (Tischler & Moroder-Tischler 2019) setzt sich aus mehreren, auch isoliert einsetz-, variier- und erweiterbaren Episoden zusammen. Diese enthalten neben musikalischen Gestaltungsideen sprachfördernde Impulse und Erzählanlässe.

Protagonist der zugrundeliegenden Spielhandlung ist Jan. Möglich ist natürlich genauso eine Jana oder beide zusammen.

Jans Traumreise

Zum Inhalt: Jan braucht ein Geschenk. Ihm fällt dazu aber einfach nichts ein… Auf seiner Suche begibt er sich auf eine abenteuerliche Traumreise. Darin begegnet er gehetzten Personen in der Einkaufstadt, einem alten Mann mit einer Zauberkugel, die ihn durch dreimaliges Hochwerfen in verschiedene Länder führt: in eines mit Hexen, die ihm eine Hexensuppe schenken wollen, in ein anderes mit Riesen und deren riesigen Geschenken, in ein weiteres mit Musikerinnen mit besonderen Instrumenten, in eines mit Robotern, die sich schnell und langsam bewegen. Auf einem Planeten gibt es nur fremde Wesen, die nicht wissen, was ein Geschenk ist. Weitere Phantasieländer, auch von den Kindern selbst erdachte, lassen sich beliebig einfügen. Schließlich gelangt Jan in ein Land mit fröhlich-tanzenden Menschen, die ihn einladen mitzumachen… Wird er sein Geschenk dort finden?

Die schwerpunktmäßig für die Primarstufe konzipierte, aber für alle Altersstufen erweiterbare, entsprechend angepasste Handlung eignet sich fachspezifisch wie fächerverbindend besonders auch für spezielle Anlässe in Form von Aufführungen, orientiert an musikpädagogischen Fachanforderungen und sprachfördernden Zielen – gerade auch im Hinblick auf sehr heterogene, inklusive Lerngruppen.

Unter dem Aspekt musikalischen Erlebens und Gestaltens stehen in jeder Episode Lieder im Vordergrund, die sich als instrumentales Spielstück oder Mitspielstück mit Variations-, Improvisations- und Arrangiermöglichkeiten anbieten; im Weiteren geht es um Musik und Bewegung mit szenisch-tänzerischen Umsetzungen, z.B. als elementares Musiktheater, Menschenschattentheater, Schwarzlichttheater oder Mini-Musical.

Aus sprachlicher Sicht werden jeweils sprachbildende und -fördernde Impulse gesetzt. Diese enthalten themengebundenen Sprechanlässe (pragmatische Sprachebene) unter Einbeziehung von Lautbildung und Lautsystem (phonetisch-phonologische Sprachebene), Begriffsbildung, Wortschatz (semantisch-lexikalische Sprachebene) sowie Wort- und Satzbildung (morphologisch-syntaktische Sprachebene). Exemplarisch seien im Folgenden einzelne Praxisideen aus ausgewählten Episoden aufgeführt.

Episode Einkaufstadt

In der Einkaufstadt erweisen sich dort zu erwerbende Geschenke als ein Zugang zum Wortschatzaufbau mit entsprechenden Wortfeldern, wie Spielzeug, Esswaren und Süßigkeiten, Sportartikel, Schulartikel. Die einzelnen Begriffe können in Form eines Kauf-Raps musikalisiert werden, zum Beispiel:

„Leute eilen in die Stadt zum   Kaufen, Kaufen.
Kaufen, was man noch nicht hat, nur Kaufen, Kaufen.
Buntstifte, Zeichenpapier   Kaufen, Kaufen.
                                     Kaufen, Kaufen …"

Je nach Lernvoraussetzung gilt es, mehr oder weniger orientierende Strukturen sprachlicher wie musikalischer Art vorzugeben, aber immer auch mit einem erweiterbaren Freiraum für eigene kreative Ideen. Es kann eine ein Schlagzeug imitierende Begleitung in Form einer mit Stoff oder Tüchern gefüllt liegenden Rahmentrommel als „Bass Drum" im „Down-Beat" erfolgen und zwar über einen einfachen Wechselschlag mit einem danebenliegenden Schellenring als „Snare Drum" im „Back-Beat". Als „Hi Hat" dient ein Becken oder auch eine Zimbel, geschlossen oder offen in Vierteln oder Achteln gespielt. Erweiternd können Xylophon-Bass-Stäbe / Keyboard auf einem Grundton mit einem einfachen rhythmischen Pattern hinzugefügt werden sowie eine auf einen Akkord umgestimmte Gitarre.

Das Thema Einkaufstadt lädt weiterführend ein, sich mit Musik und Werbung näher zu beschäftigen. Impulse könnten sein:
- Welche Werbespots fallen dir spontan ein?
- Überlege, warum dir diese Werbespots eingefallen sind.
- Höre und schaue dir verschiedene Werbespots im Internet z.B. über YouTube an. Beschreibe die verwendete Musik (Tempo, Instrumente, Klangfarbe, Wirkung, mit gesungenem oder gesprochenen Text).
- Denke dir ein Werbeprodukt aus, das du dir auch als Geschenk vorstellen kannst.
- Erfinde einen kurzen Text zu deinem Produkt.
- Erfinde eine kurze Melodie zu deinem Produkt. Schreibe die Töne (als Buchstabennoten) auf.

In der Einkaufsstadt

- Du kannst deinen eigenen Werbespot zum Hören oder auch als Video aufnehmen.
- Versuche dein gewähltes Produkt anzupreisen und zu überzeugen, warum es gekauft werden sollte.
- Warum kann Werbung auch gefährlich sein?

Episode Zauberwald und Zauberkugel

Das Thema Zaubern und Wünschen, das in vielen Märchen mit geheimnisvollen Wesen und Orten vorkommt, kann die sprachliche und musikalisch-gestalterische Phantasie anregen. Wenn im Zauberwald allerlei Geräusche, Töne, Laute, Melodien, Worte und Sätze zu hören sind, so lassen sich daraus Artikulations- und Stimmbildungsübungen über Vor- und echoartiges Nachmachen („call and call") spielerisch ableiten.

Die hochzuwerfende Zauberkugel führt zu geäußerten Wünschen, die dann begründet und besprochen werden können, eventuell begleitet mit selbst ausgedachten Zaubersprüchen (siehe auch Hexensprüche in der folgenden Episode).

Im Zauberwald

Die Zauberkugel

Episode Hexenland

In der Sprache selbst ist durch ihre prosodischen Anteile wie Intonation, Rhythmus, Tempo schon so viel Musik, dass es lohnenswert erscheint, die Kinder eigene Melodien zum vorgegebenen Text finden zu lassen, sich für eigene Ausdrucksformen (siehe Liedtext in Klammern) zu entscheiden und/oder hexische Zutaten, wie zum Beispiel „Krötenschleim und Pferdehaare" hinzuzufügen (siehe Lücke im Liedtext).

> „Hier im wilden Hexenland, Hexenland, Hexenland
> sind die Hexen wohlbekannt, wohlbekannt.
> Hexen haben Appetit, Appetit, Appetit,
> singen (flüstern, kichern, rufen, klatschen, patschen…) immer dieses Lied, dieses Lied:
> Unsre Suppe kannst du haben, als Geschenk dich dran erlaben:
> sehr bekömmlich für den Magen! (…) Hihihi!"

Die Fähigkeit, formale Eigenschaften der gesprochenen Sprache wahrzunehmen, bekannt als phonologische Bewusstheit, lässt sich über Reime aller Art entwickeln, hier also als Hexen- und Zauberreime, wie etwa:

„Hexen hier, Hexen dort kochen, tanzen, zaubern
jede Nacht am selben Ort: ‚Hex hex!' Dann sind sie alle fort!"

Bewegung kommt über szenisch-tänzerische Gestaltungsformen der verwendeten Texte mit entsprechenden Hexen-Gesten und Raumformen ins Spiel.

Im Hexenland

Episode Riesenland

Sprechanlässe für das Riesenland können Gespräche über große Geschenke in doppeltem Sinne sein oder wörtlich unter dem Aspekt des Wortschatzes: Was ist groß, schwerfällig, langsam? Da es sich hierbei um Relationen handelt, sollte man auch den Komparativ „größer als" und Positiv „so groß wie" verwenden.

Der folgende Riesen-Blues eignet sich sowohl für Wortschatzerweiterung oder -übung als auch grammatikalisch für die Akkusativbildung, in dem „das Ding" durch andere Wörter mit unterschiedlichem Genus ersetzt wird: den Tisch, die Kiste, das Paket.

Im Riesenland

Episode (Musik-)Land der schönen Klänge

Im Musikland stehen unterschiedliche bekannte wie fremde Instrumente im Fokus, zum Hören und zum Spielen.

Eine pentatonisch gehaltene Melodie kann über abschnittweises Vor- und Nachsingen eingeübt werden, erweiternd in Verbindung mit Stimmbildungs- und Artikulationsübungen anhand entsprechender Silben.

„Im Land der schönen Klänge, da liebt man die Musik.
Mit Flöte, Laute, Trommel dazu, da spielt man dieses Lied.
Musik, Musik, wie man sie liebt – immer wieder nur Musik."

Im Musikland

Über Textvarianten lassen sich die unterschiedlichsten Instrumente einbeziehen: „Mit Xylofon und Rassel dazu…". Melodie-Instrumente (Stabspiele, Blockflöte, Tasteninsrtumente, …) ermöglichen elementare Improvisationen mit einem halbtonlosen Tonvorrat, z.B. c, d, e, g, a.

Das Musikland eignet sich auch für das (Wieder)Erkennen und Benennen gehörter Instrumente: Je nachdem, welches verborgene Instrument gespielt wird (z.B. Handtrommel, Klanghölzer, Holzblocktrommel) ist das entsprechende Pendant im Kreis weiterzugeben. Erweiternd kann das Vor- und Nachspielen zusätzlich rhythmische Patterns enthalten.

Eine gute Hörübung bietet eine Variante zur Tonhöhenunterscheidung. Dafür eignen sich einzelne Klangstäbe. Die Durchführung entspricht dem oben beschriebenen Klangfarbenbeispiel.

Episode Fremder Planet

Der fremde Planet beinhaltet die Auseinandersetzung mit allem Fremden: Gewohnheiten, Menschen, Kulturen und natürlich Musik. Hier einige Impulse dazu:

Auf dem fremden Planeten

- Suche einzelne Musikstücke, die dir fremd vorkommen.
- Um welche Stücke handelt es sich?
- Beschreibe, was dir daran fremd erscheint
- Beschreibe an Beispielen, was dir an der fremden Musik gefällt und was nicht.
- Was hat sich für dich geändert, wenn du eine dir fremde Musik mehrmals gehört hast?
- Stell dir vor: Du fliegst auf einen fremden Fantasie-Planeten. Wie sieht es dort aus?
- Male ein Bild dazu. Dann suche eine passende Musik aus. Wie sollte sie klingen? Die Musik kannst du auch selbst machen, aufnehmen und vorspielen.

Episode Roboterland

In unserer computerisierten Welt sind angesichts der rasanten Entwicklung künstlicher Intelligenz Roboter inzwischen mehr als ein Spielzeug oder Fantasieinstrument. Sie regen aber zu Fantasie an und lassen sich für vielfältige musikalische und sprachlich-kommunikative Aktivitäten nutzen.

Im Roboterland

Zu letzteren zählen Bewegungsaufgaben, die in einfachen Sätzen als Aufträge gesprochen werden:

Die Roboter drehen sich im Kreis, ... gehen rückwärts, ... seitwärts, ... drehen sich um sich selbst...
Die einzelnen Bewegungselemente können dann Basis für eine szenisch-tänzerische Roboter-Gestaltung zur Musik vom Tonträger sein, z.B. *Wir sind die Roboter* der Gruppe Kraftwerk. Einfache, roboterartig gesprochene Sprechtexte, die natürlich auch melodisch erweiterbar sind, lassen sich hinzufügen. Sie können gleichzeitig Anleitung für die auszuführenden Bewegungen sein. Eine gendergerechte Variante wäre: „Die Roboterfrau im Takt ..." Es ergeben sich auch zahlreiche Möglichkeiten rhythmischen Instrumentalspiels in Verbindung mit Notenwerten.

Kraftwerk:
„Wir sind die Roboter"

Für die folgende Gestaltung, die der interaktiven und räumlichen Wahrnehmungsschulung dient, wird ein großer freier Raum benötigt. Zunächst bilden sich Paare mit jeweils einer Roboter- und einer anleitenden Ingenieursrolle. Je nachdem wo die anleitende Person dem Roboterwesen auf den Rücken tippt, bewegt es sich entsprechend langsam mit kleinen Schritten und abgehackten Armbewegungen im Raum, mit dem Ziel, einen vorher definierten Standort zu erreichen:

Textunterstützung	Der Ro – bo – ter	geht im Takt, doch ...
Klanghölzer	✗ ✗ ✗ ✗	✗ ✗ ✗ ✗
Viertelnoten	♩ ♩ ♩ ♩	♩ ♩ ♩ ♩
Textunterstützung	die-ses schnel-le Tem-po hier, das	ist zu viel, das se-hen wir und...
Bongos	∞ ∞ ∞ ∞	∞ ∞ ∞ ∞
Achtelnoten	♫ ♫ ♫ ♫	♫ ♫ ♫ ♫
Textunterstützung	bes – ser	lang – sam...
Guiro	🐟 🐟	🐟 🐟
Halbe Noten	♩ ♩	♩ ♩
Textunterstützung	Zu	spät...
Triangel	△	△
Ganze Noten	o	o

Roboterland – Notenwerte

- ■ Rückenmitte = vorwärtsgehen
- ■ rechte Schulter = Vierteldrehung nach rechts
- ■ linke Schulter = Vierteldrehung nach links
- ■ zweimaliges Tippen = Stopp

Den Roboterwesen sind Sensoren eingebaut, die sie bei Hindernissen (Gegenstände, andere Roboterwesen) mit Lauten wie „bip bip bip ..." automatisch zum Stehen bringen, ohne die Gehbewegungen zu unterbrechen. Dies kann erforderlich sein, wenn es der führenden Person nicht gelingt, das Roboterwesen rechtzeitig zum Anhalten zu bringen, weil etwa zu viele Paare im Raum sind oder die Aufgabe darin besteht, mehrere Roboterwesen gleichzeitig durch den Raum zu führen. Die benannte oder andere passende Musik kann den untermalenden und bewegungsstützenden Rahmen für Anfang und Ende der Spielgestaltung geben.

Im Fröhlichland

Episode Fröhlichland

Im Fröhlichland wird das gemeinsame Tun thematisiert, aus dem ein gemeinsamer, fröhlicher Tanz entwickelt werden soll. Einzelne Bewegungsbausteine und -ideen können über Kleingruppenarbeit zusammengetragen werden.

Nun weiß Jan, was er als Geschenk für das große Fest mitbringen wird …

Jans Geschenk

Literaturverzeichnis

- Tischler, Björn & Moroder-Tischler, Ruth (2019): Das Geschenk. *Ein Abenteuer mit Musik, Bewegung, Spiel und Sprachförderung (Illustriertes Kinderbuch mit didaktischem Beiheft und Audio-CD)*. Koblenz, Emmelshausen: Fidula.

André Uelner

Interkulturelle Musikpädagogik und die neue gesellschaftliche Normalität

Am 05.01.2023 hatte der Präsident des Lehrerverbandes Hans-Peter Meidinger in einem vielfach beachteten Interview in der Zeitung *Die Welt* (Welt.de 2023) angegeben, dass die Leistung von Schulklassen ab einem Anteil von Schüler:innen mit Migrationshintergrund von 35 % abnehme, und als Konsequenz Migrationsquoten gefordert. Offensichtlich hatte er die Tatsache, dass der jährlich steigende Anteil von jungen Menschen mit Migrationsbezug unter 18 Jahren im Bundesdurchschnitt bei mittlerweile über 40 % liegt, nicht vor Augen. Dabei werden Kinder der dritten und vierten Generation von der statistischen Definition ‚Migrationshintergrund' erst gar nicht erfasst. Viele von Ihnen werden daher insbesondere in urbanen Ballungsräumen noch ganz andere Zusammensetzungen ihrer Klassen erleben. Wenn man dann noch die seit mittlerweile mehreren Jahren vorgetragene Forderungen der Agentur für Arbeit nach 400.000 zugewanderten Fachkräften pro Jahr (zuzüglich ihrer Familienangehörigen) berücksichtigt, wird deutlich, wo die Gesellschaftsreise hingehen wird.

Mit der Forderung nach Migrationsquoten für Schulklassen verkannte man in der Spitze des Lehrerverbandes nicht nur die ‚neue Normalität' einer heutigen, postmigrantischen Gesellschaft, sondern fordert indirekt eigentlich sogar eine Rückkehr zu sogenannten ‚Ausländerklassen', die noch bis Anfang der 1980er Jahre zur alten Normalität der Bonner Republik gehörten. Wir erinnern uns: Hier wurden beispielsweise in Deutschland geborene türkeistämmige Kinder konsequent auf Türkisch unterrichtet, unabhängig davon, ob Türkisch überhaupt ihre Muttersprache war. Sie sollten so auf die Rückkehr in ihr ‚Heimatland' vorbereitet werden. Tritt man heute darüber in den persönlichen Dialog mit Menschen aus dieser Generation, die eine sogenannte ‚Ausländer'- oder ‚Türkenklasse' besuchen mussten, so erfährt man, dass sie vielfach noch heute regelmäßig den Vorwurf zu hören bekommen, dass sie nie richtig Deutsch gelernt haben und ihnen der Wille zur Integration fehle. Ferda Ataman, die heutige Leiterin der Antidiskriminierungsstelle des Bundes, ist nur ein prominentes Beispiel, wie sehr sich Herkunft auf Bildungschancen ausgewirkt hat und weiter auswirkt (Hensel 2019). So müssen sich noch heute Kinder der zweiten und dritten Generation mit Migrationsbezug mit divergierenden normativen Erwartungen zwischen Herkunftsfamilie und Bildungs- sowie Berufsfeld auseinandersetzen (Mafaalani 2017).

Drei Tage nach Erscheinen des obigen Interviews in *Die Welt* hatte Shakuntala Banerjee am 8. Januar den Ersten Parlamentarischen Geschäftsführer der CDU/CSU-Bundestagsfraktion Thorsten Frei dazu befragt (*Berlin Direkt* 2023), warum sich seine Partei bei den mutmaßlich durchweg männlichen Straftätern der Silvesternacht so sehr auf deren Herkunft kapriziere. Auf seine Antwort hin schob sie, verbunden mit der Frage, warum man vorschnell und defizitorientiert die Frage der Herkunft der Täter in den Mittelpunkt geschoben habe, tagesaktuelle Zahlen der Berliner Polizei hinterher, die besagten, dass es sich bei den festgenommenen Tätern mehrheitlich um deutsche Staatsangehörige handelte.

Dieses Interview in der ZDF-Sendung *Berlin Direkt* bot auf mehreren Ebenen ein erstaunlich aktuelles Abbild des integrationsbezogenen öffentlichen Diskurses dar. Das Interview war in dieser Form überhaupt nur möglich, da sich die Besetzung der Haupt-Moderator:innen der *Heute*-Sendung unlängst beachtlich diversifiziert hat: Neben Barbara Hahlweg präsentieren Mitri Sirin und Jana Pareigis die 19 Uhr Nachrichten, zur Einordnung der tagespolitischen Lage steuert neben Theo Koll auch Shakuntala Banerjee ihre Expertise bei. Ab Februar 2023 wird neben Marietta Slomka und Christian Sievers zudem auch Dunja Hayali als eine der Vertretungen das Heute-Journal moderieren. Das zuweilen als ‚Kukident-Sender' belächelte ZDF bildet mit seinem öffentlichen Auftrag in Punkto Repräsentanz in seinen

Nachrichtensendungen so erstaunlich fortschrittlich die heutige, neue Normalität der postmigrantischen Gesellschaft in Deutschland ab.

Spätestens hier wird man sich vermutlich fragen müssen, was das alles mit Musikunterricht an allgemeinbildenden Schulen zu tun haben möge.

Als Mitarbeitender eines Orchesters stellte ich beim Einlesen im Bereich der Interkulturellen Musikpädagogik mit Erstaunen fest, dass hier ebenfalls seit der späteren Bonner Republik geforscht wird, also seit bald über vierzig Jahren. Das theoretische Gerüst scheint gut aufgestellt, Grundlagen sind angelegt. Erste Schwerpunkte im Lehramtsstudium an Universitäten, Musikhochschulen und Pädagogischen Hochschulen sind gesetzt.

So weit für die zukünftigen Lehrer:innengenerationen. Aber was ist schon heute davon bislang konkret im Musikunterricht vor Ort angekommen? In Gesprächen mit Lehrer:innen an Ludwigshafener Schulen vernahm ich mehrheitlich ein grundsätzliches Interesse gegenüber einer Weitung der Unterrichtsinhalte, aber eben auch eine gewisse Hilflosigkeit, wie dem zu begegnen sei.

Vollzieht man einen Perspektivwechsel von Integration hin zu Diversität, geht damit auch ein Paradigmenwechsel von defizitärem hin zu ressourcenorientiertem Denken einher.

Johannes Kieffer, geschäftsführender Leiter der *Orientalischen Musikakademie Mannheim* beschrieb mir zu Anfang meiner Tätigkeit an der *Deutschen Staatsphilharmonie Rheinland-Pfalz* 2019 folgendes Bild: Viele Musiklehrer:innen sähen sich Schulklassen mit einer Vielzahl von musikkulturellen Hintergründen gegenüber, die ihnen gänzlich unbekannt seien und von denen sie keine Ahnung hätten, wie sie damit inhaltlich überhaupt umgehen könnten. Stattdessen seien sie angehalten, den Schüler:innen ‚unser' musikalisches Erbe nahe zu bringen.

Aber was bitte ist unser musikalisches Erbe in einer faktisch postmigrantischen Gesellschaft, in der der nationale Gedanke nicht nur unter musikalischen Gesichtspunkten zunehmend an Relevanz verliert? Ist Tradition starr oder flexibel? Und was ist mit der Musik, die schon seit den ersten Anwerbeabkommen für Gastarbeitende, also seit über sechzig Jahren da ist?

Offenbar gibt es im Bewusstsein der Mehrheitsgesellschaft nach wie vor einen Unterschied zwischen ‚deutscher Musikkultur' und ‚Musikkultur in Deutschland', zwischen europäischer und sogenannter außereuropäischer Musikkultur und all ihren hybriden Ausformungen. Aber nach wie vielen Jahrzehnten würde diese auch als Teil westlicher Musikkultur anerkannt werden? Sind sechzig Jahre Anwesenheit nicht eigentlich genug? Müssten beispielsweise ursprünglich musikalische Einflüsse aus dem geografischen Gebiet der Türkei als ein Teil von Musikpraxis in Deutschland nicht längst auch umfassend in Lehrer:innenausbildung und Lehrpläne eingeflossen sein?

Allein in Mannheim, dem Veranstaltungsort des letzten BMU-Kongresses, gibt es eine nicht genau zu beziffernde, dreistellige Anzahl an bağlama-Schüler:innen. So bildet alleine die alevitische Gemeinde Mannheim/Ludwigshafen nach eigenen Angaben über 240 Schüler:innen in einem eigenen Musikprogramm an diesem Instrument aus. Dieser Unterricht vollzieht sich jedoch weitestgehend in Parallelstrukturen zu den kommunalen Musikschulen, strukturelle Hürden verhindern dort nach wie vor die Anstellung entsprechender Lehrkräfte. Aus außerschulischer Sicht scheint es auch kein Interesse mehr zu geben, diese aus der Notwendigkeit heraus entstandenen Parallelstrukturen wieder aufzugeben. Ist das Kind in Pucto Implementierung in Schul- und Musikschulunterricht also schon längst in den Brunnen gefallen? Oder andersrum gedacht: Ist es überhaupt in den Brunnen gefallen?

Es liegt auf der Hand, dass sich der Kultur- und Musikbegriff an Institutionen wie Schule, Musikschule und Musikhochschulen weiten muss, dass strukturelle Schwellen weiter abgebaut werden müssen. Aber auch diese Erkenntnis ist nicht neu. Auch ein selbstverständlicher und flexibler Umgang mit dem, was da ist, mit den musikkulturellen Bezügen in den jeweiligen Schulklassen scheint noch in weiter Ferne zur tatsächlichen Praxis.

Seit 2015 gibt es u.a. an der Musikhochschule Mannheim die Möglichkeit, transkulturelle Musikpädagogik zu vertiefen, seit 2019 Schulmusik mit dem Hauptfach bağlama. Diese exemplarischen Beispiele werden aber bislang von den angesprochenen Zielgruppen kaum angenommen.

Bei einem ausgebuchten bağlama-Symposium an der *Popakademie Baden-Württemberg* im Dezember 2022 war man hingegen weitestgehend unter sich. Hier wird mit dem Studiengang Weltmusik einer der wenigen Studiengänge in Deutschland angeboten, die Musizierende mit einem entsprechenden Abschluss auch formal dazu befähigen, eine tariflich gleichwertig eingeordnete Anstellung an einer kommunalen Musikschule antreten zu dürfen.

Man fragt sich, warum soziale Blasen so stark wirken und es immer weniger gemeinsame gesellschaftliche Räume zu geben scheint. Vielleicht gibt es einen Zusammenhang damit, dass kultureller Rassismus und Marginalisierung mehrheitlich noch immer eher individuell und weniger strukturell verstanden werden, wie es eigentlich der Fall sein müsste. Liegt es vielleicht auch an Erfahrungen, welche Wertschätzung potenzielle Studierende in ihrer Schullaufbahn gegenüber der Sichtbarkeit ihrer eigenen musikkulturellen Bezüge erfahren haben? Und wie wirken sich diese Erfahrungen auf ihr jeweiliges Zutrauen aus? Welche Narrative werden im Unterricht, also im Diskurs, abgebildet, welche nicht, und wer entscheidet darüber? Der theoretische Diskurs im Bereich der Interkulturellen Musikpädagogik ist inzwischen umfassend ausgearbeitet, erste Zugänge sind an den Ausbildungsinstitutionen angelegt. Aber der Knoten will anscheinend noch nicht platzen. Was also in der gegenwärtigen Phase tun?

Ähnlich wie öffentlich-rechtliche Rundfunkanstalten erfüllen auch die öffentlich geförderten Kulturinstitutionen in Deutschland seit dem educational turn einen verstärkten Bildungsauftrag. Dabei wirken sie mit ihrer Arbeit identitätsstiftend in die Gesellschaft hinein und beeinflussen damit nicht zuletzt auch nach wie vor Unterrichtsinhalte an allgemeinbildenden Schulen. So auch an unserem Orchester, der Deutsche Staatsphilharmonie Rheinland-Pfalz.

2018 initiierte die Kulturstiftung des Bundes das Programm *360° – Fonds für Kulturen der neuen Stadtgesellschaft*, an dem insgesamt 39 Institutionen, darunter Museen, Theater, Bibliotheken sowie ein Orchester teilnahmen und teilnehmen. Diese Institutionen werden mit Projektmitteln gefördert, zudem fördert die Kulturstiftung über vier Jahre Personalstellen von Diversitätsbeauftragten. Kern des Programmes ist die Auseinandersetzung mit der Frage, wie sich Kulturinstitutionen personell, programmatisch sowie in Bezug auf ihr Publikum gegenüber der neuen gesellschaftlichen Normalität diversitätsorientiert öffnen können. Diese praxisbezogene Fragestellung ist dermaßen neu und widersprüchlich zu den jeweiligen institutionellen Logiken der Häuser, die Beharrungskräfte dermaßen wirkungskräftig, dass sich eine diversitätsbezogene Öffnung nur in kleinen Schritten überhaupt vollziehen kann. Im vorläufigen Abschlussbericht des Programms 360° schrieb meine Kollegin Leyla Ercan, Agentin für Diversität am Staatstheater Hannover:

> „Instrumente, die Veränderungen bringen sollen, bleiben Ausdruck der Öffnungsphantasien von Akteur:innen, Milieus und Gesellschaftsgruppen, die in den Kultureinrichtungen bereits selbstverständlich ein und ausgehen. Diese sich selbst reproduzierenden Kreisläufe gilt es bewusst und aktiv zu durchbrechen – und zwar auf struktureller Ebene" (Ercan 2022).

> Ähnlich wie öffentlich-rechtliche Rundfunkanstalten erfüllen auch die öffentlich geförderten Kulturinstitutionen in Deutschland seit dem educational turn einen verstärkten Bildungsauftrag.

Die Gesellschaft hat sich seit dem Entstehen von Orchestern als repräsentative Klangkörper des Bürgertums in den letzten 160 Jahren massiv gewandelt. Dennoch scheint die in Zeit und Raum weitestgehend konservierte Arbeitsweise von Orchestern mit ihrem sich an ein schrumpfendes Bürgertum richtenden Werkekanon noch immer einen nachhaltigen Einfluss auf die Inhalte des Musikunterrichts, insbesondere im Gymnasialbereich, auszustrahlen. Dabei weisen seit Jahrzehnten schwindende Publikumszahlen in eine andere Richtung:

> „Neu ist nun die postpandemische Zuspitzung der Lage, die für manche, wenig oder nicht staatlich geförderte Häuser zur existenziellen Bedrohung werden kann. Ebenfalls neu ist dabei die Tatsache, dass offen über den Publikumsschwund gesprochen wird, dass hässliche Zahlen genannt statt geschönt werden" (Diesselhorst 2022).

In unserer Studie *0,63% – wie divers sind Orchester?* (Uelner 2021) hatten wir 2021 in Eigenregie recherchiert, wie viele Menschen mit einem familiären Hintergrund aus der Türkei oder dem Nahen Osten in einer Festanstellung in den 129 öffentlich geförderten Berufsorchestern in Deutschland mit seinerzeit 9.766 Planstellen überhaupt angestellt waren. So konnten wir 62 Personen identifizieren, lediglich zwei davon waren in Deutschland geboren und aufgewachsen. Hintergrund der Recherche war die Erkenntnis, dass diese Zielgruppe einerseits schätzungsweise 16 % der Bevölkerung im urbanen Raum Mannheim/Ludwigshafen ausmacht, jedoch in den drei beruflichen Klangkörpern, der Deutschen Staatsphilharmonie Rheinland-Pfalz, dem Orchester des Nationaltheaters Mannheim sowie dem Kurpfälzischen Kammerorchester weder im Personal noch im Publikum repräsentiert sind.

In einer anschließenden qualitativen Befragung erwiesen sich die befragten Musiker:innen aus der Zielgruppe durchweg als Teil der Orchesterblase. Alle gaben an, dass ihr soziales Umfeld fast ausschließlich aus Musiker:innen bestand. Niemand gab an, soziale Kontakte zu Menschen mit demselben familiären Hintergrund in ihrer Stadt zu pflegen, geschweige denn, sich dieser Tatsache überhaupt bewusst zu sein. Erst durch unsere Befragung wurde den Interviewten gewahr, dass sie bei Kinderformaten sogar als beispielgebende Identifikationsfiguren fungieren und somit zukünftig zur Repräsentanz und ferner zur Relevanz von Orchestern für zukünftige Generationen dienen könnten. Durchaus bemerkenswert war auch die durchgängige Rückmeldung der Interviewten, dass sie ihr jeweiliges Studium (alle hatten an einer deutschen Musikhochschule studiert) als wesentlich offener erlebt hatten und sie sich erst mit dem Wechsel in ein Orchester in ein hermetisches Umfeld begeben hatten.

Mittlerweile ist auch für die Intendanz der Staatsphilharmonie Diversität ein „extrem wichtiger Faktor" geworden.

> „Diversität ist für unsere Arbeit ein extrem wichtiger Faktor. Ludwigshafen ist geprägt von einer vielfältigen Bevölkerung. 55 Prozent der Einwohner haben einen Migrationshintergrund und dieser Anteil wächst jährlich um weitere 1,2 Prozent. Die Stadt ist ein gutes Beispiel dafür, dass es so etwas wie eine Mehrheitsgesellschaft in unserer Zeit nicht mehr gibt. Anstelle einer einheitlichen Bevölkerung haben wir es hier mit kleinen, zersplitterten Gruppen zu tun. Unser Anliegen ist es, uns für diese Communities zu öffnen und mit ihnen in Kontakt zu treten. Dabei versuchen wir allerdings nicht, Köder in alle Richtungen auszulegen, damit alle in dasselbe Konzert kommen und im Idealfall ein Abonnement erwerben. Vielmehr bemühen wir uns darum, in diesen verschiedenen ‚Bubbles' partizipative Erlebnisräume für Musik zu schaffen und in die verschiedensten Richtungen wandlungs- und anschlussfähig zu sein.
>
> [...] Unsere Vorgehensweise geht auch mit einem tiefgreifenden Wandel des Musikerberufs einher: Es geht nicht nur darum, Mozart oder Beethoven auf höchstem Niveau spielen zu können, sondern auch die Fähigkeit zu entwickeln, Musik zu kommunizieren. Kommunizierende Mitarbeitende, die sich aktiv in unsere Diversitätsarbeit einbringen, sind eine wesentliche Voraussetzung für das Gelingen unserer Aktivitäten" (Fehlmann & Junker 2022, S. 7f.).

Jenseits der Frage nach der personellen Repräsentanz beschäftigen wir uns zudem mit der Frage, wie über Musik grundsätzlich nachgedacht wird.

So haben wir an der *Deutschen Stadtphilharmonie Rheinland-Pfalz 2020* in Kooperation mit der Popakademie und der OMM das transkulturelle Ensemble *Colourage*, bestehend aus Musiker:innen der Staatsphilharmonie sowie Absolvent:innen des Studiengangs Weltmusik an der Popakademie Baden-Württemberg, gegründet. Das Ensemble arbeitet prozessbezogen, basisdemokratisch und weitestgehend ohne spezifische inhaltliche Vorgaben („musiziert miteinander!"). Die beteiligten Musiker:innen haben die Aufgabe, nach Verknüpfungspunkten zwischen westlicher Klassik und modalen, makam-basierten Musiktraditionen aus der Türkei und dem Nahen Osten zu forschen. Hier treffen unterschiedliche musiktheoretische Systeme, Denkweisen von Musik und ihrer beruflichen Darbietung sowie Probentraditionen aufeinander. Diese Arbeit ist langwierig und mühsam, aber auch sehr bereichernd. Auf die Frage an die Musiker:innen, wie sich ihr Verständnis der jeweils anderen Musikkultur durch diese Arbeit verändert hat, antwortete die Soloflötistin der Staatsphilharmonie, Hanna Mangold:

> „Mein Verständnis von der orientalischen Musik hat sich nicht verändert, sondern ich habe einfach etwas Neues erfahren. Aber das Verständnis zu unserer Musik also der, die ich studiert habe, die hat sich sehr verändert" (Colourage 2021).

> Das Ensemble arbeitet prozessbezogen, basisdemokratisch und weitestgehend ohne spezifische inhaltliche Vorgaben.

Inhaltlich ist der Ansatz dieses Ensembles nicht neu und sein Alleinstellungsmerkmal besteht im Wesentlichen daraus, dass es in die Strukturen eines tariflich geregelten Berufsorchesters integriert ist. Aber dieser Ansatz hat auch dazu geführt, dass wir an der Staatsphilharmonie begonnen haben, uns mit der schritthaften Wandlung des Orchesters hin zu einem modularen Kompetenzzentrum für Musik zu beschäftigen, unter dessen Dach Musikpraxis und Ausbildung genre- und kulturübergreifend vereint sein könnten. Auch hat diese Arbeit zu neuen Bedarfen innerhalb unserer Institution geführt, die uns in den derzeitigen, etablierten Strukturen zunehmend vor neue und bisweilen unbekannte Herausforderungen stellt.

Diese kleinteilige Arbeit in kleinen Freiräumen von starren, ergebnisorientierten, geradezu diametral entgegen gesetzten Strukturen und Arbeitsweisen mag idealistisch und naiv erscheinen. Denn sie braucht Zeit und vor allem Raum, um organisch wachsen zu können. Aber es hat sich auch gezeigt: Die Tür, die die beteiligten Orchestermusiker:innen aufgestoßen haben, werden sie nur sehr schwer wieder schließen können. Sie haben neue Zugänge zu Musik jenseits ihres Orchesterdienst-Alltags kennengelernt und ihr ästhetisches Empfinden von Musik hat sich verändert.

Mittlerweile hat das Ensemble den Projektstatus verlassen, es wurde verstetigt und zumindest die Orchestermusiker:innen können ihre Arbeit im Rahmen ihrer Diensttätigkeit im Orchester ausüben. Über Orchestergrenzen hinweg sind lokale Musiker:innen-Netzwerke und erste neue, sich zunehmend verselbständigende Kollaborationen entstanden. Weitere Kolleg:innen aus dem Orchester haben ihr Interesse angezeigt, bei dem Ensemble mitzuwirken und im vergangenen Jahr erzielte das Ensemble einen ersten Achtungserfolg, indem es in die Shortlist zum Innovationspreis der *Deutschen Orchesterstiftung* aufgenommen wurde.

Bei der Akquise von Auftritten für das Ensemble *Colourage* hingegen zeigt sich nun, dass es als Ensemble der Staatsphilharmonie nur schwer zu verkaufen ist, da es in keine Schublade zu passen scheint. Die Begriffe Staatsphilharmonie und transkulturell scheinen derzeit bei Konzertveranstaltern noch zu konträre Vorstellungen zu evozieren. Aber auch aus einer anderen Perspektive heraus gilt es traditionsbezogene Vorbehalte abzubauen. Nach einer Aufführung eines Education Projektes mit Schüler:innen der dritten Klassen an einer integrativen Brennpunkt-Grundschule berichtete mir eine türkeistämmige Lehrerin von folgender Begebenheit: Die Darbietungen der Schüler:innen wurden jeweils von einem Barockensemble der Staatsphilharmonie sowie dem Ensemble *Colourage* begleitet. Mehrere türkeistämmige Eltern hatten zunächst ihre Skepsis gegenüber dem transkulturellen Ensemble geäußert, durften dann jedoch feststellen, dass ihnen diese neue Musik „sehr gut" gefiel.

Langjähriges Element an der *Deutschen Staatsphilharmonie Rheinland-Pfalz*, wie auch an anderen Orchestern, sind Probenbesuche von Schulklassen in unserem Orchester. Die Schüler:innen lernen die Arbeitsweise unseres Klangkörpers kennen und kommen zum Teil zum ersten Mal mit klassischer Musik in Berührung. Bei den Probenbesuchen platzieren sich die begleitenden Pädagog:innen bei einigen Klassen zuweilen strategisch zwischen ihren Schüler:innen, insbesondere bei unruhigeren Klassen. Vielleicht kommt Ihnen, liebe Leser:innen, diese Vorgehensweise bekannt vor.

Seit einiger Zeit bieten wir ebenfalls Probenbesuche für Schulklassen bei unserem transkulturellen Ensemble *Colourage* an. Interessanterweise ist zu beobachten, dass insbesondere Klassen mit einem hohen Teil von Kindern mit Migrationsbezug dieser hybriden Musik interessiert zuhören. Bildungsferne Schüler:innen, denen eine Konzentrationsspanne von wenigen Minuten zugeschrieben wird, lauschen auf einmal konzentriert für 45 Minuten der dargebotenen Musik. Sie hören Klänge, die Ihnen vertraut und fremd zugleich klingen, und sie sehen Menschen auf der Bühne, mit denen sie sich identifizieren können.

Als Projektinitiator des transkulturellen Ensembles *Colourage* hatte ich zu Anfang keinen konkreten Plan, wohin die Reise führen sollte. Ich habe stattdessen darauf vertraut, dass sich die Ziele unterwegs von selbst herausbilden würden. Bezeichnenderweise beschreiben viele meiner Diversitätskolleg:innen an anderen Kulturinstitutionen im Programm 360° ähnliche Erfahrungen: Ein vermeintlich zweckfreier Projektstart führt zu Bedarfen und Zielen, die sich erst unterwegs herausbilden.

Vielleicht ist diese naive, scheinbar planlose und praxisbezogene Herangehensweise auch in der Schulmusik ein Weg, der den oben genannten Knoten bezüglich der praktischen Umsetzung von IMP zum Platzen bringt und der Schüler:innen dazu einlädt, sich später für die entstanden Studienangebote im Fach Schulmusik zu begeistern, weil sie sich in der Schule in ihrer Ganzheit gesehen fühlen.

Was bedeutet all dies nun aus der externen Sicht eines Change-Agents an einem Berufsorchester für eine konkrete Umsetzung an Schulen vor Ort? Zunächst die schlechte Nachricht: Vermutlich gibt es keinen Masterplan, dem sie folgen können. Dieser resultiert aus den jeweiligen Gegebenheiten an Schulen vor Ort und ihren durchaus vorhandenen Freiräumen.

Identifizieren Sie diese Freiräume und haben Sie im Sinne Martin Walsers den Mut, den ersten Schritt zu gehen, auch wenn Sie noch kein konkretes Ziel vor Augen haben. Vielleicht mögen Sie es als eine Form der ‚Ästhetischen Forschung' begreifen: Bitten Sie beispielsweise ihre Schüler:innen, ihre Musik und Instrumente in den Musikunterricht mitzubringen und sie der Klasse vorzustellen, recherchieren sie die vorhandenen Fortbildungsangebote, nehmen Sie Kontakt zu Musiker:innen aus Ihrer Region auf und laden sie in den Unterricht ein, beschaffen Sie sich Literatur und beginnen Sie, sich fortzubilden, auch wenn es Ihnen in Ihrem Berufsalltag wahrscheinlich viel abverlangen wird. Aber tun Sie dies auch im Hinblick auf Ihre neuen Kolleg:innen, die Ihnen in wenigen Jahren als Teil der neuen gesellschaftlichen Normalität an Ihren Schulen begegnen werden. Damit bereiten Sie ihnen und zukünftigen Schüler:innen den Boden für gleichberechtigte kulturelle Teilhabe im Sinne von „diversity, equity, inclusion and belonging" (Onderka 2022).

Literaturverzeichnis

- Berlin Direkt (2023): Berlin Direkt vom 8.Januar 2023. https://www.zdf.de/politik/berlin-direkt/berlin-direkt-vom-8-januar-2023-100.html [01.02.2023].
- Colourage (2021): Lightning Talk Colourage – 360° Akademie 2021. https://www.youtube.com/watch?v=GuXuw-5zYnTM [01.02.2023].
- Diesselhorst, Sophie (2022): Ach, diese Zahlen, diese entsetzlichen Zahlen! https://nachtkritik.de/index.php?option=com_content&view=article&id=21137:wo-bleibt-das-publikum-recherche-zu-einem-thema-der-stunde&catid=1870&Itemid=100899 [01.02.2023].
- Ercan, Leyla (2022): It's all about belonging: Diversitätsentwicklung als Schaffung neuer postmigrantischer Kooperations-, Partizipations- und Zugehörigkeitskulturen in Kulturbetrieben. In Kulturstiftung des Bundes (Hrsg.): *Diversitätskompass. Wie können Kulturinstitutionen diverser werden. Erfahrungen aus dem 360°-Programm*. Halle an der Saale, S. 11–18. https://www.kulturstiftung-des-bundes.de/diversitaetskompass [15.11.2023].
- Fehlmann, Beat & Junker, Joachim (2022): Wir alle können noch viel mehr tun. *Newsletter des BMU-LV Rheinland-Pfalz*, (09), S. 7–11.
- Hensel, Jana (2019): Deutsche können auch türkische Namen haben. *Zeit Online*, 15.03.2019. https://www.zeit.de/gesellschaft/zeitgeschehen/2019-03/ferda-ataman-integration-migration-rassismus?utm_referrer=https%3A%2F%2F [01.02.2023].
- Mafaalani, Aladin el- (2017): Sphärendiskrepanz und Erwartungsdilemma. Migrationsspezifische Ambivalenzen sozialer Mobilität. *Zeitschrift für Pädagogik*, 63 (6), S. 708–725.
- Onderka, Lena (2022): Belonging: „Die Daseinsberechtigung des Einzelnen muss kommuniziert werden". https://www.personalwirtschaft.de/news/hr-organisation/dei-und-belonging-interview-nemetschek-129165/ [01.02.2023].
- Staatliche Hochschule für Musik und Darstellende Kunst Mannheim (2022): Bundeskongress Musikunterricht 2022 – Musikunterricht interkulturell. https://www.youtube.com/watch?v=j4HbKs0Tatk [01.02.2023].
- Uelner, André (2021): 0,63 % – Wie divers sind Orchester? https://www.staatsphilharmonie.de/de/publikationen#item-4694 [01.02.2023].
- Walser, Martin (1976): *Jenseits der Liebe*. Frankfurt a.M.: Suhrkamp
- Welt.de (2023): Lehrerverband fordert Migrationsquoten an Schulen. Welt.de, 05.01.2023, https://www.welt.de/politik/deutschland/article243035339/Integration-Lehrerverband-fordert-Migrationsquoten-an-Schulen.html [01.02.2023].

Stefan Zöllner-Dressler

Resonanz in musikalisch-künstlerischen Situationen

Trotz aller Bemühungen von *Eine (Musik)Schule für alle* (EMSA), *Jedem Kind ein Instrument* (JeKi), *Jedem Kind Instrumente, Tanzen, Singen* (JeKITS) und vielleicht auch dem *Aufbauenden Musikunterricht* unterscheidet sich der Musikunterricht an den meisten der allgemeinbildenden Schulen von dem an Musikschulen fundamental. Am deutlichsten sind die Unterschiede in der Finanzierung der Zugänge zu den beiden Lernorten. Der Unterricht an Musikschulen wird privat mit zuweilen kommunaler Unterstützung, der an allgemeinbildenden Schulen ist dagegen staatlich finanziert (mit immer noch marginalen Ausnahmen im allerdings wachsenden Segment der Privatschulen). Aber auch in den Zielsetzungen und Unterrichtsstrategien unterscheiden sich die Institutionen durch verschiedene Schwerpunktsetzungen. Gleichwohl schreiben sich beide die musikalische Bildung auf ihre jeweiligen Fahnen.

> Der Unterricht an Musikschulen wird privat mit zuweilen kommunaler Unterstützung, der an allgemeinbildenden Schulen ist dagegen staatlich finanziert.

In einem spezifischen Segment dieser musikalischen Bildung junger Menschen aber hat die Musikschule ein bedeutendes Alleinstellungsmerkmal. Nur die von ihr vertretenen Unterrichtspraxen eröffnen die Möglichkeit, ein Studium an einer Musikhochschule aufzunehmen. Der Anteil, den die allgemeinbildenden Schulen am späteren Erfolg im Studium oder dem Bestehen einer Aufnahmeprüfung an einer Musikhochschule im Vergleich zu dem von Musikschulen organisierten Unterricht haben, ist verschwindend gering. Wahrscheinlich liegt das am marginalisierten Stellenwert des Schulfachs Musik, das bestenfalls in homöopathischen Dosen zur Bewältigung eines Musikstudiums beiträgt. Ohne den vom Elternhaus finanzierten Instrumentalunterricht wird in der Regel nicht einmal die Aufnahmeprüfung zu bewältigen sein – in manchen Bundesländern gilt dies sogar für die Abiturprüfung im Fach Musik. Derartige Zustände und Traditionen haben interessanterweise wiederum Auswirkungen auf den Musikunterricht der allgemeinbildenden Schulen – und nicht immer die besten (wie z.B. Dorothee Barth und Anne Bubinger zuletzt 2020 gezeigt haben).

Freilich sähe es anders aus, wenn der Staat im Sinne der Bildungsgerechtigkeit den schulischen Musikunterricht mit personellen und zeitlichen Ressourcen so ausstatten würde, dass alle interessierten Schülerinnen und Schüler nach 12 oder 13 Schuljahren unmittelbar ein Instrumentalstudium aufnehmen könnten. Aber das Kamel ging schon in der Bibel nicht durchs Nadelöhr. Andere Schulfächer – wie etwa Geographie, Biologie oder Mathematik – nehmen für sich dagegen selbstverständlich in Anspruch, Abiturient:innen ausreichend auf ein Studium in ihrem Fachbereich vorbereiten zu können.

Es erscheint naheliegend, dass die für Entwicklung und didaktische Ausgestaltung des Musikunterrichts an allgemeinbildenden Schulen verantwortlichen Personen nach Auswegen aus dieser als defizitär zu empfindenden Lage suchen. Naheliegend erscheinen dabei zwei Stoßrichtungen:

a) die Übernahme von Unterrichtsstrategien des Instrumentalunterrichts – und damit die stärkere Betonung musikpraktischer Kompetenzen

b) die Stärkung von anderen, nicht vornehmlich musikpraktischen Unterrichtszielen – beispielsweise beschrieben mit dem Begriff der ‚ästhetischen Erfahrung'.

Unzulässig verkürzend könnte man sagen: In a) bestimmt eine instrumentalpraktische Lerntheorie (etwa von Edwin Gordon) das Unterrichtsgeschehen, in b) eine philosophisch und soziologisch begründete Schwärmerei.

Damit reiht sich auch diese musikpädagogische Diskussion ein in die vielfältigen Formen moderner Polarisierungen, die Ausdruck der soziologischen Analyse unserer gespaltenen Gesellschaften sind – jüngst erst dokumentiert im Tagungsband zum Freiburger Symposium mit dem Titel *Mastery & Mystery* (Brunner et al. 2021).

Nun ist der Musikunterricht (wie auch der Kunstunterricht) an einer staatlichen Schule ein Fach, das der Ästhetik in ihrer ganzen Breite zugerechnet werden kann. Blickt man in die Bildungspläne der 16 Bundesländer, so bildet die Musizierpraxis folgerichtig nur einen Teil des Unterrichtsgeschehens ab und wird von einer ganzen Reihe von Inhalten bestimmt, für die die Prämissen einer abendländisch geprägten und auf einen beschränkten historischen Zeitraum bezogenen Instrumentalpraxis gar nicht im Mittelpunkt stehen. Das Eintauchen in ästhetische Erfahrungsräume, die Faszination musiksoziologischer Zusammenhänge, die Einbindung des eigenen Erlebens in musikhistorische Relationen sind Beispiele für solche Inhalte, die auch ohne einen Schwerpunkt instrumentalpraktischer Expertise funktionieren.

Was also soll der Streit? Ist nicht vielmehr ein Sowohl-als-auch die Lösung? Die Schüler:innen brauchen beides: das gekonnte Musizieren und die mitreißende, als wertvoll empfundene ästhetische Erfahrung. Nicht These gegen Antithese sondern Synthese ist das Mittel der Wahl! Das hat schließlich schon der alte Hegel eingefordert.

Allerdings hatte er seine Dialektik mit dem ‚Spekulativen' gewürzt, das dem bloß Zusammengeworfenen ein auf eine andere Ebene gehobenes Neues als Alternative entgegenstellte. Entwicklung wird nicht durch Umschichtung oder eine andere Anordnung möglich, sondern durch eine Idee – die als solche die Kraft hat, bisherige Gegensätze in sich zu vereinen. Das Spekulative „fasst das ‚Entgegengesetzte in seiner Einheit', überwindet die dialektisch hervorgebrachten Gegensätze, hebt sie auf" (Ostritsch 2020, S. 20). Was aber könnte das Spekulative in der gerade beschriebenen musikpädagogischen Gegensätzlichkeit sein? Wie ließe sich ein Musikunterricht denken, der nicht bloß in einer Art Wellenbewegung mal die eine, mal die andere Position präferiert? Angelehnt an eine Richtung unserer pädagogischen Schwesterdisziplin der Kunstdidaktik plädiere ich für eine ‚künstlerische Musikpädagogik'.

Eine künstlerische Musikpädagogik will Schülerinnen und Schüler im Musikunterricht der allgemeinbildenden Schule vor allem anderen dazu ermächtigen, sich selbst künstlerisch zu artikulieren. Das Künstlerische bedarf unter Umständen sowohl der technischen Expertise und Kompetenz als auch der ästhetischen Erfahrung. Beide Elemente können – ausgehend und verbunden vom künstlerischen Willen der Schülerinnen und Schüler – in unterschiedlichen Ausprägungen zu einem stimmigen Ganzen vereint und durch weitere Elemente (beispielsweise musik- oder kunsthistorisches Wissen) ergänzt werden. Das im Folgenden beschriebene Prinzip des Künstlerischen könnte die Unterrichtsstrategien von Musik- und allgemeinbildender Schule durchdringen und so zu einem Verbindungsglied werden, das in beiden Institutionen Gültigkeit besitzt. Prämisse einer solchen Form der Musikpädagogik ist allerdings die Akzeptanz einer Welt, in der Kinder und Jugendliche im Unterricht ‚künstlerisch' und nicht bloß reproduzierend oder rezipierend tätig sind.

Das ist nicht neu. Schon zu Beginn des 20. Jahrhunderts gab es reformpädagogische Ansätze, die in diese Richtung gedacht haben:

> „Jedes Mittel, freie unabhängige Persönlichkeiten heranzubilden, kann nicht hoch genug geschätzt werden. Jedes Gebiet, wo der werdende Mensch nicht äußerer Autorität, sondern nur seinem Ich, seiner Individualität gehorchen kann, muss der Pädagogik als heilig gelten. Ein solches Gebiet ist das Leben in der Kunst" (Weber 1907, S. 14).

Und wenn es einer Referenz bedarf, die den Unkenrufen nach wissenschaftlicher Genauigkeit und strenger Beachtung der – selbstverständlich vorhandenen – Unterschiede von Kunst und Musik (-pädagogik) entgegengesetzt werden kann, lässt sich auf Peter W. Schatts *Einführung in die Musikpädagogik* zurückgreifen, in der er uns alle auffordert, doch mal über eine „Orientierung am Künstlerischen nachzudenken" (Schatt 2021, S. 115).

Wie aber soll das gehen? Wie kann ein Musikunterricht aussehen, der die Schülerinnen und Schüler zu künstlerischem Denken und Handeln ermächtigt? Dazu im Folgenden ein paar Ideen.

Die historische Entwicklung von Kunst hat – insbesondere im 20. und 21. Jahrhundert – zu einem intensiven Nachdenken über den Begriff des Künstlerischen geführt. „Wir haben es mit Bildern zu tun, die nichts darstellen, nichts sagen und nichts bedeuten" (Böhme 2019, S. 8). Spätestens mit John Cages *4'33''* lässt sich ein solcher Sachverhalt auch auf zeitgenössische Kompositionen beziehen. Für *4'33''* brauchten weder der Komponist noch der Pianist der Uraufführung eine spezifische instrumentaltechnische Expertise. Das ist in gewisser Hinsicht ärgerlich für diejenigen, die fest davon überzeugt sind, die wichtigste Grundlage von Kunst sei einzig und allein ‚Können'. Von Peter Handke – immerhin ja Literaturnobelpreisträger – wird jedoch kolportiert, er halte sich für „das Gegenteil eines Könners" (Kümmel 2022, S. 60). Vielmehr sei ihm „Könnerschaft [...] verhasst; es sei undemütig, schon beim Aufbruch zu wissen, wo man hinkomme, ja überhaupt die Gewissheit zu haben, man werde ankommen. Kunst bedeute, zu tun, was man nicht könne" (ebd.). Was aber müssen Kunstschaffende denn dann eigentlich tun? Die Antwort von Gernot Böhme darauf ist klar: Atmosphären produzieren. Böhme geht davon aus, dass das für die Kunst wirklich Entscheidende zwischen dem Objekt und dem Rezipierenden liegt. Wenn wir innerhalb von Sekundenbruchteilen (auch ohne, dass wir die vorherigen Gespräche verfolgt hätten) spüren, dass es beim Abendbrot der Familie Streit gab, also ‚dicke Luft' herrscht, nehmen wir eine Atmosphäre wahr. Der Raum wird vom Streit gefärbt oder wie Böhme schreibt: tingiert. Nichts anderes macht ein Kunstwerk. Es tingiert den Raum, in dem es hängt, steht oder klingt. Und dazu braucht es mittlerweile kein spezifisches Material mehr. Künstlerische Atmosphären lassen sich mit blauen Flächen (Yves Klein), Alltagsgeräuschen (Pierre Schaeffer) oder Pissoirs (Marcel Duchamp) produzieren. Rezipient:innen, die die bereitgestellten Konstellationen als Kunst erleben wollen, müssen sich auf die Wahrnehmung der zwischen ihnen und den Werken entstehenden Situationen einlassen. Das In-der-Kunst-, das In-der-Musik-Sein bestimmt die Situation, in der eine Atmosphäre als Kunst wahrgenommen wird.

> Wie kann ein Musikunterricht aussehen, der die Schülerinnen und Schüler zu künstlerischem Denken und Handeln ermächtigt?

Die Produktion von Atmosphären im Sinne von Böhme, die die Rezeption dieser Atmosphäre als Kunst ermöglicht, macht die Produzent:innen zu Künstler:innen. Es scheint im Rahmen eines modernen, erweiterten Kunstbegriffs allgemein Konsens zu sein, das Potenzial dazu jedem Menschen zuzusprechen – also auch Kindern und Jugendlichen, die im Musikunterricht auftauchen.

Schule aber ist nicht die freie Wildbahn der Kunst. Auch wenn Schüler:innen künstlerisch denken und handeln sollen, tun sie das in der Schule innerhalb eines besonderen Rahmens, in dem beispielsweise auch Zeugnisnoten vergeben werden. Welche Note aber hätte John Cage für eine dreisätzige musikalische Gestaltungsaufgabe bekommen, die er jeweils mit einem „Tacet" ohne weiteren Kommentar löst? Die Unterscheidung zwischen Arbeitsverweigerung und Kunst ist für Lehrerinnen und Lehrer somit keine einfache Aufgabe. Mit welchen Maßstäben die Kunst von Schülerinnen und Schülern gemessen werden kann, ist ebenso unklar wie die Frage, ob es dafür überhaupt Maßstäbe und Einheiten gibt.

Auch hier ließe sich mit Böhme argumentieren. Wenn Kunst als Produktion von Atmosphären in ästhetischer Absicht definiert wird, dann können Schüler:innen im Musikunterricht dazu aufgefordert werden, sich klanglich erzeugte Atmosphären vorzustellen, sie umzusetzen und dann die jeweilige ästhetische Absicht zu artikulieren. Die Imagination wird so in einen Prozess der Reflexion eingebunden, der sich in mehreren Schleifen wiederholen und entwickeln kann. Erwähnt werden sollte an dieser Stelle, dass die Artikulation nicht unbedingt in schriftlicher Form erfolgen muss, sondern dass Reflexionsprozesse auch gestisch geäußert oder über technische Hilfsmittel festgehalten werden können. Das öffnet künstlerisches Denken und Handeln auch für inklusive schulische Settings. Relevant bleibt das ständig aufeinander bezogene Imaginieren, Realisieren und Reflektieren als zirkulärer Prozess.

Dazu ein Beispiel: Schüler:innen stellen sich im Rahmen eines künstlerischen Projekts der Aufgabe, die negativen Folgen sozialer Kälte zum musikalisch-künstlerischen Thema zu machen. Dazu imaginieren sie Klänge der Kälte und suchen nach Bildern und Texten, die ihre Vorstellung der erwähnten sozialen Problematik unterstützen. Möglichst genau sollen sie die imaginierte Atmosphäre beschreiben und ihre Ideen, Einfälle und Strategien zur Verwirklichung schriftlich oder in einer ihnen angemessenen Form festhalten. Eine der entstandenen Gruppen kombiniert in diesem Zusammenhang Klänge von Fingernägeln auf alten Schultafeln mit Hate Speech-Fragmenten aus ‚sozialen' Netzwerken und mehreren Ausschnitten aus Bildern von Edward Hopper. Diese Auswahl begründen die Schüler:innen in ihrem Bezug zur vorgestellten Atmosphäre.

In dieser Phase sucht sich die Vorstellung ihr Material. Die angestrebte Atmosphäre braucht ein Medium, mit dem sich Räume gezielt tingieren, also färben lassen. Die Schülerinnen und Schüler müssen recherchieren, mit welchen Klängen, Bildern oder Texten sie die beabsichtigten Wirkungen am besten realisieren können. Sie kombinieren und transformieren Elemente, um den Charakter ihrer Produktion zu optimieren. Sie verwerfen, stellen um oder zerstückeln in einem individuellen, zielgerichteten Prozess, der Ausdruck künstlerischen Denkens und Handelns ist und weiterhin dokumentiert wird. Die begleitende Lehrperson kann dabei immer wieder eingreifen, z.B. um didaktisch motivierte Vorschläge zu machen. Die Finger an der Kreidetafel produzieren ihre unangenehmen Klänge zunächst ungeordnet. Die Formsprache in Hoppers Bildern ist dagegen in ihrem Bestreben, jegliche Wärme sozialer Beziehungen gar nicht erst aufkommen zu lassen, klar strukturiert. Die Anregung, diese Struktur auch mit Klängen nachzuzeichnen, ist ein moderierender musikdidaktischer Impuls. Die kalte, inhumane Atmosphäre lässt sich beispielsweise durch einen gleichförmig im 2/4-Takt gepulsten Tafelklang intensivieren – vielleicht sogar durch einen kompletten Atmosphärenwechsel mit einem Dreiertakt kontrastieren. Das muss geübt, manchmal sogar notiert und erneut begrifflich artikuliert werden.

All diese Artikulationen sind im Vergleich mit der realisierten Atmosphäre bewertbar. Zusammengefasst in Portfolios beschreiben sie sowohl die ursprüngliche Imagination als auch den Prozess ihrer Realisierung. Ihre Form muss nicht unbedingt schriftlicher, letztlich aber begrifflicher Natur sein. Damit beschreiben sie Entstehung von Kunst und weisen dem entstandenen Werk eine Bedeutung zu. Portfolios, die darüber berichten, warum sich z.B. bestimmte Klänge besser zur Produktion einer Atmosphäre eignen als andere, oder wie sich diese Atmosphäre in einen musikhistorischen Zusammenhang einbinden lässt, verhindern zunächst einmal Beliebigkeit. Das „Tacet" von John Cage kann alles und nichts bedeuten. Sinn erhält es erst im Zusammenhang der historischen Konstellation, im Kontrast zu oder in der Anlehnung an andere Kunstformen, letztlich also aus dem Willen zur stimmigen künstlerischen Aussage. Damit entreißt es Cage der reinen Willkür des Rezipienten. Im schulischen Kontext eines künstlerisch orientierten Musikunterrichts ermöglicht das Portfolio zu bewerten, ob die Werke der Schülerinnen und Schüler ihre jeweils imaginierte Atmosphäre angemessen repräsentieren und damit in ihrer künstlerischen Strategie überzeugend sind. Dies kann von den Lehrkräften transparent und ebenfalls begründet in die Notengebung einfließen.

Außerdem ermöglichen Portfolios, die Entwicklungen der Schüler:innen im Lauf ihres Schullebens sichtbar zu machen. Kaum etwas ist für Musiklehrer:innen frustrierender als Neuntklässler:innen, deren Klanggeschichten (in diesem Alter verbrämt als Transformation von Text in Musik) bei geschlossenen Augen nicht zu unterscheiden sind von denen der Zweitklässler:innen. Künstlerische Argumentationslinien, Bezüge zu Werken der Musikgeschichte, Einbindung von musikalischen Zitaten, aber auch instrumentalpraktische Fähigkeiten können mit zunehmendem Alter komplexer eingebunden und begrifflich besser gefasst werden. Damit ergibt sich die Perspektive eines Aufbaus von individuellen (mit ästhetischer Erfahrung verknüpften) Fähigkeiten, die mit zunehmender musikpraktischer Expertise die künstlerische Entwicklung der Schülerinnen und Schüler ermöglichen. Ihre didaktische Umsetzung soll hier in einer Graphik systematisiert werden:

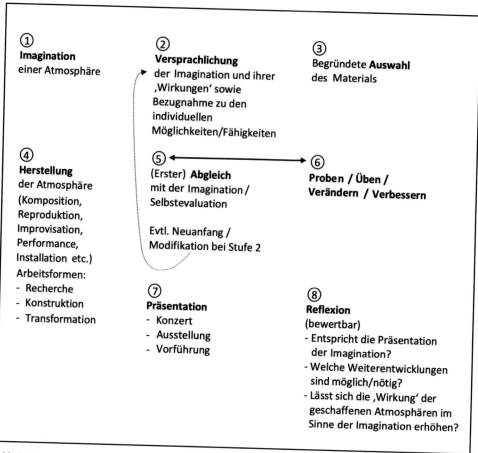

Abb. 1: Projektmatrix eines künstlerischen Musikunterrichts

Die Vorstellung einer Atmosphäre (1) ist der Ausgangspunkt der künstlerischen Arbeit. Ihm folgt die Versprachlichung (2) als Beispiel einer begrifflichen Artikulation der Atmosphäre und damit der Beginn des Portfolioprozesses, der die gesamte Arbeit begleitet und reflektiert. Dabei stehen die Entscheidungen zum geeigneten Material (3), zur adäquaten Form (4) und Präsentation (7) zunächst im Mittelpunkt. Allerdings folgt dieser Prozess keinem linearen Muster, in dem ein Schritt dem vorherigen unerbittlich folgt. Im Gegenteil: Es muss möglich sein, wenn erkannt wird, dass die eigenen Fähigkeiten trotz allen Übens und Verbesserns (6) nicht ausreichen, um die vorgestellte Atmosphäre zu realisieren, sich begründet für eine andere Atmosphäre zu entscheiden und wieder neu in den Arbeitsprozess einzusteigen. Das macht den ständigen Abgleich (5) von Imagination und realisiertem Ergebnis unumgänglich. Letztlich ist das Portfolio damit zu einem (bewertbaren) Dokument der künstlerischen Reflexion (8) geworden, mit dem das eigene künstlerische Denken und Handeln beschrieben und evaluiert wurde.

Als Unterrichtsform, in der sich ein so verstandener Musikunterricht realisieren lässt, bietet sich das musikalisch-künstlerische Projekt an. In ihm lässt sich der oben skizzierte Ablauf besonders leicht umsetzen. Innerhalb des regulären Stundenplanunterrichts, der die Produktion der Atmosphären auf mehrere isolierte Einheiten verteilen müsste, wird der Prozess zwar immer wieder unterbrochen, bleibt aber möglich. Hier bekommt das Portfolio deutlich mehr Bedeutung für ein (Wieder-)Einfinden in die imaginierte Atmosphäre – es wird rein praktisch wichtiger.

Ein solcher künstlerisch orientierter Musikunterricht kann die Verantwortung für seine normativen Entscheidungen weder an eine auf musikpraktische Kompetenzen ausgerichtete Lerntheorie noch an die einseitige individualisierende Fokussierung auf ästhetische Erfahrungen abgeben. Er stellt stattdessen das künstlerische Denken und Handeln in den Mittelpunkt seiner Bemühungen. Die sich manchmal unvereinbar gegenüber oder einfach nur nebeneinander stehenden Konzepte von ‚Mastery & Mystery' greifen so ineinander, um die Schülerinnen und Schüler zu ermächtigen, künstlerisch tätig zu werden.

Hat das etwas mit Rosas Resonanz zu tun? Aber ja!

Die selbstbestimmte Produktion einer individuell oder gemeinschaftlich imaginierten und konzipierten Atmosphäre bestimmt das Denken und Handeln im künstlerisch orientierten Musikunterricht. Auch das musikalische Lernen folgt diesem Ziel und ist daher letztlich – darauf sollten die Lehrer:innen achten – ebenfalls selbstbestimmt. Somit erscheint die Annahme berechtigt, dass durch das kontemplative Vorstellen, den Abgleich von wahrgenommenen Wirkungen, das darauf abgestimmte individuelle Üben und Lernen eine ‚musikalische Situation' (vgl. Khittl 2022) von hoher Intensität entsteht, die den Schülerinnen und Schülern wertvoll für ihr eigenes Leben erscheint. Und dazu könnte man ‚Resonanz' sagen.

Literaturverzeichnis

- Barth, Dorothee & Bubinger, Anne (2020): Gerechtigkeit und gutes Leben? Zur Frage der ethischen Rechtfertigung eines auf „sicherer Notenkenntnis" gründenden Musikunterrichts. *Diskussion Musikpädagogik*, (85), S. 30–40.
- Böhme, Gernot (2019): *Atmosphäre. Essays zur neuen Ästhetik*. 4. Aufl. Berlin: Suhrkamp.
- Brunner, Georg; Lietzmann, Charlotte; Schmid, Silke & Treß, Johannes (2021): *Mastery & Mystery. Musikunterricht zwischen Lehrgang und offenem Konzept*. Innsbruck: Helbling.
- Khittl, Christoph & Hirsch, Markus (2022): *„In-Musik-sein" – die musikalische Situation nach Günther Anders. Interdisziplinäre Annäherungen in musikpädagogischer Absicht*. Münster: Waxmann.
- Kümmel, Peter (2022): Peter Handke – Ein unentwegter Augensucher. *Die ZEIT*, 49 (01.12.2022), S. 60.
- Ostritsch, Sebastian (2020): *Hegel – Der Weltphilosoph*. Berlin: Propyläen.
- Schatt, Peter W. (2021): *Einführung in die Musikpädagogik*. 2. Aufl. Darmstadt: WBG.
- Weber, Ernst (1907): *Ästhetik als pädagogische Grundwissenschaft*. Leipzig: Wunderlich.

**Verzeichnis aller
Autor:innen und Materialien**

Impressum

Bestellnummer: ED 23854
ISBN 987-3-7957-3273-8

© 2023 Schott Music GmbH & Co. KG
© 2023 Bundesverband Musikunterricht e.V

Lektorat: Kathrin Speyer
Layout: Paula Koschützke, Friedrich Neumann
Umschlaggestaltung: Paula Koschützke
Umschlagmotiv: Uli Schödel
Herstellung: Studio Neumann GmbH, Glienicke
Druck: Metadruck, Berlin